# LOS MITOS GERMÁNICOS

Enrique Bernárdez

# LOS MITOS GERMÁNICOS

Alianza Editorial

Esta obra ha sido publicada con la ayuda de la Dirección General del Libro, Archivos y Bibliotecas del Ministerio de Educación y Cultura.

Primera edición: 2002
Séptima reimpresión: 2022

Reservados todos los derechos. El contenido de esta obra está protegido por la Ley, que establece penas de prisión y/o multas, además de las correspondientes indemnizaciones por daños y perjuicios, para quienes reprodujeren, plagiaren, distribuyeren o comunicaren públicamente, en todo o en parte, una obra literaria, artística o científica, o su transformación, interpretación o ejecución artística fijada en cualquier tipo de soporte o comunicada a través de cualquier medio, sin la preceptiva autorización.

© Enrique Bernárdez Sanchis, 2002
© Alianza Editorial, S. A. Madrid, 2002, 2010, 2014, 2015, 2016, 2019, 2021, 2022
Calle Juan Ignacio Luca de Tena, 15; 28027 Madrid
www.alianzaeditorial.es

ISBN: 978-84-206-7977-8
Depósito legal: M. 49.595-2009
Printed in Spain

SI QUIERE RECIBIR INFORMACIÓN PERIÓDICA SOBRE LAS NOVEDADES DE ALIANZA EDITORIAL, ENVÍE UN CORREO ELECTRÓNICO A LA DIRECCIÓN:

alianzaeditorial@anaya.es

# ÍNDICE

| | |
|---|---|
| INTRODUCCIÓN: DE NUESTRAS DIFICULTADES PARA CONOCER LA RELIGIÓN GERMÁNICA, Y DE QUÉ TRATA ESTE LIBRO ...................... | 13 |
| Qué era (y qué no era) la religión de antiguos germanos y escandinavos ....... | 13 |
| Creer y no creer ............................................................................................. | 14 |
| ¿Cambiar de religión? ¿Por qué no? ............................................................. | 14 |
| De reyes, misioneros y mártires: la cristianización de los germanos ............... | 15 |
| De qué religión hablaremos aquí ................................................................. | 19 |
| Cómo está organizado el libro ..................................................................... | 20 |
| Cosas que faltan en este libro ...................................................................... | 21 |
| Advertencia: cómo leer las palabras germánicas .......................................... | 23 |
| 1. CÓMO PODEMOS SABER LO QUE SABEMOS ............................................ | 25 |
| Las fuentes ................................................................................................... | 25 |
| Los poemas de la *Edda* ............................................................................... | 27 |
| Los poemas de los escaldas ......................................................................... | 27 |
| Obras en prosa ............................................................................................. | 28 |
| Snorri y Saxo Gramático ............................................................................. | 29 |
| ¿Qué fiabilidad tienen nuestras fuentes literarias? ....................................... | 30 |
| Todo es verdad ............................................................................................ | 31 |
| Todo es mentira (mejor dicho: «pura literatura») ........................................ | 31 |

Elementos comunes y diversidad en las mitologías ............................................. 32
¿Cómo son los mitos? ................................................................................................ 32
Inciso: ¿qué es «creer»? ............................................................................................. 34
¿Cuánto pudo pervivir el paganismo? ................................................................... 36
Genealogías (más o menos míticas) ........................................................................ 37
Las inexistentes versiones originales de la literatura oral, incluidos los mitos. 38
Otras fuentes: cuentos y tradiciones populares .................................................... 38
Más fuentes: la arqueología ..................................................................................... 39
La religión también cambia ..................................................................................... 39

2. LA RELIGIÓN DE LOS TIEMPOS ANTIGUOS ........................................... 41
    ¿Quiénes eran los germanos? .................................................................................. 41
    ¿Hasta cuándo puede remontarse nuestro conocimiento de las mitologías germánicas? ................................................................................................................ 42
    De confederaciones y reyes ..................................................................................... 44
    Cómo vivían los primeros germanos y qué consecuencias tenía esa forma de vida para su experiencia religiosa ............................................................................ 45
    Los pregermanos de la Edad del Bronce en Escandinavia ................................ 46
    La religión de los grabados rupestres escandinavos de la Edad del Bronce .... 47
    «La» sol ....................................................................................................................... 48
    El final de la Edad del Bronce ................................................................................ 51

3. CÓMO CAMBIA UNA RELIGIÓN ................................................................... 53
    Los primeros germanos de verdad .......................................................................... 53
    La religión de los primeros germanos .................................................................... 56
    ¿Tres tipos de divinidades? ...................................................................................... 57
    Los germanos, vecinos del Imperio Romano ....................................................... 58
    Los germanos y la guerra .......................................................................................... 59
    El *druht/comitatus* ..................................................................................................... 61

4. SOBRE ALGUNAS IDEAS RELIGIOSAS DE LOS GERMANOS .............. 67
    El nombre de dios ..................................................................................................... 68
    Otros nombres ........................................................................................................... 69
    Los nombres de dios en el poema anglosajón de Cædmon ............................... 70
    Ases y Vanes ............................................................................................................... 71
    Otros conceptos religiosos: lo sagrado .................................................................. 72
    El sacrificio ................................................................................................................ 73
    El destino ................................................................................................................... 74
    La psicología religiosa de los germanos ................................................................ 75

5. LAS CREENCIAS DE LA MUERTE ................................................................. 77
    Nuestras cosas de la muerte .................................................................................... 77
    Los muertos siguen viviendo ................................................................................... 78
    El túmulo de Helgi ................................................................................................... 79
    No todos los muertos son amistosos ..................................................................... 80

|   | El viaje al más allá | 82 |
|---|---|---|
|   | ¿Qué hacen los muertos en su nueva existencia? | 84 |
|   | Hel | 85 |
|   | Valhala | 86 |
|   | Muerte, fama (¿y eternidad?) | 88 |
| 6. | LOS RITOS DE LA MUERTE | 91 |
|   | Enterramiento e incineración, tumbas y túmulos | 91 |
|   | Las tumbas de barco | 93 |
|   | El simbolismo del barco | 94 |
|   | Cómo se viajaba al otro mundo | 95 |
|   | La función ritual del barco | 96 |
|   | Un túmulo con barco: Oseberg | 97 |
|   | Acompañantes de los muertos | 98 |
|   | ¿Cómo era un funeral? | 99 |
|   | Inciso: ¿la diosa Freya y la muerte? | 100 |
|   | Un entierro familiar | 101 |
| 7. | SACRIFICIOS Y RITUALES | 103 |
|   | Los sacrificios | 103 |
|   | Los lugares sagrados | 105 |
|   | Los tiempos de sacrificio | 107 |
|   | Los oficiantes | 110 |
|   | Procesiones, bailes y otras ceremonias | 112 |
|   | Las víctimas: de semillas de lino a seres humanos | 114 |
|   | Las ciénagas y los sacrificios humanos | 115 |
| 8. | DE MAGAS Y ADIVINAS | 119 |
|   | De la magia entre los germanos | 119 |
|   | La magia de las runas | 120 |
|   | Breve advertencia para aficionados a las runas | 125 |
|   | Cosas que se hacían con la magia | 125 |
|   | Brujas y magas | 126 |
|   | Magia y destino: las adivinas | 127 |
|   | Una profetisa en Groenlandia | 130 |
|   | Magia *seið* y magia *rún* | 131 |
| 9. | SERES SOBRENATURALES: ETONES, TUERGOS Y ELFOS | 133 |
|   | Distintas especies sobrenaturales | 133 |
|   | Los Devoradores y sus congéneres | 134 |
|   | Etones de mil nombres | 135 |
|   | Quiénes (o qué) eran los etones | 136 |
|   | Ellas son otra cosa | 138 |
|   | De ellos y ellas procede todo | 139 |
|   | ¿Y los gigantes? | 140 |

Tuergos.................................................................................................... 140
Elfos....................................................................................................... 141

10. LAS DIOSAS DE LOS TIEMPOS ANTIGUOS ................................. 143
Las *Matronae*........................................................................................ 144
Los nombres de las *Matronae* y sus funciones ................................... 145
Cómo representaban a las *Matronae* .................................................. 146
Una matrona: Nehalennia................................................................... 147
¿Diosa triple en el panteón escandinavo? ........................................... 148
Las disas............................................................................................... 149
Hamingiur, fylgiur y otros espíritus familiares .................................. 151
Las nornas........................................................................................... 152
Las valquirias...................................................................................... 155
Otras diosas ........................................................................................ 156

11. DE FRIGGA, LA ESPOSA DE ODÍN (Y DE NUESTRAS DIFICULTADES PARA ENTENDER A LAS DIOSAS ESCANDINAVAS)................. 159
Frigg, Freya y Iörð ............................................................................. 159
No siempre eran tres ........................................................................... 160
Las diosas escandinavas ...................................................................... 161
Freya y Frigg: ¿una o dos? .................................................................. 161
Frigg, Frigga, Friia .............................................................................. 163
Otras cosas de Frigg: su casa, su padre, su criada ............................... 165

12. NUESTRA SEÑORA FREYA .................................................................. 167
Cómo es............................................................................................... 167
Su familia............................................................................................. 169
Del collar de Freya y de lo que hubo de hacer para obtenerlo .......... 169
Intermedio: Loki y Freya (Thor, tercero en discordia) ...................... 171
Los nombres de Freya ......................................................................... 173
Freya, entre Ases y Vanes, de cómo llegó al Ásgarð y de otras cosas que le atañen ........................................................................................ 175
Brevísimo aparte en el que el autor expresa algunas opiniones ......... 175
Freya y la muerte y otras cosas........................................................... 176
El culto de Freya ................................................................................. 177

13. VANES: LOS DIOSES DEL DESEO .................................................... 179
La historia de Völsi ............................................................................ 179
Dioses campesinos de la fertilidad ..................................................... 186
El (¿ficticio?) mito del viaje de Skírnir............................................... 188
Los sacrificios a los dioses Vanes ........................................................ 188
Nerthus, Niörð y el misterio del sexo cambiado ............................... 189
Frey ..................................................................................................... 192

14. WÓÐANAZ, EL REY ............................................................................. 195
Mito y ¿realidad?................................................................................. 195

| | |
|---|---|
| El furioso guerrero | 196 |
| Fervor guerrero | 198 |
| De los orígenes de Wōðanaz, dios de los orígenes | 199 |
| Wōðanaz, el destronador | 200 |
| ¿Un dios de mil caras? | 201 |
| El que conduce al combate y la muerte | 202 |
| El culto | 203 |
| Otras cosas suyas | 204 |
| **15. ODÍN, EL BRUJO** | **205** |
| El viaje sacrificial a la sabiduría | 205 |
| Del hidromiel de dioses y poetas | 206 |
| El chamán | 209 |
| Los poemas éddicos de Odín | 210 |
| **16. THOR, EL TONANTE GUERRERO PELIRROJO** | **213** |
| ¿Un dios sin problemas? | 213 |
| Thor, Júpiter y compañía | 214 |
| El dios indoeuropeo del trueno y la fuerza física | 216 |
| Thor, su familia y amigos | 217 |
| Casa y cosas de Thor | 219 |
| Culto y popularidad | 220 |
| **17. LOS MITOS DE THOR** | **223** |
| Thor se va de pesca | 223 |
| Thor se viste de novia | 226 |
| La lucha con Geirröð | 227 |
| El duelo con Hrungnir | 233 |
| Thor y Skrýmir, alias Loki del Recinto Exterior | 238 |
| Conclusión | 240 |
| **18. LOKI, EL TRAMPOSO** | **243** |
| ¿Quién es este individuo? | 243 |
| La balada faroesa de Loki | 244 |
| ¿Loki, un dios? | 244 |
| Loki y su extraña familia | 245 |
| El *trickster* | 247 |
| De la antigüedad del *trickster* | 249 |
| Loki y sus disfraces | 250 |
| Loki, el creador | 251 |
| Los vicios de Loki | 252 |
| **19. HISTORIAS DE LOKI** | **253** |
| Cómo consiguió Loki los tesoros de los dioses | 253 |
| Los tuergos herreros | 255 |
| Los tesoros de Odín | 256 |

| | | |
|---|---|---|
| | Sif y sus misterios | 257 |
| | El martillo Miölnir | 258 |
| | Skíðblaðnir, el mejor de los barcos | 260 |
| | El jabalí Gulinborsti | 260 |
| | Loki, creador de problemas | 262 |
| | Loki, el hablador (¿o el mentiroso?) | 264 |
| | De cómo Loki robó las manzanas de Iðun y de lo que pasó luego | 264 |
| | Iðun y sus manzanas | 267 |
| | Más tesoros: el Ásgarð y el caballo de Odín | 268 |
| | El «maestro constructor» | 269 |
| | El castigo final | 270 |
| 20. | HAY OTROS DIOSES | 273 |
| | El rey del cielo, destronado | 273 |
| | El dios de las nieves, el arco y flechas y los esquís | 275 |
| | Forseti | 276 |
| | Bragi | 276 |
| | Ægir | 277 |
| | Heimdal | 277 |
| | Baldr | 279 |
| | Los gemelos y otros fundadores | 281 |
| 21. | LA GEOGRAFÍA MITOLÓGICA | 283 |
| | Nueve mundos | 283 |
| | La geografía mítica | 287 |
| 22. | PRINCIPIO Y FIN: DE LA CONSTRUCCIÓN AL RAGNARÖK | 289 |
| | El principio de todo | 290 |
| | El origen de los dioses | 292 |
| | Los otros seres sobrenaturales | 294 |
| | La construcción del universo | 295 |
| | El árbol del mundo | 296 |
| | La creación del hombre y la mujer | 297 |
| | Lo que empieza tiene que acabar: el Destino de los Dioses | 298 |
| NOTAS | | 303 |
| BIBLIOGRAFÍA | | 313 |
| ÍNDICE ONOMÁSTICO | | 325 |

INTRODUCCIÓN

# DE NUESTRAS DIFICULTADES PARA CONOCER LA RELIGIÓN GERMÁNICA, Y DE QUÉ TRATA ESTE LIBRO

*Qué era (y qué no era) la religión de antiguos germanos y escandinavos*

¿Qué es una religión y cómo podemos conocerla? Pensemos en la católica, que le puede resultar familiar. Por un lado tenemos el dogma y la teología, los escritos sagrados y las normas. Si la religión católica fuera simplemente esto, resultaría fácil definirla exactamente; pero hay mucho más, porque tenemos también el santoral, con historias sobre la vida y milagros de un enorme número de santos que varían en popularidad, extensión geográfica y especialización. Además, para la Virgen María existen numerosas denominaciones y devociones diferentes: Fátima, Esperanza de Triana, Pilar, Montserrat, Medinaceli, Guadalupe, Rosario, Almudena, Cuevita, Częstochowa, Pino, Caridad del Cobre, Carmen... También realizamos ciertas actividades rituales en momentos que de alguna forma son especiales: algunos futbolistas se santiguan justo en el momento de saltar al campo, hay personas que tienen en su coche una especie de altarcito con la estampa de algún santo, alguna advocación de la virgen, un Sagrado Corazón.

### *Creer y no creer*

Sirva este preámbulo para justificar nuestra ignorancia sobre lo que representaba realmente, lo que era la religión de los pueblos germánicos y escandinavos. El cuerpo doctrinal, el dogma, no existía como tal: la germánica no era una religión de sagradas escrituras ni había institución alguna que podamos denominar *iglesia*, ni creencias obligatorias. Al repasar los mitos germánicos no debemos pensar que se trataba de dogmas de fe, ni que existía un corpus cerrado de mitos aceptados. Tendemos con frecuencia a interpretar el paganismo germánico en términos parecidos a como interpretamos las grandes religiones de Estado, pero sería absurdo esperar algo así de una religión que no era parte de un Estado que ni siquiera existió hasta la desaparición misma del paganismo. Intentaremos estudiar qué elementos pudieron ser comunes a todos los germanos, cuáles eran solamente escandinavos, qué historias mitológicas se remontan a los primeros tiempos y cuáles pueden ser simple invención tardía de los poetas. Los mitos representan lo que los germanos —o buena parte de ellos— o sólo los escandinavos —o únicamente algunos de ellos— sabían sobre los dioses. Lo importante era realizar adecuadamente ciertos ritos, es decir, mantener ciertas formas de conducta al menos en momentos estipulados, como los grandes festivales del paganismo escandinavo. De acuerdo con lo que se sabía a partir de los mitos, cada uno podía hacerse una idea de qué divinidad podía serle más útil en un momento dado, e incluso qué tipo de peligros se corrían con los dioses si se hacían mal ciertas cosas. Las historias de santos son en cierto modo equivalentes a los mitos tal como los presento aquí: sirven para caracterizar al personaje (sea éste real o imaginario) y así saber en qué nos puede ayudar, qué partes de su vida resultan de especial importancia, etc. Hay una diferencia importante, sin embargo: los santos están ahí también para *imitarlos*; pero ningún germano tenía por qué imitar vida y obras de las divinidades que aparecen en los mitos. No obstante, al no estar obligados a creer, tampoco podían «descreer», excepto en un sentido muy genérico, aunque tenemos testimonios suficientes sobre escandinavos de entonces que eran total y declaradamente agnósticos. Uno llamado Finnbogi, por ejemplo, responde así al emperador de Bizancio, que le ha preguntado en qué dios cree: «Creo en mí mismo»[1].

### *¿Cambiar de religión? ¿Por qué no?*

Sabemos que los romanos incorporaron a su panteón dioses de muchos otros pueblos, pero puede parecer un poco difícil de entender que los germanos cambiaran de religión con relativa facilidad; claro que también cambiaban de idioma y de forma de vida, si ello daba mejores resultados: los visigodos de España perdieron pronto su lengua y muchas de sus costumbres; la religión la habían abandonado antes, al comprobar que era mucho más efectivo participar de la fe del Estado al que servían, y como para entonces la religión oficial del Imperio Romano era el cristianismo, se cristianizaron. Mucho más tarde, en el año 911, sucedió lo mismo con los vikingos daneses y noruegos que, tras saquear París varias veces, decidieron aceptar la oferta del rey Carlos el Simple: en vez de seguir con sus incursiones, dispondrían para ellos solos de toda una región de Francia a condición de hacerse cristianos y vasallos feudales del rey. Como la oferta era interesante, se dejaron bautizar, abandonaron bastante pronto su lengua, invadieron Inglaterra en 1066 como buenos cristianos y se quedaron hasta hoy mismo allí y en Normandía.

De modo que la religión no era para ellos una cuestión de profundas creencias, sino algo que cumplía unos objetivos tanto sociales como individuales. Si éstos no se realizaban, era señal de que algo iba mal y que quizá la solución estaba en adoptar otros dioses. Los misioneros cristianos aprovecharon esta característica de la religiosidad germánica y se esforzaron por demostrar que el dios cristiano era más poderoso que los paganos, que era capaz de vencerlos y que proporcionaba más ventajas que los ídolos que ellos adoraban*.

### *De reyes, misioneros y mártires: la cristianización de los germanos*

Un problema de la cristianización en el mundo germánico, como en tantos otros sitios a lo largo de la historia, es que fue siempre de la mano del poder político: un rey que deseaba dominar políticamente una región podía hacerlo con mucha más facilidad si la población era cristiana y estaba dispuesta a aceptarlo como rey por la gracia de Dios. Al mismo tiempo, a la iglesia le interesaba el apoyo de los reyes para conseguir la exclusividad religiosa. De manera que no es posible distinguir los intereses religiosos de los políticos en esta época, como tampoco en otras, por ejemplo en la conquista y cristianización de América. Pero las cosas se complicaban, porque la aceptación de

---

\* Tampoco hay que remontarse a la evangelización de paganos. En una iglesia metodista unitaria de Watertown, Massachusetts, Estados Unidos, había un gran anuncio, que traduzco literalmente: «El cristianismo tiene sus recompensas: SALVACIÓN ETERNA Y CAFÉ GRATIS»; con esa promesa de dar café (y donuts) gratis parece que esperaban atraer fieles en pleno año 2000.

esos reyes y esa religión en simbiosis traía necesariamente cambios radicales en la forma de vida tradicional. Y ni sajones ni escandinavos ni nadie está fácilmente dispuesto a abandonar de manera definitiva sus ideas y sus formas de vida por una religión nueva\*. Ese cambio de vida comportaba además una enorme pérdida de autonomía: en vez de depender del acuerdo entre iguales para la resolución de los conflictos sociales, la presencia del rey les haría depender siempre de éste, de modo que el individuo estaría supeditado a lo que dijesen e hiciesen el monarca y sus servidores directos. O sea, que cuando algunos grupos germánicos se negaban a recibir el bautismo era menos una cuestión religiosa que social y política. Por ejemplo, la cristianización de los sajones corrió a cargo de Carlomagno y sus intereses imperiales, y tras una lucha sangrienta, los sajones acabaron por doblegarse una vez el rey franco hizo ejecutar en un solo día a 4.500 personas que se negaban a abrazar la fe cristiana, aparte de ocasionar incontables saqueos y devastaciones.

Con los escandinavos (los vikingos y sus descendientes) las cosas no fueron mucho mejor, aunque a veces la conversión por motivos de conveniencia fue bastante fácil y rápida. En Dinamarca no se llegó al enfrentamiento grave porque el rey Harald Gormsson decidió convertirse, junto con todos sus súbditos, para evitar problemas con el emperador alemán, y aunque hubo un breve rebrote de paganismo a la muerte del rey, el *bulldozer* de los intereses político-religioso-militares se encargó de que fuera efímero. En Noruega hubo tres intentos: el primero, en 963 y a cargo del rey Haakon el Bueno, se basó en el convencimiento y el compromiso; fracasó, y el propio rey tuvo que participar en sacrificios paganos para asegurarse la lealtad de sus súbditos. En el año 998 comenzó la segunda guerra cristianizadora, en la que el rey Olaf Tryggvason casi logró sus objetivos a base de intimidación, ejecuciones masivas y batallas. Pero tuvo que ser Olaf Haraldsson quien, combinando hábilmente predicaciones, batallas, ejecuciones, represalias de diverso tipo, milagros, favores y su indudable carisma personal, logró la conversión masiva y, de paso, el poder absoluto del rey y la pérdida de influencia de los jefes locales. Olaf fue canonizado en 1033, muy poco después de morir, y su tumba en Trondheim se convirtió en el más importante destino de peregrinaciones de Escandinavia.

Islandia, como en muchas cosas, fue un caso aparte. Desde que empezó la colonización de la isla a finales del siglo IX, había algunos cristianos, pro-

---

\* Que además, no hay que olvidarlo, les prometía la felicidad... sólo después de la muerte. Pero también, como muestra la actividad de muchos misioneros de entonces, asegurándoles que su vida material mejoraría radicalmente si dependían del dios cristiano en lugar de hacerlo de las divinidades paganas.

cedentes en su mayoría de los asentamientos escandinavos en las Islas Británicas. Aunque los descendientes de algunos de ellos volvieron al paganismo, no hubo nunca problemas entre paganos y cristianos. Los problemas llegaron con Olaf Tryggvason, que envió a Þangbrand, un clérigo alemán de escasa formación, menor diplomacia y muy malos modales, quien hubo de regresar a Noruega con el rabo entre las piernas porque su estancia en la isla sólo sirvió para malquistar a paganos contra cristianos. El caso es que sus esfuerzos evangelizadores obtenían escasa recompensa, y, para agravar las cosas, se le ocurrió acudir con malos modos a la asamblea pagana con intención de forzar la conversión. Los paganos islandeses respondieron a su manera: poéticamente. Recitaron un poema de burla contra Þangbrand, que se enfadó y mató a varios burladores, de modo que fue expulsado del país. Algo parecido había pasado en un intento muy poco antes, esta vez a cargo de un obispo de Sajonia y un escandinavo, Þórvald. Su pretensión de cristianizar la gran asamblea culminó en una letrilla de burla, que más o menos dice así:

> El obispo ha parido
> a nueve hijos,
> el padre de todos
> es ese Þórvald.

El insulto era muy grave: la acusación, en realidad difamación *(níðing)*, implica que el agredido verbalmente es *argr*, término aplicado a todo aquel que actúa de modo inapropiado a su naturaleza. *Argr* era el cobarde, y también quien actuaba como correspondía a una mujer, y nada más impropio de un hombre que parir hijos como mujer. Este concepto debe de ser muy antiguo, pues ya Tácito y César nos hablaban de que comportamientos como éstos eran castigados con la muerte, normalmente por ahogamiento; lo cierto es que Þórvald se enfadó, mató a uno de los autores del libelo y tanto él como el obispo fueron expulsados de Islandia. Dadas las circunstancias, Olaf decidió intervenir y empezó por hacer una oferta irresistible a los islandeses residentes en Noruega: «bautismo o muerte». Ya cristianos fervientes, varios de ellos volvieron a Islandia acompañados de misioneros menos salvajes que Þangbrand, y a instancias del rey empezaron a presionar para conseguir la conversión del país, empresa complicada porque no existía allí nada parecido a un rey que pudiera convertirse y decidir *ipso facto* que todos sus súbditos eran ya cristianos. Lo que más se aproximaba era la asamblea anual, el gran *Alþing* que se celebraba el primer jueves del mes de junio (día de la gran fiesta de Thor). Como habían empezado a producirse disensiones y hasta enfrentamientos serios entre los islandeses ante el dilema de seguir con sus creencias o hacerse paganos, se decidió resolver el problema de la forma habitual: una decisión democrática en la asamblea. Se delegó en el más prestigioso de los *lögsögumenn*\*, Þorgeir, para que propusiera qué religión adoptar. El *lögsögumaðr* meditó durante un día entero en trance, inmóvil y cubierto con su manto, como se hacía para buscar la comunicación con los dioses[2], y llevó luego a la asamblea su propuesta de adoptar el cristianismo y tolerar la religión pagana solamente en la intimidad. La difícil decisión contó con cierta ayuda económica de los enviados de Olaf, pero en todo caso fue aceptada por los paganos; esta conversión fue trascendental incluso para nuestro conocimiento del paganismo, como enseguida veremos[3].

El caso es que la cristianización fue un proceso violento en general, que comenzó muy pronto (hacia el siglo V) en algunos pueblos y no concluyó hasta el XII en Suecia. Hubo víctimas por ambos lados, aunque hay una diferencia entre los asesinatos de cristianos por paganos y viceversa. En el primer caso, que es cuando hablamos de mártires cristianos, se trataba de acabar con quienes habían venido a perturbar de manera radical la tradición y la vida social; aunque, excepto en los momentos de conflicto declarado, los germanos se limitaban a ejercer cierta presión social sobre los cristianos o a la imposición de multas en castigo por no participar en los ritos comunales, y el destino de varios misioneros fue la simple expulsión del territorio. La persecución de los paganos por los cristianos fue muy distinta, además de más frecuente y constante y ciertamente muchísimo más efectiva. El cristianismo fue adoptado como un modo de fortalecer el poder de los reyes, fuera en Inglaterra, el norte de Alemania o Escandinavia. Realmente, si las hagiografías nos mencionan media docena de mártires cristianos, ignoran la persecución, mucho más brutal, de que fueron objeto miles de paganos por parte de los cristianos, muchas veces por interés político de los reyes pero otras muchas por decisión directa del clero evangelizador; esas represalias brutales continuaban después de la cristianización, ahora con la excusa de castigar herejías, desviaciones, prácticas religiosas ilícitas o apostasías. Claro que la terminología que estoy usando no es la habitual, pues cuando el muerto es cristiano se le llama *mártir*, mientras que el pagano sufre un justo castigo por ser *recalcitrante*, *apóstata* o *hereje* y nunca es objeto de *persecución* sino de *justicia*.

---

\* *Lögsögumaðr*, plural *lögsögumenn*, «hombre que dice la ley», fue el principal cargo legal y político de Islandia en la época pagana y durante varios siglos del periodo cristiano.

## *De qué religión hablaremos aquí*

Al dar a la luz un libro sobre mitología germánica, hay que plantearse para qué va a servir, qué idea va a subyacer a la presentación, y demás cuestiones que preocupan a todo autor. En estos tiempos vivimos una nefasta y peligrosísima ofensiva de las iglesias institucionales, en especial de los fundamentalismos, sea el de los talibanes, el Opus Dei o los baptistas del sur, por ganar posiciones que, al parecer, consideraban perdidas en decenios anteriores, al mismo tiempo que hay bastantes personas que buscan una nueva espiritualidad para sustituir a la tradicional, a la que quizá consideran caduca. Abundan los libros sobre mitología cuya finalidad principal es proporcionar herramientas espirituales o incluso alternativas organizadas a las religiones \*: de ahí salen los cientos de modernos paganismos, el culto de las brujas, la Diosa, etc. Este libro no comparte ninguno de esos objetivos, al estar escrito desde una perspectiva neta y declaradamente no creyente.

Pero resulta que la religión que se describe e interpreta en este libro no es un mero objeto de museo, sino que sigue oficialmente viva. Quizá a algunos les parecerá risible que en Islandia desde los años setenta, y en otros países escandinavos desde hace muy pocos años, exista una religión, oficialmente aceptada y reconocida por los gobiernos, que continúa las antiguas creencias en Ases y Vanes, Thor, Odín, Frey y Freya. No hay motivo alguno para reírse, ni siquiera por considerarla anticuada, ya que —igual que en algunas de las religiones grandes— se ha producido un *aggiornamento* que permite que los fieles de esta *Ásatrú*, de esta «Religión de los Ases», pese a su escaso número, estén tan en el siglo XXI como quienes siguen cualquiera de las otras muchas fes de este mundo. Esta religión, legalmente y también para mí (que no me cuento entre sus fieles), es exactamente igual de válida o inválida que cualquier otra.

En este libro no habrá una reivindicación del paganismo nórdico para el mundo moderno ni pretendo convertir a nadie. Como si se tratara de una descripción de los primeros tiempos del cristianismo, me limitaré a intentar recuperar, de acuerdo con los conocimientos actuales sobre el tema, lo que debió de ser la religión germánica a lo largo de dos mil años. Como quedará ya de manifiesto en el primer capítulo, esa reconstrucción es todo menos sencilla. Por otra parte, este libro no presenta una simple lista de mitos, que se pueden encontrar fácilmente en español, sino una interpretación de

---

\* Esta enfermedad se ve incluso en libros vestidos de teoría del mito, como Segal (1999). El más reciente libro de Pascal Boyer (2001) iba a llamarse *... y el hombre creó a Dios*, pero hubo de cambiarse el título para evitar conflictos con las aguerridas y poderosas iglesias norteamericanas.

cómo pudieron ser realmente las creencias de los pueblos del norte. De ahí que de la mayoría de los relatos míticos se ofrezcan solamente resúmenes, excepto cuando un texto no ha aparecido previamente en nuestra lengua, y que haya más comentario que textos: repetir lo que es ya fácilmente accesible me pareció ocioso. La adición de textos que nunca se habían traducido al español, y que difícilmente lo serían en otro contexto, espero que permita ver la religión germánica desde una perspectiva más amplia de lo habitual, limitada a Snorri y la *Edda*.

Hay capítulos más largos y otros más breves: preferí dar unidad a cada tema bien diferenciado, y además hay asuntos que conocemos mucho mejor o de los que, sencillamente, vale la pena hablar más, de modo que la longitud y el número de los capítulos son un reflejo del estado de la investigación, de la complejidad de la materia misma y también, por qué ocultarlo, de las aficiones e intereses del autor. Téngase en cuenta que la mayoría de los capítulos tendrían que haber sido libros enteros para poder ofrecer una visión realmente en profundidad; y como esas profundidades casi pueden alcanzarse con la bibliografía, este libro se ha sesgado hacia temas tratados más superficialmente en otros sitios o de una manera que me parecía insuficientemente adecuada.

### *Cómo está organizado el libro*

La estructura del libro es sólo parcialmente la tradicional: tras este capítulo introductorio plantearé los problemas a que nos enfrentamos para intentar recuperar esta antigua religión, con su diversidad cronológica y geográfica; ahí analizaremos las fuentes disponibles y las dificultades inherentes a todo intento de esta clase. Pasaremos entonces a los tiempos más antiguos, y para ello será necesario hacer un recorrido básicamente arqueológico del mundo germánico, pues sólo sabiendo quiénes eran y dónde y cómo vivían podremos entender la religión que crearon y cómo fue evolucionando ésta a la par de los cambios sociales. Tras un breve repaso de algunos conceptos religiosos fundamentales (capítulo 4), podremos empezar a adentrarnos en el mundo de las ideas mitológicas a través de las creencias y ritos de la muerte (capítulos 5 y 6). El capítulo 7 nos acerca a lo poco que sabemos de las prácticas religiosas, y en el 8 analizaremos un ámbito que combina muchos elementos diversos de lo sobrenatural y que nos meterá de lleno en las figuras femeninas de la religión germánica. En el 9 repasamos los distintos seres sobrenaturales de esta religión, centrándonos en los que parecen más antiguos, en especial los etones. Llega luego el turno de las diosas, a quienes dedico respetuosamente tres capítulos (10-12) porque me parecen fundamentales a lo largo de todo el devenir histórico de la religión germánica, pero también porque se les suele prestar escasa atención y porque, además, hay algunas de lo más atractivas.

El capítulo 13 pasa a la dudosa masculinidad exagerada de los dioses agrícolas, y desde el 14 hasta el 20 vamos viendo los dioses masculinos que componen lo más conocido de esta mitología. Finalmente analizaremos la disposición del mundo mítico de los germanos y las cuestiones del origen y el fin del mundo y los dioses. Pero por la misma naturaleza de las cosas, es imposible presentar todo lo que corresponde a un tema en el capítulo correspondiente. Freya aparecerá una y otra vez, igual que los etones, Loki, la muerte, la magia y Odín. De manera que si quiere leer todo lo que aquí se cuenta sobre, digamos, el bueno de Loki Laufeyiarson, lo mejor es acudir al índice, en vez de limitarse a los dos capítulos que se le dedican.

No todos los capítulos contienen historias, «mitos», sino que hay varios donde tendrá que resignarse a leer mis propias palabras y no las de Snorri o cualquier islandés del Medievo. El caso es que no tenemos «historias» que cubran toda la mitología germánica, y se trataba de no decir (casi) nada o de hacer una narración propia. A cambio, encontrará en estas páginas versiones españolas, por lo general en forma abreviada, de numerosos textos mitológicos escandinavos, incluyendo algunos que nunca se han traducido a nuestra lengua. Y debo especificar que, excepto que se indique otra cosa, todas las traducciones son mías.

### *Cosas que faltan en este libro*

Entre los capítulos que debería haber pero no hay, quiero justificar la ausencia de dos que formaban parte del plan inicial. Un capítulo sobre dioses y héroes tendría que haber enlazado lo propiamente mitológico con lo legendario, dos campos que, aunque para nosotros estén bien separados, para los germanos formaban parte de la misma experiencia sobrenatural. Los dioses no deben de querer que yo escriba al respecto, o a lo mejor sólo desean proteger a las gentes de bien impidiéndoles que lean lo que escribo: ahora ha de faltar este capítulo; hace unos años el cierre de Editora Nacional condenó a la oscuridad eterna mi traducción y estudio de los textos heroicos escandinavos, ya en fase de encuadernación por entonces. Aquello no tuvo mayores consecuencias porque en años siguientes fueron apareciendo magníficas traducciones de casi todos aquellos textos a cargo de otras personas. Así que tampoco esta vez hablaré de Sigurð o Sigfrido, Brunhilda, Beowulf, Starkað, Weland o Vōlund, Regin y tantos otros.

También en el plan original figuraba una revisión de los avatares sufridos por la mitología germánica a manos de estudiosos y, vaya por dios, políticos y líderes nacionalistas. Así que no podremos rastrear la búsqueda de un único mito central, como hizo Viktor Rydberg, ni en los mil y un reflejos de la antigua religión en el folclore de los pueblos del norte, como hicieron los Grimm hace muchos y otros autores hace pocos años. No habrá oportunidad tampoco de comprobar cómo (una falsa idea de) esta religión, que jamás pretendió ser la religión de nación alguna, se convirtió en elemento impulsor del nacionalismo alemán del siglo XIX, cómo sirvió luego de justificación para los Rosenberg, Goebbels, Hitler y demás. Desgraciadamente, para algunas personas, el nazismo convirtió en sospechoso el paganismo escandinavo y su estudio, y actualmente algo parecido sucede por culpa de los grupos fundamentalistas, supremacistas, racistas y simplemente fascistas norteamericanos que se proclaman adeptos a la fe pagana y en sus páginas de Internet incluyen textos de Rosenberg, por ejemplo, junto a poemas de la *Edda*. Por desgracia, el fundamentalismo religioso y la utilización torticera de las ideas religiosas no son cosa sólo de católicos, protestantes o musulmanes. Y hay quien se empeña en considerar el paganismo germánico una especie de nazismo, aunque espero que la lectura de este libro nos haga ver que la realidad de aquella religión tenía poco que ver con su versión hitleriana. Curiosamente, el poder nazi reprimió violentísimamente a los pocos «odinistas» que había entonces en Alemania y que, como los seguidores actuales de Ásatrú, quieren hallar en ese paganismo la respuesta a sus inquietudes espirituales.

Tampoco podemos hablar de los reflejos de la religión germánica en la literatura, las artes plásticas y la música de los países germánicos; no sólo Wagner usó temas, personajes y argumentos de los antiguos mitos, sino que éstos tuvieron una presencia continua en Alemania y Escandinavia, pero también en los Países Bajos e Inglaterra. Esta presencia incluso se ha reforzado en los últimos años, y a los numerosos libros introductorios y divulgativos se unen relatos que nos ofrecen los ciclos y personajes míticos en forma novelesca, como *El Tuerto (Den enøyde)*, de Tor Åge Bringsværd, por citar sólo un ejemplo reciente. No hablemos ya de las numerosas páginas de Internet dedicadas a los mitos nórdicos y sus interpretaciones (más o menos serias), pero también a cada uno de los dioses, con oraciones, poemas, dibujos... Entre en el buscador que más le guste, teclee el nombre de su divinidad favorita y encontrará lugares de sobra para empezar su peregrinación.

Tampoco hay en este libro un planteamiento teórico explícito de cómo interpretar mitos y religiones, aunque mi perspectiva es fácilmente reconocible. Para expresarlo brevemente, parto de la idea de que todo el mundo de la religión, de cualquier religión, es un producto de nuestra mente y nuestra cultura, de nuestra forma de ver e interpretar el mundo; la antropología y las ciencias cognitivas dirigen, por tanto, las pesquisas que han desembocado en estas páginas.

### *Advertencia: cómo leer las palabras germánicas*

Lógicamente, este libro está lleno de nombres y palabras de las antiguas lenguas germánicas, especialmente nórdicas; aunque a alguien le pueda parecer menos lógico, he conservado las letras típicas de estas lenguas. A fin de cuentas, no nos gustaría un libro sobre historia de España que eliminara las eñes. De estas letras, sólo una puede causar problema: la llamada *þorn*. Observe bien las formas de esta letra en minúscula y mayúscula respectivamente: þ - Þ. Como una de nuestras *pes*, pero continuando hacia arriba; pronúnciela como la zeta castellana (o si es usted así, como la th inglesa). Las otras son sencillas: Æ puede pronunciarse como una simple *e*, sin complicaciones, o como *ae/ai*. La ð, llamada *eð* y cuya mayúscula es Ð, suena como la *d* castellana de *podar*. Por lo demás, tenga en cuenta que SIEMPRE la *g* tiene el sonido de nuestra *g* en *gato* o en *Aragón*, NUNCA el de la jota: no diga, por favor, *bráji* por *brágui*, escrito *bragi*. Si además de estas cosas y del cuidado de no comerse ninguna vocal ni consonante, ACENTÚA SIEMPRE LA PRIMERA SÍLABA (las tildes indicaban que la vocal era larga), tendrá una pronunciación bastante decente. En algunos casos de palabras de otras lenguas germánicas, he indicado entre corchetes la pronunciación aproximada. Intente hacerlo lo mejor que pueda, y así las divinidades no le incomodarán. Y por favor, no haga como esos que tras intentar aprender inglés durante años se empeñan en articular cualquier nombre o palabra en cualquier lengua extranjera como si de inglés se tratara. No intente pronunciar a la inglesa ni siquiera las palabras del inglés antiguo.

CAPÍTULO 1

# CÓMO PODEMOS SABER LO QUE SABEMOS

La recuperación de qué era realmente la religión de los pueblos germánicos es asunto muy complejo. ¿Cómo podemos acercarnos a ella? Nuestras fuentes son variadas, pero con frecuencia difíciles de interpretar.

### *Las fuentes*

Tenemos por un lado las escritas, que suelen hablarnos de dioses mayores y menores, sus acciones, etc. Las más importantes son las siguientes:

Para el periodo más antiguo, escritos de autores latinos y griegos, muy especialmente la descripción de Germania que, con este nombre, redactó el romano Tácito a fines del siglo I de nuestra era. La información del autor latino, recogida de fuentes que la habían obtenido de primera mano, está corroborada en su mayor parte por otras posteriores, incluso arqueológicas, de modo que lo que nos cuenta en el librito es de fiar, pese a sus intereses moralistas: para él, los germanos eran un pueblo más sano moralmente que los decadentes romanos, dados al vino y el lujo (la idea del «buen salvaje» circulaba ya hace dos mil años). Sin embargo, sería absurdo esperar que el cien por cien de su información fuera totalmente veraz [1]. Más tarde hay referencias dispersas en muchas fuentes cristianas europeas, por ejemplo en las vidas de santos evangelizadores o, más tarde aún, de la Escandinavia pagana, o en disposiciones de los obispos en relación a costumbres paganas, etc. Tenemos incluso viajeros exóticos que levantan acta muy fiel de lo que veían; el caso más conocido es el del árabe Ibn Fadlan, que presenció ritos funerarios de los vikingos suecos en Rusia *. Tenemos también las inscripciones rúnicas más antiguas, y aunque su interpretación suele ser complicada y hay bastantes ininteligibles, encontramos en ellas referencias que podemos encajar con lo que sabemos de otras fuentes. Pero las fuentes escritas más amplias, completas y coherentes son las producidas en Escandinavia, sobre todo Islandia, doscientos o trescientos años después de la cristianización. Y uno puede preguntarse hasta qué punto esos tres siglos no hicieron olvidar el antiguo paganismo o lo alteraron radicalmente. Por eso hay que mencionar algunas peculiaridades de Islandia, cuyo curioso proceso de cristianización ya hemos tenido ocasión de comentar.

En esta isla del Atlántico Norte, colonizada a partir del siglo IX por noruegos, pese a que hubo también bastante gente de otros orígenes escandinavos e Irlanda, el cristianismo se adoptó como religión oficial en el año 1000, quizá en el 999, decidiéndose que la religión pública sería la cristiana aunque individualmente cada uno seguiría siendo libre de mantener sus creencias tradicionales, pero eso sí, sólo en la intimidad; según Dag Strömbäck [2] los sacrificios paganos debieron de seguir realizándose por lo menos hasta 1056, cuando se nombró el primer obispo. De ahí que cuando los islandeses empezaron a escribir en cantidad, menos de cien años después de aquel evento, se conservaban aún muchos recuerdos de las creencias paganas, sobre todo tal como aparecían en textos literarios que habían pervivido oralmente y que empezaron a ponerse por escrito en esos años. Se comenzó también a escribir cosas nuevas, desde las típicas vidas de santos cristianos hasta poemas y narraciones en prosa (las *sagas*) sobre temas históricos. Pero la historia de Islandia era pagana, de modo que al hablar de los grandes hombres de la isla y de sus parientes en Escandinavia no había más remedio que incluir muchas cosas sobre el paganismo mismo. Si se quería mostrar cómo vivían, había que recrear el paganismo a partir del conocimiento que de él aún podía pervivir.

---

* Ibn Fadlan incluyó su narración dentro de un libro más extenso de sus viajes. Luego, Michael Crichton (el autor de *Parque Jurásico*) escribió su primera novela, titulada en español *Entre caníbales y vikingos* y que pasó desapercibida, usando el texto íntegro de Ibn Fadlan y mucha imaginación... aunque basada de algún modo en ataques históricos de los wendos (eslavos) contra los escandinavos. Todo esto acabó por convertirse en una película: *El guerrero número 13*.

## *Los poemas de la* Edda

De modo que ahí tenemos la *Edda*, una amplia colección de poemas de tradición antigua, realizada como tal colección en Islandia a principios del siglo XIII. Algunos de los poemas están compuestos cuando el cristianismo llevaba ya doscientos años de vida oficial en Islandia; otros, en cambio, se remontan al siglo IX e incluso antes, y el tema de algunos es muy anterior. Estos poemas, en su mayoría de gran calidad literaria, tratan sobre los antiguos héroes y dioses, proporcionándonos información importantísima sobre divinidades, mitos, lugares míticos, seres mitológicos e incluso, indirectamente, sobre ritos y prácticas. Existen otros poemas que, aunque no incluidos en la colección así llamada, comparten todas las características fundamentales con los éddicos. A lo largo de los capítulos de este libro tendremos oportunidad de referirnos una y otra vez a estos poemas, de todos los cuales existe traducción española.

## *Los poemas de los escaldas*

Pero tenemos también poemas que con frecuencia son tan antiguos como los incluidos en la *Edda*, o incluso más que varios de éstos: los compuestos por los escaldas, poetas cortesanos que iban de corte en corte por Escandinavia y las Inglaterra e Irlanda escandinavas recitando complejos poemas en honor de sus anfitriones. Compuestos por paganos para paganos en un mundo pagano y transmitidos con precisión gracias a su compleja métrica, su refinado vocabulario y su anómala sintaxis, cuando se pusieron por escrito se mantenían aún, en muy buena medida, igual que a la hora de componerse y recitarse. Algunos parecen hablarnos desde el más auténtico paganismo tal como lo vivían los escandinavos. Los siguientes versos del islandés Vetrliði Sumarliðason\*, asesinado por los misioneros cristianos, merecen la pena citarse. Esta media estrofa recoge cuatro hazañas típicas de Thor matando gigantes (Þrívaldi tenía nueve cabezas, nada menos):

| | |
|---|---|
| *Leggi brauzt Leiknar* | Rompiste los miembros de Leikn, |
| *lamðir Prívalda,* | a Þrívaldi dejaste inválido, |
| *steypðir Starkeði,* | pisoteaste a Starkaðr, |
| *stétt of Giölp dauða* | a Giölp dejaste muerto. |

---

\* El nombre es curioso: «el del invierno, hijo del verano».

En muchos casos, la información sobre mitología nos llega a través de las metáforas o *kenningar*. Por ejemplo, gracias a éstas nos hacemos una idea mucho más ajustada de qué y cómo eran los etones o de cuáles eran las ocupaciones de Thor. El análisis de algunas de estas metáforas ocupará un espacio obligado en este libro\*.

*Obras en prosa*

Tenemos también las *sagas* y otros textos semejantes en prosa, traten de personajes de la historia propia islandesa, de los reyes de Noruega o de héroes vikingos. Pese a estar escritas por cristianos en época cristiana, recogen aún mucho conocimiento vivo, pero también mucha recreación literaria, de las viejas creencias, aunque no es fácil separar el grano de la paja y distinguir lo que es auténticamente pagano, lo que es pagano pasado por un filtro cristiano, incluso lo pagano tamizado por textos literarios de algún otro origen, incluso de la antigüedad clásica, o lo que no tiene nada que ver con la religión antigua. Entre los textos que no son sagas, tiene especial interés el *Libro de la colonización* de Islandia *(Landnámabók)*, que nos habla de los primeros tiempos de ocupación de la isla y de la construcción de la sociedad islandesa. Mucha de la (escasa) información de carácter religioso contenida en él está seguramente en un estado más prístino que la encontrada en las sagas, aunque sólo sea porque el *Landnámabók* no tenía pretensiones literarias y no se extendía en los episodios, como sucede en las sagas, para crear suspense o rematar artísticamente un capítulo.

Y claro, está el libro del más grande intelectual islandés del Medievo, Snorri Sturluson (1179-1241). Para que los poetas islandeses de su tiempo pudieran seguir componiendo al estilo antiguo, necesitaban conocer no solamente la compleja métrica y demás convenciones poéticas, sino también el riquísimo vocabulario poético, que, muy frecuentemente, tenía una base mitológica pagana. Para poder entender las metáforas y usarlas correctamente es imprescindible conocer muchas cosas no sólo del vocabulario antiguo, sino también, y aquí es donde el asunto se pone más interesante para nosotros, de la mitología pagana. Y hay muchísimas de estas expresiones poéticas, algunas tan complejas como *gnýstærandi gnapsólar riðviggs Gripnis*, «el atronador del fiero sol del oscilante caballo de Gripnir», que quiere decir

---

\* Las metáforas pueden tener su origen precisamente en la necesidad, habitual en tantas religiones, de evitar la mención directa de los nombres de divinidades. Véase el magistral trabajo de Jan de Vries (1934).

«guerrero». Los *kenningar*, inclusive los que tenían una clara base pagana («cabello de Sif [una diosa]» = oro; «Gerð [diosa] de la batalla» = valquiria; «doncella de Ygg [Odín]» = mujer, etc.), siguieron usándose después de la cristianización. Es interesante que la adopción de la nueva religión llevó consigo una primera fase, representada por poetas conversos, en la que disminuye enormemente el número de *kenningar*; pero la siguiente generación no parecía tener ya tanto miedo de que los consideraran recalcitrantes o criptopaganos, de modo que el número de estas metáforas con elementos paganos volvió al nivel de antes de la adopción del cristianismo [3].

### *Snorri y Saxo Gramático*

Para facilitar el aprendizaje, Snorri escribió hacia 1220 un libro en el que explicaba las cosas que debía saber un poeta, incluyendo los *kenningar*. Suele conocerse como *Edda* en prosa o *Edda de Snorri*, y la parte que enumera *kenningar* y tipos de metro tradicional, con ejemplos, se denomina *Skáldskaparmál*, que quiere decir «discurso de la formación de poetas». Pero para completar y dar coherencia a las referencias mitológicas parciales, Snorri añadió una parte en la que presentaba de forma sistemática la mitología pagana, utilizando un procedimiento habitual en el Medievo: el de una persona que pregunta y a la que se le van dando largas respuestas.

Esta narración mitológica se llama *Gylfaginning*, *El engaño de Gylfi* o *La alucinación de Gylfi*, título muy indicativo de cómo veía Snorri el paganismo más de doscientos años después de su abandono oficial en Islandia: no era otra cosa que una alucinación, un engaño de los sentidos; Gylfi, que es el alucinado, va preguntando a tres individuos llamados Altísimo, Igual de Altísimo y Tercero (simples hipóstasis de Odín) quiénes son los diversos personajes que habitan allí. Para Snorri, según parece, el paganismo ya no es algo real, sino que está medio cubierto por un velo de olvido y misterio. Esta obra es fundamental, junto con la otra *Edda* (llamada también *Edda Mayor*, *Edda Poética*), para conocer la base mitológica, digamos narrativa, del paganismo escandinavo. Y es que además de su interés propio, pues muchas de las breves narraciones son pequeñas obras maestras del relato medieval, hay montones de cosas que ciertamente no eran meras invenciones del político y literato islandés, sino que respondían a la realidad *.

---

* Algunos estudiosos han querido rechazar la fiabilidad de la obra de Snorri. Georges Dumézil (1948) hizo una razonada defensa del gran escritor islandés.

En cuanto a Saxo Gramático (1150-1220), este monje danés escribió, también a principios del siglo XIII, una historia más bien legendaria de los reyes de Dinamarca que incluía abundante información que nosotros juzgamos mitológica y religiosa. En algunos casos existe incluso coincidencia entre lo que cuenta Saxo y lo que sabemos por otras fuentes, en cierta medida porque Saxo también utilizó fuentes islandesas; en otras ocasiones, sin embargo, las diferencias entre Saxo y Snorri han hecho correr mucha tinta interpretativa. A diferencia del autor islandés, Saxo utilizó la lengua latina para escribir lo que él consideraba historia, no como relatos mitológicos que tuvieran que ver con los dioses del paganismo. Más evemerístico aún que Snorri, presenta los mitos paganos como sucesos históricos antiguos\*. Pero a pesar de las dificultades de su interpretación, Saxo incluye algunos mitos y leyendas de los que no tenemos información por otras fuentes, incluyendo la historia de Amleto, es decir, de Hamlet príncipe de Dinamarca[4].

### *¿Qué fiabilidad tienen nuestras fuentes literarias?*

Snorri y Saxo escriben a principios del siglo XIII, cuando Dinamarca llevaba ya casi trescientos años de cristianismo oficial e Islandia unos doscientos. Los dos escribían desde su conocimiento de la literatura medieval cristiana e incluso del clasicismo latino, sobre todo en el caso de Saxo. Los dos veían a los dioses en términos *evemerísticos*, es decir, como antiguos héroes divinizados por sus grandes hazañas. La visión de ambos era indudablemente cristiana, y si el paganismo tenía para Snorri un interés sobre todo literario, para Saxo importaba básicamente como fuente histórica. Los dos, necesariamente, veían el paganismo como un error en el que habían vivido sus antepasados durante siglos antes de abrazar la fe cristiana. Es fácil suponer que en sus narraciones haya mucho, o algo, de inventado, de adaptado al menos, con lo que se complica el acceso a lo que realmente era la mitología de los pueblos escandinavos antes de la cristianización. Sólo cuando lo que uno de ellos escribe se ve confirmado por otras fuentes, podemos tener cierta seguridad, pero no siempre. Así que desde el principio hay que tomar una decisión sobre el valor que vamos a otorgar a nuestras fuentes escritas, en especial al libro de Snorri. Los especialistas han oscilado tradicionalmente entre dos extremos.

---

\* Una versión moderna de esta forma de interpretación es la obra de Viktor Rydberg (1886-1889, 1906) sobre mitología escandinava. En su (discutidísima) interpretación, toda la mitología del norte es un único ciclo épico legendario.

### *Todo es verdad*

El primero está totalmente desacreditado hace tiempo: «todo lo que cuenta Snorri es verdadera representación del paganismo de época vikinga». Sin duda, Snorri organizó los relatos mitológicos que pudieran haberse conservado hasta él, en muchas ocasiones probablemente para encontrar él mismo la explicación de referencias ya perdidas; otras veces alteraría las cosas para proporcionarles una forma más atractiva literariamente o para conseguir organizar mitos seguramente bastante inconexos en un conjunto parecido al de la mitología grecolatina sistematizada por los autores clásicos*. De modo que hay que tener cuidado. Básicamente, se puede suponer que será probablemente auténtico un elemento que: (1) aparece en más de una fuente; (2) es coherente con el cuadro general que tenemos de la religión germánica; (3) no parece plausible considerarlo como motivado principal o exclusivamente por los intereses o las necesidades de la narración; (4) no cuenta con equivalentes exactos en otra tradición anterior conocida por el autor.

Es dificilísimo encontrar elementos que cumplan los cuatro requisitos, de manera que siempre tenemos que estar sopesando unas cosas con otras a la hora de decidir si consideramos cierto elemento mítico, o persona, o incluso un mito completo, como parte auténtica de esta religión.

### *Todo es mentira (mejor dicho: «pura literatura»)*

El extremo opuesto está ocupado por los especialistas que exigen que esas cuatro características se cumplan al cien por cien y que, además, añaden el requisito de no considerar auténtico lo que posea cualquier equivalente anterior, aunque sea parcial o remoto, en una cultura geográficamente próxima y que pudiera ser considerada prestigiosa para Snorri y su entorno, ni tampoco lo que aparezca con frecuencia en los cuentos y otras formas de folclore. Esta forma de ver las cosas tiene una consecuencia interesante: apenas existiría en nuestros textos nada que podamos llamar «mitología germánica» o «mitología escandinava».

Si razonamos de esta manera, prácticamente nada queda de original en ningún sitio. Por ejemplo, de la historia de Cristo, tal como la cuentan los Evangelios, habría que eliminar los puntos que a continuación enumero, porque están presentes en mitos regionales anteriores al cristianismo: (a) hijo de Dios; (b) nacido de virgen; (c) hace milagros; (d) enseña una doctri-

---

* Una visión reciente de estos problemas en Dillmann (1992).

na nueva; (e) se autoinmola; (f) resucita. Naturalmente, aunque ninguno de esos elementos, incluso su combinación, sea exclusivo de Cristo, lo cierto es que para los creyentes, e incluso para la mayoría de los agnósticos, la figura mítica de Cristo se caracteriza por esos rasgos.

### *Elementos comunes y diversidad en las mitologías*

Bien, pues algo parecido debía de suceder con los mitos germánicos: algunos elementos son comunes a religiones de todo el mundo; otros lo son a las de todos los pueblos derivados del tronco indoeuropeo; otros aparecen en toda una región geográfica, por ejemplo el norte o el noroeste de Europa, y pueden deberse a interrelaciones. Por ejemplo, la religión germánica comparte elementos con la de los indios navajos, con la que no tuvo ningún trato en absoluto, pero también encontramos semejanzas con otras religiones y mitologías del tronco indoeuropeo, por ejemplo de la India, Persia, incluso Roma y Grecia, o de los celtas, baltos o eslavos. Como otros muchos elementos culturales, las religiones tienen una cierta difusión regional, de modo que pueblos que habitan un área más o menos bien delimitada y que mantienen relaciones regulares llegarán a compartir elementos míticos y religiosos: sucede entre los germanos de Escandinavia desde los primeros tiempos de su llegada allí con los fineses, estonios y saami (lapones); pero también con los celtas, con quienes están relacionados además por sus comunes orígenes indoeuropeos, y con los romanos, cristianos, etc. No podemos esperar que lo «auténticamente nórdico-germánico» sea sólo lo que carezca de cualquier semejanza con cualquier cosa de cualquier otra religión de la época. Más bien es lo contrario, si acaso: lo normal será que cualquier mito germánico, o de cualquier otra religión, muestre semejanzas con los de otros pueblos emparentados o geográficamente próximos. Es el conjunto de mitos, de figuras mitológicas, de relaciones entre todas estas cosas y las condiciones sociales, económicas e incluso geográficas de los pueblos lo que define una religión, independientemente del origen último de cada elemento.

Pero, en realidad, ¿qué es un mito «físicamente»? ¿Un poema, una narración, una imprecación, una parábola...?

### *¿Cómo son los mitos?*

Muchos autores han señalado que para entender el mundo germánico hay que pensar en términos de «sociedades de pequeña escala», por utilizar un término casi técnico para lo que en tiempos solía denominarse «sociedades primitivas». Los antiguos germanos se parecían bastante a los indios norteamericanos o a muchos de esos pueblos «primitivos». Pero en éstos, ¿cómo son los mitos? Pues resulta que pueden ser de muchas formas. Existen canciones dirigidas a las divinidades o en general a los espíritus sobrehumanos, que se cantan únicamente en las ceremonias, frecuentemente sólo por ciertas personas (el chamán, el sacerdote, el brujo...); también hay con frecuencia textos más o menos esotéricos que incluso pueden utilizar para su expresión una forma de lengua, o una lengua, inaccesible a los creyentes. Pero la mayoría de la gente obtiene el conocimiento sobre su religión a través de relatos. Las religiones (aunque no todas)[5] pueden tener un componente teológico, que especifique «cómo son realmente las cosas», incluso las que pueden escapar a nuestra comprensión, y otro narrativo, que explica las cosas de manera que la gente pueda entenderlas más o menos. En cierto modo, podemos decir que hay una parte limitada a los expertos y otra de alcance más amplio: lo que solemos llamar «historia sagrada», gracias a la cual podemos saber que Noé construyó un arca para salvar a unos pocos elegidos, que Jesús fue concebido por intervención divina, que Caín mató a Abel, que los israelitas se apoderaron de Jericó tocando la trompeta, etc. Esta historia sagrada está conformada por narraciones de distinto tipo, incluyendo algunas que, desde el punto de vista de las religiones más institucionalizadas (que suelen carecer de cualquier atisbo de sentido del humor), son sacrílegas o blasfemas pero que en muchas religiones resultan aceptables sin problema alguno: uno puede reírse con historias de animales, de personas o de dioses[6].

Estos relatos nos parecen frecuentemente cuentos populares, y efectivamente lo son, aunque en ellos están contenidos los mitos, y pueden cambiar con el tiempo; es el caso, por ejemplo, de parte de un cuento/mito de un pueblo de cazadores-recolectores del Kalahari[7]:

> El buitre kori hizo un fuego. En el fuego puso hierros largos. Utilizó sus grandes alas para dar aire al fuego hasta que los hierros se pusieron al rojo. Entonces cogió los hierros y marcó el caballo y lo señaló en el costado, es el caballo de la sabana, el que tiene rayas. El buitre kori lo creó; le hizo esas rayas del costado con fuego.

Como puede ver, los caballos y el hierro no son propios de los cazadores-recolectores primigenios, pero, de todos modos, el cuento sigue justificando la creación mítica de la cebra. De manera que pese a la modernidad sigue siendo un mito válido de los !kung. Y vea ahora un breve cuento de Coyote, típico pero poco respetuoso[8]:

Coyote salió. Vio a un hombre lanzando sus ojos al aire. Corrió y dijo: «¡Ojos míos, volved!». Entonces cayeron de nuevo en sus cuencas. Coyote dijo: «Mi abuelo también conocía ese truco. ¿Crees que eres el único que lo conoce?». Se sacó los ojos y los lanzó a lo alto. «¡Volved, ojos míos!» Pero el hombre echó a correr y los cogió, y Coyote se quedó sin ojos.

Pero pese a todo, estos cuentos tienen peculiaridades curiosas. Por ejemplo, los !kung solamente son narrados por adultos y, en general, para otros adultos [9], mientras que los americanos sólo pueden contarse en ciertas épocas del año o sólo para ciertas audiencias: a ningún navajo se le ocurriría contar durante el verano uno de estos cuentos tan aparentemente inocuos, y hay algunos que nunca se relatan si hay algún blanco presente; por otra parte, resulta extraño el uso que con frecuencia se hace de los relatos: para quienes viven en un determinado ambiente intelectual y religioso indio, un cuento puede tener un sentido muy concreto en una determinada situación, aunque el extranjero, el blanco, es incapaz de entender la relación entre la historia contada y la circunstancia en la que ha sido narrada [10]. Además, los mitos no son siempre estrictamente religiosos, sino que mezclan sin empacho alguno lo que tantos críticos occidentales han intentado separar nítidamente: lo mítico y lo legendario. En realidad, en la mayoría de las culturas no se hace esa distinción, que tan importante nos parece, entre religión, historia y narración placentera. También en el mundo germánico se enlazan mito, leyenda, historia y relato [11]. Al existir una relación tan estrecha entre el mito y ciertos géneros literarios, y especialmente ciertas formas de narrar, es imaginable que en su transmisión a lo largo de los siglos, incluso más allá del abandono de las creencias religiosas, se mantuviera más el elemento puramente narrativo que el sentido mitológico, digamos el contenido. Este tema ha sido tratado por diversos especialistas, pero aquí puede bastarnos con una idea central de Máire Herbert [12] en su estudio sobre la diosa irlandesa\*: «los textos literarios... nos permiten vislumbrar algo de la forma en que se representaba lo sobrenatural en la narración». No deberemos olvidar esto al utilizar los relatos de Snorri y Saxo.

### *Inciso: ¿qué es «creer»?*

Pero ¿qué es «creer»? El tema es peliagudo. Puede decirse que una creencia sólo es algo que se manifiesta en ciertos enunciados, es decir, consiste

---

\* Nuestro conocimiento de la mitología irlandesa encuentra los mismos problemas que estamos viendo para la germánica: los textos fueron escritos por cristianos mucho después del abandono del paganismo.

en «cosas que se dicen». Pero no sobre cualquier cosa, porque «creer» implica que se trata de algo que es posible que sea diferente [13]. Si decimos «creo que dos y dos son cuatro» estamos dando a entender que el resultado de la suma podría ser 3, o tal vez 5. «Yo creo en (que) Dios (existe)» se contrapone a «yo no creo en (la existencia de) Dios», «yo creo en Odín» podría oponerse a «creo en Thor» o a «creo en Cristo». Por eso, «creer» se refiere solamente a algo que no es evidente y que, en consecuencia, podría ser de otra manera, y no suele ser objeto de creencia la suma de dos más dos, aunque alguien puede seguir creyendo que la tierra es plana. La creencia puede ser un convencimiento puramente interno, y es característico de muchas creencias, es decir, de aquellas que no cuentan con un apoyo directamente evidente, que sus creyentes se toman extraordinariamente a pecho su opción y están frecuentemente dispuestos a morir y sobre todo a matar por ella. Habitualmente manifestamos nuestra creencia mediante la palabra, lo que, dicho sea de paso, implica que no hay nada más fácil que mentir sobre ellas; ¿o las cosas no son tan sencillas? El caso es que la expresión latina *verba dare*, «dar palabras», ya significaba «engañar» [14]. En realidad, si decimos algo es que lo creemos. Si es usted cristiano, musulmán o judío, intente ponerse mentalmente en una situación pública y formal en la que, con toda seriedad, diga en voz alta: «Creo firmemente en la superioridad de Buda sobre el Dios cristiano (o Yahveh, o Allah)»; o bien, si usted es ateo o agnóstico, en idénticas condiciones imagine que dice «Creo firmemente en Dios»; comprobará que le resulta muy difícil, aunque lo único que ha hecho ha sido *decir una frase*; sin embargo, nadie pensará que lo ha dicho en broma: si lo ha dicho es porque lo cree así. Como ve, «creer» es realmente «decir». Esta profundísima relación entre creencia y palabra es otra forma de la existente entre realidad y palabra que permite la existencia de magia: (1) *X es cierto en la realidad* → (2) *yo creo en/que X* → (3) *yo digo que (es cierto que) X* → (4 = 1) *es cierto que X*. Como ve, hemos cerrado el círculo; ahora basta con decir las cosas en el orden 2-3-4, pues su creencia en algo hace que esto sea realmente así, que exista; ahora empiece con (3) y continúe: digo que X, luego X es verdadero y yo lo creo: ésta es la base de la magia de la palabra.

De modo que «creer» es «decir»; por eso hay religiones que cuentan con un texto que establece los principios básicos de la fe, como es el Credo católico; y por eso los textos sagrados tienen que mantenerse invariables y hay que evitar que sean modificados por creyentes insuficientemente preparados. Y también reside ahí la razón de que existan fórmulas de bautismo, como la sajona, del siglo IX:

*ec forsacho allum dioboles wwercum and uuordum, thunaer ende uuôden ende saxnōte ende allum thēm unholdum thē hira genōtas sint.*
[ek forsájo álum dióboles wérkum and wórdum, zúner ende wóoden ende sáksnoote ende álum zeem ónholdum zee hira guenóotas sint]
«Renuncio a todas las obras y palabras del demonio, de Thonar y Wodan y Saxnōt y todos los diablos que son sus compañeros.»

Los germanos, o los escandinavos de época vikinga, no tenían Credo ni libros sagrados. Sin embargo, «creían» en sus dioses de cierta manera: estaban convencidos de que se trataba de unos seres sobrenaturales que realmente existían y que podían ser favorables o desfavorables, que se podía ganar su favor o evitar su ira mediante la realización de ciertos rituales y, muy especialmente, sacrificios. Es curioso que en la evangelización no se intentaba convencer a los paganos de que sus dioses «no existían», sino de que éstos eran los incorrectos o, en otras palabras, que no eran dioses sino demonios, lo que viene a ser como reconocer la existencia real de Odín, Freya y demás divinidades tradicionales.

### ¿Cuánto pudo pervivir el paganismo?

¿Cuánto tiempo pudo seguir más o menos vivo el paganismo después de la cristianización? El caso es que las fechas que se dan para la conversión son simples referencias generales. Suelen ser el año en el que un rey decide convertirse él mismo y, en consecuencia, declara cristianos a todos sus súbditos. Pero en realidad, aunque de pronto todos los habitantes de una región se encontraban con que podían ser castigados por hacer lo mismo de la semana anterior, sus costumbres, incluidas las religiosas, no habían sufrido ningún cambio. Pasaría un tiempo antes de que los clérigos cristianos llegaran hasta ellos, y entretanto continuarían con sus creencias religiosas de antes. Pasaría aún más tiempo antes de que empezaran a conocer los rudimentos de la nueva religión, también porque estas conversiones políticas masivas no iban precedidas de trabajo evangelizador: primero se bautizaba, y luego ya habría tiempo para ir explicando a los conversos en qué consistía su nueva fe[15].

Entretanto su religiosidad externa era ya cristiana, aunque la mayoría de ellos aún mantenían las ideas de siempre, pues éstas no se cambian de un día para otro. Además, seguían conociendo lo que habían aprendido: ritos, mitos, cánticos, etc. Entre los conversos había gente de diversas edades, y los más jóvenes tenían por delante un prolongado periodo de su vida dentro del cristianismo pero conservando lo que habían aprendido durante sus años como paganos. Supongamos que en una región de Noruega la cristianización se ha consumado en el año 1030; quien hubiera conseguido alcanzar los cincuenta años de edad por entonces probablemente no viviría más allá del 1040 o, con mucha suerte, el 1050. Pero quien tuviera veinte años, edad en la que conocería ya casi todo lo que afectaba a la religión pagana, quizá viviría otros treinta o cuarenta años más, quizá hasta la edad de cincuenta, con lo que ya nos ponemos en el 1060 o 1070. Pero a los quince años los escandinavos eran ya mayores de edad, y es de suponer que para entonces conocerían ya casi todo lo relativo a mitos, rituales y formas de culto, habrían visto celebrar sacrificios y rituales, etc. Seguramente ya conocerían de memoria mitos, cánticos y fórmulas. Y con suerte podían vivir hasta el 1080 o incluso hasta el final del siglo. Lo que significa que cincuenta años después de una cristianización oficial y ultrarrápida, sin vueltas temporales al paganismo, habría aún personas que habían llegado a su mayoría de edad siendo paganas y que difícilmente habrían olvidado completamente esas creencias.

El caso es que las culturas que tienen que apoyarse en lo oral para mantener la memoria de su propia historia disponen de medios mucho más sofisticados que nosotros[16]. Por ejemplo, Ari Þorgilsson, llamado «El Sabio» *(inn fróði)*, aún pudo escribir a finales del siglo XII una breve historia de los primeros tiempos de Islandia, el *Libro de los islandeses* o *Íslendingabók*, a partir de historias contadas por ancianos que las habían oído a su vez de quienes habían vivido los hechos.

### *Genealogías (más o menos míticas)*

Todavía en los años setenta se recogieron en Islandia canciones genealógicas populares que incluían los nombres de bastantes generaciones y que mostraban un gran parecido formal con genealogías que conocemos de la isla y otras partes de Escandinavia, pero también de las dinastías reales anglosajonas recopiladas en los siglos IX y X, como la siguiente:

> Æðelred Pending, Penda Pybbing, Pybba Creoding, Creoda Cynewalding, Cynewald Cnebbing, Cnebba Icling, Icel Eomæring, Eomær Angengeoting, Angengeot Offing, Offa Wærmunding, Wærmund Wihtlæging, Wihtlæg Weoþolgeoting, Weoþolgeot Wodning, Woden Frealafing.

Estas genealogías suelen remontar la estirpe real hasta algún dios pagano; en la que acabamos de leer aparece Woden.

### Las inexistentes versiones originales de la literatura oral, incluidos los mitos

El problema de la transmisión oral es que no tiene sentido hablar de versiones originales porque no existen posibles puntos fijos de referencia. Varias personas pueden darse cuenta de que circulan versiones algo distintas de un mismo canto, y cada una pensará que la suya es la buena porque es la que oyó de labios de su maestro, que es su garantía de autenticidad. O puede haber algún motivo que lleve a adoptar la versión de otra persona, quizá porque esté considerada un cantor especialmente versado en los temas tradicionales. Pero en general seguirán existiendo diversas versiones a menos que se cree una institución, por ejemplo un colegio sacerdotal, que conserve la versión canónica de las historias, canciones y mitos. Pero esto no sucedió nunca entre los pueblos germánicos. Además, un mismo mito o canto podía circular entre varias tribus vecinas. De vez en cuando podrían comprobar que todos ellos compartían ciertas historias, aunque con variaciones: por ejemplo, aunque estaría claro que ciertos personajes eran los mismos, tendrían distintos nombres.

El caso es que la existencia de variantes, tanto personales y regionales como cronológicas, es la forma de ser de la tradición oral, y no podría ser de otra forma. Y como acabamos de ver, es fácil que se conservaran muchas tradiciones paganas, no necesariamente disfrazadas sino como «las cosas de cuando nuestros antepasados eran paganos». Ciertamente, la adopción del cristianismo en el ámbito individual debió de implicar un claro rechazo a explicar las cosas del paganismo, porque el cambio de religión era algo demasiado radical como para seguir manteniendo una postura equilibrada ante lo abandonado. Debió de quedar en ocasiones cierto resquemor frente a la religión practicada durante años, quizá por resentimiento contra quienes «me habían mantenido en el error, arriesgándome así a la condenación eterna»; o bien por una cuestión mucho más mundana, de simple autodefensa: «mejor no contar nada de los viejos tiempos, no vaya a ser que alguien piense que sigo creyendo en la antigua religión y practicándola», lo que podía tener consecuencias más que desagradables.

### Otras fuentes: cuentos y tradiciones populares

Pero tenemos más cosas que nos informan sobre la antigua religión. Por ejemplo, se han conservado textos de la magia o la medicina populares que aún mantienen nombres de dioses e incluso pequeños mitos antiguos disfrazados, y de aquí y allá se han podido ir recopilando otros muchos elementos de utilidad clara aunque no siempre de interpretación sencilla. Los hermanos Grimm, en su monumental estudio de la mitología germánica (1835), hicieron uso constante del folclore, y esa tradición aún se mantiene, aunque con herramientas mucho más refinadas. Lo mismo sucede con las tradiciones populares: costumbres funerarias, de bodas, fiestas de la cosecha o los solsticios y equinoccios, elementos anómalos de lo que vemos como tradiciones cristianas, etc. Hay tradiciones que han pervivido muchos siglos y que, aunque nunca son explícitamente paganas, pueden conservar nombres y atributos de antiguas divinidades, ritos, etc. Tenemos también historias que quieren explicar un topónimo, un rasgo orográfico, la situación o las características de una iglesia, etc., apelando a intervenciones sobrenaturales; son muy frecuentes en los países germánicos, de modo que resultarán muy útiles aunque su interpretación exige andarse con pies de plomo. Lo mismo sucede con los cuentos y otros textos populares, como las baladas de Escandinavia, sobre todo las faroesas (que se han conservado vivas hasta hoy mismo), en las que a veces reconocemos claramente sus orígenes paganos.

### *Más fuentes: la arqueología*

Finalmente, la arqueología del norte de Europa nos proporciona valiosísimas informaciones para conocer los más variados aspectos de una religión desaparecida. En este libro estaremos encontrándonos constantemente con la arqueología, de modo que ahora no vale la pena extenderse al respecto. De todos modos, no es nada sencillo interpretar en términos de religión lo que encontramos en las tumbas, las ruinas o los grabados rupestres, y muchas cosas están lejos de haber sido dilucidadas a satisfacción de todos[17].

### *La religión también cambia*

Tendemos a pensar que el paganismo germánico es esencialmente el mismo de principio a fin: sin planteárnoslo realmente, esperaríamos que las cosas fueran iguales a lo largo de su historia de más de tres mil años. Si lo pensamos un poco, vemos que semejante situación es de lo más improbable. El cristianismo lleva dos mil años de vida; al principio no había más que uno (en realidad desde el principio hubo más), pero desde hace muchos siglos tenemos varios: iglesias armenia, copta, etíope, ortodoxa, católica, las numerosas denominaciones que solemos agrupar en la etiqueta «protestantes», más las sectas que surgen de vez en cuando. Todos estos grupos cristianos no sólo son distintos, sino que históricamente han estado gravemente enfrentados: recuérdense las guerras de religión del siglo XVI o las del XXI. Algunos rechazan las imágenes de santos y su culto; otros no reconocen un papel especial a la Virgen María. Muchos carecen de procesiones solemnes o de comunión, mientras que en algunos lugares se puede llegar casi al sacrificio humano. En otros tiempos* todo esto se complicaba con la presencia de *herejías*, que en la mayoría de las ocasiones daban lugar a represiones sangrientas (cátaros, anabaptistas...). Lo que mantiene en común todo el cristianismo son en realidad unas pocas creencias básicas y más bien abstractas, no asociadas necesariamente a unos ritos ni a un tipo determinado de sacerdote. Pero también hay diferencias a lo largo del tiempo: el cristianismo de las catacumbas era muy diferente del actual, incluso doctrinalmente, y desde luego no había santos ni grandes iglesias, ni tenían poder temporal alguno. De modo que el cristianismo, y dentro de él el catolicismo, ha ido cambiando con el tiempo, y mucho, a lo largo de dos mil años. Lo permanente es muy general y bastante abstracto... precisamente el tipo de cosas que no esperamos en una religión como el paganismo germánico, más centrada en rituales concretos y en fórmulas verbales que en ideas, dogmas y creencias.

* Pero ahora también, pues el Vaticano obliga a los teólogos, de vez en cuando, a cambiar sus obras, o las prohíbe directamente, por alejarse demasiado de la ortodoxia, como leemos con cierta reiteración en la prensa. Aunque, claro, estamos en el siglo XXI y ya no se habla de *herejías*.

CAPÍTULO 2

# LA RELIGIÓN DE LOS TIEMPOS ANTIGUOS

*¿Quiénes eran los germanos?*

Simplificando, podemos decir que los germanos eran unos pueblos de lengua y cultura indoeuropeas surgidos en torno a la mitad del primer milenio a.n.e. a partir de los pueblos asentados desde antiguo en el norte y de algunas tribus indoeuropeas llegadas del este que, poco a poco, fueron cambiando y diferenciándose de los otros pueblos de la familia. Aunque seguramente en número tan pequeño que no alteraron apenas la identidad étnica de las poblaciones autóctonas[1], llevaron consigo una cierta forma de hacer cerámica y de construir casas, ciertos tipos de armas, formas nuevas de enterrar a sus muertos, de actividad económica, de organización política y militar, una nueva estética... y también una determinada forma de ver el mundo, así como una serie de ideas que podemos denominar religiosas. Si la lengua fue desarrollándose sobre las que había allí antes[2], la religión debió de sufrir un proceso semejante de sincretismo. Ciertamente, la idea tradicional de los indoeuropeos como «invasores» ya no es defendible: como ha escrito J. Mallory[3], no se trató de «divisiones proto-pánzer de guerreros indoeuropeos», sino de la expansión gradual de pequeños grupos que iban asentándose poco a poco por territorios cada vez más amplios.

El resultado fue la creación de una identidad lingüística y cultural que identificamos con la etiqueta «germánica», que se decantaría de modo definitivo cuando el contacto con otros grupos indoeuropeos de la zona se rompió de modo prácticamente total hacia mediados del primer milenio a.n.e.: la condición ideal para el surgimiento de una lengua nueva desgajada de una unidad más amplia y antigua es precisamente la ruptura del contacto. Cuando se produce una innovación en un punto cualquiera del territorio de una lengua, esa novedad llegará en mayor o menor grado a todas partes; pero si se crea una barrera que impida el trato, lo que al principio era sólo barrera física y luego también política a lo mejor se convertirá también en barrera lingüística [4]. El caso es que los germanos en cuanto tales surgen del aislamiento de sus parientes y de la mezcla con otros pueblos. Nada más lejos de la pureza étnica germánica que propugnaban los nazis.

Algo parecido sucedió cuando los indoeuropeos que habitaban ya el continente se adentraron en la península escandinava, ocupando el sur de Suecia y Noruega. Allí se encontraron ya entonces con los antecesores de fineses y saami (o lapones, término que para ellos es ofensivo), que vivirían allí quizá desde el 3300 a.n.e. [5]. Los contactos entre escandinavos y fineses fueron siempre estrechos, aunque no siempre libres de conflicto, y la literatura escandinava medieval está llena de referencias a ellos, que nunca se interrumpieron y que sin duda comenzaron ya en la Edad del Bronce o incluso antes. Ya veremos cómo algunos de los rasgos peculiares de la religión germánica escandinava pudieron ser fruto de este prolongado (e íntimo) contacto.

### *¿Hasta cuándo puede remontarse nuestro conocimiento de las mitologías germánicas?*

¿Desde cuándo hay germanos? La pregunta es difícil de responder, y los estudios al respecto ponen siempre de relieve esa dificultad [6]. El caso es que para nosotros la identidad étnica puede ser clara, aunque por regla general sólo en forma muy superficial y determinada en buena medida por ideas preconcebidas y estereotipos. Las cosas son complicadas ahora, y no podemos esperar que hace más de dos mil años fueran netas y claras. Las definiciones de «germano», «cultura germánica» y «religión germánica» serán siempre problemáticas y tendremos que contentarnos con ideas más bien genéricas y un tanto vagas, de límites difusos y además cambiantes a lo largo del tiempo. Eso sí: excepto los que vivían en inmediato contacto con el Imperio Romano, nadie perteneciente a cualquiera de esas muchas tribus se denominaría a sí mismo, ni a la tribu de al lado, *germano*. Cada tribu tendría su propio nombre, o ninguno; pero incluso esto es una simplificación excesiva, porque, como veremos pronto, las tribus mismas son un fenómeno relativamente reciente en el ámbito germánico. Y no sólo reciente, sino variable, porque las tribus y las confederaciones de pueblos surgían y desaparecían al albur de las necesidades concretas de un momento concreto. Lo mismo sucedería con las creencias religiosas. Un germano de una tribu que estuviera de paso por otra probablemente no reconocería los nombres de algunas divinidades, pero comprobaría enseguida que, pese a las diferencias de nombres, había gran similitud entre, por ejemplo, la diosa de su pueblo y la de aquel en que se encontraba en ese momento. Incluso podría participar en los rituales y los sacrificios sin demasiadas dificultades, aunque algunas cosas le parecerían algo extrañas. Claro que si en vez de visitar una tribu germánica iba a una céltica pasaría algo semejante: menos puntos de contacto y seguramente algunas diferencias llamativas, pero también reconocería muchas cosas como casi iguales a las suyas.

Creemos conocer bastante la mitología y la religión escandinavas de la época vikinga, entre los siglos VII y XI, cuando ya se imponía el cristianismo en todas partes. Con dificultades, podemos enlazar eso que sabemos con datos más bien dispersos y con la información arqueológica para comprobar ciertas líneas constantes hasta la época de las migraciones germánicas, de modo que llegamos a situarnos a principios de nuestra era o un poco antes, aunque para ello hayamos tenido que renunciar a muchísimos detalles y quedarnos con el simple esqueleto de una religión. Ahora bien, ¿no podemos seguir hacia atrás, comprobar si Odín/Wodan, Thor/Donar, Frey y Freya, los sacrificios humanos, etc., existieron antes? En otras palabras: ¿no podríamos ver algo de cuál fue la religión más antigua, la original, la primitiva, de los germanos?

Por un lado parece claro que la respuesta es sí. Muy pronto nos referiremos a los grabados rupestres del sur de Escandinavia, que, sin duda, tenían carácter ritual/religioso y seguramente representaban mitos que (quizá) podemos reconocer; incluso creemos poder identificar algunas posibles divinidades. Y estos grabados se encuentran en una zona habitada por pueblos que nos resultan familiares en época vikinga. Y no sólo se trata de los grabados rupestres; también tenemos los restos de grandes sacrificios en los pantanos de la península de Jutlandia y el norte de Alemania, escalonados desde la Edad del Bronce hasta la época romana. De modo que entre unas cosas y otras parece que podemos rastrear la religión germánica hasta aproximadamente la mitad del segundo milenio a.n.e. Pero... ¿germánica?

Aquí entra en juego una discusión que puede parecer bizantina pero que lleva ocupando a muchos especialistas en filología y arqueología desde hace más de ciento cincuenta años: ¿Podemos llamar «germanos» a esos pueblos de la Edad del Bronce? Podríamos decir que hacia el 1500 a.n.e., en el norte de Alemania y sur de Escandinavia comenzó a desarrollarse una cierta población, con testimonios arqueológicos claros, que seguramente creó también los grabados rupestres de ciertas zonas de Escandinavia y fue responsable de los sacrificios de objetos, armas, animales e incluso personas. Sin duda, estos pueblos tenían ciertas creencias religiosas que fueron evolucionando con el tiempo y que, ciertamente, no eran monolíticas e indiferenciadas pero poseían numerosos rasgos comunes.

### *De confederaciones y reyes*

Los germanos carecían de cualquier idea de nación o identidad étnica: había clanes y tribus más o menos pequeñas que de vez en cuando, y a fines del Imperio Romano de modo más general, se aliaban, normalmente de manera temporal, en lo que se suele denominar «confederaciones», grupos de tribus que decidían aceptar temporalmente la autoridad de un jefe. En los tiempos más antiguos, los reyes germánicos eran tan sólo los jefes de un clan, centrados posiblemente más en las funciones militares que en las políticas de la comunidad, como atestiguan los sucesivos nombres de esta institución a lo largo del tiempo. Al hablar del *comitatus* germánico volveremos a encontrarnos con los reyes, que reaparecerán cuando tratemos de Odín. Parece que en los tiempos más antiguos el equivalente de «rey» era el *þeudans*, algo así como «jefe *(-ans)* del pueblo *(þeud-)*», aunque esa palabra para «pueblo», de donde proceden el alemán *deutsch* y nuestro *teutón*, no se refería tanto a la identidad étnica como al hecho de combatir juntos[7]. Pero este nombre fue perdiéndose en todas partes excepto entre los godos y acabó siendo sustituido por el que aún existe hoy día en todas las lenguas germánicas: el inglés *king*, el alemán *König*, el neerlandés *koning* y el sueco/noruego/danés *konge* proceden de una palabra germánica, *kuningaz*, derivada de *kun-*, el término germánico para el «clan», relacionado con el latín *gens* y que nos remonta a una raíz con el significado de «en*gen*drar»: se trata entonces de todos los que tienen un mismo antepasado o pro*gen*itor. Así que el rey era como el jefe de la familia entendida en sentido amplio, y quizá sus funciones originales incluían algunas correspondientes a los cabezas de familia propiamente dichos, como realizar los ritos y sacrificios religiosos que interesaban al clan \*. En las lenguas germánicas existe también una palabra para «rico + poderoso», pero es interesante comprobar que este vocablo indoeuropeo fuera el que se usó para expresar el concepto de «rey» entre hindúes y celtas, pasando por los latinos, aunque es desconocido en otras lenguas: es la raíz del *rajá*, del *rex* latino, de nuestro *rey* y del *ríg* irlandés. En las lenguas germánicas esta palabra no procede directamente del indoeuropeo, sino que está tomada de algún idioma céltico: *rík-*, y debió de incorporarse a las lenguas germánicas antes del año 500 a.n.e. Todo esto quiere decir que los antecesores de los germanos no tenían nada parecido a reyes de verdad, y que su organización social estaba centrada en tribus a pequeña escala. Tácito, en el año 98 d.n.e., y César el siglo anterior, ya se habían dado cuenta de que las tribus germánicas no tenían reyes, sino sólo *principes*, que podríamos traducir como «caciques», aunque, en realidad, la palabra latina significa simplemente «los primeros». El desarrollo de la institución real va unido al contacto con los romanos, de modo que durante las migraciones hubo tribus que se aliaban o confederaban de vez en cuando para enfrentarse a los romanos y elegían un rey cuya función principal era dirigirlos en el combate; otras veces alguien intentaba convertirse a sí mismo en rey en competencia con otros, frecuentemente miembros de su misma familia, lo que solía dar lugar a luchas fratricidas en el sentido estricto de la palabra. Un buen ejemplo es el gran jefe hérulo Arminio, del siglo I d.n.e., muerto por sus parientes, celosos de su poder político, y que es considerado como el probable origen último de la leyenda de Sigurð/Sigfrido \*\*.

### *Cómo vivían los primeros germanos y qué consecuencias tenía esa forma de vida para su experiencia religiosa*

Vemos a los vikingos como grupos de guerreros que al marchar de expedición dejaban atrás a sus familias, es decir, ancianos, mujeres y niños, dedicados a la agricultura, el cuidado del ganado y las tareas domésticas habituales. Solemos saber, además, que vivían en pequeñas aldeas o, con más frecuencia incluso, en granjas bien separadas unas de otras. Hay que añadir que nos parecen gentes fieras, rudas, hasta brutales y salvajes, aunque no carentes de cierta sofisticación: constructores de los mejores barcos europeos de su tiem-

---

\* Como veremos al hablar de Odín, Enright (1996) lleva mucho más allá este carácter familiar del rey.
\*\* El dragón sería entonces el recuerdo de los estandartes romanos.

po, hábiles herreros, artesanos, carpinteros... Su comercio les llevó a adquirir objetos valiosos de orígenes muy lejanos, lo que comprobamos en cualquier libro que incluya fotos de los tesoros encontrados en sus ciudades mercado de Birka, Hedeby o Kaupang. Si miramos hacia atrás, a los tiempos previkingos, tendemos a trasladar esa misma imagen con pocas modificaciones, a menos que por algún motivo, profesional o de mera afición, hayamos leído sobre el modo de vida de los grupos germánicos más antiguos. Hollywood ha impuesto una imagen de barbudos y feroces guerreros vestidos de pieles que viven en sucias aldeas con sus mujeres rubias, que, por algún motivo que desconozco, se pasaban la mayor parte del tiempo yendo a buscar agua y lavando a la orilla del río.

Pero en realidad no resulta demasiado fácil imaginarse a los germanos, entre otros motivos porque su modo de vida difería bastante de unos lugares a otros y, sobre todo, de una época a otra. A continuación intentaré reconstruir su forma de vida a grandes rasgos, centrándome en lo que debió de tener especial importancia para la configuración de las ideas, ritos y mitos de su religión. Empezaremos por los primeros tiempos, cuando aún no podemos hablar de germanos pero sí de indoeuropeos que acabarían por convertirse en tales; a éstos se dedicará la segunda parte de esta revisión, es decir, más o menos a la cultura arqueológica de Jastorf, en el noreste de la actual Alemania, que, con todas las precauciones, se considera la primera propiamente germánica. Pasaremos después a los tiempos de las grandes migraciones y dedicaremos un espacio a los anglosajones; de los escandinavos hablaremos con más detenimiento a lo largo del resto del libro. Intentaremos demostrar cómo el modo de vida tenía profundas consecuencias en las creencias religiosas, e iremos construyendo una imagen históricamente cambiante de éstas.

### *Los pregermanos de la Edad del Bronce en Escandinavia*

El periodo prehistórico denominado Edad del Bronce nórdica abarca los que luego serían territorios germánicos, es decir, la parte central y septentrional de la actual Alemania, así como el territorio danés y el sur de Suecia y Noruega, aunque casi exclusivamente las regiones costeras. Es una época de clima más templado que el actual, con relaciones comerciales bastante amplias que unían el sur de Escandinavia con el Mediterráneo; podemos suponer que entre los muchos pueblos indoeuropeos repartidos por el centro y el sur de Europa las lenguas podrían permitir aún en esta época, hacia el año 1700 a.n.e., ciertos niveles de comunicación, que luego desaparecería por completo. Ciertamente, los contactos de los pregermanos con preceltas, prebaltos y preeslavos debían de ser cotidianos. Si el bronce era el material de prestigio en estos momentos, su inexistencia en la región y la consiguiente necesidad de importarlo a cambio de otras mercancías (entre las que predominaba el ámbar del Báltico) hacían imprescindible el comercio en condiciones de cierta seguridad física: a todos les convenía más la estabilidad de la paz que la amenaza constante de la guerra.

Los asentamientos eran pequeños, la tecnología del cultivo de la tierra bastante primitiva, las relaciones sociales básicamente igualitarias y los enfrentamientos guerreros más bien esporádicos, lo que explicaría la inexistencia de enterramientos de guerreros con sus armas, como sería frecuente más adelante. El ganado doméstico era de pequeña talla y no muy productivo, y los cultivos, poco variados y siempre dependiendo de que cayeran las lluvias adecuadas en el momento preciso. La época era templada, ya sabemos, pero también bastante seca. Conservamos por algunas tumbas y sacrificios ropas de la época, y resulta llamativo comprobar que en el vestuario de las mujeres jóvenes eran habituales faldas muy cortas y blusas sin mangas que serían impensables mil años después, cuando el clima sufrió un enfriamiento radical. Las cosas siguieron así muchos siglos, hasta que a partir del siglo VII a.n.e. empezaron a cambiar. En esta sociedad netamente agraria, la religión estaba claramente centrada en todo lo referente a la fertilidad; quizá con predominio de las divinidades femeninas, a juzgar entre otras cosas por la frecuencia de elementos femeninos en los depósitos votivos arrojados a los pantanos en la llamada «fase V» de esta era, entre el 900 y el 700 a.n.e.[8].

## *La religión de los grabados rupestres escandinavos de la Edad del Bronce*

De esa religión, no podría ser de otra forma, no tenemos testimonios escritos, ni propios ni ajenos. A cambio, disponemos de una gran cantidad de grabados rupestres, no en cuevas sino al aire libre, que sin duda se prestan a la interpretación religiosa. La Edad del Bronce fue una época muy dada a este tipo de representaciones, pero aquí nos interesan las que se efectuaron en el sur de la península escandinava a lo largo de al menos seis siglos, desde casi los comienzos mismos de la Edad del Bronce, es decir, hacia el 1500 a.n.e., hasta principios de la del Hierro, hacia el 500 a.n.e., y, con ella, los dramáticos cambios que veremos en la sección siguiente. Claro que es muy difícil datar una piedra, con lo que las fechas absolutas brillan por su ausencia y nos tiene que bastar con cronologías relativas siempre dudosas. Los problemas implícitos en el estudio de estos grabados son enormes, aunque pese a todo existe un cierto consenso[9].

Los grabados son sencillos, no muy profundos, realizados en grandes rocas expuestas a las inclemencias del tiempo y, por lo general, no acompañadas de objetos de ningún tipo. Aunque todo el mundo los considera dotados de carácter religioso y ritual, no tenemos ni idea de los rituales que podían acompañarlos, ni por qué siglo a siglo iban superponiéndose unos grabados a otros, aunque da la sensación de que se intentaba armonizar las representaciones nuevas con las que ya estaban allí, de tal manera que podría pensarse en grandes frescos religiosos realizados acumulativamente a lo largo de muchos siglos. Sabemos que los grabados se fueron repintando una y otra vez[10] y que guardaban ciertas relaciones espaciales, más bien vagas, con los enterramientos[11].

Los grabados, en su gran mayoría, parecen apuntar a una religión netamente agrícola. Si queremos usar términos que sólo tienen unos dos mil años más que los propios grabados, diríamos que es una religión típicamente de Vanes. De ahí una interpretación habitual hasta la llegada de las propuestas comparatistas de Georges Dumézil: los Vanes serían los dioses de una religión agrícola que entró después en conflicto con otra más aristocrática, con la guerra y el poder como elemento fundamental, que habría llegado con los indoeuropeos, según las ideas más antiguas, o del mundo germánico meridional, como propuso el estudioso islandés Ólafur Briem[12]. A fin de cuentas, los germanos son seguramente la cristalización de parte de los grupos que conformaban la Edad del Bronce nórdico, y sabemos bien que, una vez establecida la llamada cultura de Jastorf, ésta fue extendiéndose hacia el norte, precisamente a todas esas regiones donde a lo largo de muchos siglos se habían estado haciendo estas representaciones.

### «*La*» sol

La religión de esta época parece centrada en dos temas, áreas o ámbitos distintos pero estrechamente relacionados: el sol y la fertilidad; ambos se asocian muy estrechamente con la muerte. Del primero hay muchísimas representaciones más bien abstractas pero que nos pueden resultar identificables, entre otros motivos porque cosas parecidas las encontramos en otros muchos sitios[13]. Tenemos una gran cantidad de círculos, círculos concéntricos y aparentes ruedas que sin duda representaban al sol. Muchas veces, unas figuras antropomorfas que suelen ir armadas con un hacha (otro símbolo solar) tienen, en vez de cuerpo propiamente dicho, uno de esos círculos solares. Frecuentemente, esas figuras de hacha y sol tienen también el pene erecto, en una referencia clara a su relación con la fertilidad, sea ésta humana, animal o agrícola.

La relación del sol con los círculos y las espirales puede parecer obvia y no tenemos que detenernos en ella. El asunto de la rueda es ya algo distinto, pero seguramente existe una estrecha relación con algunas cosas que conocemos de época posterior y con el testimonio de muchos sacrificios en forma de depósitos votivos en los pantanos: sabemos que había, hasta en época vikinga, procesiones ceremoniales en las que se trasladaba algo en un carro, y efectivamente se han encontrado carros enteros y fragmentos de ellos, especialmente ruedas, a lo largo de los siglos, sobre todo en las regiones más septentrionales de Alemania y el sur de Escandinavia. Y existe una preciosa pieza de la Edad del Bronce, hallada en Dinamarca (Trundholm), que representa unos caballos arrastrando un carro de dos ruedas sobre el que figura un enorme círculo solar, con uno de sus lados (el día) cubierto de oro, mientras que el otro (la noche) es oscuro. Así que la asociación del sol y el carro —y con él la rueda— parece constante en el mundo germánico, seguramente herencia indoeuropea [14].

Y sí, Sol era una diosa en el mundo germánico, fenómeno no muy frecuente; si en estos grabados apenas aparecen figuras femeninas y sí muchas masculinas, quizá era porque no estaba permitido representar de manera explícita a la «diosa», y había de bastar con sus símbolos [15]. Esta peculiaridad germánica de «una Sol» puede rastrearse por muchos sitios a los que llegaron los pueblos germánicos, incluso en España, donde alguna iglesia del norte, como la de Estella, en Navarra, nos muestra representaciones evidentes de «la sol» y «el luna», probablemente huella de los visigodos que anduvieron por aquí. Curiosamente, el culto al sol desapareció en el mundo germánico que veremos en el capítulo siguiente. ¿Quizá resultado del cambio climático? ¿Quizá como consecuencia de la masculinización del paganismo, resultado de la creciente importancia de la guerra? Parece que aún quedaba algo en tiempos de César, pero la sustitución se había producido ya casi por completo: en vez del sol, los germanos habían pasado a adorar al Cielo (que es gramaticalmente palabra masculina) en la figura de Tîwaz.

Pero hay más. El sol se asocia también con los barcos, y de la forma más evidente: hay numerosas representaciones de naves, algunas de las cuales contienen un enorme círculo solar sobre la cubierta. Mucho más tarde, la diosa Nehalennia estaba asociada a los barcos y era claramente una diosa de la fertilidad, pues solía ir acompañada del cesto con frutos que caracteriza a las *Matronae*. Si juntamos todas estas cosas, podremos ir ampliando el ámbito de referencias solares:

Sol-hacha, de modo que el hacha puede usarse por sí sola para hablar del sol, lo que no es exclusivo de los pregermanos. Una figura antropomorfa con hacha puede ser representación de algún ritual solar, aunque no del sol mismo, pues éste era femenino, como ya sabemos.

Sol-ruedas-carro, como acabamos de ver.

Sol-barco. Quizá, como han propuesto algunos estudiosos, «la» sol recorría los cielos en carro durante el día pero por la noche se embarcaba para atravesar los mares del otro mundo. Ya veremos que incluso para los vikingos, y pese a su estrecha relación con el mar (o quizá precisamente por ello), el océano era un lugar tenebroso que incluso era habitado por un monstruo al que ni siquiera Thor pudo destruir. El barco estaría relacionado entonces con el sol, pero quizá en su aspecto más terrible, lo que nos trae a la memoria las estrechas relaciones entre la muerte y el barco: Nehalennia, los túmulos rodeados de piedras que trazan el contorno de un barco y, sobre todo, los enterramientos de barco. Pero en los grabados rupestres no aparecen simples barcos, en los que incluso podemos reconocer el número de remeros (aún no usaban velas), sino que también abundan las naves en las que se está realizando un ritual: figuras bailando y haciendo cabriolas, así como tocadores de trompa. En esos barcos también hay matrimonios sagrados, uniones sexuales de un hombre y una mujer, así como figuras antropomorfas —pene erecto— que sostienen lo que debe de ser, sin duda, un modelito de barco, un exvoto, una ofrenda… que se han podido encontrar también como parte de ofrendas votivas.

Sol-lanza. Tenemos figuras de hombres —pene erecto— con cuerpo de disco solar y que portan una enorme lanza, tan grande que no serviría como arma, de modo que habría de ser un objeto ceremonial. Luego el «dios de la lanza» (que más tarde asociaremos con Wodan/Odín pero que al principio fue Tîwaz) estaba seguramente asociado de modo ritual al sol: el cielo y «la» sol en sagrada unión.

A partir de estas asociaciones simbólicas podemos construir incluso imágenes complejas. Por ejemplo, el enlace sexual sagrado entre un hombre y una mujer presidido por un ser antropomorfo que sostiene en alto un hacha; al lado del grupo, un animal. Puede tratarse del acto sexual en honor al sol, propiciatorio de la productividad de la mayor riqueza de estos pueblos: su ganado. Demos un salto de muchos cientos de años: el martillo de Thor, sucesor del hacha, se usaba para santificar los matrimonios en tiempos vikingos.

Todo esto —que representa la mayor parte de los grabados— haría referencia directa a la preocupación máxima de estos pueblos agricultores: garantizar las buenas cosechas, la productividad de sus animales domésticos, la fertilidad de las mujeres. En cambio, no existen grabados que hagan referencia directa a la guerra, aunque sí abundan los hombres armados de lanzas o hachas y también los hay con arcos y flechas, lo que parece hacer referencia a la caza. Las espadas son extraordinariamente raras, y algunas de las poquísimas que aparecen están claramente conectadas con la fertilidad; por ejemplo, una espada o daga que apunta a las partes sexuales de una cerda. Hay hombres (las mujeres sólo aparecen en relación directa con éstos, y en la realización de un acto sexual ritual) que parecen estar cubiertos por pieles de animales, cuyos rabos colgantes semejan en ocasiones una espada colgada del cinturón (pero allí y en esa época no existían tales espadas largas), o bien están disfrazados, frecuentemente de pájaros. En algunos pocos casos, unas figuras mucho más grandes de las que hay a su alrededor pueden ser divinidades, y nos sentiríamos inclinados a ver a Tîwaz como el «dios de la lanza» y a Þunaraz como el «dios del hacha».

Muchas de estas cosas parecen encontrar reflejos tardíos, siglos después, en objetos de uso ritual, como las diminutas plaquitas metálicas en las que se representa lo que puede ser un matrimonio ritual, con un hombre y una mujer abrazados, aunque la cruda inmediatez de los grabados rupestres no se repite. O las piezas de metal —en yelmos, por ejemplo— con representaciones de guerreros solos o en parejas que parecen estar realizando una danza, armados con varias lanzas. En las páginas de este libro volveremos a referirnos a estos grabados, que nos transmiten, de forma demasiado misteriosa, la realidad ritual de las religiones que darían lugar a la germánica en sentido estricto.

### *El final de la Edad del Bronce*

A partir del 700 a.n.e. empieza a producirse un cambio climático que culminaría en los comienzos de la primera Edad del Hierro, hacia el 500 a.n.e. El cambio fue realmente brutal: en Escandinavia, la temperatura media anual descendió dos grados, el límite septentrional de la agricultura bajó de los 68° a los 60° norte, los glaciares escandinavos aumentaron 10 metros y desaparecieron miles de hectáreas de terrenos arbolados en los que se encontraban alimentos de alto valor nutritivo, como las nueces. Lo que había sido seguramente una existencia sencilla pero apacible, si bien con la preocupación de conseguir las lluvias adecuadas en los momentos oportunos, se convirtió ahora en incertidumbre.

Y entonces empiezan a multiplicarse los grandes sacrificios votivos en las ciénagas de Dinamarca y el norte de Alemania. Ya no se tratará sólo de arrojar objetos valiosos a las lagunas como regalo a los dioses, o restos de animales consumidos en festines rituales. Ahora hay que sacrificar seres humanos, porque el favor de los dioses parece más difícil de obtener y hay que recurrir a entregarles lo más valioso. Pero no voy a hablar ahora de este tema, que podrá comprenderse mejor en su integridad en el capítulo dedicado a los sacrificios y rituales. Baste con no olvidar que los drásticos cambios en el clima alteraron las condiciones de vida, y con ellas también las creencias religiosas.

CAPÍTULO 3

# CÓMO CAMBIA UNA RELIGIÓN

*Los primeros germanos de verdad*

Hacia mediados del primer milenio a.n.e., lingüísticamente ya podríamos identificar a un pueblo como germánico [1]. Los contactos con otros pueblos, antes muy amplios, quedaron casi limitados a los de hablas célticas, gentes que usaban el hierro con gran habilidad y que conocemos como cultura de Hallstatt. Aquellos germanos no vivían en aldeas, apenas en pequeños grupos formados por dos o tres casas en las que habitaban otras tantas familias unidas entre sí por lazos de parentesco. En toda la Germania de esta época, que incluye casi la totalidad de la actual Alemania, los Países Bajos, las tierras danesas y las costas meridionales de la península escandinava, apenas habría dos o tres millones de almas. Los pequeños asentamientos podían contar con veinte o treinta personas, dedicadas casi todo el tiempo a las tareas domésticas, la agricultura y el ganado, aunque sus perros, ovejas, vacas y caballos nos parecerían ahora enanos: los caballos, con una alzada de apenas 130 cm, podían transportar a una persona, pero su uso principal era el de animales de tiro y de carne; las vacas eran aún más pequeñas y miserables, y su principal utilidad era la leche. Ovejas y cabras servían para carne y leche, y la lana encontraba su uso universal para hacer ropa: la mayoría de las prendas que usaban los germanos eran de lana, mucho más raramente de lino y casi nunca de pieles, por más que Hollywood se haya empeñado en lo contrario. Se cultivaba con herramientas muy primitivas, de modo que la tierra se agotaba pronto y a los dos o tres años había que dejarla en barbecho de cinco a diez años más para que se recuperara; una hectárea de cereal daba para alimentar solamente a dos personas, y un hombre, trabajando de sol a sol, tardaba ocho o nueve días en ararla y diez en cosecharla. Al año, dos o tres trabajadores podrían cultivar tres hectáreas, es decir, suficiente para alimentar a seis personas[2]. Era un trabajo muy duro y que obligaba a todos los que tenían suficiente vigor a dedicarse a él con intensidad en los pequeños campos de trigo y cebada, a los que se añadía algo de centeno, lentejas, guisantes y judías, quizá zanahorias y algún manzano en el huerto cercano a la casa.

A veces\*, los hombres salían a cazar. Había animales salvajes de sobra... más bien demasiados, y demasiado salvajes. Si pensamos en la Europa de hoy, digamos el norte de Alemania, nos resulta imposible imaginar cómo era el paisaje entonces: en los bosques llenos de pantanos había jabalíes, osos y lobos, pero también uros y bisontes. De todos modos, la caza era actividad secundaria, y las proteínas animales procedían sobre todo de los animales domésticos. Un grave problema era la pobreza de la dieta y la fragilidad del sistema económico, sin excedentes ni apenas contactos comerciales, por lo que cualquier circunstancia que se apartara de lo normal podía destruir una cosecha, hacer morir al ganado o causar una de las periódicas hambrunas que diezmaban la población o, en el mejor de los casos, propiciaban esos retrasos en el crecimiento y esas dolencias crónicas de las que nos hablan una y otra vez los esqueletos. Así que una sequía, un simple retraso de las lluvias —o un exceso de éstas—, una primavera retrasada o un otoño en el que se adelantaban los fríos del invierno afectaban muy negativamente a la precaria cosecha.

Y si no hay suficiente comida, ¿qué hacer? Lo más fácil es atacar a quienes la tengan, de modo que se multiplicarían y harían más desesperadas en tiempos de penuria las incursiones breves para conseguir comida, especialmente ganado, que probablemente habrían existido siempre como una amenaza permanente a los poblados. Las aldeas de dos o tres casas fueron creciendo muy poco a poco, probablemente para hallar defensa en el número y

---

\* Tanto entre los germanos más antiguos como en la Inglaterra anglosajona, los huesos de animales salvajes apenas representan entre un 1 y un 5% del total de huesos de animales encontrados por los arqueólogos en los antiguos basureros (Teichert, 1988; Arnold, 1997).

para añadir manos al trabajo en los campos. Todos los habitantes del poblado estaban emparentados, y los hombres adultos y los jóvenes desde los trece años formaban un grupo armado que, además de organizar la defensa, podía atacar otros poblados si era necesario. Las casas eran de madera, y en ellas se apiñaban personas y animales.

Lo que había fuera de las casas era un mundo de peligros no siempre previsibles. Estaban los bosques con sus animales salvajes y sus grupos hostiles, pero sobre todo los pantanos y las ciénagas, que cubrieron buena parte de esas tierras hasta hace no mucho tiempo. No era infrecuente que alguien que había salido de cacería o de visita, quizá simplemente a pasear, desapareciera para siempre sin dejar rastro alguno. Pero incluso si volvía, la experiencia podía haber sido terrible: las frecuentes nieblas se agravaban por los vapores del pantano, donde brillaban luces misteriosas; lo que parecía suelo firme se convertía de pronto en barro sin fondo; un aparente herbazal ocultaba una profunda ciénaga. Algunos pantanos se interponían entre zonas de población relativamente grande, lo que empujó a la construcción de caminos a base de tablas cubiertas con tierra compactada. En los cruces de caminos se colocaban imágenes de madera de los dioses, generalmente una pareja hombre-mujer, costumbre de la que se han conservado algunos vestigios arqueológicos pero que, con otros dioses o santos, ha continuado hasta hoy mismo. Cuando se llegaba a la lucha con los vecinos, la pelea era normalmente breve y feroz. Las armas habituales eran la lanza, de dos metros o más, con una larga punta de hierro, a veces el arco y las flechas y también, aunque rara vez, hachas y dagas; la espada casi no se utilizaba, y la única protección corporal sería un escudo de cuero o madera. Sólo existía la lucha directa, cuerpo a cuerpo, y las heridas serias tenían escasas posibilidades de curación.

A veces se presentaba una amenaza exterior de especial gravedad. Los habitantes de un poblado se unirían a los de otros vecinos, seguramente habitados por parientes lejanos, para formar lo que podemos llamar una tribu provisional. Elegirían un jefe, que sería sobre todo jefe militar y que ejercería un poder más bien limitado durante el tiempo necesario para superar la crisis, cuando todo volvería a la situación anterior. Pero con el paso del tiempo, y debido a la mayor frecuencia de los enfrentamientos guerreros, estas tribus provisionales irían manteniéndose cada vez por periodos más largos e incluso uniéndose a otras para formar lo que se conoce como «confederaciones de pueblos». Pero esto sucede en la época del enfrentamiento con el Imperio Romano, y aún faltan trescientos o cuatrocientos años.

Éste era, a grandes rasgos, el modo de vida de los germanos entre el siglo VI a.n.e. y principios de nuestra era. Quizá el mito y la leyenda de una «edad de oro» en los países del norte sea el recuerdo de la Edad del Bronce, mientras que el *fimbulvetr* de los textos mitológicos escandinavos, el invierno monstruoso, haya conservado la memoria del empeoramiento del clima y, con él, de toda la forma de vida.

### *La religión de los primeros germanos*

Y en estos tiempos y estas condiciones, ¿cómo eran las creencias religiosas? Estos germanos vivían en un mundo muy difícil, sus vidas eran cortas y azarosas y el entorno casi todo menos amable. Cuando todo iba bien podían sobrevivir y poco más, pero si algo iba mal, todo iba mal. De modo que nuestros germanos tenían pocos motivos para pensar que en algún sitio había unas divinidades benévolas y protectoras: el eterno problema del mal en el mundo se resolvía en la ambivalencia: si en el mundo hay cosas buenas y cosas malas y casi ninguna de ellas depende de nosotros, de alguien tienen que depender; pero como los dioses son responsables a la vez de lo bueno y de lo malo, ellos mismos deben de ser las dos cosas a la vez, de modo que había que buscar formas de tranquilizarlos, de convencerlos de que no hicieran mal o incluso de ponerlos de nuestro lado para ayudarnos en nuestros quehaceres cotidianos o en los más extraordinarios.

En el modo de vida germánico de estos primeros tiempos la preocupación principal era sobrevivir, para lo cual hacía falta alimentarse pero también evitar enfermedades graves y tener hijos suficientes para garantizar la continuidad de la familia. Todo esto estaba a cargo de lo que solemos llamar *dioses de la fertilidad*, cuyo elemento femenino era más importante que el masculino. Podríamos decir que los germanos de estos primeros tiempos, como sus predecesores de la Edad del Bronce, adoraban sobre todo a la diosa de la vida y la fertilidad, que no sería una figura claramente personificada y además variaría de un lugar a otro. Pero los dioses de la vida tampoco eran dulces ni amables, y no traían sólo lo bueno: una buena cosecha respondía al favor de los dioses, pero también eran ellos los responsables de la pérdida del trabajo de un año en los campos; gracias a las diosas el ganado se reproducía, pero también eran las causantes de la muerte de las crías; y del nacimiento de los hijos y también de su muerte, y de la enfermedad y la salud. Así que ¿cómo conseguir de ellas y ellos las cosas buenas y evitar las malas? Para eso están los ritos y los sacrificios, con el principio básico de la equivalencia: si queremos una buena cosecha de grano, quizá podamos ganarnos a los dioses encargados de ese asunto regalándoles lo mismo que queremos que ellos nos proporcionen o nos permitan conseguir por nuestra cuenta:

sacrificaremos el grano, o pan hecho con él. Para conseguir la reproducción de las bestias domésticas quizá haga falta matar alguna y ofrecerla a los dioses. Como veremos en otro capítulo, se podía entregar el animal o la planta entera, o bien comerlos y regalar sólo parte a los dioses, o quizá incluso únicamente el humo de quemar las partes que no se consumían[3]. Pero ¿qué sacrificar cuando pedimos que los dioses nos conserven la vida, a nuestra familia o, más aún, en momentos más difíciles, a todas las familias emparentadas por un antepasado común y que ocupaban los distintos asentamientos de una región? Nada mejor, entonces, que una vida humana.

### ¿Tres tipos de divinidades?

Otros momentos de la vida están marcados por la guerra, y en ellos hay muchas cosas que parecen decididas por los dioses u otras potencias. Hay que salvar la vida y conseguir la victoria, lo que significa que tenemos que ser mejores, más fuertes y más hábiles que nuestros enemigos. O bien al revés, hay que hacer que los adversarios sean más cobardes, más débiles y más torpes. Mejor aún: las dos cosas a la vez. Y para ello, nada mejor que disponer de algún dios a quien encomendarnos y que, cumplidos ciertos requisitos en forma de ritos, sacrificios y demás, nos dé a nosotros lo que les quita a los enemigos. Para salir bien parados, nada mejor que tener todo un grupo de dioses a nuestro servicio: unos protegerán nuestra vida; otros mejorarán nuestras capacidades guerreras, y son los que solemos llamar dioses guerreros; otros actuarán sobre nuestros enemigos, y la mejor forma de hacerlo es recurriendo a la magia. Finalmente, si hemos de caer en combate, esperemos que por lo menos haya alguien ahí que nos garantice una existencia adecuada en la otra vida. Y tenemos también el ámbito, limitado en esta época, de la política y la justicia: las deliberaciones que afectaban a la colectividad eran asunto de todo el grupo, y los momentos difíciles eran ocasiones convenientes para reunirse y tomar decisiones en común sobre problemas guerreros con otros vecinos o sobre las dificultades de abastecimiento, epidemias, etc. Si los dioses lo vigilan y controlan todo, la vida comunitaria no será una excepción, de manera que es conveniente tener quienes se encarguen —siempre a cambio del pago debido— de que las promesas se cumplan, las decisiones se obedezcan y la comunidad no se desintegre en enfrentamientos.

Así que ya tenemos un panteón para la vida de estos germanos: dioses de la vida y la fertilidad, de la guerra y de la vida comunitaria. Estos tres tipos de divinidades existían ya en las comunidades indoeuropeas primitivas, como mostró Georges Dumézil [4]. Él habló de «funciones» religiosas, y esta división tripartita la comparte con bastantes semejanzas todo el ámbito indoeuropeo, desde la India hasta Irlanda. Pero hay que señalar que, pese a esa trinidad funcional de los dioses germánicos, en esta época había una que gozaba del papel más importante: la que suele llamarse «tercera función»: la fertilidad. Ahora veremos cómo la sociedad germánica fue evolucionando de una de estas funciones a las otras, lo que tuvo un efecto significativo en la importancia relativa de los distintos dioses.

### *Los germanos, vecinos del Imperio Romano*

Poco a poco, las tierras cultivadas por nuestros germanos fueron haciéndose cada vez más improductivas: se agotaron, se salinizaron, la producción cada vez era menor y la población, aunque no de forma muy significativa, iba en ascenso. ¿Qué hacer? Unirse de manera más estable y permanente a los grupos en los que se podía confiar, aprovechar mejor las oportunidades de quitarle a los demás lo que pudiera ayudarnos a salir de las situaciones más apuradas y, en último término, ir a buscar nuevas tierras.

En realidad los germanos que hemos conocido hace un momento fueron ocupantes permanentes de su poblado durante mucho tiempo, frecuentemente hasta casi mil años sin interrupción. A esas conclusiones ha llegado la arqueología, que encuentra asentamientos que han ido creciendo a base de construir casas nuevas sobre el terreno de otras más antiguas. Los primeros que sabemos que se pusieron en movimiento fueron los cimbros y teutones, ya en el siglo II a.n.e., aunque debió de haber algunos anteriores, como el interesante caso de un pueblo, identificado como germánico, que apareció por esas fechas en las costas occidentales del mar Negro, en la actual Rumanía. Todo parece indicar que era de origen heterogéneo, es decir, no era la migración de una tribu, sino de grupos pertenecientes a diversas tribus que habitaban en diferentes zonas del mundo germánico, como si un grupo inicial hubiera comenzado su viaje en busca de lugares más prometedores y se le hubieran ido añadiendo otros, quizá sólo unos cuantos guerreros con sus familias cada vez, en las regiones que atravesaban. Estos germanos, que serían denominados *bastarnas*, acabarían por ser asimilados por los pueblos originarios de sus nuevas tierras hacia el siglo II d.n.e., cuando desaparecen como grupo autónomo [5].

El problema, como en toda migración, es ¿adónde ir? Ciertamente no al norte, aunque el problema era que en el resto del territorio estaba el Imperio, poco aficionado a permitir invasiones sin oponer resistencia. Así que este primer ensayo fue acompañado de feroces luchas con resultados alternos, incluyendo la aniquilación de varias legiones romanas, hasta culminar en la derrota final de aquellos primeros invasores germanos y su desaparición del panorama histórico. El caso es que algunos pueblos, como los que luego serían conocidos como «godos», tuvieron éxito en esas primeras migraciones e iniciaron una existencia nueva que incluyó el abandono de sus lenguas y muchas de sus costumbres, entre ellas las creencias religiosas, en territorios plenamente romanizados. Otros grupos, surgidos también de la agrupación de clanes y tribus, optaron por irse a Inglaterra, a veces abandonando casi por completo sus tierras originales, aunque eso no sucedió hasta el siglo V, seguramente en coincidencia con otro periodo de empeoramiento climático. Otros permanecieron en sus lugares de origen aún más tiempo, como es el caso de los escandinavos, que no empezarían sus correrías vikingas y sus asentamientos migratorios hasta tres siglos más tarde.

### *Los germanos y la guerra*

Pero no es éste el lugar para hablar de las migraciones germánicas; aquí sólo necesitamos saber si en esa época tienen lugar cambios en la forma de vida que resultaran en modificaciones de las creencias religiosas. Y efectivamente los hubo, y muy importantes. Las penurias de la vida cotidiana no se modificaron mucho, pero la solución militar era cada vez más frecuente, de modo que lo que durante siglos fueron agrupaciones guerreras provisionales surgidas en momentos de crisis acabó por convertirse en instituciones estables. Y resulta que, con la práctica, enseguida descubrieron que la guerra, además de proporcionar comida para el clan hambriento, servía para muchas otras cosas: permitía hacerse con un rico botín de objetos que de otro modo serían seguramente imposibles de obtener por su elevado precio; permitía apropiarse de tierras abandonadas por el enemigo derrotado; otorgaba gran prestigio a quienes participaban en la guerra, y sobre todo a quienes la dirigían; solucionaba, al menos temporalmente, los problemas y las contradicciones de la comunidad; aceleraba cambios sociales y económicos; permitía incluso romper los límites estrictos del clan o de la tribu porque podían conseguirse aliados de otros pueblos [6]. Cuando la guerra se convirtió en una actividad regular, las consecuencias sociales y religiosas fueron trascendentales.

El caso es que el cultivo de la tierra, el cuidado del ganado y el trabajo en el alfar y los telares siguieron como antes. Pero la guerra, antes ocupación esporádica, se hizo ahora dominante, aunque claro, sólo para algunos: niños, mujeres, ancianos y enfermos quedaban marginados de esta actividad, para la que sólo servían los varones jóvenes, fuertes y sanos. Y es que la muerte violenta y a deshora parece exigir las mejores condiciones en el sacrificado, y los germanos solían inmolar a los dioses animales jóvenes, precisamente los más valiosos, y la guerra funcionaba, entonces y ahora, como sacrificio a los dioses; entonces como ahora, algunos jóvenes fuertes y bien instruidos en el uso de las armas se enfrentaban a otros tales en combates a muerte de los que dependía la supervivencia personal, la de la familia y el clan... y que servía para hacerse con un buen botín. Claro que en la guerra no todo el mundo tiene las mismas aptitudes guerreras, y hay combatientes más hábiles, más valerosos, más osados, más afortunados, con más iniciativa y más capacidad táctica. Entre los germanos, éstos habían sido siempre los mejores candidatos a convertirse en jefes, y tanto más ahora que se trataba de una actividad prestigiosa, necesaria y casi cotidiana. De manera que, en esos nuevos y duros tiempos, tales jefes militares tenían muchas probabilidades de mantenerse en el poder durante largos periodos, incluso cuando no había guerra (pero seguramente «podía haberla» en cualquier momento). Y en esos jefes estuvo el origen de una institución de la que no habían gozado antes los germanos: la realeza.

El caso es que, como vimos más arriba, no hay un término germánico totalmente común que podamos traducir por «rey», indicio claro de la novedad de la institución. Dos palabras designan algo parecido a los «reyes» posteriores, y en ambos casos tienen un referente militar: el *þiudans*, que es el que está al frente de un pueblo, visto como una unidad sobre todo guerrera; pero también un vocablo más reciente y por lo mismo más significativo: el antiguo alemán *truhtin*, inglés antiguo *dryhten*, nórdico *dróttinn*, era el jefe del *druht*, que es una entidad todo lo militar que seamos capaces de imaginar. Pero la palabra pasó a significar más tarde «Señor» e incluso se creó un femenino, y fue el término elegido por los misioneros cristianos para hablar de dios, el señor. El *Heliand*, un largo poema sajón del siglo IX, nos presenta a Cristo como jefe de un grupo guerrero germánico, y a los apóstoles como su guardia de corps. Para utilizar el término latino que introdujo Tácito a finales del siglo I d.n.e., Cristo era el jefe del *comitatus*, y los apóstoles, sus guerreros. *Comitatus* es lo que los germanos llamaban *druht*, de modo que Cristo era el *druhtinaz*, el señor.

Bien, pero ¿qué es el *druht*, el *comitatus*, la agrupación guerrera?

### *El* druht/comitatus

Tácito describe esta institución con cierto detalle, y parece ya tan asentada a finales del siglo I que hemos de pensar que su periodo formativo terminó tiempo antes, seguramente más de un siglo atrás. Podemos definir el *druht* como una agrupación estable de guerreros comandada por un jefe, el *druhtinaz*, que no sólo los dirigía en el combate sino que era también su líder en las cuestiones políticas y económicas y, seguramente, también en las religiosas. La institución se mantuvo casi intacta mientras existió la cultura tradicional germánica, aunque en algunos lugares pasó a denominarse de otra forma. En la Inglaterra anglosajona se llamaba *hierd*[7], término que propiamente significa «grupo familiar», y la institución tenía ciertamente carácter de sustituto de la familia consanguínea. En los tiempos finales de la Escandinavia vikinga se adoptó ese nombre inglés, en su forma nórdica *hirð*, quizá porque la institución de la monarquía había adquirido gran importancia y el término anglosajón había llegado a hacerse equivalente de «guardia personal» de un monarca.

Antes de ese cambio, los escandinavos se referían a su *druht* con un nombre que también es de antigua raigambre germánica: *lið*. Esta palabra está emparentada con la alemana *Leute*, «gente», y tiene equivalentes en las lenguas bálticas y eslavas. En latín la palabra equivalente es *liber*, «libre», porque llegar a cierta edad implicaba el pleno estatus de «hombre libre». Su significado original era «el que ha alcanzado la madurez», es decir, el que ha llegado a esa edad en la que, además de ciertos derechos y deberes políticos, económicos, familiares, etc., se está en disposición de participar en la guerra. Podía extenderse su significado al de «ejército», pero la existencia de otro término, *hari*, apunta a que había una distinción sistemática entre esa unidad pequeña y seguramente estable y las grandes formaciones surgidas de las agrupaciones temporales de varias tribus para enfrentarse a una amenaza mayor de lo habitual: *hari* se refiere a la totalidad de las personas capaces de llevar armas y de participar en la asamblea[8]. Otro término que hacía referencia a una formación simultáneamente militar y política es *folk*, de donde se derivan el inglés *folk* o el alemán *Volk* (pronunciado [folk]), ambos con el significado de «pueblo», pero también el antiguo nórdico *fylke*, «formación militar, columna». Probablemente, un «ejército» germánico y luego escandinavo estaba integrado por guerreros asociados en un *lið*, y varias de estas agrupaciones formaban un *fylke*, que finalmente, constituían la totalidad de un *hari*.

El caso es que el *lið* era un grupo estable de guerreros. A diferencia del resto de las instituciones germánicas, no estaba totalmente ligado a la pertenencia a una familia o un clan: de hecho, el *comitatus*, *druht*, *hierd* o *lið* era ahora la «nueva familia» de sus miembros[9]. Resulta que en varios lugares del mundo germánico hay restos arqueológicos de lo que podrían ser poblados organizados sobre la base de esta institución. El ejemplo más llamativo se encuentra en Fochteloo (pronuncie [fójtelo]), en la actual provincia neerlandesa de Drente, donde existió justo antes de principios de nuestra era una gran casa de 19 m de largo por 8 de ancho y a 500 metros de distancia una aldea formada por tres casas más pequeñas, varios graneros y algunas cabañas[10]. La casa grande era sin duda la vivienda del *druhtinaz* y también el lugar de reunión, mientras que la aldea cobijaba a los guerreros con sus familias, cuya ocupación habitual seguía siendo la agricultura y la ganadería. Parecido es el gran asentamiento de Feddersen Wierde, en el noroeste de Alemania, donde además creemos poder intuir cómo se produjo el cambio social a lo largo del tiempo. Aquí hubo poblados desde los primeros tiempos germánicos, y uno sucedía a otro construyéndose físicamente encima de aquél: se derribaba la casa que ya estaba en mal estado y sobre sus cimientos, cubiertos de tierra y desperdicios, se construía otra nueva. Esto fue sucediendo a lo largo de varios siglos hasta que el lugar se abandonó en el siglo V, probablemente por el aumento de nivel del mar del Norte y la creciente salinidad de las tierras, y es bastante posible que sus habitantes emigraran en bloque\* a Inglaterra. Pues resulta que en los primeros tiempos (dos o tres siglos) todas las casas eran pequeñas y del mismo tipo; pero a principios del siglo II d.n.e. aparece una casa larga, de 20 m por 6, que, además, tenía una estructura diferente de la de las casas normales, en las que vivían las personas junto con sus animales domésticos: en la casa grande no había establos, pero sí una larga sala. Este edificio, que pudo ser la vivienda del *druhtinaz*, se mantuvo en los siglos siguientes, aunque se amplió con la adición de edificios exteriores para establo y almacén, así como un foso y su correspondiente empalizada, añadida en el siglo III. Incluso la zona que rodeaba la casa pasó a adquirir un estatus especial con la creación de lo que pudo ser un edificio comunitario, quizá con funciones religiosas. Era también muy grande, de 26 m por 6,5, carecía de construcciones anejas y debajo de la puerta habían enterrado un perro, un cerdo debajo del hogar y al este de la empalizada un esqueleto humano, probablemente otro sacrificio, porque allí y en esa época no se practicaba la inhumación sino sólo la incineración. Además, en este edificio y sus alrededores se encontraron numerosos objetos de valor, en su mayoría importados del Imperio[11].

---

\* El «bloque» no sería muy grande, de todos modos. Quizá 200-250 personas.

Este poblado, con su casa del jefe, las viviendas de los miembros del *comitatus* y sus familias y esclavos, las tierras cultivables cerca y sitio suficiente para el ganado, incluso un pequeño puerto, debió de ser el modelo básico de los asentamientos germánicos desde principios de nuestra era, precisamente desde que se estableció la institución del *druht*. En Inglaterra hay un lugar arqueológico interesantísimo que nos recuerda lo que acabamos de ver en Feddersen Wierde, aunque el inglés continuaba poblados celtas y no germánicos. Se trata de Yeavering, en el norte de Inglaterra, conocido por las fuentes históricas como Gefrin\*, una de las residencias de los reyes de Nortumbria desde el siglo VI hasta el abandono del lugar en el VIII. Aquí, además de un amplio cercado para el ganado y numerosos edificios auxiliares, hubo en época pagana una casa grande (25 × 12 m) donde residiría el rey, y alineado con ella un edificio de uso comunitario y religioso cuyo lugar sería ocupado más tarde, ya en el primer cuarto del siglo VII, por una primitiva iglesia cristiana. También en Yeavering hay enterramientos rituales de animales, incluyendo la cabeza de una cabra al pie de una tumba ocupada por quien debió de ser un rey u otra persona de gran autoridad, pero también animales sacrificados y enterrados a la entrada del probable templo y lugar de reunión, e incluso el esqueleto de una persona que puede representar también un sacrificio humano. Y en un lado del conjunto de edificios había una especie de anfiteatro destinado sin duda a las reuniones, el *þing*. Otros poblados de Inglaterra en los que creemos ver residencias reales tienen estructura semejante, aunque no son tan elaborados como Yeavering [12]. De manera que parece que poseemos unos cuantos ejemplos más que probables, a lo largo de los siglos, de lo que parece ser el reflejo material del *druht* y su *druhtinaz*. El núcleo, tanto en Yeavering como en Feddersen Wierde y Fochteloo, sería la gran sala (anglosajón *heall*, nórdico *höll*), donde se celebraban las fiestas que al tiempo que constituían ocasiones de diversión servían para reforzar la fraternidad de los hombres en armas —y, secundariamente, también de sus esposas— y donde se podían hacer planes y sobre todo recibir huéspedes, estableciendo así lazos de amistad y dependencia más allá de los miembros de la familia y el clan. Y esa gran sala y sus fiestas servirán, al llegar la época vikinga, como modelo para el Valhala, el gran palacio donde habitan los guerreros elegidos de Odín, que aparece como un gran *druhtinaz*, como el jefe de un numerosísimo *comitatus*.

El *druhtinaz* es quien organiza y preside las fiestas, quien decide dónde ha de sentarse cada uno de acuerdo con su categoría. Pero no es sólo el an-

---

\* El nombre es el mismo: Gefrin se pronunciaría [yévrin], mientras que Yeavering es [yévriŋ]; es seguramente céltico y significa «lugar de la cabra».

fitrión, es también el jefe militar y el hombre más importante en todos los asuntos políticos y judiciales, aunque nunca tenga un poder omnímodo y siempre dependa, en último término, de que su propio comportamiento —y el apoyo de los dioses, visible en sus éxitos— le haga merecedor de su elevada posición social. Los guerreros son también mucho más que invitados regulares a las fiestas. Su obligación máxima es estar prestos siempre a combatir al lado de su jefe. Y para formar parte del *druht*, para ser aceptados por el jefe, seguramente tuvieron que pasar por duras ceremonias de iniciación como las que Tácito menciona de pasada y de las que quizá vislumbramos algo en el mito de Baldr. Y una vez allí, la lealtad al jefe era superior incluso a la debida a la propia familia: una lealtad total, absoluta, sin posibles fisuras ni dudas. En el combate tenían que compartir la suerte del jefe: si éste moría, sus guerreros debían continuar peleando hasta caer junto a él, y la huida era considerada una terrible deshonra. En el poema anglosajón *La batalla de Maldon* (véase *Beowulf y otros poemas anglosajones*) se nos muestran las dos caras de la moneda: quienes vergonzosamente abandonan a su jefe muerto y quienes gloriosamente siguen combatiendo hasta caer a su lado. Si el jefe resultaba victorioso, la recompensa valía la pena. Podían adquirir tierras, ganado y esclavos, pero eran sobre todo los objetos de valor los que permitirían a los guerreros, empezando por su jefe, alcanzar una posición socialmente privilegiada. El jefe es el *beahgifa* [béajyìva], para usar un evocador término anglosajón, es «el que rompe los anillos», expresión que nos lleva al momento en la gran fiesta en que hace pedazos los anillos y brazaletes de oro ganados al enemigo y reparte los trozos entre sus leales.

La fidelidad se ganaba con las riquezas, y aquí comenzaba el círculo: para mantener el prestigio social era necesario poseer riquezas, que en buena parte servirían para premiar a los guerreros que garantizaban la defensa de ese prestigio; pero para obtener las riquezas era imprescindible realizar operaciones guerreras con regularidad, sin tener que esperar a las ocasiones de crisis, como antes. Ahora es la guerra para conseguir o conservar el prestigio militar y para convencer a todos de que los dioses están a su lado; y guerra también para obtener riquezas con las que aumentar la propia y la de los seguidores y acrecentar aún más el estatus social de todos ellos. Pero un jefe especialmente victorioso conseguiría muchas riquezas y su fama atraería sin duda a guerreros de su propia tribu y de otras; tener un nutrido grupo de guerreros lo haría todo más fácil, pero a la vez exigiría campañas militares más continuadas e importantes. Porque, sin duda, mantener un *druht* debía de resultar económicamente muy gravoso, de modo que era preciso sostener una actividad guerrera constante y seguramente inflacionista: cada vez más frecuente, cada vez más lejos, cada vez a mayor escala, para poder garantizar el mismo nivel inicial.

Con todo esto, acabaron por transformarse radicalmente las sociedades germánicas, que habían sido pequeñas comunidades agrarias básicamente igualitarias que sólo esporádica y transitoriamente se unían a otras comunidades emparentadas para enfrentarse militarmente a situaciones de crisis. Ahora tenemos comunidades mayores (hemos pasado de tres o cuatro docenas de personas a dos o más centenares), con diferencias sociales y económicas internas permanentes y con una élite militar cuyos miembros no tenían que pertenecer todos a la misma familia y ni siquiera al mismo clan, que vivían un tanto al margen del resto de la gente y que se debían sobre todo a su jefe, a su *druhtinaz*, por encima de las lealtades tradicionales. Este grupo militar era el más rico y el más prestigioso, y además estaba limitado a los varones.

CAPÍTULO 4

# SOBRE ALGUNAS IDEAS RELIGIOSAS DE LOS GERMANOS

En este capítulo veremos algunos conceptos religiosos fundamentales de los germanos, para así aproximarnos un poco a su forma de pensar; en estas pocas páginas no lo veremos todo, sino solamente algunos conceptos de especial importancia. De todos modos, averiguar «qué es lo sagrado», «qué es un dios» y cosas así no es nada sencillo, entre otros motivos porque tampoco los germanos habrían podido contestar estas preguntas; como carecemos de fuentes directas o indirectas con reflexiones de este tipo, la vía para hallar una solución está en la investigación de los términos usados por los germanos y la comparación con otras culturas y religiones próximas, y como una discusión detallada de estas cuestiones resultaría en un capítulo demasiado técnico, me limitaré a presentar los principales resultados de la investigación. Los demás capítulos del libro tratarán con más detalle conceptos concretos, así que ahora podremos limitarnos a las nociones más absolutamente básicas de teología germánica.

### *El nombre de dios*

En las lenguas germánicas actuales, el término general para «dios», sea cristiano o cualquier otro, es *god* (inglés, frisón, neerlandés y afrikáans), *Gott* (alemán), *gud* (sueco, noruego y danés) y *guð* (islandés). En las lenguas antiguas también existía, aunque no era el único nombre de las divinidades, como enseguida veremos. En germánico común, la forma básica era *guða*, palabra que, curiosamente, era de género gramatical neutro. Más tarde, para poner de relieve la virilidad de su dios, el cristianismo lo masculinizó, reservando el neutro para los dioses paganos, de manera que el alemán *Gott*, por ejemplo, es ya gramaticalmente masculino. En antiguo nórdico, *goð* o *guð* se utilizaba para referirse a las divinidades en general o, más habitualmente, a los dioses masculinos, empleándose para las diosas nombres especiales o un derivado femenino de esta palabra *(gyðia)*.

No estamos completamente seguros del significado original de la palabra: puede ser «lo invocado», aunque hay algunos problemas en la derivación fonética. La otra posibilidad es un verbo indoeuropeo que significaba «derramar, hacer una libación», y entonces sería «lo que se ha derramado». Si la primera opción presenta problemas fonéticos, la segunda los tiene semánticos, porque el dios no es «lo que se ha libado», sino el objeto de la libación, como señala Dennis Green[1]. Pero como es más decisivo el factor fonético que el semántico para dilucidar tales cuestiones, y como buena parte de los especialistas más destacados prefieren la derivación a partir de «derramar, hacer una libación»[2], debemos buscar una manera de explicar el aparentemente drástico cambio de significado, de «lo que se derrama» al «ser al que se hace la libación». En primer lugar cabe recordar que, como ha mostrado Pascal Boyer[3], no es del todo cierto que un sacrificio, una libación, se haga «para los dioses», sino más bien al revés: los ritos son anteriores, y sólo después justificamos lo que hacemos mediante el recurso a una divinidad, un espíritu, etc.

Es opinión bastante generalizada que el origen está en el túmulo mortuorio[4]; en éste no solamente habita el cuerpo muerto, sino algo más, algo que es ya de naturaleza diferente de la de los seres «normales». En la explicación de Pascal Boyer[5], la visión del cadáver de alguien conocido desata automáticamente inferencias incompatibles entre sí: de un lado la muerte misma, con su incapacidad de movimiento, el proceso de descomposición y el miedo de que nos suceda algo semejante en ese mismo momento; de otro, es imposible no seguir viendo al muerto en cierto modo como la persona que fue en vida: no solamente conservamos recuerdos del pasado, sino que durante un tiempo tendremos la sensación de que se trata no de un cadáver sino de una persona durmiendo, o ausente, con la que teníamos una relación que es difícil interrumpir de pronto de manera definitiva. Boyer ve en esta contraposición de dos juegos de inferencias incompatibles entre sí una de las bases principales para el surgimiento de lo sagrado, y también de los dioses.

Y es que en la tumba está el muerto, pero también hay algo más, que vemos como dotado de características especiales, sobrenaturales, si aceptamos la interpretación del antropólogo francés. Así que en la tumba habría algo así como un «espíritu» (por llamarlo algo); pero para que esté ahí es necesario realizar una serie de rituales funerarios[6]. Lo que diferencia un enterramiento del simple abandono del cadáver es la realización del ritual, ceremonia que permite precisamente establecer algún tipo de relación con ese mundo sobrenatural. Parte fundamental es la libación, ya desde los más antiguos tiempos indoeuropeos; gracias a ella, donde había sólo un cadáver hay ahora un espíritu, un ser sobrenatural con el que podemos establecer ciertas relaciones. Si la hipótesis que acabo de presentar es válida, y creo que tiene suficientes argumentos a su favor, el espíritu, que luego se tomará como prototipo para los «dioses», surge por el rito, por el acto mismo de la libación: es, en consecuencia, «lo derramado», *guða*.

De manera que ya tenemos la denominación principal para «dios». En los tiempos que nos resultan mejor conocidos ese sentido original ha quedado oscurecido, y los dioses son simplemente el tipo principal y más antropomórfico de los seres sobrenaturales; claro que tampoco nosotros somos capaces de detectar en nuestra palabra *dios* la «claridad del cielo» de la raíz indoeuropea. Pero hay más nombres, sobre todo en antiguo nórdico.

### *Otros nombres*

Los dioses son también *regin*; en gótico (la extinta lengua de visigodos y ostrogodos), la palabra correspondiente, *ragin*, significaba «decisión tomada por un consejo» y, como indica D. Green[7], el término islandés se refiere a un grupo legislador o a la asamblea de los seres dotados de poder. No es difícil rastrear la posible evolución de sentido de esta palabra, pues los dioses tienen entre sus funciones más habituales la de «legislar», decidir cómo han de ser las cosas. Como explica Pascal Boyer[8], asignamos poder a los dioses porque pensamos que pueden ser responsables de lo que nos sucede; es decir, son unos seres a los que podemos echar la culpa de lo que nos pase, tanto lo malo como lo bueno, y al hacerlo los convertimos en responsables y con ello en seres capaces de hacer cosas. De manera que los dioses deciden, que es la idea básica de este término. Pero además la decisión es colectiva, porque así eran todas las decisiones importantes entre los germanos y porque, hasta tiempos muy recientes, siempre veían a sus divinidades como grupo y la referencia a ellas solía hacerse a los dioses en conjunto, no a un dios individual. Por eso *regin* es plural, y también *guð* suele construirse como sustantivo plural; lo mismo sucede con las otras denominaciones.

Otros nombres interesantes son *bönd* y *höpt*, ambos con forma plural y que significan «ligaduras». Precisamente porque asignamos a los seres sobrenaturales, especialmente los dioses, la función de establecer cómo son las cosas en el mundo, incluyendo las leyes, podemos considerar a los seres humanos como «atados» por tales seres. La referencia de Tácito [9] al bosque sagrado de los semnones, en el cual sólo se podía penetrar atado *(vinculo ligato)*, parece apuntar en esta misma dirección, que quizá queda confirmada aún más por la existencia de un bosque mítico escandinavo, el Fiöturlund, que significa «bosque de las ataduras». Es posible que tengamos aquí la mención oscura en un caso —Tácito— y el recuerdo lejano en otro —*Edda*— de algún rito que, como muchos otros, tenía lugar en un bosque y en el que se utilizaban ligaduras, quizá como en algunas ceremonias relativas a Odín, incluyendo sacrificios humanos por ahorcamiento\*.

Resumamos, pues: los seres sobrenaturales máximos de los antiguos escandinavos (y posiblemente de todos los germanos) eran «Lo Surgido de la Libación», «Los que Deciden en Asamblea» y «Las Ligaduras» (o: «Los que nos Atan»). Pero había aún más formas de llamarlos.

### *Los nombres de dios en el poema anglosajón de Cædmon*

El primer poema cristiano inglés de autor conocido, el breve *Himno de la Creación* del monje Cædmon, juega con varios nombres de Dios. Según una interpretación de la investigadora alemana Hulsmann [10], no muy seguida y raramente citada, estos nombres habrían correspondido antes a los dioses paganos; más aún: para Hulsmann, el poema podría estar dedicado originalmente a éstos, y Cædmon se habría limitado a introducir algunos cambios y

---

\* Lund (1998: 56) prefiere rechazar la referencia a «ligaduras» en sentido físico y atenerse a una interpretación más abstracta, como «unido por un vínculo (religioso, étnico)», o bien concretísima, señalando que la palabra *vinculo* que utiliza Tácito debe entenderse en el sentido de «moño»: sabemos que los suebos —y los semnones eran un grupo suebo— se recogían el pelo en un moño a un lado de la cabeza, de modo que algunas tribus se diferenciaban por el tocado. Para Lund podría ser que sólo los identificables como miembros de la tribu podían acceder a las ceremonias del bosque sagrado. Prefiero la explicación tradicional y habitual, sin embargo.

a cristianizar el conjunto. Es decir, algo parecido a lo que se hacía al transformar lugares de culto paganos en capillas cristianas.

Sea como fuere, algunos nombres son posibles epítetos de dioses paganos: el «creador» es *meotod*, que significa «el que toma las medidas» (para construir algo), y la raíz es la misma que la de nuestro *medir*. También *scyppend*, «el tallador», es decir, el que da forma a algo como artesano; el verbo correspondiente, que en germánico común era *skapian*, fue usado por el cristianismo como traducción de «crear», aunque su sentido original era mucho más físico, concreto, artesanal, como corresponde al concepto de «creación», simple reelaboración de algo existente, que tenían germanos y escandinavos. Se le denomina también *weard*, «protector, guardián», término que cuadraba perfectamente a Wōðanaz/Wodan/Odín como jefe del *druht* sobrenatural; y además, el término que designa al jefe de esta institución, *druhtinaz*, aparece en su forma anglosajona *dryhten* en el poema.

De manera que este poema podría contener algunos de los epítetos tradicionalmente aplicados a los dioses paganos: «mensurador», «protector», «tallador», «general»; si se comparan estos nombres con los aplicados a los dioses paganos conocidos, podremos comprobar que la distancia no es demasiado grande.

### *Ases y Vanes*

Los dioses pertenecían a uno de dos grupos, como estudiamos en otro capítulo: Ases y Vanes. Aparte antiguas interpretaciones estilo Isidoro de Sevilla (Snorri conocía bien sus *Etimologías*), el origen de estos términos es muy interesante y puede decirnos aún algo más sobre el concepto que los antiguos germanos tenían de sus divinidades. *As* (nórdico *áss*, plural *æsir*), y sus cognados en otras lenguas germánicas, podía significar en su origen «dotado de fuerza creadora» (enseguida veremos otros conceptos como éste), quizá asociada también a una idea más antigua de «rey», a juzgar por una palabra posiblemente emparentada que aparece en la lengua hitita [11]. El *ansuz* germánico común, en todo caso, hace referencia a un «espíritu» [12], lo que concuerda con lo que tuvimos ocasión de ver al analizar la palabra *guða*. Según otra interpretación, sin embargo, el origen estaría en una palabra que significa «palo» y que haría referencia a los ídolos. *Van* (nórdico plural *vanir*) procede seguramente de una raíz indoeuropea cuyo significado básico es «deseo», pero la evolución ha dado lugar a una interesante familia de significados en las lenguas de la familia: la diosa latina Venus, pero también el germánico *wunia*, «alegría», nombre de una de las runas, mientras que otros vocablos germánicos de la misma familia significan «ganar» y «amigo», todo lo cual encaja bastante bien con el ámbito de actuación de los dioses Vanes.

Los dos grupos de dioses, para concluir esta sección con un brevísimo resumen, tenían nombres que podemos glosar como «Los Espirituales» y «Los Concupiscentes». Los Vanes serían más que nada la interpretación sobrenatural de los impulsos físicos: tenemos estos deseos porque hay unos dioses que nos los envían. Los Ases serían el elemento puramente espiritual, digamos lo racional y al mismo tiempo mágico: el conocimiento con su inmanente misterio y peligro [13].

### *Otros conceptos religiosos: lo sagrado*

Naturalmente, los germanos carecían de una serie de conceptos religiosos que pueden parecernos fundamentales, y de los términos correspondientes. Una de las primeras cosas que hicieron los sacerdotes cristianos fue crear una terminología adaptando vocablos de significado remotamente parecido al de los latinos. Sabemos que no existían conceptos como «religión», «fe», etc.; en nórdico se generalizaría, ya en el cristianismo, la palabra *trú*, «creencia», cuyo significado original era «firme, sólido» y que se refería sobre todo a la forma en que se debe mantener un compromiso de fidelidad (palabras de ese mismo origen en estas lenguas son la alemana *treu*, «fiel», y las inglesas *trust*, «confiar», y *true*, «verdadero»). Como los germanos concedían gran importancia a los juramentos y la lealtad, fuera en la familia, el clan o dentro del *druht*, la elección de este término por los cristianos no fue mala: por el bautismo, uno quedaba firmemente ligado a la nueva *religión*, palabra latina que precisamente significa «volver a atar», a partir de una raíz que da nuestro *ligar*. La adopción de ese término atestigua no sólo un buen conocimiento del vocabulario germánico y latino, sino también una profunda familiaridad con la ideología socio-religiosa germánica. Otra palabra que utilizaron los islandeses para este concepto fue *sið*, «costumbre», y la conversión se tradujo para ellos en un Cambio de Costumbres.

La idea de «sagrado» sí existía, porque sin ella no podría haber distinción entre «natural» y «sobrenatural» y, en consecuencia, tampoco religión de ninguna clase, aunque para nosotros el término, y el concepto germánico correspondiente, pueden tener un matiz demasiado concreto y físico. La palabra que ya en el paganismo indicaba la sacralidad de algo o alguien, y que continuó en el cristianismo y hasta nuestros días, era *heila(ga)z*, que significaba «entero, sano». La noción de que debemos nuestra situación a las potencias sobrenaturales o al destino conduce directamente a la interpretación del término en el sentido de «protegido por el destino» o, si apelamos a los dioses directamente, «protegido o bendecido por los dioses», que es el significado del que se valieron los cristianos. En inglés moderno tenemos esta raíz en *holy*, «santo», pero también en *whole*, «entero», y *health*, «salud», y el nórdico construyó un par de nombres teofóricos de persona, *Helgi* y *Helga*, origen del ruso *Olga*, «sagrada, santa».

De modo que la idea germánica de lo sagrado era primariamente la de algo o alguien no afectado por el mal, es decir, sano o entero, lo que se explicaba como resultado de la buena suerte o de la acción directa de los dioses [14]. En palabras de Dennis Green [15], se refería a la buena suerte, pero «no en un sentido profano o simplemente mágico, sino más bien como la bendición obtenida mediante la observancia correcta del ritual religioso», y existía una diferencia importante respecto al *sanctus* cristiano, porque éste hace referencia a una condición que se mantenía tras la muerte, mientras que el *hailagaz* germánico valía sólo para el «aquí y ahora» [16] y estaba clara y totalmente centrado en el ser humano: no se veía tanto en su origen divino (que se suponía) como en su resultado en el hombre [17]. Había cosas, personas o tribus enteras que podían gozar de esa buena suerte de modo permanente, idea que no debe extrañarnos porque sigue vigente entre nosotros, como en otras muchas culturas: hay individuos «afortunados por naturaleza», o así queremos creerlo.

Si *hailagaz* es lo favorecido por los dioses o el destino, *wīhaz* es «lo separado, lo apartado (para los dioses)», raíz que quizá reaparece en la *vic-tima* latina. En un sacrificio se toma un objeto o una planta, más frecuentemente un animal, a veces una persona, y se separa del resto, de manera que ya no seguirá los caminos de sus congéneres: se dedica a los espíritus o dioses a quienes se dirige el sacrificio, se «consagra» [18]. *Hailagaz* es algo que dan los dioses a los hombres, y *wīhaz* es lo que reciben de éstos; tenemos así, nítidamente separados terminológica y conceptualmente, dos aspectos distintos de lo sagrado, incluyendo la idea básica de «separación» que es el principal constituyente universal de la sacralidad [19].

## *El sacrificio*

*Wīhaz* nos ha llevado al eje de la religión germánica: el ritual, y a su manifestación prototípica: el sacrificio. El término central y más generalizado era *blōðisōn*, verbo derivado de una raíz, con el significado de «brotar», de la que proceden la palabra inglesa *blood* y la alemana *Blut*, «sangre»: «sacrificar» era «untar con sangre» [20], tal como nos confirman diversas fuentes. En islandés aparece el sustantivo *blót*, de idéntico origen, como denominación explícita del rito/sacrificio. *Blōðisōn* fue adoptado por el cristianismo, aunque en sentido inverso: «bendecir», que es el nuevo significado cristiano, es lo que hace Dios al hombre, directamente o a través de un intermediario; *blōðisōn*, en cambio, era la acción por la cual un animal o una persona se convertían en *wīhaz*, esto es, quedaban apartados para los dioses. Hoy día, esta palabra de sangriento origen se ha trivializado, y mientras que *God bless you*, «dios os bendiga», es lugar común en cualquier ceremonia social en Estados Unidos, *bless you* (Dios está aquí implícito) se dice cuando alguien estornuda. En islandés, *blessaður*, o simplemente *bless*, es el equivalente de nuestro «¡adiós!».

No existe un término de uso general que se refiera clara y específicamente al «rito», y seguramente no se echaba de menos porque los ritos eran muy distintos unos de otros y de poco habría de servir un vocablo que desdibujara las diferencias. Es posible que para referirse en general a las acciones que debían de realizarse en algunos ritos se usara un término como el antiguo inglés *lác* o el nórdico *leik*, que significaba en realidad «bailar»; recordemos que ya los antiguos grabados rupestres nos muestran lo que debieron de ser bailes rituales, de manera que no es extraño que esta alusión a la actividad más clara que realizaban los participantes en el rito sirviera para referirse a este mismo.

Conocemos algunos otros términos no comunes a todas las lenguas germánicas pero que indican, por la existencia de cognados en otros idiomas indoeuropeos, que la actividad sacrificial y ritual era parecida a la que se practicaba en el mundo indoeuropeo de entonces: el alemán antiguo tenía una palabra (*zebar* [tsébar]) para referirse al animal que se sacrifica, mientras en casi todo el mundo germánico aparecen equivalentes del gótico *hunsl*, «sacrificio», término que se refiere al consumo ritual del animal sacrificado.

## *El destino*

Por encima de los hombres están los seres sobrenaturales, dioses u otros, pero éstos no ocupan el extremo superior de la pirámide. Por encima de todos y de todo está el destino, del que ni siquiera los dioses pueden escapar: ellos mismos tienen su Ragnarök, «El Destino de los Dioses» *. Por eso todos, hombres y dioses, tienen que recurrir a la adivinación cuando urge (in-

---

* El islandés es morfológicamente un poco complejo; *ragna* es el genitivo plural de *regin*, que hemos visto hace poco.

tentar) averiguar algo de especial importancia, normalmente algo referido al futuro, pero también al presente y, ¿por qué no?, quizá al pasado. Varios poemas de la *Edda* nos muestran a los dioses interrogando a videntes o a sabios etones para saber cómo fueron las cosas en el principio de todo y cómo serían en el futuro.

El término para «destino» puede parecernos un poco prosaico: a partir de una antigua raíz que significaba «dar la vuelta, girar» (como nuestros *verter*, *vertical*) existe un sustantivo (y un verbo asociado a él) que hace referencia a esa «vuelta», al «giro de las cosas»: antiguo inglés *wierd* * o nórdico *Urð*, el nombre de una de las nornas.

### *La psicología religiosa de los germanos*

Para terminar este repaso de los conceptos religiosos germánicos, veamos lo que Stephen Flowers [21] llamó «psicología germánica arcaica». Este autor identificó tres conceptos básicos representados léxicamente [22]:

1) La fuerza vital proporcionada por los dioses, lo que él llama «respiración».
2) Una fuerza emocional, la «liberación de una fuerza extática interna».
3) Una fuerza cognitiva que puede ser reflexiva, perceptiva o volitiva.

A la fuerza vital corresponde un término como el germánico *and-*, que en Escandinavia aprovecharán los cristianos para referirse al alma; para la fuerza está la palabra que se generalizará con el significado de «espíritu»: *gaistaz*, de donde provienen el inglés *ghost* y el alemán *Geist*, pero también otra que hace referencia a la fortaleza de ánimo, a la valentía, presente aún en el alemán *Mut* y más desdibujadamente en el inglés *mood*. Finalmente, la facultad cognitiva encuentra su expresión en diversas palabras según el tipo concreto de facultad; dos de ellas figuran en los nombres de los cuervos de Odín, haciendo referencia al pensamiento *(Hugin)* y a la memoria *(Munin)*, y otra se emplea al nombrar a uno de los hermanos del mismo dios: *Vili*, «fuerza volitiva» (el otro se llama *Vé*: «sagrado»).

---

* Por esas cosas de los cambios en la ortografía, esa honrosa palabra ha pasado a escribirse *weird...* y a significar cualquier cosa rara e inquietante.

## CAPÍTULO 5

## LAS CREENCIAS DE LA MUERTE

*Nuestras cosas de la muerte*

En el cementerio de un pueblecito gallego vi hace pocos años un nicho. Era la tumba de un niño pequeño, y delante del murillo que ocultaba el ataúd habían construido una hornacina cerrada con cristal; en ella había una plaquita de recuerdo de sus compañeros de clase y unos cuantos juguetitos dejados allí por sus amigos y familiares. Ahora piense un poco. ¿Qué significa todo eso? Aquellos juguetitos ¿están allí para uso del difunto en el otro mundo? ¿Para que los visitantes comprueben el amor que todos sentían hacia la pobre criatura? ¿Para que padres y hermanos recuerden mejor al niño perdido al ver las cosas que amaba? ¿Como una ofrenda a los dioses de la muerte? Seguramente no conseguirá hacerse una idea plenamente coherente. Y sin embargo esperamos de otras culturas más antiguas y simples una unidad y una estructura que ni siquiera intentaríamos buscar en la nuestra propia. Así que preguntamos: «¿Qué quiere decir que se enterraba a los muertos acompañados de un ajuar?» y esperamos una respuesta única y bien clara, y al hablar de germanos o escandinavos o vikingos exigimos una respuesta clara: los vikingos hacían con sus muertos esto y aquello y por estos motivos. Las cosas, sin embargo, eran casi tan complicadas como lo son entre nosotros y ahora mismo.

Pues sin olvidar todo esto, intentemos entender cómo era la visión que de la muerte tenían nuestros germanos.

### *Los muertos siguen viviendo*

Era una tarde de otoño en la que un pastor de Thorstein fue tras unas ovejas al norte de Helgafel. Se dio cuenta de que la montaña estaba abierta por la parte norte. Dentro de la montaña vio grandes fuegos y oyó gritos alegres y chocar de cuernos procedentes del lugar\*. Cuando se puso a escuchar para ver si podía oír alguna palabra, oyó que alguien saludaba a Thorstein «El Mordedor de Bacalao» y a sus acompañantes y le invitaba a sentarse en el asiento elevado enfrente de su padre. [...]

A la mañana siguiente vino gente... y anunció que Thorstein «El Mordedor de Bacalao» se había ahogado mientras estaba de pesca [1].

*Helgafel* quiere decir «colina sagrada» y se encuentra en la costa occidental de Islandia, en la orilla norte de la alargada península de Snæfelsness que Julio Verne hizo más o menos famosa, pues en su majestuoso volcán empieza el *Viaje al centro de la tierra*. Pero lo que ahora nos interesa es que ese lugar es asentamiento pagano desde los primerísimos tiempos de la colonización de Islandia y en él hubo, según la saga, un destacado templo. Y después, con el cristianismo, fueron sucediéndose iglesias una tras otra hasta la más reciente, consagrada en 1904. No es raro encontrar, en el norte como en cualquier otra parte del mundo cristiano, lugares cuya sacralidad se remonta muchos siglos antes del cristianismo y que con frecuencia están relacionados también con la muerte. De ahí que cementerios y tumbas pudieran usarse durante siglos: sabemos de túmulos neolíticos que se reutilizaron siglos después, y los túmulos familiares, igual que nuestros mausoleos, iban acogiendo a los nuevos difuntos. En uno de Inglaterra había cincuenta esqueletos, y en otro, nada menos que setenta y uno, incluyendo restos de ceremonias rituales [2]. La Helgafel de Snæfelsness no es la única montaña sagrada asociada con los muertos en el mundo germánico, aunque sí la mejor conocida. Es imposible suponer una única idea germánica de la muerte y el más allá, y seguramente existieron dos concepciones que podemos considerar incluso incompatibles. Helgafel

---

\* Los cuernos que se utilizan al beber: se está celebrando una gran fiesta, igual que las que tenían lugar en el mundo de los vivos.

es la primera forma de entender la muerte: los muertos siguen viviendo prácticamente de la misma manera pero en otro sitio, generalmente bajo tierra.

Estos lugares suelen estar cerca de la morada de los vivos, próximos a la granja, al poblado. Una parte de la familia está viva y habita en casas; otra está muerta y su casa es la tumba, la colina sagrada o el cementerio. Por eso cuando Þorstein muere es su propio padre quien lo recibe. La continuidad de la familia, del clan, está garantizada por esta sucesión, por este paso de una (forma de) vida a otra, aunque a una la llamemos muerte y no acabe de apetecernos demasiado. Estas ideas eran fundamentales en la visión del mundo de los antiguos germanos, en su antigua religión, aunque creo que no nos resultan ajenas tampoco a nosotros. Es interesante que en la Inglaterra precristiana encontremos la única excepción a esta regla general de que los cementerios son aledaños a la residencia de los vivos. Los anglosajones, en efecto, suelen estar a cierta distancia de los asentamientos, y el motivo puede estar en el proceso mismo de la migración: toda la población germánica de Inglaterra llegó del continente (y el sur de Escandinavia) a lo largo de un periodo de tiempo relativamente grande; es decir, no había «ingleses nativos». Como en todo gran desplazamiento de pueblos, se rompen en cierta medida los vínculos familiares tradicionales al conformarse unidades de población de orígenes diversos. Así que podemos imaginar que los asentamientos, aunque fueran pequeños, no estaban compuestos solamente por personas emparentadas y pertenecientes al mismo clan, ni siquiera la misma tribu. Esto pudo hacer que los cementerios tuvieran un carácter más neutro, menos ligado a un clan concreto.

### *El túmulo de Helgi*

Uno de los poemas heroicos de la *Edda*, el *Segundo Canto de Helgi* (estrofas 40-41 y ss.), nos habla de lo sucedido tras la muerte de éste. Lo enterraron en un túmulo, pero a la noche siguiente una esclava de su esposa Sigrún fue allí y vio a Helgi cabalgando hacia el túmulo con muchos hombres. La esclava dijo:

> ¿Es desvarío acaso lo que ahora ver creo,
> o es el Ragnarök, muertos que cabalgan,
> pues vuestros caballos conducís con lanzas?
> ¿O acaso los guerreros pueden volver a casa?

Helgi dijo:

> No es desvarío lo que ahora ver crees,
> ni el fin de los tiempos aunque ahora nos veas,
> aunque nuestros caballos conduzcamos con lanzas,
> tampoco los guerreros pueden volver a casa.

Después fue Sigrún a hablar con su esposo y atenderlo, pero esa situación duró poco tiempo y la separación fue enseguida completa. Los muertos, enterrados en el seno de la familia, aún se comunican con sus seres queridos durante un tiempo.

Sin embargo, nuestras fuentes escritas son bastante parcas a la hora de hablarnos de favores otorgados por los muertos a sus parientes, aunque hay algunos pocos ejemplos en las sagas islandesas y otros textos escritos. En el *Landnámabók*, el *Libro de la colonización* (capítulos 18 y 19), se nos cuenta que Kveld-Úlf murió en el mar, en el viaje de Noruega a Islandia, y que antes de fallecer ordenó a su hijo Skalla-Grím que le fabricase un ataúd que habría de arrojar al agua para construir su granja allí donde llegara a tierra. Una vez desembarcados, Grím encuentra la caja y allí cerca edifica su granja (véase también el capítulo 27 de la *Saga de Egil Skallagrimsson*). En la *Saga de Víga-Glúm* (capítulo 26) el protagonista sueña con muchos hombres que van al templo de Frey en el río Þverá, en Islandia. Resulta que son sus parientes muertos, que van a interceder por él ante el dios.

### *No todos los muertos son amistosos*

Desgraciadamente, no siempre convenía tener cerca a los muertos. La figura del *draugr* (plural *draugar*), el espíritu maligno o «muerto viviente», ocupa un lugar importante en las creencias escandinavas tardías y debía de tenerlo también en épocas más antiguas.

Volvamos a visitar a las gentes de Eyr[3]. En su saga se nos cuentan los extraños sucesos que acompañaron a la no menos extraña muerte de un personaje llamado Thórólf el Cojo, quien tras una discusión con parientes y vecinos

> llegó a su casa al anochecer y no habló con nadie. Se sentó en el sitio elevado, donde solía, pero no cenó. Allí seguía sentado cuando la gente de la casa se fue a dormir. Por la mañana, cuando se levantaron, Thórólf estaba allí, muerto. [Avisan a su hijo Arnkel, que intenta sacar de la casa a Thórólf para enterrarlo, y]

tomó por los hombros a Thórólf y tuvo que utilizar todas sus fuerzas hasta que consiguió bajarlo\*. A continuación envolvió su cabeza en un paño y lo preparó según la costumbre. Mandó que derribasen el muro que estaba tras él y por allí lo sacaron. Algunos bueyes fueron uncidos a un trineo donde depositaron a Thórólf y lo llevaron a lo alto de Thórsárdal. Con mucho esfuerzo lo transportaron hasta el lugar donde debía ser enterrado. Lo sepultaron muy hondo.

Los bueyes enloquecieron y muy poco después el espíritu de Thórólf (nombre que, por cierto, significa «Lobo de Thor») empezó a aparecerse: el buen hombre se había convertido en *draugr*. Muere primero un pastor, al que encuentran cerca de la tumba, ennegrecido y con todos los huesos machacados, y perecen también algunas de sus ovejas. Las cosas fueron empeorando:

> Cuando llegó el invierno, Thórólf venía a menudo a la granja y molestaba a su viuda. También otros muchos sufrieron por este motivo, y ella misma estuvo a punto de volverse loca. El asunto acabó con la muerte de la viuda a causa de estas apariciones. La llevaron a lo alto de Thórsárdal y la enterraron al lado de Thórólf. Después todos abandonaron la granja por ello. Pero Thórólf amplió sus salidas al valle y devastó las granjas. En sus incursiones llegó incluso a matar a algunos, mientras que otros huyeron del lugar. Todos los que murieron fueron más tarde vistos en su compañía [4].

Todo el mundo insistía en que Arnkel tenía que solucionar el asunto, de modo que a la primavera siguiente fueron a la tumba, «la abrieron y lo encontraron sin descomponerse, pero era muy repulsivo mirarlo» [5] y lo llevaron a una nueva tumba aún más lejana, aunque no sin dificultades porque Thórólf hacía morir o enloquecer a los bueyes que lo transportaban. Rodearon el túmulo con una tapia muy alta y no volvió a haber problemas mientras Arnkel vivió. Pero tras la muerte (violenta) de éste, Thórólf volvió a hacer de las suyas y aterrorizó a la comarca más próxima a su nueva tumba. Entonces fueron a su tumba y la abrieron.

> Todavía estaba sin descomponer y parecía como embrujado, negro como el *Hel* e hinchado como un buey; cuando intentaron moverlo, no pudieron ni levantarlo. Thórodd mandó que le pusiesen debajo una palanca y con esto pudieron sacarlo de la tumba; a continuación lo llevaron rodando hasta la playa del fiordo y allí

---

\* Alguien muerto en lugar infrecuente dentro de la casa debe salir de ella por cualquier sitio que no sea la puerta, normalmente rompiendo la pared. De este modo, el posible *draugr* no sabría por dónde volver a entrar, con lo que se evitarían problemas a los familiares. Costumbres parecidas existen en otros sitios, por ejemplo entre los navajos, que también sacan de casa a los muertos por un agujero en la pared.

apilaron madera para hacer un gran fuego, lo encendieron, hicieron rodar a Thórólf encima y lo quemaron hasta que sólo quedó el rescoldo, pero, a pesar de todo, pasó un buen rato hasta que las llamas pudieron con él [6].

Esto debería haber solucionado el problema de una vez por todas, pero Thórólf «El Cojo» era recalcitrante: contaminó a las vacas y toros que lamieron parte de sus cenizas, arrastradas por un viento repentino. Tras una sucesión de acontecimientos misteriosos y por no hacer caso a los consejos de su madre, Thórodd muere al final, corneado por un toro maldito, hijo de aquellos animales.

¿Qué conserva esta historia de las creencias paganas sobre la muerte? Pese a su aspecto de cuento de miedo y su elaboración literaria, es bastante probable que refleje sentimientos, ideas y hasta procedimientos de lo más antiguos, aunque sólo sea porque éstos parecen muy persistentes en nuestras culturas. Y cosas como las que acabamos de ver en Eyr eran habituales, incluso obligadas, cuando un muerto viviente, un *draugr*, asolaba una comarca. A veces se cortaba la cabeza del cadáver para impedir que continuara su vida fuera de la tumba, y tenemos bastantes tumbas en las que aparece el difunto decapitado y la cabeza colocada a sus pies, o incluso en otra fosa. Algunos enterramientos boca abajo pueden ser indicativos de algo parecido: cuando el muerto intente salir de la tumba sólo conseguirá enterrarse más profundamente. En Inglaterra hay enterramientos, que parecen «especiales» por algún motivo, en los que se conservan restos de grano quemado de lo que debió de ser un rito purificador, a juzgar por la tajante prohibición cristiana de practicarlo [7]. También se usaba el pedernal para purificar seres inmundos. Todas estas cosas nos demuestran claramente algo ya mencionado: para germanos y escandinavos, la vida después de la muerte seguía siendo igual de material que antes, no había «alma» ni «espíritu» que tomara el relevo: por eso era el propio muerto el que salía de su tumba.

## *El viaje al más allá*

Pero además de la morada de los muertos al lado de las casas de los vivos, los germanos parece que creían en alguna especie de viaje al más allá. Desde la Edad del Bronce conservamos restos de barcos y carros en las tumbas de quienes debieron de ser en vida personas destacadas. Seguramente no nos equivocamos al pensar que se creía que los muertos se desplazaban a algún sitio, que tenían que hacer un largo viaje para el que necesitaban utilizar esos medios de transporte y aun otros, como los caballos, que poseían un especial prestigio en la vida cotidiana. Hasta este nivel tan general las cosas parecen más o menos claras; las dificultades empiezan en cuanto entramos en detalles y queremos entender por qué hacían con sus muertos lo que hacían. En el resto del capítulo comentaremos la compleja vida de la muerte en los germanos hasta la desaparición de su religión tradicional, e incluso más acá.

Los muertos podían ir básicamente a los siguientes sitios: (1) al Valhala los guerreros consagrados a Odín y pertenecientes al grupo social correspondiente, pues Freya se encargaba de la otra mitad de muertos en combate, a los que transportaba a (2) a Fólkvang, adonde también iban, probablemente, por lo menos algunas mujeres jóvenes; (3) a Hel iban los que morían de vejez o enfermedad, así como los niños; (4) al mismo tiempo, el muerto podía seguir viviendo en la tumba, o en un lugar como Helgafel.

Los germanos no tenían las ideas muy claras sobre el destino final de sus muertos, porque, como suele suceder en todos los pueblos, les interesaba más «qué hacer» con ellos: lo principal era el rito funerario, no la geografía de ese otro mundo al que, de todos modos, sólo se podía acceder por la imaginación o la muerte. ¿O existían otros medios? Entre los elementos chamánicos del paganismo escandinavo está la posibilidad de hablar con los muertos para conseguir información, y en algún caso se nos narran viajes allá. Pero las inconsistencias se mantienen: cuando van a buscar a Baldr al mundo de los muertos no es al Valhala adonde se dirigen, sino a Hel[8], y el supuesto hijo de Odín que emprende el peligroso viaje, Hermóð, se traslada hasta allí en el caballo Sleipnir*. Enseguida veremos algo más sobre Valhala, pero por el momento es suficiente constatar que, en este igual que en otros tantos aspectos del paganismo nórdico, la idea que solemos tener al respecto es más que dudosa.

El caso es que el lugar al que iban los muertos, en las fases más antiguas del paganismo germánico, debía de ser solamente Hel, un sitio poco agradable porque es frío, húmedo y oscuro: igual que la tumba. Más tarde, la creciente complejidad de las sociedades germánicas creó una especialización *post mortem* que reproducía las diferencias existentes en esta vida: si las cosas de la sociedad poseen una esencia inmutable, no parece muy aceptable la idea de que todas las diferencias desaparezcan después de la muerte: los muertos tendrán tumbas («casas») distintas según la riqueza y la importancia de cada uno en vida; y si queremos buscar un país de ultratumba, lo lógico es que haya también varios, igual que en determinadas zonas de Escan-

---

* Hilda Ellis Davidson (1988) quiere ver en las ocho patas de éste las piernas de los cuatro hombres que transportan el muerto hacia la tumba o la pira.

dinavia algunos asentamientos eran residencia sobre todo de guerreros aristocráticos, mientras que los simples campesinos vivían «en la aldea de al lado» *, 9.

Por esa misma vaguedad de las ideas sobre la geografía del más allá, no está nada claro cómo se llegaba a Hel, Valhala o, mucho menos, el raramente mencionado Fólkvang. Hay referencias en nuestras fuentes literarias, incluso bastante tardías, a un río llamado Slíð, «Peligroso», o Geirvimul, «Manantial de Lanzas», que conduce al otro mundo, por lo general atravesando el puente Gialarbrú, «Puente sobre el Río del Más Allá», que a veces se dice guardado por la doncella guerrera Hermóð; y en ocasiones el acceso parece cerrado por una verja, detalles que recuerdan demasiado a las tradiciones grecolatinas pero que debieron de asentarse con bastante firmeza en las creencias populares, pues Gialarbrú aparece también en una balada popular noruega compuesta hacia mediados del siglo XIII, llamada *Draumkvæde*, «Balada del Sueño». Como su nombre indica, trata de un sueño en el que el narrador y protagonista tiene que recorrer lugares peligrosos y horribles, amenazado por aves y animales; entre los caminos más desagradables está el Gjaddarbru.

### *¿Qué hacen los muertos en su nueva existencia?*

De adónde, cómo y por dónde sabemos poco, y no mucho más sobre la nueva forma de «vida». Los germanos, como tantos otros pueblos, pensaban que la otra vida era una simple variante de ésta, de modo que, una vez muertas, las personas seguían haciendo lo mismo que antes aunque de alguna forma especial, rara (Pascal Boyer diría «contraintuitiva»); por ejemplo, un guerrero podía morir cada noche en combate y al día siguiente estar tan contento y dedicado a la bebida. Y es que en los mundos sobrenaturales las cosas son iguales en lo esencial, aunque hay algunas que en nuestra vida terrenal son imposibles.

Las fuentes nos hablan sobre todo de los guerreros en Valhala: peleaban y estaban de fiesta; pero incluso esto es sólo válido para algunos guerreros, y la sociedad, incluso la más belicosa de tiempos de las invasiones o de la época vikinga, no estaba formada sólo por guerreros. ¿Qué hacían las mujeres en la otra vida? ¿Coser, tejer y lavar la ropa? ¿Y los simples campesinos? ¿Se pa-

---

* Aunque esos campesinos también eran guerreros. Como ha mostrado Heinrich Härke (1992), lo importante era la pertenencia a la clase guerrera aristócratica, no el hecho de combatir o no; por eso hay enterramientos de hombres jóvenes y fuertes sin armas y otros de niños o enfermos incapacitados con toda la parafernalia.

saban la otra vida arando y cuidando las vacas? ¿Y los niños? El caso es que esos heroicos mundos mortuorios de los guerreros son más una construcción consciente, incluso literaria y sobre todo tardía, que un auténtico reflejo de las creencias populares.

Nada sabemos directamente sobre estas cosas, pues lo referente a la muerte forma parte de las creencias, costumbres y rituales que el cristianismo se esforzó más activamente por hacer desaparecer. Las tumbas paganas eran del clan o la familia, pero el cristianismo obligó a usar el cementerio de la iglesia, desdibujando así las antiguas relaciones de parentesco. La iglesia quería convertirse en uno de los ejes de la nueva sociedad (el otro era la monarquía), y ello implicaba la eliminación de aquellas instituciones que, como las funerarias, estaban más directa e íntimamente asociadas a la forma de vida tradicional: las más importantes en la vida cotidiana. Por estas razones, las costumbres tradicionales de enterramiento desaparecieron con bastante rapidez y la gente empezó a pensar de otro modo sobre la muerte. La nueva iglesia tuvo especial empeño en eliminar la incineración y en conseguir que los muertos (sobre todo los de reyes y jefes) fueran trasladados de sus antiguos túmulos u otros cementerios tradicionales al camposanto consagrado, en una mudanza que implicaba mucho más que el mero traslado de cuerpos. La guerra contra la incineración parece especialmente cruenta, como si quemar el cadáver en vez de dejarlo pudrirse fuera de todo punto incompatible con la doctrina cristiana, y es curioso que en la zona central de Inglaterra, la región históricamente llamada Anglia, donde en época pagana era predominante la incineración de los muertos, no queden prácticamente topónimos con referencia al paganismo, hecho que se interpreta como resultado de la acción decidida de la iglesia contra cualquier resto de aquél allí donde se mantenía con mayor fuerza. En cambio, las regiones que practicaban la inhumación representaban un menor peligro y no hizo tanta falta cambiar de nombre colinas, ríos, roquedales y bosquecillos [10]. La iglesia también insistió en que se sepultara a los muertos sin ajuar, envueltos sólo en una mortaja, aunque en este asunto tardó muchos años en conseguir plenamente su objetivo y siguió habiendo enterramientos, ahora de cristianos y con ritos cristianos, pero casi con los mismos objetos que antes habían acompañado a los paganos.

## *Hel*

Así que, en resumen, los germanos no sabían muy bien adónde iban sus muertos ni dónde estaban los nuevos mundos a los que habían de llegar...

¿después de qué viaje? Ciertamente no iban al reino de la fúnebre diosa Hel, aunque muchos libros populares suelen contar lo contrario. Hel es el nombre de un espacio, un mundo mítico en el que parecen habitar los muertos; el nombre, que en germánico común era *haliō, es muy adecuado, pues se trata de un derivado de la raíz indoeuropea *kel- que hallamos en palabras castellanas como *celda, celada, celar, celosía,* etc., con el significado básico de «ocultar». *Hel, haliō,* significa «lugar oculto», y los muertos, ciertamente, están ocultos a los ojos de los vivos de tal modo que no podemos ver lo que hacen o cómo viven en su nueva morada. En los tiempos más antiguos seguramente ese mundo no estaba regido por diosa alguna; la personificación que encontramos en las fuentes nórdicas es una simple copia de modelos romanos, y aun es probable que estos modelos fueran sólo literarios.

Hemos visto ya que Hel no es un lugar agradable, porque la muerte no lo es: para germanos y vikingos, ver cadáveres en distinto grado de descomposición no era nada infrecuente, y los muertos no tienen aspecto de disfrutar demasiado. A ello se une que no deseamos morir porque no queremos perder las cosas y a las personas que tenemos en vida, e imaginamos que los muertos tendrán sentimientos parecidos; de ahí que se alegren cuando les llega algún acompañante, como en la historia de Þorstein. El cristianismo eligió la palabra *Hel* para referirse al lugar de eterno suplicio a cargo de Satanás, seguramente como parte del proceso de demonización de todo lo pagano, aprovechando, de paso, la imagen no muy optimista que la sociedad germánica tenía del otro mundo. El *Discurso del Altísimo* (estrofas 70 y 71) deja bien claro que la muerte no es deseable, ni un estado feliz. Por otra parte, la ubicación de Hel es desconocida, así como su aspecto, más allá de las características generales, y tampoco se dice en ningún sitio a qué se dedican allí los difuntos. Lo único que sabemos es que, en términos especialmente vagos, se encuentra «hacia abajo y al norte».

### *Valhala*

Algunos guerreros parecen tener un destino bastante bien definido; nuestras fuentes literarias son muchísimo más precisas sobre este mundo sobrenatural que sobre cualquier otro, y creemos ver referencias claras a Valhala también en otros sitios: las grandes casas de varias puertas que aparecen en tantas piedras mortuorias decoradas de la isla de Gotland son seguramente referencias a la mansión en que residen los *einheriar* gobernados directamente por Odín.

El Valhala es un inmenso palacio de muros resplandecientes, según el escalda Þióðólfr [11], y de él fluye una veintena de ríos. Tan grande es que tiene cinco centenares y cuatro decenas de puertas, tan enormes que por cada una pueden pasar a la vez ocho centenares de guerreros. Teniendo en cuenta que la centena escandinava valía 120, en un mismo momento podrían salir o entrar por las puertas nada menos que 614.400 guerreros, número imposible de imaginar por entonces. No serán suficientes en el Ragnarök, desgraciadamente, pero la inmensidad de la cifra era suficiente para producir el asombro entre los oyentes de historias sobre el Valhala*. Para acceder al Valhala había que estar consagrado a Odín, normalmente perteneciendo a un *druht*, y la herida de lanza, arma de Odín, debía de formar parte de cualquier ritual relacionado con estas sociedades y podía hacerse incluso después de la muerte. Los guerreros que viven en Valhala y que pelearán en el Ragnarök han sido elegidos directamente por Odín: grandes héroes y reyes que eran «amigos de Odín» encuentran la muerte en combate porque el dios quiere tenerlos a su lado, aunque ellos confiaban en su protección para sobrevivir a la lucha. Las valquirias, disfrazadas de cuervos y águilas, eligen a los guerreros durante el combate, sobre todo a los que miran hacia el cielo —por lo que nunca conviene hacer tal cosa. Ellas mismas lo reciben ante las puertas de Valhala y le ofrecen una bebida, seguramente hidromiel, como vemos en las piedras de Gotland [12]. Una vez dentro, son también ellas quienes sirven a los guerreros, como sucedía en vida en los grandes festines que ofrecía el *druhtinaz* a los miembros de su *druht*. Snorri nos cuenta con cierto detalle los entretenimientos de los *einheriar*: las mismas cosas que hacían en vida aunque, al tratarse ahora de un mundo sobrenatural, las heridas del combate sanaban inmediatamente. El abastecimiento de bebida es lógicamente complicado para tanta gente, pero se soluciona gracias a una cabra llamada Heiðrún, de cuyas ubres sale suficiente hidromiel para dar de beber a todos esos guerreros sedientos. La cabra es el animal de Thor, aunque su presencia es constante en la religión germánica y en otras de origen indoeuropeo. En la romana, las cabras tenían un papel de primer orden en fiestas orgiásticas como las Lupercalia y eran el animal favorito de Baco; recordemos también a los sátiros (y nuestra imagen popular de Satanás, con patas de cabra); Zeus fue criado por la cabra Amaltea; cabras eran los sacrificios preferidos por los dioses hititas, pero también los germanos las ofrendaban con preferencia a otros animales. No es, por tanto, una casualidad que esté allí Heiðrún.

---

* Aunque seguramente ninguno de esos oyentes disponía de los conocimientos matemáticos para llegar a esa cifra, que es parecida al término *zillion*, usadísimo entre niños y jóvenes (y muchos nada jóvenes) en Estados Unidos para referirse a alguna cantidad astronómica: una porrada, vamos.

La imagen del Valhala como morada última de guerreros aristocráticos es sólo escandinava y poco anterior a la época vikinga, quizá de los siglos V y VI d.n.e.; se podría afinar más y remontar sus orígenes a las sociedades guerreras y los fortines del sur de la península escandinava, en especial de Suecia, durante la llamada época de Vendel, que da paso a la vikinga. Aquellos guerreros que ocupaban la cúspide social, cuyas riquezas eran superiores a las de cualquier otro, que practicaban la guerra pero también el comercio, que poseían barcos y un gran número de seguidores ligados por un indestructible pacto de lealtad, no se limitaban a hacerse enterrar o incinerar a bordo de sus barcos, rodeados de objetos preciosos, muchas veces insustituibles, de valiosos animales e incluso de esclavas y servidores: también poseían su mundo exclusivo donde, directamente a las órdenes del dios al que ellos mismos habían convertido en soberano, seguirían viviendo dedicados a sus mismas ocupaciones favoritas, rodeados de jóvenes doncellas que les servían bebida cuando no estaban combatiendo...

### *Muerte, fama (¿y eternidad?)*

Lo cierto es que el germano medio, seguramente, se limitaba a tener una idea vaga y genérica de la existencia de otra vida, aunque tenemos testimonios de quienes estaban convencidos de que la muerte era el final definitivo... excepto si la propia fama perdura y alguien, mejor un pariente, nos recuerda[13]. Si la muerte es definitiva y sólo queda el recuerdo, nuestra vida se habrá perdido si éste no es suficientemente positivo. La buena fama es por tanto lo más preciado a lo que nadie puede aspirar[14]:

> Muere la riqueza, mueren los parientes,
> igual morirás tú;
> pero la fama no muere nunca
> en quien buena la tiene.

La idea de que seguimos viviendo en nuestros hijos y en quienes nos recuerdan con amor no debe parecernos exótica, pues seguimos compartiéndola. El cristianismo, sin embargo, introdujo un elemento nuevo, la idea de eternidad, que es radicalmente contraintuitiva, frente a la naturalidad de las creencias germánicas: por muchos hijos, nietos y biznietos que tengamos, por mucho que nos recuerde la gente, necesariamente llegará un momento en que habremos desaparecido por completo. Para los germanos, la fama y el recuerdo terminaban definitivamente, como todo (incluso los dioses), y no había lugar para una idea de eternidad que incluso ahora resulta imposible de entender cabalmente*.

En resumen: los vivos mueren y desaparecen en algún otro sitio, aunque podemos seguir recordándolos. Irán a algún lugar, concepción que en realidad es doble: un lugar próximo a la residencia del clan, quizá sólo por un tiempo, y (¿más tarde?) algún ámbito mítico bastante más misterioso, llamado Hel porque estaba perfectamente oculto aunque luego lo fueran dotando de entidad física y geográfica, si bien mucho menos que los reinos de los muertos de las culturas clásicas. No es infrecuente creer que los muertos están por un tiempo en la tumba y que luego viajan a su lugar definitivo de reposo, y algunas culturas marcan la diferencia con ritos especiales. Quizá la realidad natural de la progresiva desaparición del cadáver esté también en el fondo de esa duplicidad: durante un tiempo después del enterramiento, aún sería posible reconocer al difunto, del que más tarde quedan sólo huesos irreconocibles. A Hel podrían ir los muertos transcurrido un tiempo suficiente desde su fallecimiento, de modo que ya no estarían tan claramente presentes entre los supervivientes de su clan.

---

* La eternidad y el infinito son dos caras de la misma moneda. La compleja historia del infinito y sus implicaciones cognitivas puede encontrarse en Lakoff y Núñez (2001), parte III, pp. 155-255.

CAPÍTULO 6

# LOS RITOS DE LA MUERTE

*Enterramiento e incineración, tumbas y túmulos*

Los germanos utilizaban dos procedimientos para enviar a los muertos a la otra vida: inhumación e incineración. No se ha podido encontrar una explicación definitiva de cuándo se empleaba un método y cuándo el otro y a qué diferentes ideas se asociaban, aunque en Escandinavia empezaron a quemar a sus muertos en plena Edad del Bronce, quizá al llegar la cultura indoeuropea\*, si bien nunca sustituyó por completo a la inhumación y hay cementerios paganos donde coexisten ambas formas en la misma época. Debió de haber ciertas preferencias regionales y étnicas: desde el principio unos grupos preferían enterrar a sus parientes mientras que otros optaban por incinerarlos. El cuadro es relativamente claro en la Inglaterra pagana, aunque sólo sea por la gran cantidad de cementerios estudiados: en los territorios de Kent y el resto del sur de Inglaterra, donde se asentaron principal-

---

\* En la que, sin embargo, también coexistían ambas formas de enterramiento, como sucede también en las diversas culturas históricas. Los romanos, por ejemplo, empezaron incinerando y pasaron luego a la inhumación (véanse, por ejemplo, Toynbee, 1996, y la discusión en Rife, 1997).

mente los sajones, se practicaba sobre todo la inhumación, mientras que los anglos del centro y el norte del país utilizaban casi en exclusiva la incineración [1]. Los escandinavos de época vikinga practicaban sobre todo esta última [2], pero también el enterramiento, directamente en el suelo o en un túmulo. Lo mismo sucedía en el continente, pues desde el principio coexisten los cementerios donde se guardan sólo las urnas con cenizas (llamados «campos de urnas» por los arqueólogos) y las inhumaciones, sean o no en túmulos; hay indicios de que la incineración comenzó como una costumbre escandinava que fue desplazándose hacia el sur, tendencia que se invierte varios siglos más tarde, en tiempos romanos, cuando la inhumación vuelve a ganar terreno, avanzando ahora hacia el norte.

Es posible que se tratara de preferencias familiares o de clanes, que podrían extenderse por un tiempo a otros clanes como consecuencia del aumento de poder o prestigio de una determinada familia. A veces, seguramente, intervendrían motivos muy prosaicos, como la mayor o menor disponibilidad de madera, el tiempo que podía dedicarse a las ceremonias, el número de personas que las realizaban, etc. Una incineración exigía gran cantidad de leña, en torno a los 500 kilos [\*, 3], y la reducción del bosque comunitario por su utilización excesiva, como consecuencia de una prolongada sequía o por culpa de un incendio incontrolado podía hacer recomendable enterrar a los muertos, aunque lo habitual allí y entonces fuera quemarlos.

En cuanto a los túmulos, éstos precisan del trabajo de muchas personas, lo que los hacía inviables excepto cuando los parientes del difunto disponían de trabajadores; es decir, cuando el difunto era persona de importancia social y económica, aunque en ocasiones el amor y la dedicación de unos pocos parientes y amigos supliera la falta de riquezas. Pero la mayor parte de los muertos reposaban en una sencilla tumba en el suelo, probablemente marcada de alguna forma visible desde el exterior, incluso con pequeñas casetas de madera o murillos bajos de piedra que prestarían a la fosa un cierto aspecto de casa. Aunque no sabemos cómo se marcaban exteriormente las tumbas, estaba claro que había algún procedimiento bien visible, porque no hay enterramientos erróneamente excavados sobre tumbas anteriores, pese a que un mismo cementerio pudo utilizarse durante siglos [4].

De manera que el tipo de enterramiento utilizado en cada caso dependería de muchos factores que difícilmente podemos sistematizar al cien por

---

\* Nuestra imagen tradicional de la ceremonia no corresponde con la realidad: la madera se colocaba encima del cadáver, no debajo. De modo que la idea del guerrero vikingo con sus ropas y armas acostado sobre la gran pira es bonita pero falsa: se debe a los escritores medievales, que desconocían, como es lógico, el procedimiento auténtico.

cien, aunque la tradición del clan debería de ser el principal. En todo caso, no hay que olvidar que la mayoría de los muchísimos cementerios que conocemos a lo ancho y a lo largo del mundo germánico, desde fines de la Edad del Bronce hasta pleno Medievo, fueron usados durante muchas generaciones por los habitantes de pequeños poblados que, al principio, no sobrepasarían el centenar de personas. Aunque la mortalidad era muy grande, los entierros no tendrían lugar todos los años, y el criterio fundamental sería siempre el de la costumbre tradicional, sin que los problemas que acabamos de apuntar brevemente tuvieran un peso excesivo. Las cosas se complicarían más tarde con la formación de grupos no estrictamente familiares, por ejemplo las sociedades guerreras. Aquí podrían entrar en conflicto diversas costumbres funerarias, aunque probablemente serían las del jefe las que se impondrían. Pero más complicada todavía era la situación de las agrupaciones de pueblos que se producían, con carácter temporal pero también, a veces, permanente, en tiempos de migraciones. ¿Cuál de los tipos de enterramiento se utilizaría? Tal vez todos, dependiendo de cada familia, clan o tribu; quizá habría tendencia a seguir la costumbre de la tribu dominante, a lo mejor la de algún grupo con especiales dotes religiosas o rituales, o bien el jefe podía dictar normas de cumplimiento obligado para todos sus seguidores. También podía ser que se adoptaran costumbres de los pueblos no germánicos con los que se estaba en contacto: las piedras funerarias escandinavas, con o sin inscripción en caracteres rúnicos, son una continuación de las lápidas germánicas del continente que empezaron a erigirse a imitación de las romanas.

### *Las tumbas de barco*

El mundo pagano escandinavo cuenta, además, con un tipo de tumba que le es único, pues, aunque también existe en las Islas Británicas, es exclusivo de East Anglia, una región con clara impronta escandinava, aparte de las tumbas de vikingos encontradas en Escocia, las islas Orcadas o la isla de Man. «Tumba de barco» es un concepto muy amplio que recoge diversas variantes, pero en último término todas consisten en un enterramiento (de inhumación, incineración o incluso sin el cadáver presente) en el que hay un barco real o figurado, entero o parcial. Los primeros ejemplos son muy anteriores a la época vikinga, aunque a las tumbas de barco las asociamos sobre todo con este periodo. La inmensa mayoría de los 1.500 enterramientos de este tipo de los que tenemos testimonio físico por la arqueología se erigieron entre los siglos VI y X, sobre todo en Suecia, Noruega y Dinamarca, muy especialmente en territorios dependientes del reino de Dinamarca o relacionados con él[5].

Contamos sobre esta peculiar forma de dar sepultura con numerosos testimonios literarios, escandinavos e ingleses, pero también con el del viajero árabe Ibn Fadlan, contemporáneo de los hechos que narra (año 921 o 922). Por los estudios arqueológicos, además, podemos conocer con bastante detalle muchos de estos enterramientos, algunos de los cuales están entre los más ricos e impresionantes que existen, como los de Sutton Hoo en Inglaterra y Oseberg en Noruega. La cantidad de información que puede obtenerse de ellos es tan grande que no cabe en este libro, así que tendremos que contentarnos con unos pocos elementos de especial interés para la reconstrucción de las ideas religiosas de los escandinavos.

### *El simbolismo del barco*

A primera vista, se nos ocurre un significado «evidente»: el barco representa un viaje al otro mundo. Y ésta es la interpretación que solemos encontrar en los libros y que se ve apoyada por testimonios como el de Ibn Fadlan o algunos textos literarios tardíos. Según el viajero árabe, los vikingos le dijeron que al quemar al difunto en su barco iría más rápidamente al paraíso; pero seguramente se trata de su propia interpretación a partir de los presupuestos islámicos sobre la muerte y de un intento de racionalizar la exótica conducta de aquellos escandinavos[6]. También la imagen de un barco que se pierde en el mar mientras las llamas lo devoran es de lo más evocadora, pero quizá se trate solamente de una reconstrucción medieval. El problema es que no hay nada en la mitología germánica o escandinava que justifique esta interpretación, aparte de los propios enterramientos. Y no precisamente por falta de barcos asociados a ideas y ritos religiosos, sino todo lo contrario.

El barco está asociado desde muy pronto, ya en los grabados rupestres escandinavos de la Edad del Bronce, a la fertilidad y a la muerte al mismo tiempo: tanto Niörð como Frey tienen sus barcos, pero el Ragnarök contemplará la llegada del enorme navío construido, según Snorri (que entendió mal el significado del nombre), con las uñas de los muertos, y en él vendrán los enemigos de los dioses. Y Baldr será incinerado en su barco Hringhorni junto a su esposa Nanna, en uno de los testimonios literarios más conocidos de este ritual.

### *Cómo se viajaba al otro mundo*

Este asunto ha hecho correr mucha tinta. Se nos suele contar en las sagas y los poemas antiguos que el héroe llega cabalgando al Valhala, y todo parece indicar que a los mundos funerarios se iba a pie, a caballo o en carro. No tenemos sino unas pocas menciones, que hemos comentado en otro momento, del cruce de un río para llegar al Valhala, pero para atravesar un río de tipo escandinavo no es necesario, ni práctico, usar un barco. Nuestras fuentes no nos proporcionan demasiados detalles sobre este último viaje, aunque tampoco es mucho lo que relatan de otros viajes míticos, más allá de la desolación de los parajes que han de atravesar Thor y sus acompañantes. Pero tengamos en cuenta que los germanos se representaban sus mundos míticos a imagen y semejanza de los que conocían en la vida diaria. Los noruegos [7] lo veían todo como si fuera Noruega misma, con montañas, fiordos y granjas ampliamente separadas unas de otras. ¿Cómo se iba de un sitio a otro, de una región a otra, de una granja a otra? A pie, en carro, en trineo, en esquís, con patines de hielo, en barca o en un gran barco, según; y todos estos objetos han sido hallados en tumbas, incluyendo la majestuosa tumba de barco de Oseberg, donde están todos juntos, desde el zapato hasta el barco pasando por los patines. Y es innecesario recordar la frecuencia de inhumaciones en las que se ha sacrificado uno o más caballos. Así que el viaje al otro mundo podría ser como cualquier viaje a una región distante, donde alguien nos recibiría al llegar y nos invitaría a beber.

Una llegada de este tipo es uno de los motivos más frecuentes en las numerosas piedras funerarias de la isla de Gotland, en la actual Suecia, ricamente decoradas en época inmediatamente anterior a los tiempos vikingos [8]. Encontramos en ellas muchas representaciones de barcos con todo su aparejo y su tripulación, pero también la escena de la llegada de un guerrero, montado sobre un caballo que algunas veces tiene ocho patas, a una casa con varias puertas ante la cual es recibido por una mujer que le tiende un cuerno lleno sin duda de la bebida que a veces transporta en un cubito. Es decir, se llega a la otra vida igual que a cualquier sitio de ésta, en los mismos medios de transporte y con avatares semejantes. Y si en las casas de los vivos son las mujeres, en especial las jóvenes, las encargadas de escanciar la cerveza o el hidromiel, deberá suceder lo mismo en el otro mundo, si bien aquí la doncella también será especial, por sobrenatural: una valquiria.

Pero si las cosas son así y el barco no es más que otro medio de transporte, carecería de especial significación simbólica: no sería, ni siquiera para el gran guerrero vikingo, el vehículo por antonomasia para trasladarse al otro mundo, como tampoco lo es el carro, aunque éste parezca asociarse, entre los escandinavos, con mujeres y ancianos. Y no olvidemos que también hay mujeres enterradas con barcos. En el trabajo más reciente y complejo sobre el significado del barco en el paganismo escandinavo [9], hay autores como Kobyliński que lo consideran un símbolo cargado de significado, mientras que otros [10] lo juzgan puramente contextual, de manera que no significa nada por sí solo, sino que precisa de su inserción en un contexto específico. Esto es: no existe acuerdo sobre si el barco de las tumbas, de los grabados rupestres y de las piedras funerarias era un símbolo propiamente dicho ni, si la respuesta es positiva, qué simbolizaba realmente. Quizá podamos arrojar un poco de luz a este asunto repasando los enterramientos de barco. Empezaremos alejándonos un poco del mundo germánico, para tomar un punto externo de referencia.

### *La función ritual del barco*

Pueblos de tierra adentro, como los celtas de las culturas de Hallstatt y La Tène [11], también viajaban al morir, pero ellos lo hacían en carro, y, efectivamente, existen tumbas en las que el difunto aparece dentro de un carro o acompañado por éste, entero o en piezas. Podríamos pensar que los germanos del mar del Norte y Escandinavia adaptaron de los celtas la costumbre de enterrar el medio de transporte, igual que importaron objetos de culto tan significativos como el caldero de Gundestrup, algunos carros solares en miniatura o carros enteros de clara manufactura céltica.

Sin embargo, los orígenes del enterramiento «con» barco o «en» barco son muy anteriores, como lo son también los lugares de culto y sacrificio marcados con piedras imitando la forma de un barco. Seguramente se trata de una costumbre típicamente escandinava, fruto de la especial relación de esas tierras con el mar y los lagos. De ahí que haya también enterramientos con pequeñas barcas viejas, propiedad seguramente de simples pescadores\*. Seguramente, el aumento de la complejidad social y el desarrollo de una clase dirigente de guerreros que eran a la vez comerciantes, e incluso sacerdotes, y cuya riqueza y poder social les permitían construir y armar barcos desembocaron en el deseo de marcar la pertenencia a ella utilizando un barco para la tumba [12]; lo mismo sucedía desde siglos atrás en todo el mundo germánico con los miembros de la clase guerrera, que se identificaban en la muerte al ser enterrados o incinerados con sus armas aunque se tratara de modelos a pequeña escala para los niños o de armas completas que acompa-

---

\* El mismo Ibn Fadlan menciona que los pobres son enterrados con estas humildes naves.

fiaban a hombres cuyas condiciones físicas y de salud nunca les habrían permitido usarlas en combate [13].

Lo cierto es que desde la época de las migraciones hasta la adopción definitiva del cristianismo el enterramiento más típico (aunque no el más frecuente, desde luego) de estas regiones septentrionales es el de barco. A veces, la nave es solamente figurada: la tumba se rodea con una serie de piedras puestas de pie, frecuentemente con dos más grandes marcando la posición de la proa y la popa. Dentro del «barco» suele haber un pequeño túmulo, aunque en ocasiones barco y túmulo adquieren proporciones impresionantes. Esas piedras en forma de barco podían delimitar un lugar sagrado sin enterramiento, de manera que la simbología de la nave no se agota en lo funerario.

### *Un túmulo con barco: Oseberg*

En este lugar del sur de Noruega, con el adecuadísimo nombre de «Colina de los Ases», se enterró a quien fue seguramente reina y al mismo tiempo gran sacerdotisa de la diosa Freya [14]. En torno al año 825, los habitantes de esa zona de Vestfold, en un alarde de generosidad y trabajo comunitario, enterraron a su reina en el interior de una cámara mortuoria de madera sobre la cubierta de un barco con remos y vela. En la cámara misma y en otras partes del barco sepultaron animales sacrificados para acompañar a la reina: nada menos que doce caballos, todos ellos decapitados, dos bueyes y cuatro perros. Pero también una mujer: en la cámara mortuoria había dos cadáveres, el de una anciana y el de una joven, pero desconocemos cuál pertenece a la reina sacerdotisa. Además, el barco contenía una enorme cantidad de objetos de importancia ritual: carro, trineo, patines de hielo, cabezas esculpidas de animales que seguramente se usaban, colocadas en el extremo de largos mástiles, en procesiones como las representadas en estrechas franjas de tapiz que decoraban el interior de la cámara mortuoria. Otros objetos ceremoniales eran una especie de campanas y una larga lámpara, y todo parece compatible con lo que conocemos sobre la gran diosa de la fertilidad reconvertida en compañera de los Ases: Freya [15]. Una vez el barco con sus ocupantes, animales y objetos estuvo colocado en una fosa en el suelo, se cubrió con una enorme cantidad de piedras que, sin duda, lo aplastaron todo: seguramente por la misma razón que llevaba a destruir objetos preciosos y armas antes de ofrendarlos en sacrificio pero también, según la arqueóloga noruega Ingstad, para que la gran reina, que seguramente había gobernado a su pueblo en una época de especial prosperidad, no abandonara nunca a sus súbditos ni siquiera después de muerta, garantizando así la continuidad de los buenos tiempos.

Como el de Oseberg hay otros enterramientos, unos más ricos, otros menos, algunos desprovistos de casi todo el ajuar por antiguos ladrones de tumbas, otros íntegros, como el de Sutton Hoo en Inglaterra [16], al que solamente le faltaba... el cadáver de quien tendría que haber sido su ocupante. En otras tumbas, el cadáver se incineraba antes de introducirlo en el barco, mientras que en otras ocasiones se quemaba juntamente con la nave. Snorri [17] nos cuenta el mítico funeral de Baldr, que se parece mucho al visto por Ibn Fadlan y a otros transmitidos por la literatura medieval y reconocidos por la investigación arqueológica.

*Acompañantes de los muertos*

Nanna acompaña a su esposo Baldr. Otra mujer siguió a la reina enterrada en Oseberg. El rey sepultado en el magnífico barco de Sutton Hoo iba acompañado de varios hombres, muertos de forma violenta y enterrados en pequeñas tumbas alrededor del gran túmulo. El jefe vikingo, quizá el rey Harald Klak, enterrado en el gran barco de Haiðaby, Jutlandia, a principios del siglo VII, tenía a su lado dos hombres que se han interpretado como el palafrenero y el copero reales, y una tumba próxima contenía los caballos de los tres. El barco funerario de Scar, en las Orcadas, contenía un guerrero y marino de unos treinta y tantos años\*, una mujer de setenta y un niño de diez u once. Como en muchos otros casos, no hay forma de saber si alguna de esas personas había sido sacrificada, ni cuál de los varios ocupantes de una tumba era el posible sacrificado. En la de Scar, la mujer era muy anciana para aquellos tiempos y además llevaba una curiosa plaquita de hueso de ballena, lo que podría apuntar a que se trataba de una sacerdotisa de Freya. Esto la acercaría a la reina sacerdotisa de Oseberg, pero posiblemente también al cementerio de Slusegaard, en la isla danesa de Bornholm, que Ole Crumlin-Pedersen [18] ha interpretado como el camposanto de toda una estirpe de sacerdotes de los dioses Vanes. Quizá en Scar tengamos a la sacerdotisa acompañada de un guerrero y su hijo, pero ¿cómo saberlo?

Lo cierto es que hay testimonios arqueológicos más que suficientes para demostrar que los escandinavos y los anglosajones, probablemente todos los

---

\* El estudio de los restos óseos con los conocimientos y tecnología actuales permite obtener una enorme información: también el tipo de esfuerzo que se realizaba en vida, incluyendo los efectos del mar.

germanos, practicaron durante siglos el sacrificio funerario: cuando moría una persona de especial rango, normalmente un hombre aunque también podía ser una mujer, se ejecutaba a un esclavo o esclava, a un compañero o la esposa y se sepultaban juntos. Las tumbas dobles, más numerosas en algunas regiones pero extendidas por todo el mundo germánico desde los primeros tiempos, pueden interpretarse en ese mismo sentido. Un testimonio especialmente impresionante es el de Ibn Fadlan, que lo presenció entre los vikingos suecos de Rusia.

Pero otros seres humanos no eran los únicos acompañantes. Según su categoría social, directamente asociada a su riqueza, el difunto iba a la tumba con un ajuar que incluía animales. Los más codiciados por la aristocracia guerrera eran los caballos, que aparecen en muchos enterramientos, incluyendo algunas de las más importantes tumbas de barco: Vendel, Valsgärde, Oseberg, Gokstad, Ladby...; en ocasiones son uno o dos, pero otras veces se ha encontrado una docena e incluso más. El sacrificio y el entierro de un buen número de caballos, generalmente sanos y fuertes, enviaban un clarísimo mensaje a todos los espectadores acerca de la importancia y riqueza del difunto. Probablemente se trataba además de un fenomenal dispendio como sacrificio a los dioses, uniendo así el poder terrenal del muerto y su familia al favor de sus divinidades protectoras. Además de los caballos había perros, mientras que otros restos animales que encontramos en las tumbas (liebres, ostras, huevos, pollos, vacas y bueyes, pero sobre todo cerdos y ovejas o cabras) seguramente habían sido consumidos por los vivos en el festín funerario.

### *¿Cómo era un funeral?*

Intentemos reconstruir brevemente un par de funerales. Empecemos con el relatado por Ibn Fadlan, que quizá haya visto usted en la película *El guerrero número 13*; sirve de ejemplo de cómo era el funeral de un gran jefe vikingo.

El muerto no era enterrado inmediatamente, sino que se esperaba unos días, diez según Ibn Faldan, durante los cuales el cadáver se conservaba en una caseta de madera; los estudios arqueológicos confirman este extremo, pues en enterramientos de distintos sitios y épocas la presencia de larvas nos indica que pasaban varios días antes de la inhumación o la incineración, de modo que ya había comenzado la descomposición\*. Es difícil decir a ciencia cierta por qué era así, aunque no podemos olvidar que hoy día sigue ve-

---

\* Esta costumbre perduró en Islandia hasta casi mediados del siglo XX.

lándose a los cadáveres durante bastantes horas. Entonces podían ser varios días que resultaban quizá necesarios para las diversas ceremonias y las manipulaciones pertinentes, pero también para dar tiempo a la llegada de los parientes; y quizá también porque el comienzo de la descomposición iba alejando el cadáver de la imagen que sus deudos tenían del difunto en vida: si la muerte era ya física, la despedida lo sería quizá también. En época vikinga, además de lavar y peinar el cadáver y de cerrarle los ojos y taparle los agujeros de la nariz, se le cortaban las uñas: según Snorri, porque el barco de Loki, Naglfar, en el que los grandes monstruos acudirán al combate el día del Ragnarök, está hecho con las uñas no cortadas de los muertos. Se repartían las posesiones del muerto y se iban acumulando los objetos que se introducirían con él en el barco.

Mientras se iban haciendo todas las operaciones necesarias, tenían lugar algunos rituales sociales y religiosos de los que tenemos poca información: el cristianismo hizo todo lo posible por extirparlos lo antes posible, y escritores como Snorri o Saxo debían de tener poca idea de cómo habían sido, igual que desconocían otros ritos y sacrificios. Sin duda existieron cantos fúnebres, aunque no los conocemos ni sabemos quiénes o cómo los entonaban. Ibn Fadlan nos dice que una de las esclavas del jefe se ofreció a acompañarlo, y cómo entre otras ceremonias fue compartiendo el lecho de los compañeros de armas de su amante. Los cuidados de la joven, y después su preparación final y su muerte, corrían a cargo de una anciana.

### *Inciso: ¿la diosa Freya y la muerte?*

Quiero proponer una interpretación que me parece bastante plausible: de la diosa Freya se cuenta que consiguió su collar, símbolo máximo de su divinidad fertilizante, acostándose con cuatro tuergos en noches sucesivas; estos seres tienen una peculiaridad que veremos en su momento: sólo hay varones. Lo mismo sucede en las sociedades guerreras, en el *druht*; quizá la esclava «hace de Freya», y es que todo el ceremonial recuerda claramente a la diosa y también a los otros Vanes: ya he mencionado la asociación de los barcos con estos antiguos dioses, la estrecha relación entre barcos, muerte y fertilidad. El collar de Freya era símbolo de vida, pero también de muerte, como la propia diosa [19]. La muerte se veía como una forma de encuentro sexual, como una nueva versión del matrimonio sagrado [20], y la parte femenina de éste era la siempre joven Freya. El guerrero muerto es recibido en el Valhala por una muchacha, quizá la misma que aceptó la muerte para acompañarlo en su tumba.

Una vez realizadas todas las ceremonias, la muchacha era llevada al estado de trance mediante la bebida, y en ese estado era sacrificada por el doble procedimiento odínico de ahorcamiento y apuñalamiento, como corresponde a quien va a acompañar a un guerrero (¿y a permanecer con él en el Valhala?). Se sacrificaban también los animales que lo acompañarían, y seguramente también las armas y los demás objetos, rotos antes de depositarlos en el barco. Finalmente, una vez que las armas, los objetos de uso diario, los cuencos con comida y bebida se han colocado cerca de los muertos, se prende fuego al barco con todo su contenido o se cubre todo de piedra y tierras para formar un túmulo.

### *Un entierro familiar*

Cuando el muerto no era persona de tan gran importancia, el funeral era parecido aunque más simple. Se esperaría también unos días antes del sepelio, durante los cuales se realizarían las ceremonias y ritos necesarios. Se elegirían las ropas con las que vestir el cadáver y los objetos que habrían de acompañarlo, que serían principalmente los que mejor sirvieran para caracterizarlo: armas si pertenecía a la clase de los guerreros, aunque fuera pobre, y que en el caso de los niños y las mujeres eran simples miniaturas; alguna herramienta propia de sus otras ocupaciones, incluso un arado, cuchillos de medialuna para curtir el cuero, navajas, lanzaderas del telar, un hierro de arado, piedras de afilar... Se celebraba un festín funerario en el que los familiares compartían los alimentos que su riqueza pudiera permitirles. Tras los preparativos, el festín y los cantos funerarios, se purificaba la tumba y se introducía el cadáver en la posición y con la orientación acostumbradas en cada lugar y cada época. Se pondrían a su lado, a sus pies, en torno a su cabeza y sobre el cuerpo los objetos y quizá animales (un perro, por ejemplo) que iban a compartir la tumba con él. Se colocaban allí también parte de los restos del festín, quizá algún tarro de bebida lleno y un trozo de carne. Se cerraba entonces la tumba y se marcaba de alguna forma. Durante un tiempo después de la muerte, los familiares seguían acudiendo a la fosa para realizar nuevas ceremonias [21] que seguramente incluían consumir algún alimento, dejar los restos y derramar bebida sobre la tumba.

## CAPÍTULO 7

## SACRIFICIOS Y RITUALES

Una religión sin libros sagrados, dogmas ni autoridades que impongan creencias existe fundamentalmente como actividad: consiste sobre todo en cosas que hace la gente, sea individualmente o en cada uno de los tipos de agrupación social existentes. En este capítulo veremos cuáles eran esas actividades, dónde y cuándo se realizaban y quién se encargaba de ellas. Por desgracia, y debido a motivos que se mencionan repetidamente en estas páginas, nuestra información sobre estos asuntos deja mucho que desear, de manera que lo que sigue ha de ser una reconstrucción a partir de datos fragmentarios.

### *Los sacrificios*

Las religiones exigen sacrificios a los dioses, los espíritus, los antepasados o cualesquiera otros seres sobrenaturales. Los germanos no eran excepción y sacrificaban tanto en grandes ceremonias comunales como en pequeños actos familiares. Como los sacrificios son uno de los componentes más importantes y característicos de una religión, el cristianismo se esforzó desde el principio por eliminar completamente estos ritos paganos, a veces transformándolos; así, en su famosa carta del año 601 al misionero Melitón, reproducida por Beda el Venerable en su *Historia*, escribía el papa san Gregorio:

> [dile al obispo Agustín que] tras madura reflexión [...] he decidido que los templos de los ídolos de esa nación no deben ser destruidos, aunque sí los ídolos que hay en ellos; purificad con agua bendita los templos, erigid altares y depositad reliquias [...] para que aquellas gentes, al ver que sus templos no son destruidos, abandonen el error y, movidos por la familiaridad de los lugares a los que estaban acostumbrados, conozcan y adoren al verdadero Dios. Y como tienen por hábito matar bueyes en sus sacrificios a los demonios, hay que instituir actos solemnes que sustituyan esta costumbre, como por ejemplo que en el día de la consagración [...] se les permita construir sus cabañas en torno al antiguo templo ahora dedicado a un nuevo uso, y que celebren la fiesta religiosa, no sacrificando bestias al demonio, sino matando el ganado para comerlo dando gracias a Dios.

Aunque no siempre, en ocasiones se siguió este procedimiento pacífico de reciclaje religioso. Por ejemplo, como vimos en el capítulo 4, en un lugar de Inglaterra llamado Yeavering existió un templo germánico que continuaba otro céltico (y otros aún más antiguos). Aquí se han hecho muchos descubrimientos importantes, y es de los pocos lugares del mundo germánico donde estamos seguros de haber descubierto un templo pagano, de modo que volveremos a encontrar este nombre. El caso es que ese templo anglosajón fue sustituido por una iglesia cristiana de los primeros tiempos del cristianismo en Inglaterra, construida siguiendo exactamente las paredes del templo pagano, así:

El rectángulo exterior (en línea más gruesa) es la iglesia cristiana; el interior corresponde al edificio pagano, y las tres marcas son antiguos agujeros tapados con piedras: seguramente estaban allí las figuras de los tres dioses que, cuando el lugar se adaptó para uso cristiano, se eliminaron como ordenaba el Papa, rellenándose los hoyos con piedras. Pues bien, dentro del templo pagano se han conservado restos de sacrificios: gran número de huesos de buey, especialmente cabezas, en un hoyo, y también un sacrificio humano. En torno a la iglesia había restos de cabañas provisionales, estructuras de madera, ramas, paja, pieles, etc., donde vivía la gente durante los días de fiesta y sacrificio y consumían en común las víctimas. Este ejemplo es inglés, pero los hay parecidos en otras partes.

Pero el consumo comunitario de los animales sacrificados dejaba poco para los dioses, problema universal en las religiones: ofrecemos algo a las divinidades, pero nos lo comemos nosotros; ¿qué les queda a ellos?[1]. Algo sabemos por algunas fuentes: autores árabes nos cuentan que quienes sacrificaban en sus casas colgaban después, delante de la puerta, ciertos despojos de la víctima: patas, cabeza y piel del animal. Sabemos también que la parte que desde más antiguo se ofrecía a los dioses para su uso exclusivo era la sangre, con la que se embadurnaban las figuras de los dioses: recordemos que el término que significaba «sacrificar» era propiamente «ensangrentar». Así que ya tenemos el primer tipo de sacrificio: el parcial, donde el acto comunitario, el festín, era en realidad más importante que la ofrenda a los dioses. Así podemos imaginarnos la inmensa mayoría de los sacrificios germánicos; según el carácter de cada festividad y los seres a los que iba dirigido el rito, así eran las ofrendas, los actos rituales y las personas que se encargaban de ellos. En el capítulo dedicado a los Vanes veremos un ejemplo de lo que pudo ser una ceremonia de otro tipo, no estrictamente sacrificial sino de consagración, pero realizada en el momento de la comida familiar.

Igual que en otras culturas, entre ellas todas las indoeuropeas, existía otro tipo de sacrificio, más solemne, en el que la totalidad del animal o el objeto sacrificado se entregaba a los dioses: la víctima se quemaba, y el objeto se rompía inutilizándolo. Y otro tipo más, todavía más solemne, limitado seguramente a situaciones de especial importancia: el sacrificio humano, con la víctima del máximo valor posible, que se destruía totalmente. Veamos estas cosas paso a paso, empezando por los lugares donde tenían lugar los sacrificios, que viene a ser lo mismo que los lugares de culto, los «centros religiosos» de los germanos.

### *Los lugares sagrados*

Asociamos sacrificio a templo, y parece seguro, a juzgar por testimonios como la carta de san Gregorio, que así era, al menos en las grandes festividades. Por otras fuentes sabemos que lo mismo sucedía en Escandinavia, e incluso en Islandia se ha encontrado recientemente lo que según todos los indicios fue un centro de sacrificios, con restos de lo que debieron de ser matanzas y ágapes sacrificiales[2]. Pero los templos son un fenómeno tardío, y seguramente sólo la influencia romana primero, cristiana después, condujo a la edificación de templos que, de todos modos, serían muy parecidos a las casas, simples estructuras de planta rectangular. Posiblemente, dentro estarían las imágenes de los dioses, figuras burdamente esculpidas en ramas o troncos de árbol, y quien desempeñara las funciones sacerdotales procedería a embadurnarlas de sangre allí mismo. También dentro de los templos se realizaría quizá algún sacrificio de especial importancia, pero la mayoría de los ritos debía de tener lugar en el exterior. Sin embargo, nada parece indicar que el interior fuera un recinto vedado a la gente común, y no podemos excluir la presencia de espectadores en esas acciones rituales.

Pero los templos son tardíos y estuvieron limitados, por lo que sabemos, a Escandinavia e Inglaterra. En sus orígenes, los lugares sagrados eran naturales, como indicaba Tácito: bosquecillos, colinas, lagunas, árboles. También se erigían simples lugares de culto mediante el amontonamiento de piedras para formar algo parecido a un altar, quizá acompañado de un círculo de piedras. Es decir, en vez de construir un templo se utilizaba un lugar natural, sagrado de por sí de alguna manera, que se marcaba y delimitaba como corresponde al concepto mismo de sacralidad. Conocemos términos islandeses y de otras lenguas germánicas que explicitaban las diferencias: el *hörg* (inglés *harrow*)\* era un montón de piedras y tierra, mientras que *vé* era un santuario al aire libre: es la misma raíz de «sagrado», de modo que se trataba simplemente de un lugar de especial valor religioso. *Stafgarð* era un recinto delimitado con una valla de palos, mientras que no existió nunca un término específico para «templo», pues el más próximo, *hof*, hacía referencia a una granja cualquiera[3].

La toponimia indica que había dos tipos geográficamente diferenciados de lugares de culto y sacrificio: los que estaban cerca de los poblados, en lugares bien accesibles, que se dedicarían a las divinidades locales propias de aquéllos, pero también a algún dios al que se considerara especialmente próximo a las preocupaciones cotidianas; y otros más alejados pero en sitios estratégicamente centrales para una unidad de población más amplia, frecuentemente en colinas y otros lugares destacados. Los primeros serían los lugares de culto de las aldeas, y en ellos se reunirían las familias y los clanes; en los segundos tendrían lugar las grandes ceremonias de la tribu e incluso de agrupaciones de pueblos de mayor entidad. Este esquema, que comprobamos ya en Dinamarca desde finales de la Edad del Bronce, se mantuvo ciertamente en todas partes y podemos entenderlo fácilmente pensando en los distintos niveles de los templos cristianos, desde la iglesia en el centro del

---

\* Es la raíz del latín (y español) *carcer/cárcel*, originalmente «recinto cerrado con piedras» (Green, 1998).

pueblo, destinada a sus habitantes, hasta la ermita a la que acuden gentes de la comarca y la catedral que acoge a toda una diócesis.

Un tipo significativo de lugar sagrado, que encontramos sobre todo en el sur de Escandinavia, es el marcado con piedras conformando la silueta de un barco. Algunos de estos lugares se utilizaron para enterramiento, pero en otros muchos casos eran simplemente el lugar *separado* del entorno para realizar las ceremonias en honor de los dioses. Por desgracia no podemos dedicarnos aquí al análisis detallado de estas estructuras, que se remontan a los primeros tiempos de la Edad del Bronce, y sus relaciones con los enterramientos de barco[4]. Pero a fin de cuentas, en todos los casos tenemos básicamente lo mismo: un cierto lugar, pequeño por lo general, dotado de especiales propiedades sobrenaturales; está separado netamente del resto porque se trata de una roca o un árbol especiales, por ejemplo, o porque algo rompe la continuidad con el entorno. Esta separación puede acentuarse, incluso crearse, mediante elementos simples, como piedras o palos*, y cuando son las personas quienes separan ese lugar sagrado, lo harán inevitablemente de acuerdo con los simbolismos vigentes en su cultura, desde la simple figura del círculo hasta las más elaboradas del perfil de un barco o una catedral gótica.

### *Los tiempos de sacrificio*

Los germanos realizaban con frecuencia, y sin necesidad de establecer las fechas por anticipado, pequeños sacrificios familiares a las diosas y dioses de la fertilidad, en los que probablemente oficiaba la mujer de más edad e importancia, como vemos en la *Historia de Völsi*. Imaginamos que eran los sacrificios a las diosas, las madres, las *Matronae*, y también a dioses como Frey. También se reunían, aunque con menor frecuencia y seguramente en ocasiones marcadas por algún hecho especial, en centros de culto próximos, a los que acudirían varias familias y en los que tendrían lugar sacrificios a las mismas divinidades aunque con un carácter más solemne. Aquí se decidirían bodas, se harían planes para el futuro inmediato o se buscaría la solución a algún problema acuciante. Estos ritos y sacrificios, las ceremonias religiosas coti-

---

* En Blacklow Hill (Warwickshire), Inglaterra, se construyó un bosque artificial clavando en el suelo más de 270 estacas, además de otras modificaciones del terreno (Wilson, 1992). El nombre incluye el término *low*, que indicaba originalmente un lugar de culto abierto, como un prado (curiosamente, en un lugar de Bélgica que lleva ese mismo elemento en su nombre tuvo lugar un masivo sacrificio humano: fue en 1816, y el lugar se llama Waterloo; y por favor, pronuncie [váterlo], nunca a la inglesa).

dianas, no tendrían fecha fija, y podrían celebrarse todos los días o simplemente de vez en cuando.

Y más rara vez, en fechas establecidas en coincidencia con los grandes ciclos naturales, se juntaban durante unos días los miembros de varios clanes, lo que solemos llamar una tribu, y realizaban un gran sacrificio, banquetes comunitarios, etc. Estas celebraciones eran religiosas pero también sociales, porque se aprovechaba la presencia de gentes diversas para solucionar los problemas que afectaban a la comunidad en su conjunto. Esto se institucionalizó en las asambleas o *þing*\*, centro de la vida política, social, económica y religiosa de clanes y tribus, de donde surgieron desde divisiones territoriales (en Escandinavia e Islandia, por ejemplo) hasta los embriones de los reinos de Inglaterra[5]. En tiempos más recientes se instituyeron incluso festivales, sacrificios y *þing* aún más amplios, según la estructuración social a la que se hubiera llegado.

Se celebraba una fiesta de especial significación en cada uno de los momentos clave del año agrícola; esto es, en los equinoccios y solsticios de invierno y verano. Y en invierno tenía lugar el *dísablót*, o «Sacrificio a las Disas», cuya fecha concreta variaba de un sitio a otro, aunque la clave era quizá la «mitad del invierno», igual que existía una gran fiesta de «mitad de verano». A este respecto no debemos olvidar que los germanos dividían sus años en sólo dos estaciones, que convencionalmente denominamos «verano» e «invierno» pero que propiamente son, respectivamente, los meses en los que la naturaleza está viva y aquellos en los que parece muerta. En el norte de Europa la primera estación es bastante más breve que el invierno, y la diferencia se acentúa en Escandinavia. Para ellos, según una concepción que en latitudes más meridionales no es tan fácil de entender y sentir, el invierno es muerte e inactividad, cuando los seres humanos llevan una existencia interior y en familia, casi aislados del resto de la gente; el verano, en cambio, era y es aún hoy el tiempo de la vida, de la relación con otras personas, de los viajes, de las actividades en el exterior. El verano era el tiempo de los dioses del viaje y la guerra, pero también de los encargados de que germine bien el grano, nazcan las crías y se produzcan los frutos; es la época de los sacrificios comunales, posibles sólo cuando las condiciones climatológicas permitían el viaje y la vida al aire libre. El invierno es el momento de sacrificios familiares, de rituales para los que apenas era necesario un corto desplazamiento de los miembros del clan: el momento de sacrificar a la diosa para todas las acciones cotidianas de la vida y la muerte, las enfermedades de personas y animales, los trabajos caseros para disponer ropas y calzado...

---

\* Este nombre significaba originalmente «tiempo establecido para una actividad» (Green, 1998).

Como estas cosas permanecen, los antiguos tiempos de sacrificio han perdurado, sobre todo por su asociación con la agricultura: huellas de ellos se encuentran aún en las celebraciones cristianas de Navidad, que corresponde al antiguo tiempo de *Iól*, inglés *Yule*, la otra gran celebración invernal; y también las fiestas del solsticio, que para los germanos era mediados de verano, cuando concluidos ya los trabajos fundamentales de la siembra había que convencer a los dioses para que favorecieran la germinación y el crecimiento; como fiesta propiciatoria de la fertilidad, esta antiquísima celebración incluía ritos orgiásticos que, en cierta manera, se conservan todavía como costumbres populares en torno a la fiesta cristiana de San Juan; igualmente, al final del verano nórdico, cuando se acababa la cosecha y era necesario dar algo a cambio a la tierra para conseguir que el futuro periodo fuese sólo de muerte aparente y la diosa reapareciese al año siguiente; como indica Hilda Ellis Davidson [6], esta época en la que comienza la oscuridad invernal era peligrosa e inquietante por lo que se avecinaba... igual que la anglosajona fiesta de Halloween, heredera de este festival. Otros ritos continuaron en el norte hasta el siglo XX, disfrazados como siempre de costumbres populares; cosas como llevar por los campos un monigote que será finalmente «ejecutado» nos recuerdan lo que en otro tiempo pudieron ser sacrificios humanos; la costumbre de enterrar la primera espiga cosechada se parece al sacrificio a los dioses de los frutos primeros de la tierra... [7]. Pero quedémonos con los grandes sacrificios y festividades cuyos ecos resuenan con más fuerza: las celebraciones dedicadas al dios atmosférico, Þunaraz/Thor, en la mitad nórdica del verano, el Yule/Iól a los dioses de la fertilidad en torno al solsticio de invierno y el Sacrificio a las Disas en algún momento señalado del invierno. Pero a ellos habría que añadir, cuando menos en la Escandinavia vikinga y previkinga, un gran festival centrado en los dioses de la guerra y la monarquía, en especial Odín. Sin embargo, sabemos que también allí, por ejemplo en Suecia, existían además fiestas que celebraban no el papel del dios en la guerra, sino su función de garante del bienestar de las gentes a través de su relación con el monarca [8].

No tendría sentido intentar hacer una lista de las festividades, sus fechas y su carácter: dado el componente local, que ya sabemos era básico en el paganismo germánico, las fechas tenían que variar, así como las formas de llevar a cabo el ritual e incluso los animales y objetos que se sacrificaban. Sería inútil pretender hallar en esa religión sin dogmas ni leyes precisas una organización estricta y unificada de lo que más la caracterizaba: los sacrificios.

## *Los oficiantes*

¿Quién realizaba los ritos y los sacrificios? ¿Quién mataba a la víctima y untaba con su sangre las imágenes de los dioses, quizá las paredes del templo, probablemente las piedras que marcaban el lugar sagrado donde se realizaban los ritos? Los germanos tenían sacerdotes para algunas de las celebraciones principales, y algunos de ellos debieron de ser personas destacadas en su comunidad, pero no existía nada parecido a una clase sacerdotal, a una institución estable del sacerdocio [9]. Sobre los sacerdotes mismos sabemos poquísimo, como es lógico: sus colegas cristianos no eran nada tolerantes con la competencia, y en el contexto anglosajón sólo se nos menciona a una especie de sumo sacerdote, precisamente porque se convirtió enseguida y abominó de sus antiguas creencias.

Según las fuentes, por ejemplo Tácito, había sacerdotes que se vestían de mujer, algo de lo que creemos tener alguna prueba arqueológica, al menos en Inglaterra. Esto no es nada infrecuente, y hay ejemplos en otras muchas culturas. Quizá apunte a una época más antigua en la que el sacerdocio estaba en manos de las mujeres, situación que cambió con la transformación de la antigua religión en otra más belicosa y masculina. Pero como el carácter sagrado de la mujer estaba indudablemente ahí, el hombre se apropiaba de su función dando algo a cambio, como en toda relación religiosa, que, a fin de cuentas, es sobre todo un sistema de intercambio. En este caso adoptaba ropas, seguramente también peinados, gestos, movimientos, formas de hablar propias de las mujeres, y según algunos realizaría actos sexuales desempeñando el papel de la mujer. Cosas parecidas sucedieron en la masculinización de la figura del chamán entre los pueblos fineses y saami del norte de Escandinavia, que tradicionalmente vestían ornatos femeninos. En los textos conservamos unos pocos ejemplos que pueden recordar aquella situación: desde la exclusividad femenina de la magia *seið* y la adivinación hasta la supresión por Odín/San Olaf del rito oficiado por una mujer en la *Historia de Völsi*, pasando por el disfraz femenino que debe vestir Thor para salvar a los dioses o el frecuente recurso a los objetos de las diosas (por ejemplo sus plumas de ave o el robo del collar Brísing por Odín). El mismo Odín incurrió en «amariconamiento», según Loki, por practicar la magia aprendida de Freya, lo que parece un intento (fallido) de desbancar a la diosa en ese ámbito.

Los sacerdotes existieron, y debió de haber personas más o menos especializadas en las actividades religiosas, quizá porque conocieran mejor las historias de los dioses o, como sucede en tantos sitios, porque alguna característica especial, anómala, de su aspecto o su forma de ser las separara del resto de los mortales: «sagrado» es «apartado», como hemos visto ya varias veces. Aparte de su función sacerdotal, realizarían las actividades propias de su edad, sexo y condición, y nunca llegó a formarse una institución sacerdotal formalizada, lo que queda de manifiesto en la inexistencia de un término germánico común para denominar al sacerdote *. En Islandia, sin embargo, y seguramente en otros países escandinavos, existió la figura político-religiosa del *goði*, que conocemos de inscripciones rúnicas en una forma más antigua, *guðiya*, nombre derivado del de «dios» o, quizá más probablemente, del sentido original de esta palabra, que ya analizamos en el capítulo 4. Estos sacerdotes estaban asociados con las asambleas regionales y se encargaban del templo local. Actualmente se están revisando las lecturas de algunas inscripciones rúnicas importantes, y las nuevas interpretaciones parecen indicar que los sacerdotes eran más frecuentes de lo que se pensaba hace aún pocos años. Por ejemplo, Grønvik [10] estudia la famosísima inscripción de los cuernos de Gallehus, probablemente del siglo IV, que dice así [11]:

*ek hlewagastiz holtijaz horna tawido*

La nueva traducción de Grønvik es: «Yo, el Huésped del Lugar Oculto, Procedente del Bosque, hice ofrenda del cuerno», interpretando *hlewagastiz* y *holtijaz* no como nombres propios sino como referencias a la función de un sacerdote. Los cuernos, usados seguramente para bebidas y libaciones rituales, habrían sido sacrificados, ofrecidos a los dioses **. También la nueva lectura propuesta por Tineke Looijenga [12] apunta a un personaje de función nítidamente religiosa, aunque su versión de *hlewagastiz* es más específica: «el Huésped de la Tumba». Si añadimos a esto otros términos que aparecen en inscripciones rúnicas desde los primeros tiempos, como *erilaz*, referido quizá a miembros de un clan sacerdotal de la tribu de los hérulos, o *salu*, con el probable significado de «sacrificar», en realidad «dar (a cambio de algo)», tal vez hayamos de revisar, de aquí a pocos años, nuestras ideas sobre el sacerdocio entre los germanos.

Sabemos que para realizar los ritos se ataviaban con ropas y objetos especiales, como los extraños báculos que se han conservado en algunas tumbas: un hombre enterrado en Yeavering, Inglaterra, tenía uno de éstos, y también en la tumba real de Sutton Hoo y la del noruego barco de Oseberg había

---

* Pero Enright (1996: 186) cree encontrar en *Veleda* la denominación genérica de una sacerdotisa adivina.
** También la interpretación de *tawido* en este sentido de «hacer una ofrenda» es una aportación de Grønvik.

este tipo de objeto, al que habría que añadir seguramente otros destinados a producir sonidos de significación religiosa, como varios hallados en Oseberg, y probablemente otras muchas cosas que no han llegado hasta nosotros por su carácter perecedero. Por ejemplo pudieron utilizar máscaras como las que aparecen en los grabados rupestres y que tan frecuentes son en tantas religiones.

### *Procesiones, bailes y otras ceremonias*

Sobre la forma que adoptaban los rituales tenemos, en realidad, suficiente información para hacernos una idea. Sabemos que en algunos ritos, probablemente la mayoría, se utilizaba un objeto especial para bendecir personas, víctimas u objetos, pues los testimonios del siglo XIII nos hablan de este uso del martillo de Thor, porque también a ello hace referencia la expresión «Thor bendiga...» que aparece en inscripciones rúnicas cuatro y cinco siglos antes y porque los grabados rupestres de la Edad del Bronce y los principios de la del Hierro muestran suficientes ejemplos de ceremonias a las que asiste una figura, a veces enmascarada, que sostiene en sus manos el hacha que más tarde se convertiría en Miölnir. Estas ceremonias son con frecuencia matrimonios rituales, copulaciones ceremoniales de un hombre y una mujer, y es imposible olvidar el papel de Miölnir en la consagración de los matrimonios. Al hacha habría que añadir el collar de Freya y sus símbolos, y seguramente otros objetos que desconocemos.

Otro tipo de ceremonia que se realizaba en las grandes festividades era la procesión. Al hablar de Nerthus veremos brevemente cómo era la de esta diosa, pero tenemos otros testimonios, no en último lugar los tapices de Oseberg[13], que muestran la cabalgata presidida por un hombre a caballo, quizá el rey, seguido sobre todo de mujeres, a pie unas, en carro otras. Los báculos y otros objetos, como los postes terminados en ornadas cabezas de animal encontrados en el barco, acompañaban a los celebrantes, y los carros escondían a las divinidades de las miradas de los asistentes. Estas procesiones estarían acompañadas de música y canto y también de danzas, de cuya importancia no podemos dudar, incluso porque el término utilizado para «realizar una ceremonia» era el mismo que para «bailar», «jugar» o «hacer música». Ya en los grabados rupestres antiguos encontramos figuras contorsionadas en danzas rituales que aparecen también en algunas figuritas de muchachas jóvenes con el cuerpo doblado hacia atrás y apoyado sobre manos y pies, haciendo el «puente». Y son abundantes los grabados que representan a tocadores de *lur*, las trompas ceremoniales de la Edad del Bronce que se han podido recuperar en buena cantidad en los depósitos votivos, en varios casos en tan buen estado de conservación que hasta se ha grabado un disco con ellas; solían tocarse en parejas de sonido complementario y forma simétrica. En cuanto a la música misma, lo desconocemos casi todo, aunque sabemos que además del *lur* también la cítara era instrumento habitual, tanto en Inglaterra como en Escandinavia. En época vikinga, quizá también antes, las melodías parecen basarse en repeticiones y variaciones sobre intervalos de tercia.

Los bailes ceremoniales debían de acompañar a todas las grandes ceremonias, desde las dedicadas a las diosas y dioses de la fertilidad hasta las del dios de la guerra, pues tenemos representaciones de lo que sin duda son bailes guerreros en los que hombres ataviados para la lucha enarbolan varias lanzas o, como en los antiguos grabados rupestres, pasean lanzas de tamaño descomunal. Los disfraces y las máscaras debían de desempeñar también un papel importante, y las huellas de estas ceremonias perduraron mucho tiempo: aún a finales del siglo XIX se celebraba en Staffordshire, Inglaterra, una curiosa danza de hombres tocados con astas de ciervo cuya datación por carbono 14 demostró que procedían del periodo pagano anglosajón. También tienen antiguos orígenes cosas como los paseos ceremoniales de barcos que aún existían en Alemania en la Baja Edad Media [14].

Había ceremonias que marcaban actividades señaladas: igual que ahora llenamos de recuerdos la primera piedra de un edificio, en el norte se enterraban unas diminutas piececitas metálicas que tenían esculpida una pareja de hombre y mujer en actitud cariñosa: sin duda representaciones del matrimonio sagrado [15] que habría de garantizar el bienestar y la riqueza de los ocupantes de la casa. Cuando se trataba de un edificio singular, por ejemplo destinado a ceremonias comunales, o incluso a templo, como sucede en la casa grande de Feddersen Wierde y los templos de Yeavering en Inglaterra y Hofstaðir * en Islandia, se sacrificaba un animal o incluso una persona, que se enterrarían a la entrada de la construcción, costumbre que perduró en áreas rurales de Alemania.

Seguramente, además, había representaciones que podríamos considerar teatrales y de las cuales es posible que conservemos un vestigio fiel en algunos poemas de la *Edda* en forma dialogada: quizá un personaje disfrazado

---

* Aquí ha aparecido, en lo que por otra parte es una granja islandesa típica, un lugar dispuesto para preparar comida en grandes cantidades; se encuentra en el exterior, lo que unido a su tamaño indica que debía de usarse para cocinar los animales sacrificados, pues de otro modo sería inútil; luego el edificio en sí debió de ser lo que solemos llamar «templo» (Olsen 1988: 36), al que podría acudir mucha gente de los alrededores. Véase también la descripción de un supuesto templo de Thor en el capítulo dedicado a este dios.

de Thor se enfrentaba verbalmente a otro ataviado con un gran manto, que sujetaba una lanza y miraba fijamente con su único ojo, y en su diálogo iban desgranando los versos del *Canto de Harbard*, aunque quizá el mejor candidato a drama nórdico primitivo sea el *Viaje de Skírnir*, que veremos con más detalle al hablar de los Vanes.

Otros actos rituales podrían parecernos más profanos que religiosos, pero ésta es una distinción que, para la vida cotidiana, no es válida en el mundo germánico [16]. Los animales sacrificados servían para celebrar un gran banquete, y las músicas, danzas y representaciones iban acompañadas de ceremonias que ahora vemos como pura diversión pero que entonces tenían un componente religioso indudable: desde carreras de caballos hasta competiciones atléticas y juegos. Pero el entretenimiento-rito más significativo era el combate de potros, cuya importancia era tal que el cristianismo procuró prohibirlo enseguida. Tenemos restos de lugares de sacrificio, ceremonia y celebración, por ejemplo Skedemosse\*, en la isla de Öland [17], o diversos santuarios en muchas partes del mundo germánico, de Escandinavia a Alemania [18]. También sabemos que se grababan y pintaban signos, incluyendo runas, y que los mismos grabados podían reutilizarse mediante una nueva pintura a lo largo de muchos años. Y no desconocemos la existencia de ceremonias iniciáticas, de las que tendremos ocasión de hablar al estudiar a Odín, Thor y Baldr.

En resumen, los ritos y ceremonias eran muy diversos, y en la mayor parte de los casos alegres y coloristas celebraciones populares. Todo ello, como no podía ser menos, desapareció con el cristianismo, que se preocupó de dictar estrictas leyes que prohibían las ceremonias paganas y castigaban duramente a quien seguía practicándolas [19].

### *Las víctimas: de semillas de lino a seres humanos*

Todo podía ser sacrificado a los dioses, porque todo podía depender de ellos de alguna manera. No le cansaré con una lista pormenorizada de qué sacrificios convenían a cada dios y cada circunstancia, aunque está claro que a Odín no se ofrecía lo mismo que a Freya, Niörð o Thor. Cada divinidad masculina está asociada a un animal por encima de los demás, de manera que podemos suponer que los sacrificios de caballos, extraordinariamente frecuentes desde la época de las invasiones, estaban destinados a Wōðanaz y, antes que él, quizá a Týr. Los cerdos eran cosa de Frey y los otros Vanes,

---

\* Nombre que significa nada menos que «Laguna del combate de potros».

mientras que Thor prefería las cabras, y las diosas recibían toda clase de animales pequeños, de liebres a perros, pasando por cerdos y ovejas, así como plantas, en forma de semillas o de plantas completas, o gavillas de trigo, panes... y siempre alguna bebida, principalmente cerveza: la palabra *alu*, que es el origen del inglés *ale* y el nórdico *öl*, se refiere a esta bebida, pero es además un término de claras connotaciones mágicas, que aparece con frecuencia en las inscripciones rúnicas desde los tiempos más antiguos [20]. Sin embargo, cuando la importancia del sacrificio era mayor de lo habitual, se prefería un animal cuya muerte representara un mayor esfuerzo económico para la comunidad, normalmente vacas o caballos, y más raramente ciervos, independientemente del dios a quien estuviera formalmente dirigido el rito. Los arqueólogos pueden imaginar en honor de qué dios se hizo determinado sacrificio mediante el estudio de los restos animales, pero aquí no entraré en detalles (apasionantes para quien esto escribe, sin embargo) [21]. También se sacrificaban objetos, fueran lanzaderas o pesas de telar, arados, recipientes o cualquier otra cosa. Solemos saber que eran sacrificios y no simples objetos depositados con comida, por ejemplo, porque solían romperlos e inutilizarlos antes de enterrarlos o arrojarlos a los pozos, estanques y ciénagas; de este modo se garantizaba que nadie fuera a cometer el sacrilegio de utilizar lo que había sido entregado a los dioses o los espíritus.

Y ahora nos fijaremos, necesariamente con demasiada brevedad, en un tipo de sacrificio de especial interés: el que se realizaba en las ciénagas del norte de Europa, especialmente la península de Jutlandia, desde la Edad del Bronce hasta principios de las migraciones. Aunque en estos lugares hay sin duda objetos, animales y personas que acabaron allí por mero accidente, en muchísimos casos no es difícil encontrar las huellas del acto sacrificial. Las peculiaridades físicas de las turberas de estos lugares cenagosos han permitido la conservación de muchas cosas que de otro modo apenas habrían dejado huella, entre ellas un gran número de cuerpos que atestiguan la práctica del sacrificio humano.

### *Las ciénagas y los sacrificios humanos*

Desde la Edad del Bronce hasta la dispersión de los pueblos germánicos en las grandes migraciones, se utilizaron estanques, lagunas y pantanos para realizar grandes sacrificios, sabemos que a lo largo de siglos en un mismo lugar. Se ofrecían a los dioses enormes botines de guerra, confirmando así algunas afirmaciones de Tácito: hecha la promesa de sacrificar el botín si se obtenía la victoria, ésta culminaba en una enorme ofrenda de armas cuidadosamente destruidas antes de arrojarlas al agua. El más antiguo yacimiento de esos tiempos es el de Hjortspring, en la isla de Als, donde había nada menos que 150 escudos y grandes cantidades de otras armas, un arsenal que los germanos vencedores habrían deseado poder conservar. Algo parecido sucede en otros yacimientos bien estudiados: Thorsbjerg, Nydam, Kragehul, Illerup, Ejsbøl, Skedemosse, Krogsbølle, Tidavad, Vædebro, usados durante al menos cinco siglos, a partir del III a.n.e. Pero antes aún, en la Edad de Bronce, se hacía el mismo tipo de sacrificio en las lagunas, aunque en aquellos tiempos aún la guerra no había adquirido el papel predominante que tendría en la Edad del Hierro, y las ofrendas eran las propias de una sociedad agrícola: aperos, objetos caseros, animales... personas.

Se han encontrado hasta ahora centenares de cadáveres (el inventario crece según se desecan las turberas), la inmensa mayoría muertos violentamente. No es fácil saber si se trataba de ejecuciones o de sacrificios propiamente dichos, aunque por entonces no debía de existir una diferencia clara entre las dos formas de matar. Pero en algunos casos no hay duda: el hombre de Tollund, por ejemplo, había sido estrangulado antes de ser arrojado al pantano, y previamente había realizado una comida todo menos normal, a base de gran cantidad de granos diversos, semejante a la que fue último alimento de otra víctima, el hombre de Grauballe, degollado tras habérsele seccionado el cuello casi por completo; éste, además, hubo de ingerir una exagerada cantidad de comida: gacha de cereales con carne e incluso piedras[22]. Parece que ambos murieron a finales de verano, y ello nos permite sospechar su posible relación con los festivales anuales. Otros eran arrojados vivos, y en ocasiones se echaban piedras sobre la víctima para impedirle salir a la superficie; en algunos casos se construyeron incluso como casas o diminutas cabañas en las que alojar al sacrificado. La costumbre de arrojar personas a las ciénagas no es exclusivamente germánica, y cosas semejantes sucedían en el mundo céltico, como atestigua el hombre de Lindow, Inglaterra, ejecutado de forma parecida al de Tollund y casi tan bien conservado como él[*, 23].

El sacrificio humano persistió hasta el final mismo del paganismo y era el destino de muchos prisioneros de guerra, desde tiempos romanos hasta época vikinga. Pero si en la Edad de Bronce estaban dedicados seguramente a la diosa de la fertilidad[24], en la época clásica del paganismo era Odín el dios en honor al cual se hacían tales sacrificios definitivos. Sacrificios que, no lo olvidemos, existían también en otras religiones, incluida la romana; claro que ¿cómo interpretar la ejecución de personas cuyo único delito había sido

---

* Se ha podido comprobar que el hombre de Tollund se afeitó por última vez dos días antes de morir.

negarse a abrazar el cristianismo, fuera en Inglaterra, Escandinavia o las tierras frisias o sajonas?

Hay testimonios escritos de la continuidad de los sacrificios humanos, aunque en algunos casos puede tratarse de mera propaganda de los escritores cristianos, contemporáneos de los supuestos hechos que narran, destinada a animar los esfuerzos evangelizadores. Pero la asociación de Odín con la muerte por ahorcamiento parece indudable, y tenemos pocas dudas de que con periodicidad plurianual se celebraban grandes ceremonias en su honor en las que encontraban la muerte numerosos hombres, algunas veces prisioneros de guerra o delincuentes pero sobre todo, seguramente, individuos destinados precisamente a ese fin: las cuidadas manos del hombre de Tollund nos demuestran que se trató de alguien que no tenía que realizar trabajos complicados, ni en el campo ni en el ejército. Finalmente, varias tumbas del enterramiento real de Sutton Hoo contienen a quienes muy probablemente fueron ofrendados a los dioses con motivo del fallecimiento del rey[25].

## CAPÍTULO 8

## DE MAGAS Y ADIVINAS

### *De la magia entre los germanos*

Además de las ceremonias y sacrificios que acabamos de ver, existían otros que no iban dirigidos a solicitar la intercesión de los dioses, sino a conseguir un resultado de una forma que podríamos calificar de autogestionaria: el mismo ser humano hace que se produzca un cierto efecto, que puede ir desde la curación de una enfermedad o una herida hasta la obtención del amor de otra persona, el éxito en una expedición guerrera o la supervivencia en una batalla o una situación difícil. Una persona es capaz de obtener cosas necesarias sin debérselas a la mediación divina, por ejemplo sanar a un caballo con hierbas y con un conjuro como el siguiente, llamado Segundo Conjuro de Merseburg, que se remonta a tiempos paganos de Alemania:

> Phol y Wodan fueron al bosque; allí se le torció la pata al potro de Balder; entonces lo conjuró Sinthgunt, y su hermana Sunna; entonces lo conjuró Friia, y su hermana Volla; entonces lo conjuró Wodan, como él bien sabía: sea torcimiento del hueso, sea torcimiento de la sangre, sea torcimiento del miembro; el hueso con el hueso, la sangre con la sangre, el miembro con el miembro, como si estuvieran pegados.

Este conjuro se puso por escrito en el siglo X, pero vea otro recogido a fines del XIX en Noruega y que permite una cosa tan aparentemente nimia pero a la vez importante como quitar la arenilla que ha entrado en el ojo [1]:

> Toma lo negro sobre lo azul, toma lo azul sobre lo blanco, toma lo blanco sobre una piedra sujeta al suelo. En el nombre de Thor, Odín y Frigga. (Se lee, se agita el agua tres veces y se echa en el ojo.)

Otro más, ahora procedente de Inglaterra [2]:

> Una serpiente llegó reptando, picó a un hombre;
> tomó Woden nueve ramas milagrosas,
> golpeó a la serpiente, que saltó en pedazos.

Como indica el autor británico, las ramitas serían «astillas con símbolos rúnicos que representaban los nombres de las hierbas y proporcionaban curación mágica» [3].

Claro, estamos hablando de magia. Quítese de la cabeza las imágenes e ideas de las brujas y brujos de las persecuciones que se fueron sucediendo desde finales del Medievo. Durante el paganismo germánico, la magia era cosa de todos los días y de casi toda la gente, pues ante la falta de una medicina «científica», buena parte de lo que se hacía tenía un carácter que calificaríamos de «magia», aunque ayudándose de hierbas, plantas y minerales. La idea principal no era tanto «curar» en nuestro sentido actual como sacar la enfermedad y arrojarla a otro lugar, habitualmente un árbol [4].

### La magia de las runas

Pero cuando hablamos de magia esperamos cosas más emocionantes, como las esferas de cristal que acompañaban en la tumba a algunas mujeres anglosajonas [5], los extraños báculos que aparecen en tumbas paganas aquí y allá o muchas inscripciones rúnicas. Para ver un ejemplo de éstas, lea la siguiente, de Lindholm, en el sur de Suecia, que es anterior al siglo VI [6]:

> *ek erilaz sa wilagaz hateka aaaaaaaazzznnn?bmuttt alu*

Incluso el principio de la inscripción presenta dificultades, porque puede traducirse como «Yo, el Erilaz, me llamo El Hábil» o bien como «Yo, el Erilaz, me llamo El del Sol». *Erilaz* es una palabra sobre la que se ha escrito muchísimo sin que podamos dar una solución definitiva sobre su origen y significado. Puede tener que ver en último término con la aguerrida tribu germana de los hérulos, pero lo cierto es que aparece en muchas inscripciones y siempre se refiere a la persona que grababa y pintaba las runas, oficio que durante varios siglos estuvo limitado probablemente a sacerdotes u otros hombres especiales. Los *erilaz* tienen siempre nombres misteriosos y sugerentes que probablemente se refieren a su afiliación especialmente estrecha con alguno de los dioses. Como la magia se asociaba especialmente con la mujer, el *erilaz* y su actividad rúnica pudieron tener un carácter más sacerdotal que mágico, y tal vez sus conjuros, como la actividad rúnica en su conjunto, estaban más relacionados con el *druht* de lo que tradicionalmente se ha pensado. De manera que a lo mejor hay aquí otro ejemplo de ese cambio radical en el paganismo germánico, y mientras que las mujeres seguirían siendo, aunque no en exclusividad, las encargadas de las acciones mágicas de ámbito más familiar, hombres como el *erilaz* podían desempeñar las funciones que, para el *druhtinaz* y sus guerreros, poseían mayor prestigio. Pero sigamos.

El resto de esta inscripción es evidentemente una fórmula mágica en la que las runas no forman una palabra sino que hacen uso del significado de su nombre. Por ejemplo, la runa A se llamaba *ansuz*, «(dios) As», y al escribir ocho seguidas invocamos un octeto de dioses; Tieneke Looijenga nos recuerda [7] un conjuro islandés de época medieval en el que se dice «tallo ocho dioses», acción mágica de la que aquí hay un buen ejemplo. Luego hay tres runas Z, que significaba «alce», y aunque en este libro encontramos varios indicios de la gran importancia mágico-religiosa que debió de tener este animal entre los germanos, no sabemos qué función podía desempeñar aquí. El nombre de la N es «necesidad», y es una de las runas más frecuentemente usadas en magia, sea para encontrar ayuda en un apuro o para causárselo a otro. Las tres T hacen referencia al dios que da nombre a esta runa, que es nada menos que Týr, mientras que *alu*, propiamente «cerveza», es una palabra que aparece con frecuencia en las inscripciones, muestra clara de su importancia mágico-religiosa; primero porque servía para embriagarse, produciendo un estado propicio para la comunicación con el otro mundo [8] (Polomé considera antiquísimo este valor mágico de la cerveza entre los indoeuropeos), pero también porque simbolizaba la fiesta en el seno de la familia y su sustituto guerrero, el *druht* [9]. Seguramente, su uso en las inscripciones expresa un buen deseo hacia alguien, que se intenta hacer realidad mágicamente. En cuanto a las tres runas *bmu*, las cosas se ponen más difíciles, si bien sus significados algo deben de tener que ver en esto: «abedul-persona-uro». La interrogación indica que había una runa que ya es totalmente ilegible. Ahora intente buscar una explicación al conjunto:

> Yo, el erilaz, me llamo El Hábil. AsAsAsAsAsAsAs AlceAlceAlce NecesidadNecesidadNecesidad ? Abedul Persona Uro TýrTýrTýr Cerveza.

Es atractivamente misterioso, sin duda, y sirve para darnos cuenta de lo poco que realmente sabemos sobre las creencias reales, cotidianas, y los ritos correspondientes. Además, resulta que la inscripción está sobre una placa de hueso que seguramente serviría de amuleto y que fue ofrecida en sacrificio en una ciénaga de Escania; conocemos este uso como amuleto de plaquitas de hueso hasta en época vikinga e incluso posterior, si bien suelen carecer de runas e incluso de cualquier decoración.

Claro que podríamos pensar: eso no es magia, sino religión. Lamentablemente, esa idea tan extendida de que la magia es una fase más primitiva de la religión propiamente dicha es simplemente falsa: ambas coexisten y son perfectamente compatibles, aunque las religiones institucionales, como el cristianismo, nunca han estado muy dispuestas a aceptar la relativa independencia de las acciones mágicas respecto a las divinidades oficiales, y, cuando no había forma de eliminar un ritual mágico ni siquiera por el procedimiento habitual de la eliminación física —y dolorosa, a ser posible— de sus practicantes, el conjuro se transformaba en oración o jaculatoria; de este modo se modificaba una «acción directa» en una «solicitud de intercesión». En cambio, en la magia pagana se trataba de realizar un acto, con o sin apelar a las divinidades, por el cual se conseguía de forma inmediata el resultado apetecido; es decir, de alguna forma se imponían unas condiciones en las que la respuesta de la divinidad en cuestión era inmediata y automáticamente favorable, y bastaba con la realización correcta del rito, incluyendo la repetición literal del conjuro. Estos actos mágicos eran esencialmente independientes de la divinidad cuyo nombre se mencionaba, lo que permitió que siguieran existiendo mucho después del abandono oficial del paganismo, con meros cambios cosméticos (tres padrenuestros en vez de tres runas T, por ejemplo), como atestiguan colecciones como la de Grambo [10], con conjuros recogidos en Noruega tras seiscientos años de cristianismo y que apenas habían sufrido alteraciones significativas.

Las runas siguieron usándose durante siglos en Escandinavia, tanto con fines mágicos como con otros más utilitarios: especialmente recordar a los muertos, aunque es inútil intentar separar estas dos esferas de la vida. Tome por ejemplo la quizá más famosa, y desde luego la más larga, de las numerosas inscripciones rúnicas de Escandinavia en época vikinga: la de Rök. En ella hay un recuerdo al hijo muerto, de modo que es como un epitafio. Pero también incluye parte de unas estrofas de desconocidos poemas heroicos y una serie de runas formando una clave que aún no se ha podido descifrar, aunque se cree que puede ser una mención del nombre de Thor. Y otras inscripciones incluyen fórmulas como *þþþmmmkkkistil*, abreviación de la triple repetición de un abracadabra germánico bien conocido: *þistil, kistil, mistil*. También las sagas y los poemas nos hablan del uso mágico de las runas incluso para fines tan cotidianos como conseguir el favor de una mujer o tan drásticos como aniquilar a un enemigo. Y de plena Edad Media tenemos una gran colección de pequeñas inscripciones rúnicas halladas en el puerto noruego de Bergen, entre las que hay conjuros y hasta poemas amorosos, testimonio de que el poder mágico de las runas seguía vivo tras varios siglos de cristianismo.

De las runas sabemos bastante, pues la bibliografía al respecto es inmensa, pero hay también mucho que desconocemos: se crearon seguramente poco antes de principios de nuestra era a partir de un alfabeto del norte de Italia, como demuestran las formas de la mayoría de las letras. Lo que nadie ha podido explicar es el extraño orden del alfabeto, llamado habitualmente *fuþark* por las seis primeras letras, pues no se han encontrado posibles motivaciones ni en ellas mismas ni en sus significados; en cuanto a éste, cada runa tiene un nombre, cuyo primer sonido (o fonema, para ser más precisos) representa el valor fonético de la letra. La primera es F, llamada *fehu*, que originalmente significaba «ganado (vacuno u ovino)» pero que luego se generalizó para «riqueza»; esta runa, obviamente, se utilizaba mágicamente para proporcionar riqueza a alguien, igual que la þ, primero llamada *þurs*, «turso» (en el próximo capítulo veremos que en los tiempos más antiguos valía por «enfermedad»), y más tarde *þorn*, «espina»; tenía connotaciones especialísimamente negativas: era la runa ideal para causar enfermedades o grandes males a otra persona, incluso cuando esos males eran de naturaleza amorosa. Sabemos que la pasión erótica se asociaba a la enfermedad; de ahí que la misma runa pudiera tener ambos valores.

El número de runas fue variando con el tiempo, igual que sus formas, aunque está claro que se usaron en todo el mundo germánico desde los godos hasta los ingleses y que no desaparecieron con el cristianismo; incluso hubo intentos de emplearlas para escribir textos cristianos, y un bonito ejemplo es el fragmento del anglosajón *Sueño de la Cruz (Dream of the Rood)* escrito en runas en la gran cruz de piedra de Ruthwell\*, Escocia, pro-

---

\* Si quiere presumir ante sus amistades, pronuncie este topónimo como la gente de allí: [rívl], nunca [ráþwel] ni nada parecido.

bablemente del siglo VIII. La fuerza mágica de las runas era tal que varias de las inscripciones más antiguas consisten simplemente en su lista total o, más raramente, parcial, y otras muchas contienen tan sólo el nombre de quien las trazó.

Las runas las consiguió Odín mediante un autosacrificio que veremos en el capítulo correspondiente. Esta asociación entre el dios del *druht* y las runas concede más peso a la idea, propuesta más arriba, de que las runas, su uso mágico y el *erilaz* eran un componente más del complejo social, cultural, familiar, militar y religioso de la sociedad guerrera germánica. Al proceder del dios por antonomasia de la aristocracia militar, las runas tenían que poseer un gran poder. Éste, además, lo era por partida múltiple: el que corresponde al significado de cada runa, que es al mismo tiempo su esencia; el de las palabras formadas por esas letras y el de los textos compuestos de esas palabras; el que les proporciona el *erilaz* con su poder personal y con el rito realizado, y el del objeto mismo. Grabar el nombre de una lanza en su punta metálica, o el de una espada, seguramente aumentaba su poder en el combate. Claro que no todo parece mágico, y es un poco difícil buscar significados profundos en la escritura del nombre de una mujer en un peine de hueso. Sin embargo, no podemos dudar del poder mágico de las runas\*, pues de otro modo no entenderíamos por qué tantas urnas funerarias de la Inglaterra pagana contaban con runas... o seudorrunas, simples trazos que las imitan hechos probablemente por quienes carecían de conocimiento suficiente pero intentaban emular la magia de los especialistas [11].

Como no tenemos espacio para una discusión más amplia de las runas y sus usos, para terminar esta sección le ofrezco la lista de runas de época vikinga con sus nombres en germánico común y en español; por cierto, la división en tres grupos de runas es muy antigua; la interrogación indica que no estamos seguros del significado del nombre:

F, *fehu*: riqueza; U, *uruz*: uro; Þ, *þurs/þorn*: turso/espina; Á, *ansuz*: dios As; R, *raiðo*: carro; K, *kauna/kena* ??

H, *hagala*: granizo; N, *nauðiz*: necesidad; I, *isa*: hielo; A, *īhwaz*: tejo\*\*; S, *sowil*: sol;

T, *Týr*; B, *berkana*: (rama de) abedul; M, *mannz*: persona; L, *laguz*: agua; Z, *algiz*: alce.

---

\* Aunque Lucien Musset (1965) no es el único que considera puramente marginales esos usos mágicos.
\*\* La historia y el valor de esta runa son complicadísimos y no se ha llegado aún a la solución definitiva. El valor fonético de /a/ es el que tenía, efectivamente, en época vikinga.

### Breve advertencia para aficionados a las runas

En las librerías y los quioscos callejeros puede encontrar libros sobre las runas y su magia, a veces con bonitas piedras de imitación e instrucciones para realizar adivinación con ellas. Si le atraen esas cosas no tengo por qué criticar sus gustos, pero debe saber que lo que se dice en tales libros, con poquísimas excepciones, carece de toda relación con lo que realmente sabemos sobre las runas, su historia y usos reales. Son mera fantasía, vamos.

### Cosas que se hacían con la magia

Acabamos de ver la estrecha relación de Odín con las runas; pero «El Tuerto» tenía que ver con todo lo relacionado con la magia, como veremos más detenidamente en los capítulos 14 y 15. El *Discurso del Altísimo*, en el que se nos cuenta cómo consiguió las runas, menciona además varios conjuros [12]: uno para los pleitos y penas, otro para sanar y un tercero para atar al enemigo e inutilizar sus armas, actividad que está entre las fundamentales de Odín. El cuarto es para librarse de los enemigos, el quinto para detener en vuelo la flecha que te trae la muerte; otro para contrarrestar las prácticas mágicas: «si un hombre me hiere / con una raíz; / a este hombre que busca mi mal / le persigue el dolor, y no a mí». El séptimo ofrece la salvación frente al fuego, el octavo aplaca los ánimos alterados, el siguiente garantiza protección en los viajes por mar y con el décimo «si veo a las brujas / volar por el aire: / hago de tal forma que vuelan descarriadas / no encuentran su propia forma, / no encuentran su propio juicio». El undécimo protege a los amigos en la lucha, con el duodécimo «si veo en un árbol / oscilar un cuerpo ahorcado: / grabo y tiño las runas / para que el hombre vuelva / y venga a hablar conmigo». El siguiente sirve también para hacer invulnerable a un joven mediante el agua, otro permite acceder al conocimiento sobre los dioses, el decimoquinto se usa «si quiero de mujer sabia / lograr amor y favor: / la mente dirijo de la hembra de blancos brazos / y su ánimo altero todo»; el último es para los casos de rechazo amoroso.

Hay más poemas de la *Edda* que incluyen listas de conjuros y de runas, y también figuran en otros que no suelen incluirse en la colección, como el *Discurso de Svipdag*; pero ha de bastarnos con esta muestra.

### *Brujas y magas*

El décimo conjuro de Odín habla de brujas que vuelan y cambian de forma. Esto nos lleva a la brujería durante el paganismo, tema del que diré muy poco porque apenas tenemos datos. Lo cierto es que así como había una práctica habitual y aceptada de la magia con fines sobre todo curativos y propiciatorios, existían también personas que abusaban de ella y que la empleaban más para hacer daño a otros que en puro beneficio propio. Estas personas eran temidas y mal vistas socialmente, aunque es seguro que más de uno acudiría a ellas para conseguir lo que no podía lograr por otros medios. Bueno, esto le sonará familiar, es la eterna historia de la magia y lo encontramos en todas partes [13]. En Germania las brujas solían ser mujeres, de lo que tenemos bastante ejemplos en nuestras fuentes literarias, aunque existen también referencias a brujos. Pero eso sí, parece que solamente las brujas eran capaces de desplazarse por el aire y de cambiar su forma, transformándose en aves, que es precisamente contra lo que actúa el conjuro odínico. Desde luego no viajaban en escoba, pero sí en báculo o vara mágica (vara grande, por cierto, como un cayado, no la famosa varita de las hadas madrinas). Como hemos encontrado algunos de esos cayados y las referencias literarias son numerosas, no parece haber duda sobre los usos mágicos de estos objetos, que consistían en una vara larga de la que salían tres o cuatro ramas en posiciones que, seguramente, tenían algún significado que ignoramos. También viajaban a lomos de lobo, tema al que se hacen varias referencias en nuestros textos, lo que acerca estas brujas a las valquirias, pero también a las etonas y otras figuras femeninas de carácter fúnebre. Sobre la transformación en ave encontraremos varios ejemplos; baste ahora con señalar que eran diosas las que hacían tales cosas, que hay varios ejemplos de reinas capaces también de esa transformación para practicar la magia [14] y que el motivo de las mujeres voladoras y cambiadoras de forma permaneció largo tiempo en el folclore escandinavo [15]. Sabemos poco en cambio sobre la «organización» de las brujas, pero todo parece indicar que no existían cosas como los famosos aquelarres, noches de Walpurgis y demás costumbres y leyendas medievales [16]: cuando se desplazaban de la forma que hemos visto, era para cumplir una función concreta.

Pero buena parte de esta magia necesaria pero sospechosa y mal vista puede ser de origen no germánico: quizá los escandinavos la tomaron de los fineses y saami, sobre todo de estos últimos, que fueron siempre el más claro ejemplo de pueblo conocedor de la magia. En antiguo nórdico, *Finnur* significaba «saami», pero es también nombre de varón, y típico de brujos, alguno de los cuales aparecerá en este libro. De ahí quizá los cambios de forma y el vuelo para conseguir fines más o menos lícitos, pues se trata de rasgos característicos del chamanismo finés [17]: el chamán va al mundo de los espíritus acompañado de ciertas aves (como Odín) o directamente con la forma de éstas. Y en su origen el chamán nórdico era siempre una mujer, y aunque luego el oficio se masculinizó se conservaron las ropas femeninas.

Otra razón que explica que la brujería estuviera habitualmente en manos de mujeres era que todo lo que tenía que ver con la salud era función suya exclusiva: eran las parteras, las que conocían los remedios a las enfermedades, las que trataban las heridas de los guerreros tras el combate [18]. Y esa asociación entre brujería, medicina y feminidad era tan fuerte que la iglesia se preocupó muy pronto por prohibir de manera tajante y radical que las mujeres continuaran con sus funciones médicas. La figura tradicional de la partera o mujer sabia a quien llamaban cada vez que era inminente un nacimiento, por ejemplo, desapareció oficialmente, y quienes seguían practicando el oficio se arriesgaban a la muerte por brujería [19]. Esa relación mujer-medicina llega hasta las diosas, que tienen todo lo relativo a curación y enfermedad entre sus atribuciones principales.

Pero en la magia que estamos analizando se trata de «obligar» a los dioses a hacer algo, en cierto modo, o de pasar por encima de ellos o marginarlos; y ¿cómo es posible, si son mucho más poderosos que nosotros? Ciertamente está ahí lo que suele llamarse la «fuerza de la palabra», pero creo que había más.

### *Magia y destino: las adivinas*

Como ya sabemos, hasta los dioses estaban supeditados al destino. Si podemos actuar sobre éste, incluso los dioses tendrán que someterse. De manera que si ideamos una magia que nos permita modificar directamente el destino, o incluso simplemente conocerlo para poder obrar en consecuencia, tendremos hasta a los dioses en nuestra mano. Y nuestros textos, en especial los poemas de la *Edda*, nos ofrecen bastantes ejemplos de cómo los dioses mismos intentan una y otra vez hacer precisamente eso: conocer el destino e intervenir sobre él. Ciertamente ellos lo tienen mucho más fácil que nosotros, pobres mortales, pero a lo mejor... Aquí estaría, en mi opinión, la base cognitiva fundamental de los tipos más profundos y poderosos de magia.

Desde los romanos, en especial Tácito, sabemos de la importancia de las adivinas entre los germanos. La palabra islandesa para «adivina» era *völva*, que significa precisamente «portadora del báculo». Hay tanto que escribir sobre las adivinas germanas que aquí necesariamente habremos de limitarnos a unas poquísimas pinceladas. La lectura de los poemas de la *Edda* nos proporciona varios ejemplos de cómo Odín acude a völvas y etones para obtener información que de otro modo le está vedada, y el poema llamado *Völuspá*, la *Profecía de la vidente*, es el ejemplo más conocido e impresionante. Se podía recurrir a las adivinas, también a los etones, a veces a algunos tuergos e incluso a los muertos, como atestigua uno de los conjuros de Odín. Pero no sólo los dioses necesitan ese conocimiento inaccesible y tienen que recurrir a los más variados y drásticos medios para conseguirlo: era fundamental también para los seres humanos, en especial todo cuanto tenía que ver con el destino inmediato. Nuestro sino está establecido desde el nacimiento, pero si lo conocemos podemos intentar hacer algo para vivir más plenamente lo que nos ha sido concedido o quizá podamos evitar algo nefasto que nos está aguardando a la vuelta de la noche o de la semana próxima. Es un poco contradictorio pensar que el destino está decidido pero que algo podemos hacer para cambiarlo, aunque sea parcialmente, pero también es contradictorio hacer algo mundano, como cultivar un campo nosotros solos sin ayuda de nadie y luego dar gracias al dios que corresponda porque nuestra siembra ha germinado: todo lo religioso es pura contradicción. Lo cierto es que para todos, pero muy especialmente para los guerreros, acercarse al conocimiento del destino era algo más que deseable. Y como nos indica Tácito y confirman después otros autores grecorromanos, pero también árabes, los germanos no hacían nada de importancia sin consultar los oráculos; incluso la decisión última de si, por ejemplo, había que realizar un sacrificio humano, y a cuál de las posibles víctimas se debía elegir, dependía de esa consulta.

Estas consultas se hacían de diversas formas, incluso mediante el simple procedimiento de echar a suertes, digamos «a cara o cruz»: el destino nos mostrará lo que tiene decidido. Pero lo habitual era recurrir a sacerdotes o, como máximo procedimiento adivinatorio, a las sibilas, las völvas, vivas o muertas. Éstas grababan signos en ramitas o astillas y de una forma que desconocemos proporcionaban un oráculo que, como suele suceder, era bastante ambiguo. Esos signos podían ser runas, aunque nadie sabe cómo funcionaba realmente la adivinación. Lo cierto es que, como nos cuenta Tácito con cierto detalle en *Germania* y en sus *Historias*, y como corroboran fuentes de todo tipo hasta fines de la Edad Media, había mujeres especialmente dotadas para estas actividades, que gozaban de un enorme prestigio social. Algunas de esas adivinas fueron el auténtico brazo derecho de los grandes caudillos militares germanos en sus primeros enfrentamientos contra Roma, y actuaban no sólo prediciendo el futuro, sino también como consejeras. Un nombre destaca entre todos: Veleda.

Esta mujer fue profetisa de Julio Civil, un germano que había formado parte del ejército romano y que encabezó la sangrienta sublevación de los batavos (en la actual Holanda) en el año 69 d.n.e. Tras muchos avatares que narra Tácito en el libro IV de las *Historias*, la gran adivina fue hecha prisionera y encerrada en un templo del sur de Italia, destino confirmado por una breve inscripción de la ciudad de Ardea en la que se hace burla de «la doncella a la que adoran los bebedores de agua del Rin», que ejercía ahora de sirvienta en el templo [20]. El nombre está relacionado con palabras célticas que significan «sabio» y con el latín *vates*; se piensa que era su nombre propio, aunque Michael Enright [21] ha resucitado la vieja propuesta de considerarlo una denominación genérica para «adivina». Este autor, además, ve en la adivina, a la que interpreta como «esposa del jefe»\* o «reina», el segundo elemento fundamental en la organización del *druht*: el jefe es el encargado de la guerra y la economía del grupo, y ella no sólo se encarga de la adivinación y el contacto con los dioses, sino de mantener la cohesión familiar del *druht* mediante el servicio de las bebidas en las fiestas. De este modo, según Enright, se reproduce en el *comitatus* la organización familiar, con el padre y la madre, encargada de la religión cotidiana y la alimentación.

Veleda no es la única que conocemos: a los romanos les debió de llamar bastante la atención la veneración que dispensaban los germanos a estas mujeres, y nos contaron de varias de ellas: Waluburg («La del Bastón Mágico»), Ganna («La de la Vara Mágica»), Albruna («La Poseedora del Misterio de los Elfos»). Sabemos también que usaban ropas especiales, blancas por lo general, y que utilizaban la sangre de las víctimas para adivinar el futuro; solían hablar desde un lugar elevado, como un pequeño torreón, y utilizaban báculos especiales y cánticos. De éstos no conocemos ninguno, aunque la poesía nórdica posee un tipo de estrofa especial para conjuros y textos mágicos en general: el *galdralag*, que podríamos traducir como «melodía de encantamiento»; varios poemas de la *Edda* lo usan para contenidos netamente mágicos y místicos.

Siempre hay dudas de si lo que nos cuentan nuestras fuentes de una u otra época y uno u otro origen es realmente auténtico o si debe algo, y qué y cuánto, a las culturas de romanos y cristianos. El problema de interpretación se acentúa en las sagas, y especialmente en la más extensa narración germánica de una adivinación. Como la *Saga de Erik* es accesible en español, me limitaré a un resumen.

---

\* Los romanos presentan siempre a las adivinas como vírgenes, pero puede tratarse de una transferencia de instituciones propias.

## Una profetisa en Groenlandia

En el capítulo 4 de la *Saga de Erik el Rojo* se narra la visita de una adivina, llamada Þorbiörg «Pequeña Völva», a una granja de colonos islandeses en Groenlandia que se encuentran en una situación muy apurada. Era la única superviviente de nueve hermanas, todas ellas adivinas. Le prepararon un alto estrado en el que sentarse, y se vistió con ropas especiales: llevaba un collar de cuentas de cristal y un gorro de piel de cordero negro por fuera y blanca piel de gato por dentro, como sus guantes. Aparte de otras prendas más habituales, gastaba zapatos de piel de cordero con su lana. En la mano llevaba un cayado. Para la ceremonia necesitaba la ayuda de alguna otra mujer que conociera los cantos, llamados *Varðlokkur* («Los que Atraen los Espíritus»), pero sólo una los sabía; y aunque era cristiana, accedió a colaborar. De modo que realizaron la ceremonia, cantaron los *Varðlokkur* y Þorbiörg consiguió atraer los espíritus conocedores de la situación, sus causas y su futuro; profetizó entonces el fin de las calamidades que asolaban el poblado, y luego fue haciendo profecías sobre el futuro de cada uno de los que preguntaron.

Este breve relato tiene algunas coincidencias llamativas con testimonios antiguos y también con fuentes arqueológicas: la vidente es parte de una familia de adivinas, y al parecer este carácter familiar de las dotes mágicas era habitual. Recordemos la importancia del número 9 y, por ejemplo, que fueron nueve las madres del dios Heimdal. Þorbiörg habla desde un alto estrado, como las adivinas germánicas de las que nos hablan los autores grecolatinos. Lleva ropas especiales, y creo significativo el uso de pieles de gato, que era el animal de Freya, la diosa de la magia *seið* a la que nos referiremos inmediatamente para cerrar el capítulo. Llevaba un collar de cuentas de cristal, como los que se han encontrado en algunas tumbas de mujeres en Inglaterra [22] (otras tenían esferas de vidrio en el cinturón). Tiene el cayado que ya conocemos y utiliza cantos especiales, seguramente el *galdralag*. Toda la ceremonia estaba exclusivamente a cargo de mujeres, y, como escribió Tácito en el capítulo 8 de su *Germania*, los germanos creían que las mujeres «tenían algo de sagrado y profético, y nunca menosprecian sus consejos ni sus respuestas».

No es Þorbiörg la única adivina de que nos hablan las sagas, y conocemos otras llamadas Heimlaug, Þuríð o Þordís. En la Edad Media islandesa estas adivinas se habían convertido en un personaje prototípico del paganismo, junto con el *berserk* odínico, el sacerdote *(goði)* o el guerrero poeta. Sin embargo, como acabamos de ver, el recuerdo de algunos rasgos importantes de la völva se había conservado fielmente.

## *Magia* seið *y magia* rún

Todas las fuentes escandinavas están de acuerdo en admitir la existencia de dos tipos de magia bien diferenciados; en otras partes del mundo germánico esa distinción no está clara, y es posible que en el norte se debiera a la influencia de los pueblos fineses. La primera clase de magia es la que hemos visto como actividad casi cotidiana, que Grete Schmidt Poulsen[23] llama «magia *rún*». Se centra en la obtención del conocimiento\* y depende de la capacidad innata del mago o la bruja y también de su aprendizaje de las artes. Así, pueden aprenderse conjuros, las runas y sus usos, remedios médicos, etc.

La otra magia, que la autora danesa denomina «de la völva» y que suele llamarse *seið*, es al parecer exclusivamente escandinava y posee los rasgos chamánicos que la asocian con fineses y saami. Se refiere «al otro mundo», el de los espíritus y los muertos, y en la *Edda* encontramos a Odín llamando de la otra vida a una völva muerta para obtener de ella ese conocimiento más profundo e inaccesible. La magia *seið* era exclusiva de mujeres: hemos visto ya la referencia de Tácito a la sacralidad femenina y a la abundancia de adivinas tanto en tiempos del Imperio como en las sagas. Esta femineidad de la magia chamánica solamente se rompe en un caso: Odín practicaba ambos tipos de magia, y en concreto la *seið* se la había enseñado Freya, la bruja por antonomasia que recorre el mundo en su carro tirado por gatos y que puede hacer viajes secretos volando disfrazada de ave. Al «Furioso» se le reprocha precisamente esa asociación con algo tan femenino como esta poderosísima forma de magia. Claro que he dicho mal, porque la magia *seið* no se aprende, como la *rún*, sino que se llega a ella «entrando» en el otro mundo, quizá mediante la muerte aparente del chamán.

---

\* Claro, se trata de un conocimiento «especial», no del cotidiano; a ello se refiere la palabra *rún*, que suele glosarse como «misterio».

CAPÍTULO 9

# SERES SOBRENATURALES: ETONES, TUERGOS Y ELFOS

*Distintas especies sobrenaturales*

Los germanos imaginaban el universo regido por unos seres que eran en cierto modo iguales a los humanos, pero que al mismo tiempo eran capaces de cosas que para éstos resultaban imposibles. Igual que los tesoros de los dioses eran objetos cotidianos pero absolutamente perfectos, a diferencia de los que podían construir y usar los humanos, el mundo de lo sobrenatural estaba formado por un elenco de seres que eran responsables de los diversos aspectos del mundo, un mundo que era como era porque así lo disponían ciertos seres parecidos a los humanos aunque con propiedades y características vedadas a éstos: mucho más fuertes, capaces de desplazarse por medios inalcanzables por cualquier persona, con una sabiduría muy superior a la de cualquier hombre o mujer e incluso dotados del conocimiento de las cosas más remotas o de las no sucedidas aún. El mundo es como es, y la forma de ser de las cosas se debe a la influencia o la actividad de unos u otros seres. Los encargados de que las cosas no cambien demasiado, de que se mantenga el orden, el *cosmos*, son los dioses, que luego se van especializando para ocuparse de cada uno de los numerosos ámbitos de la vida. Hay también un personaje encargado de buscar la novedad, el cambio, imprescindible y aun deseable pero extremadamente peligroso, que es el apuesto Loki.

Y hay otros seres que para los germanos representarían el principio motriz del caos, de la destrucción del orden: pero éste necesita de aquél para existir, de modo que se crea una curiosa oposición, ya que unos intentan destruir el cosmos y deben ser contrarrestados por los dioses, que, sin embargo, han de evitar la aniquilación de sus adversarios, pues, de otro modo, tampoco ellos podrían seguir viviendo: el cosmos, el orden, es de todo punto imposible sin el caos, y la existencia deviene por tanto un juego de oposición de complementarios incompatibles [1]. Había aún otros seres extraños y bastante indefinidos, dedicados al parecer a cosas más mundanas, como atender a las más pequeñas minucias de la vida, se tratara de personas, animales, plantas o simples piedras; y los que fabricaban cosas, algo así como artesanos especiales, sobrenaturales. Todos ellos tenían nombre, aunque no a todos se les rendía culto; probablemente no había esperanza alguna de que fueran a comportarse de manera favorable a los humanos, porque su misma naturaleza los hacía revoltosos —en el mejor de los casos— y radicalmente destructivos —en el peor.

### *Los Devoradores y sus congéneres*

Esos seres dedicados a poner en riesgo constante el orden, los representantes del caos, recibían el nombre de «Devoradores», inglés antiguo *eotun* o nórdico *iötun*, que adapto en castellano como etón, plural etones\*. En nórdico conocemos otros nombres, como *trol*, de significado bastante difícil de definir pero que hace referencia claramente a un ser sobrenatural y sobrehumano de lo más perverso, y *þurs*, que adapto como turso, que identificaba también a un tipo de etón maligno y peligroso.

Pero los etones no son siempre, ni por principio, individuos malignos ni se les presenta de modo sistemático con tintes negativos; éstos abundan, ciertamente, pero es bastante probable que en los tiempos más antiguos fueran seres peligrosos pero no necesariamente malvados: si se les dejaba campar a sus anchas eran capaces de acabar con todo, pero los dioses podían mantenerlos a raya recurriendo unas veces a la fuerza, labor que competía sobre todo a Thor, y otras a la astucia (terreno ideal de Odín) o el engaño (donde sobresale también «El Tuerto», en especial cuando se trata de seducir

---

\* Se ha propuesto también otra etimología, quizá aún más atractiva: el nombre procedería de «etiones», denominación de una etnia de la que, por desgracia, nada sabemos aparte del nombre.

a etonas). Seguramente, los etones representaban la naturaleza como peligro para la existencia humana y, sobre todo, para la civilización, vista primordialmente como agricultura sedentaria. En cambio, la especialización de trols y tursos como seres netamente perversos es seguramente muy antigua, y creemos ver en ellos algo así como la materialización o personificación de la enfermedad. El cuadro histórico pudo haber sido el siguiente: primero habría unos seres de muy difícil trato y que representaban a la naturaleza amenazante, pero no siempre ni necesariamente destructiva (etones), junto con los causantes de la amenaza de muerte en los seres humanos, es decir, la enfermedad, distinguiendo quizá entre el daño que se veía como de origen interno (turso) y el producido por algún agente externo (trol). Después irían uniéndose los tres por considerarse como seres peligrosos para el cosmos, sin establecer ya esa antigua distinción entre los peligros de la naturaleza misma, sin la cual la vida es impensable, y la enfermedad, que viene a ser el contrapunto de la salud. El cristianismo acentuaría esta identificación parcial de etones, tursos y trols como individuos demoníacos, hasta el punto de que los tres nombres se utilizan frecuentemente, en los textos medievales, como casi sinónimos (costumbre que también sigo yo en este libro).

Pero vayamos por partes, para no confundirnos demasiado.

### *Etones de mil nombres*

Los nombres que recibían estos seres sobrenaturales, como los que caracterizaban a las diosas o a Odín, son significativos. Veamos algunos de los más de 190 nombres de etones, tursos y trols masculinos que nos proporciona el *Dictionary of Norse Myth and Legend*[2]; puede entretenerse usted en clasificarlos, lo que le permitirá quizá plantear una interpretación nueva de estos seres:

Adormilado, Águila, Atemorizador, Atronador, Aullador, Ballena, Bosquecillo, Ciego, Combate, Contrincante, Destructor, Devorador de cadáveres, El de manto rojizo, El de máscara de águila, El de máscara de escarcha, El de máscara de lobo, El que aúlla entre las rocas, Engañador, Enrojecedor de lanzas, Escarchoso, Estúpido, Etón de la escarcha, Etón de las emanaciones, Foca, Frío, Fuego, Gato montés, Gélido, Gritador, Gruñidor, Habitante del pantano, Hombre de la lanza, Ladrón de caballos, Lapón de los montes, Lobo afamado, Lobo, Lodoso, Macho cabrío, Madera de hueso, Mandíbula colgante, Mar, Marrón, Máscara de combate, Montañés, Negrísimo, Negro, Oscuro, Quemador, Rayo ventoso, Rugidor de los montes, Rugidor, Sajador, Salvaje, Sapientísimo, Señor de las rocas, Suave brisa, Ternero, Thor de los montes, Tonto, Ventoso, Viajero, Viento helado, Viento, Vociferador.

El caso es que los nombres parecen de lo más evocador, aunque es difícil casarlos en una imagen unitaria plenamente coherente; lo cierto es que podemos señalar algunas características: (1) abundan las referencias a elementos geográficos naturales libres de la acción humana (montañas, mar, viento, rocas, hielo, escarcha...); (2) son frecuentes las alusiones a animales, sobre todo salvajes, es decir, no domesticados por el hombre (focas, lobos), aunque el macho cabrío y el ternero corresponden a bestias de pastoreo. La única referencia al animal doméstico por antonomasia de los germanos, el caballo, es como cuatreros; (3) viven en lugares naturales, especialmente las montañas; en otras descripciones y en los *kenningar* se nos habla de los etones como habitantes de las riberas y las orillas, moradores de cuevas; (4) emplean un lenguaje inarticulado, descrito como un grito; (5) poseen gran sabiduría en ciertos terrenos, los más esotéricos, combinada con la estupidez en las cosas más «normales».

Con esto podemos construir la imagen de unos seres belicosos que habitan en cuevas y otros lugares no «civilizados», que no se expresan como los humanos y que se dedican a la caza (de cetáceos, por ejemplo) y al pastoreo (vacas, cabras), pero no a la agricultura. Poseen profundos conocimientos de la magia y otros temas arcanos, lo que les vale el calificativo de sabios, pero al mismo tiempo les falta el conocimiento de la técnica, la artesanía y otras materias propias de los seres humanos.

### *Quiénes (o qué) eran los etones*

Claro que esto no es del todo cierto si nos atenemos a los textos; en algunos mitos de los dioses encontraremos etones que viven en grandes y magníficos palacios —aunque siempre de piedra, cuando en realidad los germanos solamente utilizaban la madera para sus construcciones. U otros, como el etón que habría sido capaz de edificar nada menos que el Ásgarð con la sola ayuda de un caballo (precisamente), de no mediar el oportuno engaño de Loki. En otros mitos, por ejemplo el de la pesca de Thor, el etón aparece, en la que quizá fuera su imagen más antigua, como un ser simplemente semicivilizado[3] que vive de la caza, la pesca y el pastoreo. Frente a él, Thor y los dioses representan la civilización, la agricultura[4]. El etón depende de la naturaleza, y no hay nada que pueda hacer para mejorar sus condiciones de vida, al contrario que el agricultor, que dispone de medios como el riego, el abono y la selección de las plantas y cuyas condiciones de vida dependen sobre todo de su propia actividad. De ahí que los etones procuren por todos los medios apoderarse de las diosas que rigen la fertilidad de las tierras y del martillo de Thor, garante, entre otras cosas, de las lluvias favorables.

Resulta apetecible ver a los etones (aunque no a los tursos y trols de los tiempos más antiguos) como la imagen mitologizada de los antiguos pobladores preindoeuropeos del norte de Europa, como ha querido demostrar Lotte Motz [5]. Todo parece encajar, porque es habitual que los pueblos agricultores vean a los aborígenes, cuando éstos son cazadores o pastores, incluso agricultores más simples que ellos mismos, de una forma que se parece muchísimo a la breve caracterización expuesta más arriba. Del lenguaje extraño calificado de grito, balbuceo o cosas parecidas tenemos incontables ejemplos, desde tiempos muy antiguos hasta la época más reciente. La aparente estulticia del aborigen es debida en buena medida a la incomprensión de su lengua, pero también a nuestra tendencia a interpretar las diferencias culturales en términos cualitativos; es decir: lo nuestro es bueno, luego lo que no es igual a lo nuestro tiene que ser malo, y sobran los ejemplos de este desprecio hacia quien queremos ver como medio animal, medio persona o, en el mejor de los casos, como un niño. Sin embargo, esos mismos aborígenes pueden ser temibles guerreros y hábiles curanderos y magos, de modo que nuestro desprecio ha de incorporar ciertas dosis de admiración y cautela.

La imagen que podemos hacernos de los etones encaja muy bien con lo que vemos cotidianamente, y eso hace plausible considerar a estos personajes una versión mitificada de los posibles aborígenes fineses de Escandinavia; las condiciones de vida de fineses y saami primitivos encajan bien con las que aparentemente describen a los etones, y lo mismo sucede con algunos textos de fecha bastante antigua, como el anglosajón *Viaje de Ohthere**, pero igualmente con sagas islandesas varios siglos posteriores, como la de Egil, que ponen de relieve el respeto con el que trataban los escandinavos a aquellos pueblos, capaces de defenderse aunque dispusieran sólo de armas comparativamente primitivas. Pero no podemos decir simplemente que los etones «son» el reflejo de aquellos pueblos aborígenes. Su misma entrada en el marco mitológico germánico alteró su naturaleza, porque de seres distintos pero humanos se hubo de pasar a personajes sobrenaturales con capacidades sobrehumanas, características y conductas propias solamente de quienes viven más allá de las leyes del mundo normal. De ahí que pudieran convertirse en oponentes de los dioses mismos, aunque también sean el origen de éstos y de casi todo lo que existe.

---

* Este viajero noruego narró al rey Alfredo el Grande de Wessex su recorrido por la costa norte de la península escandinava, y el monarca recogió su periplo en uno de los textos más analizados y comentados del inglés antiguo.

## *Ellas son otra cosa*

Las etonas comparten la doble y contradictoria naturaleza de los varones, pero al mismo tiempo están más cerca de los dioses: sólo las etonas, de entre los seres sobrenaturales que estamos examinando en este capítulo, fueron objeto de culto y se integraron en el panteón de dioses. Así sucede con Gerð y Skaði, especialmente esta última; la toponimia y otras referencias apuntan a un culto extendido a la diosa etona Skaði, divinidad de la caza, asociada con las montañas, la nieve y los esquís. Precisamente éstos son uno de los elementos que los indoeuropeos que serían germanos adoptaron de los pueblos aborígenes, y la aparentemente limitada extensión geográfica del culto —sólo la Escandinavia peninsular, y especialmente Suecia— parece reforzar la asociación entre aborígenes y etonas. «La Diosa de los Esquís», Öndurdís, es así la protectora de un medio de transporte, vida y caza con una larga e importante tradición [6], pues hay grabados rupestres de personas con esquís desde el Neolítico. Para encontrar vestigios directos de ese culto a Skaði no hace falta forzar las cosas, pues tenemos referencias explícitas a lugares de culto de esta diosa etona: los topónimos del tipo Skedvi significan «santuario de Skaði», y en los *Sarcasmos de Loki* (estrofa 51) ella misma menciona sus «templos». Como veremos al hablar de los dioses Vanes, Skaði será la esposa de Niörð y la madre de Frey y Freya, pero no sólo eso, sino que más tarde se separó del dios Van y se unió a Odín, con quien tuvo hijos que fueron fundadores de estirpes reales; no es el único caso, y Gro Steinsland [7] ve en la unión de un dios, generalmente Odín, y una etona el origen de las dinastías reales escandinavas, en un maridaje del poder político y religioso (el dios) con el territorio, con la tierra fértil (la etona), hasta el punto de que llega a afirmar que «el rey prototípico es hijo de un dios y una etona» [8].

Ahora mismo veremos cómo los etones están en el origen de casi todo; recordemos antes que Gerð será esposa de Frey, y que se la considera una diosa de la tierra o quizá del sol (femenino en germánico) o el amanecer [9]; el Van se enamorará perdidamente al contemplar el brillo que surge de los brazos de la bella etona, y será su criado Skírnir, «Luminoso», el encargado de concertar el difícil matrimonio en un mito que, como veremos, unos han interpretado como el matrimonio ritual del invierno y el verano mientras que otros lo han rechazado por no creerlo auténtico.

Hay también un posible caso de etón convertido en As: Ægir, quien según algunas fuentes sería hijo de etones y no un producto más de los matrimonios mixtos; tal vez incluso Ull, el dios misterioso de los montes, fuera un etón aceptado en el panteón divino al mismo tiempo que Skaði, diosa-etona de funciones comparables a las suyas; y si Ull significa «Glorioso»,

«Luminoso», no debemos olvidar el brillo de los brazos de Gerð. ¿Podría tratarse de la adopción por los indoeuropeos de unas divinidades de los pueblos que habitaban antes que ellos en las regiones del norte?

### *De ellos y ellas procede todo*

Al repasar los orígenes del mundo veremos que éste se edifica a partir de los restos del etón primordial, Ymir. Pero además, son de esta raza los padres o madres de los dioses. Heimdal, quien probablemente sustituirá a los demás dioses tras el Ragnarök, es hijo nada menos que de nueve etonas sin ayuda de varón alguno, igual que Odín y sus hermanos son hijos de Bestla. Además, los dioses son extraordinariamente aficionados a unirse sexualmente a las etonas, si bien los Vanes buscan relaciones duraderas mientras que los Ases, en especial Odín, prefieren aventuras fugaces. Y si Thor es el encargado de mantener a raya a los etones, Odín establecerá con las hembras relaciones constantes, aunque habitualmente, como corresponde al «Engañador», para obtener de ellas alguna ventaja inmediata mediante la burla, como sucede en su aventura con Gunnlöð, a quien arranca el hidromiel de la poesía. Pero esas relaciones son siempre entre dioses y etonas, y los trols nunca consiguen los favores de las diosas, aunque lo intentan varias veces, como tendremos ocasión de comprobar. En cambio, los tuergos, al menos cuatro de ellos, sí podrán gozar a Freya como pago por el collar Brísing.

Un caso especial es Loki, el único habitante masculino del Ásgarð —aparte de los casos ya citados de Ull y Ægir—, que desciende de un etón y una etona: Fárbauti y Laufey, aunque su padre parezca un mero accidente o quizá una invención tardía para asegurarle una progenie «normal». Loki está en una relación muy especial con las etonas, porque también él se une a varias, pero con Angrboða engendra los tres monstruos más temibles, que destrozarán a los dioses en el Ragnarök, y él mismo será fertilizado por otra etona y parirá como mujer. Loki se jacta de haber cometido adulterio con Skaði, que fue primero esposa de Niörð y luego amante de Odín, pero veremos que él mismo es el causante de la muerte del padre de ésta y que después es también quien consigue la paz entre ella y los Ases; al final será la etona quien cuelgue la venenosa serpiente sobre el rostro del dios para castigarlo; como apunta Simek [10], pudo existir antiguamente un mito sobre la relación entre ambos. No olvidemos, sin embargo, que en los dos casos se trata de hijos de etones que han sido acogidos en el Ásgarð, él como compañero de los dioses y ella como una diosa a título propio.

### *¿Y los gigantes?*

Ya hemos visto lo variopintos que son estos seres; pero se producen aún más complicaciones por culpa de su evolución a lo largo del tiempo: por así decir fueron creciendo en tamaño y haciéndose cada vez más estúpidos, aunque, eso sí, siguieron viviendo en las montañas, entre las rocas. Como hemos tenido ocasión de ver, entre las características de los etones no se encontraba el gigantismo, que aparece sólo en textos ya tardíos, a partir del siglo XIV; por eso, dicho sea de paso, he evitado el tradicional término «gigante», pues realmente no eran tales. Los gigantes de los cuentos populares escandinavos, que coinciden con los ogros de los nuestros, conservan algunos rasgos antiguos pero son ya difíciles de reconocer, si bien las gigantas siguen desempeñando un papel especialmente sexual pues se dedican a atraer a los montañeros y agotarlos con una frenética actividad erótica. Los gigantes son simplemente grandes, muy, muy tontos y de hábitos nocturnos, y si conseguimos enredarlos en una conversación interesante, como las que mantienen con Odín en algunos poemas de la *Edda*, y el sol sale antes de que se hayan escondido en su cueva, se transformarán en grandes piedras en medio del campo. Los trols, por su parte, son seres sobre todo feos y malignos, aunque en unas partes de Escandinavia son pequeños y en otras resulta difícil distinguirlos de los gigantes.

Largo camino desde los complejos etones, tursos y trols hasta estos personajes folclóricos. Desde una profunda sabiduría a la que tienen que recurrir los dioses una y otra vez hasta la simple estupidez; desde una maldad solamente relativa hasta la perversidad sin matices; desde un sentido cósmico de seres que pueden provocar el cambio hasta simples piedras ambulantes.

### *Tuergos*

Veamos primero algunos nombres de estos seres: Artesano, Consejero, Cuidadoso, Dormilón, Herrero, Listo, Mago, Meticuloso, Sabio, Sapientísimo, Tímido, Tonto, Torpe.

Nuevamente la dualidad sabio-tonto, pero ahora se añaden calificativos que nos indican la función primordial de los tuergos: la artesanía, más específicamente el trabajo de la forja. Y efectivamente, estos seres aparecen siempre que los dioses —pero también los hombres favorecidos por éstos— deben hacerse con algún objeto de especial valor. Sigurð o Sigfrido deberá a un tuergo la espada con la que podrá matar al dragón Fáfnir, en la *Saga de los Volsungos* y los poemas correspondientes de la *Edda*. Freya obtiene de ellos su collar, mientras que Odín, Thor y Frey también utilizan armas y objetos fabricados por tuergos. Lotte Motz[11] cree descubrir aquí una reminiscencia de primitivos astrónomos de tiempos neolíticos: si los etones eran los pueblos que habitaban el norte a la llegada de los indoeuropeos, los tuergos podían ser sus sacerdotes, dedicados a la observación astronómica desde los monumentos megalíticos.

Personalmente me inclino más a interpretarlos como una mitologización de los primeros herreros, como veremos con más detalle al estudiar los tesoros de los dioses. Si esos herreros eran celtas, tenemos ya la diferencia basada en la lengua; seguramente los herreros ambulantes se desplazaban sin mujeres, igual que los tuergos son exclusivamente masculinos. Probablemente, como en tantas culturas, los antiguos herreros rodeaban de secreto buena parte de sus actividades, como una forma más de garantizar el monopolio de su oficio, y lo disfrazaban de magia, de saber misterioso. Y aunque eran fuertes, la ceniza y el humo de la forja les darían un aspecto poco atractivo, rasgo permanente de los tuergos. Y finalmente, pese a esas peculiaridades que los apartaban de los demás hombres, mantenían tratos normales con ellos; eran accesibles, aunque ciertamente no sería recomendable romper los tratos: el precio de lo que fabricaban los tuergos y los herreros siempre debía pagarse. En esta interpretación, sin embargo, no encaja tan fácilmente su vivienda debajo de las rocas o junto a ellas ni su palidez cadavérica. Tal vez, como sucede con tantos otros personajes mitológicos germánicos, se confundieron con otros seres fúnebres subterráneos, lo que se reflejaría en su identificación por Snorri con los «elfos negros».

En todo caso, y como sucedió con los etones, la evolución posterior los transformó en seres de talla pequeña o incluso diminuta, que habitan bajo las rocas e incluso debajo de las setas y que llamamos enanos o gnomos. Igual que con los gigantes, he evitado estos términos para reconducir a los tuergos a su auténtica naturaleza de seres sobrenaturales pero accesibles a personas, dioses y etones, que con sus misteriosas artes son capaces de producir todos los objetos maravillosos que puedan apetecer unos u otros y cuya talla no se distinguía de la de los etones o los humanos.

## *Elfos*

A estos simpáticos y extraños individuos no les he cambiado el nombre por el que se los conoce en español, pues a fin de cuentas es tan nórdico como tuergo, etón o turso. ¿Qué son los elfos? Más aún que en el caso de los otros seres que hemos estado viendo, se hace muy difícil identificarlos claramente, pues de ellos apenas tenemos datos. Curiosamente, buena parte de nuestra información procede de la Inglaterra anglosajona, región donde los recuerdos del antiguo paganismo son más bien escasos por lo demás. Allí encontramos al elfo como componente de una palabra que significa «bellísimo», mientras que en Escandinavia Elfo es elemento habitual en nombres de persona, por ejemplo Alfredo, lo que no sucede con los de tuergos o etones. Y para completar el cuadro, mencionemos que una adivina germana a la que alude Tácito se llamaba Albruna, que no es otra cosa que *Álf-rúna*, que significa «Amiga de los Elfos» o quizá «Poseedora de la Sabiduría de los Elfos».

Al igual que en el caso de los tuergos, nórdico *þverg*, desconocemos el origen del nombre, que puede proceder de alguna raíz indoeuropea o ser autóctono, perteneciente a alguna de las lenguas de la Europa septentrional anteriores a la llegada de los indoeuropeos; en todo caso se trata de denominaciones muy antiguas, como los seres a los que caracterizan. Es posible que los elfos fueran en su origen divinidades estrictamente locales encargadas de proteger la economía familiar; de ahí que seguramente se les ofreciera un sacrificio, denominado *álfablót*, «Sacrificio a los Elfos», igual que hasta prácticamente hoy mismo en las granjas islandesas, una vez al año, se dejaba fuera de la casa algo de comida para que la disfrutaran los elfos que habitaban por los campos de alrededor.

Los elfos eran básicamente buenos, y sólo cuando se les dejaba en el olvido podían producir algunos perjuicios menores. Esto, unido a cierto carácter fúnebre en ocasiones, puede indicar que originalmente fueron los espíritus de parientes muertos, dedicados a proteger a sus descendientes y sus moradas. Un culto de los antepasados, pues, del que no tenemos constancia directa pero al que apuntan bastantes detalles desperdigados por la mitología más antigua de germanos y escandinavos. Y quizá por ese carácter de protectores de la riqueza y la fertilidad los vemos estrecha aunque tácitamente asociados a los Vanes, dioses que, por otro lado, también tienen que ver con la muerte: la casa del dios Frey se llama, precisamente, Álfheim, «País de los Elfos». Es posible que la antigüedad del culto a los elfos, unida a su carácter puramente casero, contribuyeran a desdibujar a estos seres en la mitología más «oficial» y grandilocuente, centrada en los dioses masculinos y especialmente en la función guerrera, dejándolos pervivir en el folclore como simpáticos y bellos personajes que están por todas partes a nuestro alrededor.

## CAPÍTULO 10

## LAS DIOSAS DE LOS TIEMPOS ANTIGUOS

El cuadro es algo confuso: de Escandinavia conocemos algunas diosas que sin duda fueron importantísimas, sobre todo la gran Freya pero también Frigg, esposa de Odín; también se menciona a Sif, Gefion, Rán, Gulveig, Skaði... Pero son tardías, como todo lo escandinavo. ¿Cuál es su origen? ¿Eran ya diosas de los antiguos germanos?

En el pasado remoto hay cosas que nos recuerdan algunas características y atributos de estas diosas. Por ejemplo, una figurilla de bronce que representa a una mujer de sexo muy marcado que sostiene su pecho izquierdo con la mano derecha. ¿Era Freya? ¿Frigg, quizá? A lo largo del tiempo las diosas han ido cambiando de nombre y modificando algunos de sus atributos, así que aquella estatuilla quizá representaba a alguna pre-Freya u otra diosa prácticamente coincidente con ella pero que recibía un nombre distinto. Pero vayamos por partes. Resulta que en nuestras descripciones clásicas del panteón escandinavo hay apenas un par de diosas importantes, e incluso Frigg no es casi nada más que esposa, de modo que en realidad la única medianamente autónoma era Freya. ¿Fue siempre así? ¿La religión germánica era un culto de dioses masculinos? ¿Las cosas eran realmente tal y como nos las cuentan? Parece que no.

### *Las* Matronae

De los primeros siglos de la llamada época de las migraciones germánicas se conserva más de un millar de piedras y altares votivos erigidos por mercenarios germanos integrados en los ejércitos romanos, aunque también por comerciantes, marinos y sus familiares. Esas piedras con grabados e inscripciones se hallan sobre todo en la región del Bajo Rin, desde Colonia hasta la costa del mar del Norte, pero también las encontramos en Inglaterra\*, Italia, Francia e incluso España (una dedicada a las *Aufaniae* se encontró en Carmona, Córdoba). No conservamos nada de las regiones no romanizadas, pero estas piedras poseen extraordinario interés porque (1) muestran muchísimos rasgos comunes, lo que indica que no se trata de figuras o cultos aislados; (2) todas pertenecen a época pagana, desde mediados del siglo I d.n.e. hasta el V; (3) bastantes se agrupan en lo que probablemente fueron lugares de culto e incluso templos; (4) no existía en Roma un culto semejante al que reflejan estas piedras.

El culto de las *Matres*, *Matrae* o *Matronae*, que así se llaman estas divinidades femeninas, era germánico pero también céltico, y en algunos casos todo, incluso los nombres mismos de las divinidades, apunta a poblaciones mixtas germano-celtas. Existe una diferencia geográfica entre los tres términos: *Matres* se usa en Inglaterra y Galia, mientras que *Matronae* es el nombre habitual en el Bajo Rin y *Matrae* está limitado al sur de Francia. Por otra parte, casi no hay diferencias entre la manera de representar las célticas y las germánicas: sólo el nombre nos permite reconocer uno u otro origen. Pero antes de seguir veamos algunos de esos nombres. Los que presento a continuación son los más habituales y figuran en su variante latina, que no siempre permite reconocer con claridad la forma y el significado reales de estos apelativos:

> *Ambiamarcae, Ambioreneses, Abirenae, Afliae, Ahinehiae, Ahueccaniae, Alaferhviae, Alagabiae, Alaterviae, Albiahenae, Alhiahenae, Almaviahenae, Alusneihae, Amfratninae, Andrusteihiae, Annaneptiae, Arvagastiae, Asericinehae, Atufrafinehae, Audrionehae, Aufaniae, Aumenahenae, Austriahenae, Aviaitinehae, Axsinginehae, Berguiahenae, Berguinehae, Chandrumanehae, Chichenae, Ethrahenae, Euthungae, Fachineihae, Fernovinae, Frisavae, Gabiae, Gantunae, Gavadiae, Gavasiae, Gesahenae, Gratichae, Guinehae, Hamavehae, Havae, Hiheraiae, Idisi\*\*, Ifles, Ineae, Iu-*

---

\* Entre las fuerzas que custodiaban la Muralla de Hadriano, en el norte de Gran Bretaña, había tropas auxiliares germánicas, que nos dejaron sus testimonios religiosos en estas ofrendas.

\*\* En realidad, Idisi es un nombre conservado en un texto sajón, pero todo apunta a que se trata de uno de estos grupitos de matronas, aunque en este caso no llegara a nosotros en forma latinizada, sino directamente germánica. Podemos traducir el nombre como «señoras».

*lineihiae, Kannanefates, Lanehiae, Leudinae, Lubicae, Mahalinehae, Marsacae, Masanae, Matres germanae, Mediotautehae, Naitienae, Nervinae, Ratheihiae, Renahenae, Rumanehae, Saitchamiae, Seccanehae, Sebae, Suleviae, Teniavehae, Textumeihae, Travalaeha, Tummaestiae, Turstuahenae, Udravarinehae, Ulauhinehae, Vacallinehae, Vagdavercustis, Vapthiae, Vatviae, Vesuniahenae, Veteranehae.*

Se trata de denominaciones colectivas, pero también hay piedras dedicadas a diosas individuales; aquí están éstas, añadiendo un par de diosas conocidas por otras fuentes antiguas:

Alaisiagae, Alateivia, Arvolecia, Aueha, Baduhenna, Baudihillia, Beda, Burorina, Eostra/Ostara, Fimmilena, Friagabis, Gamaleda, Garmangabis, Haeva, Hariasa, Harimella, Hellivesa, Hludana, Hurstaerga, Meduna, Menmanhia, Nehalennia, Nerthus, Ricagambeda, Sibulca, Sulevia, Sunucsal, Vercana.

¿Tantas diosas tenían los germanos? No, claro que no. Pero el asunto es complicado, de modo que mejor es ir por partes.

### *Los nombres de las* Matronae *y sus funciones*

Los nombres de todas esas diosas *Matronae*, *Matres* y *Matrae* son difíciles de interpretar, pero en conjunto puede decirse lo siguiente: algunos hacen referencia a topónimos e incluso a nombres de persona: son las «Señoras del Oriente», «De la Colonia Romana», «Del (río) Waal» o «Del Campo Viejo». Otras son protectoras de una tribu o clan, como las Frisias o las «De Arvogastro». También hay una diosa, Sunucsal, cuyo nombre hace referencia a la etnia de los sunuci, mencionada por Tácito. Pero la mayor parte de las matronas conocidas tienen nombres que nos hablan de sus poderes, de los motivos que llevaban a los germanos a ofrecerles sacrificios, exvotos y, sin duda, oraciones. Las Alagabias «Lo Dan Todo», y las popularísimas Aufanias, con 90 inscripciones que llegan hasta Córdoba, son «Generosas». También hay Gabias, «Dadivosas», y enseguida veremos a una diosa escandinava llamada Gefion, de la misma raíz e idéntico significado. Otras matronas dan poder, fuerza o éxito, como las Aflias, «Poderosas». Algunas proporcionaban sabiduría, no siempre separable de la magia; tales son las Saitchamias y las Ahueccanias, nombre este que significa algo así como «Adivinas del Agua».

Y el agua es también un motivo favorecido en el nombre de bastantes *Matronae*; en algunos casos se hace referencia a ríos concretos, pero en otros se las llama simplemente «Acuáticas» (y suponemos que favorecían a los marinos). Esta relación de las diosas con el agua es más que estrecha y tenemos pruebas de ella desde las épocas más antiguas: por muchos sitios de Europa noroccidental encontramos santuarios asociados a la diosa protectora de una fuente milagrosa, como el de Bath en Inglaterra o el de Notre Marie de Vie, cerca de Lyon, en Francia (centro de peregrinación ininterrumpidamente desde antes de la época prerromana hasta el siglo XX: más dos mil años con la misma imagen, denominada ahora Virgen María). Otra antigua divinidad tiene el nombre de Aueha, «Acuática», denominación que aparece también en *Ahinehiae* y *Vatviae*. Pero también había matronas asociadas a árboles y bosques, de modo que Alatervias son las «Señoras del Roble» y *Berguiahenae* las «Señoras del Abedul». Otras más muestran nombres relacionados con su función de sanadoras: Auxiliadoras. Algunas están especializadas en proteger a las mujeres durante el parto, sobre todo las *Gavasiae*, mientras que las *Tummaestiae* y una diosa como Haeva se encargaban de las bodas y el hogar. Otras velaban por la pureza de los juramentos y otras acciones legales: sucede con Fimmilena y las matronas *Mahalinehae*. También las hay que se ocupan de la guerra, las batallas y la muerte. Entre ellas están Baduhenna «La Belicosa» y Harimella «La Guerrera». Más adelante veremos que las valquirias tienen nombres parecidos a éstos y que incluso Freya y otras diosas están muy relacionadas con la muerte y la guerra.

La imagen que podemos formarnos sobre este culto a las diosas, *Matres* y demás es de un amplio sustrato religioso germánico que, aunque común en lo esencial, se articulaba sólo localmente. Este sustrato incluye la imagen de lo que se ha venido en llamar «la diosa triple»: la anciana, la mujer casada en edad fértil y la joven soltera. O si queremos, la abuela, la madre y la hermana (¿o la hija?). Ahora comentaremos algo más sobre este asunto. El caso es que esta diosa está más próxima que los grandes dioses masculinos a las preocupaciones, necesidades y miedos cotidianos de hombres y mujeres, niños, adultos y ancianos.

### *Cómo representaban a las* Matronae

¿Y cómo se representa a estas diosas? No siempre de la misma forma, claro, de modo que unos altares votivos son más ricos que otros, algunos son muy crudos artísticamente mientras que bastantes son obras de arte destacables. Normalmente tenemos tres figuras femeninas que muestran las tres edades de la diosa: la más joven en el centro, flanqueada por la madre y la abuela, todas ellas sentadas. Las tres suelen llevar tocados diferentes que hacen referencia a su distinta edad, y habitualmente tienen sobre las rodillas, o en el regazo, cestas de frutas, o quizá cereales, o pan. Pueden aparecer con un animal doméstico al lado.

### *Una matrona: Nehalennia*

La mejor conocida —y, por lo mismo, la más misteriosa— de las diosas de esos lejanos tiempos es Nehalennia. La conocemos por dos templos y un gran número de altares votivos encontrados, con diversos avatares, en la costa de Walcheren [váljeren], Zeelanda, en los Países Bajos. Los primeros restos y altares se hallaron en el siglo XVII, el segundo templo se identificó en 1971 y en la actualidad está en marcha un proyecto de arqueología submarina que, entre otros muchos hallazgos, ha podido comprobar que uno de los templos ahora sumergidos está en un estado relativamente bueno de conservación [1].

Los altares, magníficos algunos, muy simples otros, suelen tener inscripciones de agradecimiento, muy frecuentemente en cumplimiento del voto hecho por comerciantes, marinos o simples viajeros en algún difícil trance. En ellos se la representa como una mujer joven sentada, vestida con ropas romanas o con otras en las que se ha querido ver el traje popular típico de Zeelanda. Suele tener el pelo recogido en un moño, está acompañada de un perro y sobre la rodilla derecha porta un cesto de frutas o verduras, y muchas veces hay otro en el suelo a su lado. En ocasiones está en la proa de un barco, o aparece un remo u otro símbolo marino. Las inscripciones de los altares contienen nombres que son las más de las veces célticos, pero otras germánicos y algunas sencillamente latinos. Como varias incluyen el oficio del devoto, sabemos que la mayoría eran comerciantes procedentes de toda la región; por ejemplo, Marco Exginggio Agricola, un celta, se dedicaba al comercio de la sal y vivía en Colonia aunque era originario de Tréveris; Vegisonio Martino era otro celta, éste de Vesontio, la actual ciudad francesa de Besançon, y dueño de un barco. La devoción por esta diosa llegaba a una zona muy amplia poblada por romanos, germanos, celtas y germanoceltas muy romanizados y duró varios siglos, hasta que la subida del mar del Norte, que anegó numerosos poblados y obligó a sus habitantes a emigrar, sumergió y destruyó los templos. Y claro, que el templo de la diosa que nos ha de proteger de los peligros del mar sucumba a éstos precisamente en los momentos en los que más habría de haberse notado su intervención llevó a la desaparición de su culto, de modo que carecemos de vestigios desde finales del siglo III d.n.e. [2].

En cuanto al nombre, ignoramos lo que significa; quizá «Barquera», quizá algo relacionado con la muerte o con su función de auxiliadora. En realidad ni siquiera sabemos con seguridad si es germánico, céltico o latino. Por otro lado, como señala Simek [3], los atributos de Nehalennia coinciden con los de la diosa Isis, que Tácito [4] menciona como la divinidad principal de los germanos de la costa del mar del Norte; y aunque suele entenderse esa referencia como alusión al culto de Nerthus, es posible que tuviera distintos nombres y formas de culto en cada región, de manera que se trataría de una misma diosa a la que se hacen cruentos sacrificios humanos en la zona no romanizada de Jutlandia y aledaños y a la que se le dedican piedras votivas de estilo romano en aquellos lugares donde la influencia del Imperio era más fuerte. Esta interpretación, que procede en último término del gran investigador neerlandés Jan de Vries, me parece la más plausible.

### ¿Diosa triple en el panteón escandinavo?

Es curioso que pese a la importancia de las tres diosas en la época romana, en el paganismo clásico hayan desaparecido por completo. No los tríos de dioses, sin embargo. La trinidad femenina corresponde nítidamente a tres edades asociadas a distinto aspecto físico, distinta forma de vestir, diferentes papeles en la procreación y también en la función social, diferentes lugares en el proceso de crianza y educación de los niños, en el cuidado de los adultos, pero también en el de los muertos, y la naturalidad de esta triple división hace un poco difícil imaginar que no quedara de ella resto alguno en el paganismo escandinavo posterior, por muy masculinizada que estuviera entonces la religión.

El predominio de los dioses masculinos procede también, en parte, de los estudiosos modernos. Por ejemplo, la teoría de las tres funciones divinas de los dioses indoeuropeos se limita a los varones. Desde luego, la sociedad indoeuropea era patriarcal [5] y las diosas debían de ocupar una posición subordinada [6]; sin embargo, parece que la importancia cotidiana de las diosas era indudable, aunque carecieran del *glamour* social de los grandes dioses. Mientras se estudian en detalle las correspondencias entre los dioses masculinos de la India y Germania, no suele mencionarse que también en la India existió y aún existe un enorme número de divinidades femeninas de ámbito estrictamente local que en sus comunidades ocupaban la posición de privilegio y gozaban de la máxima devoción popular [7]: algo así sucedería también en el mundo germánico, igual que pasa hoy día con nuestras Vírgenes locales y regionales.

Quizá por eso el cristianismo mostró cierta tolerancia (a posteriori) ante las historias de dioses, mientras que el culto popular a las diosas desapareció como tal, fue perseguido y despreciado y tuvo que esconderse en formas nuevas y adoptar elementos cristianos como, sobre todo, el culto de la Virgen María y el de algunas santas, «reales» como santa Ana o inventadas como santa Brígida. Incluso se crean trinidades que llegan hasta la iconografía cristiana más ortodoxa, como la formada por santa Ana (abuela), María (hija y madre) y el niño Jesús [8], o bien santa Ana, santa Catalina y la Virgen María [9], aunque el mejor ejemplo es otro: en el siglo IX se contaba que santa Ana se había casado tres veces y que en cada matrimonio había tenido una hija llamada María [10], y las Tres Marías son un elemento frecuente en la iconografía medieval.

Entre esta primera época y el paganismo escandinavo clásico cambió sin duda el culto de las diosas, aunque no tenemos información hasta que Snorri nos habla de algunas de ellas, de las que sabemos muy poco, como veremos a continuación. Para referirse a las diosas colectivamente se utilizaba el término *dísir*, que es etimológicamente el mismo que sirve de denominación colectiva a las diosas locales hindúes: *dhisanas*. Y también los cultos serían colectivos y no individuales, de manera que germanos y escandinavos sacrificarían a las diosas, a un grupo de ellas propio de cada tribu y localidad, y no a la diosa A o la diosa B. Recordemos que los romanos tenían también este tipo de culto de grupo, aunque masculinizado, y los Manes, Lares y Penates siempre se mencionaban como colectividad.

## *Las disas*

Este nombre aparece normalmente en plural aunque existe en singular *(dís)* como denominación general para «diosa», si bien su significado básico es aún más general: «mujer». Seguramente es el *idisi* que aparece en un texto sajón del continente y el primer elemento de un lugar llamado Idisiaviso mencionado por Tácito. Tenemos topónimos noruegos y suecos con este lexema, lo que apunta a lugares de culto; las sagas nos hablan del *dísablót*, el «Sacrificio (en honor) de las Disas», y los anglosajones celebraban su fiesta de *módraniht*, «Noche de las Madres». No me cabe duda alguna, pese a lo insuficiente de nuestras fuentes, de que germanos y escandinavos ponían parte\* de las esperanzas de renacimiento de la naturaleza, de la fertilidad y

---

\* Sólo parte, porque el trabajo humano se consideraba imprescindible para el éxito de la cosecha, ya que la ayuda de los dioses era supuesta pero nunca comprobable. Eso sí, a veces fracasaba la cose-

riqueza de su poblado en la acción de unos seres más bien indefinidos excepto en su carácter esencial y exclusivamente femenino. Los ritos y sacrificios serían simples, caseros, realizados seguramente en la granja familiar en aquellos lugares en los que éste era el modo más habitual de asentamiento o en la pequeña aldea del continente o Inglaterra, y habría sacrificios especiales en momentos como el nacimiento de un niño, como atestigua su pervivencia en el folclore[11].

En Escandinavia, el culto a estas diosas se centraba en los mismos lugares que el de Freya, es decir, el sur de Suecia y el sureste de Noruega. Podemos imaginar que en otros sitios no se llamaban *dísir* sino, por ejemplo, *méder* en frisón y antiguo inglés\* o, en el latín de la región, *Matres*; y quizá *idisi* entre algunos germanos del continente: eran las Madres o las Señoras. Lo cierto es que, quizá con la excepción del sur de Suecia[12], el culto estaba estrictamente limitado al ámbito familiar. Más aún, lo mejor es ver a las disas como divinidades asociadas a familias o clanes concretos, a los que protegían. Como las tribus o clanes se asocian a su vez con ciertos territorios, no es extraño que encontremos también *land-dísir*, «Disas del País»\*\*, divinidades protectoras de una determinada región. Para los islandeses su isla era una unidad geográfica pero también étnica, casi familiar, así que tenía sus *landdísir*, y las leyes estipulaban que antes de ser visto desde tierra, todo barco debía desmontar el mascarón amenazante que adornaba su proa para no asustar a esos benéficos espíritus. El origen de las disas es muy antiguo, indoeuropeo e incluso anterior, y en palabras de Hilda Ellis Davidson[13]: «[este] grupo de diosas está formado en ocasiones por mujeres de diferente edad, de manera que hallamos el concepto de la mujer anciana... junto a su hija que ya ha parido hijos, y quizá la hija de ésta, la joven virgen o novia»; es decir, las disas parecen continuar directamente la trinidad femenina que vimos al principio de este capítulo.

En algunas fuentes se nos cuenta que viajaban a caballo, como valquirias; también se dice que fijan el destino de los niños en el momento de su nacimiento, como nornas. Así que veamos estas y otras divinidades con un poco de orden.

---

cha y morían los animales aunque se había hecho lo mismo de todos los años: luego «debía de haber algo más». De manera que «a Dios rogando y con el mazo dando», que es una necesidad cognitiva universal y eterna (Boyer 2001: 257 y ss.).

\* *Méder* es el plural de *módor*, «madre»; pero el genitivo plural («de las madres») es *módra*, de donde viene *módraniht*, «Noche de las Madres». Cosas de la gramática.
\*\* También *landvættir*, «espíritus del país».

### *Hamingiur, fylgiur y otros espíritus familiares*

Las fylgiur (el singular es fylgia) son lo más cerca que llegaron los escandinavos del concepto de un «alma» distinta del cuerpo, creencia muy tenue y reciente, que seguramente nunca existió en Inglaterra o el continente y que puede deberse en parte a influencia romana, aunque no es nada desdeñable la posible aportación de las ideas chamánicas de saami y fineses, bien conocidas por los escandinavos: parece que en vida, y sólo entonces, una parte de la persona podía abandonar el cuerpo y aparecer en otro sitio [14]. El caso es que la fylgia de una persona puede aparecerse, normalmente en figura de mujer pero también de animal, y esta aparición suele anunciar una muerte inminente. Claro que no todo el mundo es capaz de ver a una fylgia: se trata de una capacidad limitada a ciertas personas, aunque sin la especialización de los médiums de hoy día. Como la fylgia de una persona puede pasar a algún pariente, lo mejor es considerarla no tanto «alma» individual sino espíritu familiar, aunque si una de las etimologías propuestas para este nombre fuera correcta, el elemento individual parecería claramente prioritario. Pero no debemos extrañarnos, pues es un universal cognitivo en el ámbito de la religión [15] que una persona, especialmente en los pueblos formados por pequeñas unidades de parentesco como los clanes, se considere poseedora de la «esencia» de la familia, de manera que a un individuo se le puede caracterizar como «típico X» y al mismo tiempo la familia o clan X se caracteriza de cierto modo porque «así son sus miembros» (idea que, con poco que lo piense, podrá identificar usted mismo hoy día y en su entorno más próximo).

La etimología nos ofrece dos posibilidades que lingüísticamente son igual de válidas: a partir de un verbo «acompañar», lo que caracterizaría a este espíritu como «acompañante», idea bastante adecuada porque cada persona está determinada por su propia fylgia a lo largo de toda su vida. La alternativa es un término, *fylgia* precisamente, que significa «placenta» y cuya importancia folclórica y también religiosa es tal que no hace falta ni siquiera comentarla: raro es el pueblo que carece de ritos, ceremonias o supersticiones sobre esta extraña sustancia que acompaña a todo nacimiento y cuya función, como es lógico, resultaba completamente desconocida hasta hace un instante en la historia de la humanidad. De ahí la posibilidad de considerarla como algo especial, relacionado con lo sobrenatural, y, puesto que está ahí cada vez que nace una criatura, es de esperar que la acompañe toda su vida, sea parte de ella y, de alguna forma, «defina su esencia». Y todo eso, en efecto, es lo que se atribuía a la fylgia.

Los otros espíritus tutelares, a la vez familiares e individuales, reciben en Escandinavia el nombre de hamingiur (singular hamingia). No es fácil diferenciarlas de las fylgiur, pero la hamingia está, diríamos, más «especializada», y viene a ser como la buena o mala suerte que acompaña a una persona y, por todo lo que ya sabemos, también a una familia. La palabra significa simplemente «fortuna», aunque existe otra hamingia bastante distinta en su origen, si bien en la Escandinavia medieval debió de haber ya cierta confusión al respecto. Esta segunda hamingia procedería de una forma más antigua, *ham-gengia*, y significaba «que cambia de forma» o «que va por ahí en la forma o apariencia que le conviene»[16]. Es una creencia y tradición de carácter muy antiguo que aparece constantemente en los textos medievales, como señala Catharina Raudvere[17]. Esta autora, en su análisis de los seres femeninos que cambian de forma, nos ofrece una interesante interpretación de ellos siguiendo algunas propuestas de Paul Veyne[18]: básicamente materializarían la impresión, que a veces tenemos, de que cierta persona ha cambiado, de que no es la que conocemos; será quizá porque ha cambiado de forma y aspecto, pero ¿por qué disfrazarse? Si no hacemos algo a cara descubierta, debe de tratarse de algo negativo.

### *Las nornas*

Sabemos que el destino lo manda todo: es más poderoso que los dioses mismos. De la mitología griega conocemos a las Moiras; en Roma están las Parcas, que van tejiendo el destino de cada individuo de manera que cuando se rompe el hilo, éste muere. Y figuras semejantes aparecen en otras mitologías; siempre (que yo sepa) son femeninas, quizá por la universal asociación de nacimiento y muerte. En el mundo escandinavo tenemos a las nornas, figuras semejantes a Moiras y Parcas aunque con características propias, como corresponde a la diversidad cultural. El nombre es de etimología dudosa, aunque hoy día la opinión más aceptada es una antigua raíz indoeuropea, o sólo germánica, que significa «susurrar»[19]. Por tanto las nornas serían «Las Susurrantes». Eran varias, de eso estamos seguros, porque nuestras fuentes siempre las mencionan en plural, y el número tres que les atribuye Snorri, aunque quizá reforzado por los tríos grecolatinos, posee un nobilísimo y antiquísimo origen.

Snorri nos da los nombres de las tres nornas; al hablar del fresno Yggdrasil, nos cuenta lo que sigue[20]:

> ... hay una hermosa sala bajo el fresno, junto a la fuente [Urð], y de ella vienen tres doncellas que se llaman así: Urð, Verðandi, Skuld: estas doncellas modelan los días de los hombres y las llamamos nornas; pero hay aún otras nornas que

vienen a cada hombre cuando nace, para modelar sus días, y son de linaje divino: otras son del linaje de los elfos, y tres del linaje de los tuergos. [...]

Entonces dijo Gangleri: «Si las nornas rigen los destinos de los hombres lo hacen de forma muy desigual, pues algunos tienen vida buena y próspera, otros son pobres o poco ilustres, unos tienen larga vida, y otros, breve».

Hár dice: «Las nornas buenas y de buen linaje modelan la vida buena. Pero los malos destinos de los hombres están regidos por las malas nornas».

Claramente, Snorri está fantaseando, aportando una explicación más o menos racional. Acierta sin embargo, por lo que hoy creemos saber, en la multiplicidad de nornas, aunque no tanto en sus nombres o en su especialización: a nosotros el problema del bien y el mal nos parece fundamental [21], pero sólo se plantea si postulamos un dios creador de todo, omnisciente, que puede intervenir en las cosas del mundo y de las personas y que es intrínseca y absolutamente bueno. Dadas esas condiciones, ¿cómo explicar la existencia del mal? Malamente; de ahí que se tenga que recurrir a las más peregrinas e insostenibles justificaciones. Pero si no existe dios creador, ni omnipotente, ni omnisciente, ni nada de eso, como sucedía entre los germanos, y si los dioses son unas veces buenos y otras malos, como todo el mundo, el mal y el bien simplemente están ahí, como parte consustancial del universo. Snorri, como tantas veces, está intentando aplicar al paganismo algunas ideas fundamentales de su cristianismo.

Tampoco los nombres que proporciona son, seguramente, otra cosa que una reconstrucción culta, pues básicamente significarían «Lo que fue», «Lo que es» y «Lo que será» o, si queremos, «Pasado», «Presente» y «Futuro»; esto suele decirse en los libros divulgativos sobre mitología escandinava, pero las cosas son más complicadas. Urð corresponde a la palabra «destino» en inglés antiguo, *wierd*, y es realmente antiguo; además, es idéntico al nombre de la fuente cerca de la cual viven. Los otros nombres son más improbables: Skuld es el de una valquiria, aunque éstas son muchas veces difíciles de distinguir de las nornas. En cuanto a Verðandi, se trata de un simple participio de presente del verbo que significa «devenir», y es de formación reciente. Así que en realidad no sabemos los nombres de las tres, lo que no es de extrañar, porque las nornas son disas y éstas no suelen tener nombre propio.

Tampoco estamos seguros de la forma en que determinaban el destino. Parece, según alguna interpretación [22], que trazarían marcas, quizá runas, en unos trozos de madera, igual que hacían las adivinas según el testimonio de Tácito y la *Völuspá* (20). Suele decirse que, a diferencia de las valquirias, las nornas no tejían, pero no está tan claro. Veamos las primeras estrofas del

*Primer Canto de Helgi*, el «Matador de Hunding»: nace el que será gran héroe, y entonces

> Anocheció en la casa y llegaron las nornas,
> aquellas que al príncipe la vida prefijaron;
> mandaron que el jefe fuera el más famoso
> y de todos los reyes el mejor se hiciera.
>
> Trenzaron con fuerza los hilos del destino
> mientras los fortines en Brálund se rompían;
> allí desmadejaron hebras de oro,
> en las salas lunares fijaron el centro.
>
> Al este y al oeste ocultaron las puntas,
> en medio tenía el rey situada su tierra;
> colocó una la norna en las rutas del norte,
> lo fijó con firmeza, que siempre resistiera.

Davidson[23] interpreta las indicaciones geográficas como referencia a las tierras que serán dominadas por Helgi, pero lo principal es que las nornas están preparando el telar. La idea del tejido como imagen del destino no debe extrañarnos: la vida de los grandes jefes y guerreros, sus campañas y hazañas solían representarse en época vikinga, pero también antes y después de ésta, en complejos tapices de los que nos han llegado algunos ejemplos. Son conocidos los restos de un largo y estrecho tapiz que mostraba las procesiones ceremoniales en las que participaba la reina sacerdotisa del barco de Oseberg, pero el mejor conservado es el de Bayeux, primorosamente expuesto en un museo especial de esa ciudad normanda y que relata la historia de Guillermo el Conquistador y su conquista de Inglaterra en 1066. Los normandos eran descendientes de vikingos asentados en esa región un siglo y pico antes, pero una tradición tan importante como la de los tapices narrativos se había conservado junto a otras como la construcción de barcos de hechura vikinga. Imagine usted ahora que alguien hace un tapiz en el que cuenta su vida... incluyendo su muerte. Es posible que de esta idea, peregrina pero más que natural, surgiera la noción de las tejedoras que establecen el destino. Podríamos pensar que las nornas, por su misma naturaleza, no serían objeto de culto ni se les harían sacrificios en cuanto tales, aunque el folclore de Escandinavia incluía la preparación, cada vez que nacía un niño, de unas gachas destinadas a las nornas que en algunos sitios de Noruega se denominaban *norna-greytur*[24], «gachas de las nornas». Pero es hora ya de pasar a las que son quizá las más famosas de las disas.

## Las valquirias

En la *Canción de la Lanza*, *Darraðarlióð*, incluida dentro de la *Saga de Niál*[25], aparecen unas doncellas llegadas a lomos de sus caballos que tejen una tela justo antes de la cruenta batalla de Clontarf, en la que morirán los dos príncipes contendientes, un irlandés y un escandinavo. Se nos habla de doce valquirias que montan a pelo sus caballos voladores, y las piezas del telar son huesos, espadas y calaveras sangrientas. Hasta aquí, nuestra imagen habitual de estas criaturas es válida, si bien a veces preferimos no imaginárnoslas como horribles criaturas ensangrentadas. Su asociación con Odín está clara, también en lo macabro de su carácter y apariencia[26].

El nombre de las valquirias, *valkyria* en nórdico, *wælcyrge* ([wélkürie]) en antiguo inglés*, significa «La que Elige los Muertos del Combate», donde la raíz *val-* se refiere a tales difuntos y aparece también en Valhala o en uno de los nombres de Odín, Valföðr, «Padre de los Muertos en Combate». Originalmente fueron simples espíritus fúnebres, y el *Darraðarlióð* nos ofrece una buena idea al respecto; después, seguramente en paralelo con la creación del concepto de Valhala y de la idílica vida guerrera de los *einheriar*, las valquirias fueron adoptando un rostro más afable como acompañantes de los guerreros muertos, como nos cuenta Snorri[27]:

> Hay otras [diosas] que sirven en el Valhala, llevan bebida y se ocupan de preparar las mesas y las jarras. Se llaman valquirias; las envía Odín a las batallas, y eligen a los hombres destinados a morir, y deciden la victoria. Guð y Róta y Norn, y la más joven, llamada Skuld, cabalgan también para elegir a los muertos y gobernar las batallas.

Snorri nos ofrece aquí los nombres de algunas valquirias, pero hay muchos más. El *Discurso de Grímnir* nos proporciona otros; veamos la estrofa 36 de este poema, con los nombres en español:

> Blandedora y Niebla quiero que me traigan el cuerno,
> Tiempo de Lanzas y Agitadora,
> Batalla y Poderosa, Estruendo, Inmovilizadora,
> Estrépito y Lanza Filosa;
> Destructora de Escudos y Consejera de la Tregua
> sirven cerveza a los *einheriar*.

---

* El término inglés glosaba diversos vocablos latinos relativos a diosas relacionadas con la muerte, como Bellona, Erinias, Parcas. Es de los pocos casos en que podemos comprobar directamente que una creencia del paganismo anglosajón coincidía en lo esencial con lo escandinavo.

Los nombres de valquirias que conocemos son muchos más, pero éstos nos servirán de ejemplo para explicar el carácter fundamentalmente guerrero de estas doncellas. Los guerreros, auténticos novios de la muerte, se unen sexualmente a las valquirias, causantes últimas de su caída, en ese *hierós gámos* que encontramos repetidamente y al que Gro Steinsland dedicó uno de los libros más sugerentes publicados en muchos años sobre los mitos nórdicos [28]. Si existen en la Escandinavia medieval tantos nombres femeninos que contienen elementos presentes en los de valquirias es por esa asociación de lucha, muerte y unión sexual. El hecho de que hubiera nombres de mujer formados con elementos básicos en los apelativos de las fúnebres doncellas guerreras, como Hild, «Batalla», Gun o Gúð, «Combate», Sig, «Victoria», etc., indica que la creencia en estas figuras era antiquísima en todo el mundo germánico. También en español tenemos nombres de ésos, aunque Gunilda, Brunilda, Hildegarda, Hildegunda, Hilda y demás no sean ya demasiado frecuentes.

Si bien formaban parte del abigarrado grupo de las disas, su culto debía de estar limitado a los guerreros, y podemos imaginar que el combatiente realizaba alguna clase de sacrificio previo a la contienda a fin de conseguir que las valquirias se olvidasen de él.

### *Otras diosas*

«¿Cuáles son las Asinias?»
   Hár dice: «Frigg es la más noble. [...] Otra es Sága [...] La tercera es Eir [...] La cuarta es Gefion [...] La quinta es Fula [...] Freya es la mayor, con Frigg [...] La séptima [es] Siöfn [...] La octava [es] Lofn [...] La novena [es] Vár [...] La décima, Vör [...] La undécima, Syn [...] La duodécima Hlín [...] La decimotercera, Snotra [...] La decimocuarta, Gnár [...] Sól y Bil se cuentan entre las Asinias [...] Iörð, madre de Thor, madre de Váli, se cuenta entre las Asinias» [29].

El nombre «diosa», *Asynia*, es en islandés un derivado de *Áss*, que adapto (sin derroche de imaginación) como Asinia. Snorri menciona las de la lista que acabamos de reproducir, en fuentes antiguas figuran algunos más, pero en cualquier caso sólo podemos constatar nuestro profundo desconocimiento, lo que no ha de extrañarnos habida cuenta de todo lo que hemos tenido ocasión de decir en este capítulo sobre las divinidades femeninas de los germanos. Tampoco Snorri sabía muy bien de qué estaba hablando, y en varios casos sus observaciones se apoyan en simples juegos etimológicos.

Lo cierto es que varias de estas diosas parecen ser simples nombres, hipóstasis, advocaciones o apelativos de las diosas principales o de las disas en general. Sucede con Snotra, adjetivo sustantivado que significa «La Sabia» y que encaja bien con Frigg, caracterizada como dotada de especial sabiduría y sagacidad. Sága puede ser «Adivina», nombre que también conviene a Frigg; también parecerían epítetos de esta diosa Hlín, «Amparo», y Vár, «Amada», como el nombre mismo de Frigg*; Vör es seguramente «Cuidadosa», «Precavida», aunque quizá se trate de un simple epíteto general para diosas o también mujeres mortales [30]. Sabemos que Bil no es nada, pues se trata de la deificación literaria de la figura que vemos en la luna [31] y que nunca tuvo carácter divino entre los germanos. De Gnár sólo sabemos lo que nos dice Snorri, única de nuestras fuentes que menciona esta divinidad, cuyo nombre no sabemos interpretar, así que poco más podemos decir al respecto.

En cuanto a Siöfn, Snorri comenta que «se ocupa de conducir los pensamientos de los hombres hacia el amor, sea en mujeres o en hombres», y puede tratarse de una invocación divina de significado «amor», en cuyo caso encajaría bien con Frigg o con Freya, pero también de «parentesco», y entonces estaría más cerca de la esposa de Odín. Lofn puede ser otra invocación, ahora con el significado de «Confortadora», mientras que Syn es «Rechazo». De modo que, como propone Rudolf Simek [32], seguramente se trata en todos estos casos de divinidades protectoras femeninas «a las que se dieron nombres individualizados a fines del periodo pagano, pero que antes se denominaban de forma colectiva disas y que corresponden a las antiguas *Matronae* germánicas».

Una personalidad más clara la encontramos en diosas como Gefion, Iðun, Gerð, Nanna, Rán, Rind o Sigyn. De Gefion se cuenta una historia interesante, pues al arar con sus bueyes los lindes del terreno que le había concedido un legendario rey danés, abre tan inmenso surco que da lugar a la isla de Seeland. Este mito, que es único en su género y no podemos enlazar con ningún otro, estaría entre las narraciones mítico-legendarias que intentaban explicar el origen de tribus, pueblos y etnias. Por lo demás, ya sabemos que el nombre de esta diosa significa «Dadivosa» y que seguramente es otro apelativo de Freya, aunque precisamente en la región en que es más clara su influencia no quedan muchos vestigios del culto a esta diosa, con lo que podríamos pensar que Gefion es el equivalente a nuestra diosa en esa particular región del sur de Escandinavia (preciosa cuestión irresoluble). De

---

* Snorri interpreta mal la etimología y le atribuye el significado de «contrato», lo que explica sus gratuitas observaciones sobre esta diosa (Simek 1995: 447-448).

Iðun hablaremos con más detenimiento en el capítulo sobre los mitos de Loki, pues éste tendrá que rescatarla del Iötunheim; a ella y a sus manzanas, porque esta diosa de nombre «Rejuvenecedora» parece tener unas frutas de esa especie que permiten a los dioses conservarse eternamente jóvenes. No es posible saber si se trata de otro nombre de Freya, pero lo que sí es cierto es que nombre y función encajan con los que corresponden a las *Matronae*, divinidades de la fertilidad.

Rán es la diosa del mar, esposa de Ægir, el dios del mar. Pero mientras que éste representa el aspecto benéfico del océano, Rán es «La Ladrona», la que arrastra a su palacio a los marinos muertos en el mar. A Gerð la vemos en otros capítulos, como etona y esposa que es del dios Frey. Y a Skaði la encontramos un par de veces, en relación con Odín, Loki, Niörð y los etones, de modo que huelga decir más sobre ella ahora. Rind, por su parte, es diosa de la que sabemos poco, aparte de que se trata de una de las amantes de Odín y madre de su hijo Váli. Lo mismo pasa con Nanna: la dejaremos esperar hasta la muerte de su esposo Baldr. Finalmente Sigyn quizá sea una diosa muy antigua, aunque de ella sólo sabemos de su abnegación como esposa de Loki: cuando éste sea castigado por los dioses, Sigyn recogerá en un cuenco el goteante veneno de la serpiente, pero de vez en cuando tendrá que vaciarlo y entonces Loki se retorcerá de dolor y provocará los terremotos. Es una pena que no tengamos más información sobre ella. Su nombre, «Amiga de la Victoria», quizá haga referencia a la final liberación de Loki, que marcará el inicio del Ragnarök.

Snorri nos habla también de Iörð, la diosa Tierra, que debió de ser muy importante pero de la cual ignoramos prácticamente todo. Volveremos a encontrárnosla, sin embargo, al hablar de Thor y también de los otros seres sobrenaturales, y ya tuvimos ocasión de mencionarla al hablar de los sacrificios. Además, en el capítulo dedicado a los Vanes tendremos oportunidad de hablar de Nerthus, cuya relación con Iörð parece innegable.

Al hablar de algunos dioses aparecerán otras diosas más, y al tratar de magia y adivinación ya surgieron adivinas, völvas, brujas... Así que la diosa, las diosas, no caben en tres capítulos, y por eso a lo largo de todo el libro encontramos una y otra vez sus huellas, a veces casi imperceptibles, otras claras aunque misteriosas, como los extraños pies que adornan tantos grabados rupestres escandinavos y que, seguramente, son las huellas de esos divinos pies de mujer en su recorrido por las tierras humanas.

CAPÍTULO 11

# DE FRIGGA, LA ESPOSA DE ODÍN (Y DE NUESTRAS DIFICULTADES PARA ENTENDER A LAS DIOSAS ESCANDINAVAS)

*Frigg, Freya y Iörð*

Si queremos encontrar en Escandinavia una trinidad femenina que nos recuerde a las clásicas tríadas de las *Matronae*, no tenemos mucho donde elegir, pues los escritores cristianos fueron muy parcos a la hora de hablar de ellas.

Una joven flanqueada por una anciana y una mujer casada: ciertamente no hay nada parecido y quizá tendremos que forzar un poco las cosas. El lugar de la joven podría ocuparlo Freya, aunque no es soltera estrictamente; pero si Gefion es uno de sus nombres, recordaremos que es ella quien recibe a las solteras muertas. Frigg, en cambio, ejerce plenamente de esposa, casi como Hera y Juno. En cuanto a sus atributos, Freya presenta siempre una imagen juvenil y se niega a unirse formalmente a sus muchos pretendientes, sean hombres o dioses. No se la asocia explícitamente con el parto, aunque tiene dos hijas. Sí que está relacionada, en cambio, con el sexo y la fertilidad, y también con la magia y la muerte. Y Freya viaja en carro... lo que nos recuerda a los carros votivos y al de Nerthus.

En cuanto a Iörð, la Madre Tierra escandinava, nada podría parecerse más a la abuela de las *Matronae*. Entre sus hijos estaría quizá la misma Frigg, pero también otros dioses, en esa confusión de parentescos tan común en la mitología escandinava. Es hija de etones o etona ella misma, lo que nos refuerza en la idea de su antigüedad; madre quizá de Thor y primera esposa de Odín... la imagen de Iörð es esencialmente confusa, y no sabemos si es la misma Fiörgyn y coincide con la antigua Nerthus transformada luego en Niörð. No sabemos mucho ni podemos organizar los parentescos, pero lo que importa ahora es que Iörð se parece más que ninguna otra diosa a la diosa-abuela de las *Matronae*. ¿Y qué decir de Frigg? Si hay una diosa que desempeña el papel de esposa, es ella sin duda. Tendríamos entonces la tríada formada por diosas que, seguramente, están emparentadas entre sí aunque no como abuela-madre-hija (pero tampoco sabemos que ésa fuera la relación entre las figuras de la triple diosa germánica). Las tres garantizan la fertilidad y la riqueza aunque de tres formas distintas, y en conjunto tienen que ver con la agricultura y la ganadería, con las labores femeninas del hogar y también con la muerte e incluso la batalla.

Esta interpretación me parece plausible, aunque no puedo garantizar que las cosas fueran realmente así. Está claro que Snorri y nuestras demás fuentes no estaban muy interesados por las diosas tal como habían sido —y eran— objeto de culto popular. Además, Snorri estaba demasiado preocupado por reproducir en el antiguo mundo mitológico pagano su visión aristocrática, guerrera y cristiana del mundo, según la cual eran necesariamente los dioses masculinos quienes habían de ocupar un lugar de privilegio.

### *No siempre eran tres*

Tampoco podemos olvidar que las diosas no siempre formaban trío. Tenemos un caso interesante en las *Alaisiagae*, «Las Venerandísimas», que aparecen en un altar votivo erigido por soldados frisios de las legiones romanas que custodiaban la Muralla de Hadriano, en el norte de Inglaterra. Las dos diosas alaisiagas, llamadas Beda y Fimileva, están acompañadas por un dios denominado Mars Thingus, que seguramente es Týr/Tîwaz: *Deo Marti Thingso et duabus Alaesiagis Bede et Fimmileve*, dice la inscripción del altar. Quizá al añadir al «dios del derecho» (Týr) quedaban asegurados los dos aspectos de algo de especial interés para los oferentes: el más institucional y el más casero. Los nombres de las dos diosas, aunque un tanto oscuros, parecen hacer referencia a la asamblea y sus funciones religiosas y sociales, y lo mismo sucede con el apelativo aplicado a Týr: «El del Þing».

Quizá con Frigg y Freya tuviéramos algo parecido, ya que Odín (que, no olvidemos, parece que sucedió y sustituyó a Týr en algunas de sus funciones, quizá incluso en la de ser el primero entre los dioses) es esposo de una y amante de la otra y comparte función ctónica con Freya, pues ambos se llevan a los guerreros muertos, y secretos de alcoba con Frigg, que lo aconseja y ayuda. En todo caso, no podemos ir mucho más allá de la simple hipótesis.

## Las diosas escandinavas

Pero estudiemos con algo más de detalle a las diosas que conocemos por las fuentes escandinavas. Aunque lo que nos ofrecen éstas carece de correspondencia clara y directa con lo que encontramos en épocas anteriores y fuera del ámbito nórdico, es posible hacerse una idea general de cómo evolucionó el mundo de las divinidades femeninas. Pero lo cierto es que hay algunas preguntas que se nos plantean con bastante frecuencia y que no resultan sencillas de responder.

Por ejemplo: ¿desde cuándo figura Freya en el panteón germánico? ¿Podemos identificar a Freya con alguna de las diosas más antiguas? La pregunta es imposible de responder de forma definitiva porque, por un lado, carecemos de datos, pero, por otro —y es mucho más importante—, no podemos esperar que una diosa concreta con su mismo nombre se perpetúe en una religión como la germánica. Además, existe otra razón que explica que esta pregunta está mal planteada: Freya no es nombre sino apelativo, «La Señora», igual que Frigg es «La Amada (Esposa)»; esperar encontrar el mismo nombre de la misma raíz en cualquier otro sitio es como buscar una Virgen del Camino en el altiplano boliviano o una Virgen de la O en Polonia. Lo que importa es si estas dos importantes diosas escandinavas representaban simplemente una versión local de la divinidad femenina, si eran especializaciones o si habían sufrido un proceso de progresiva complicación, como sucede en los dioses masculinos.

## Freya y Frigg: ¿una o dos?

Con ese nombre, Freya solamente existe en Escandinavia, e incluso allí su culto parece limitado geográficamente a partes de la península, al menos en los tiempos más antiguos. Ni en Inglaterra ni en el continente se conserva recuerdo alguno de ella.

En cambio, Frigg aparece también como Frigga, Fricca y Friia según las regiones de Germania, lo que indica que la extensión de su figura y su culto eran muy superiores. Frigg y Freya son parecidas pero presentan diferencias:

Frigg es sobre todo la esposa de Odín y carece de una identidad bien definida en los mitos que conocemos, pero sin duda se trató de una diosa importante que, en la interpretación romana de los dioses germánicos, se equiparó a Venus. Así, el día que los romanos dedicaban a esta diosa, el *Veneris dies* o *viernes*, se transformó para los pueblos germánicos en el día de Friia: *Friday, Freitag, Fredag*\*, etc.

Pero podemos estar pensando si esa Friia no será la misma Freya. Históricamente se trata de dos nombres distintos que, además, corresponden a dos personalidades divinas bien diferentes en nuestras fuentes. El nombre Frigg procede de una raíz indoeuropea que significa «amar» y que ha dado lugar también al inglés *free*, «libre», y sus cognados en otras lenguas germánicas, pero asimismo al alemán *Friede*, «paz», que aparece incluso en antiguos nombres de persona como Federico (*Fridurīh*, «Rey pacífico»); significa «Amada» (Esposa), nombre que se corresponde perfectamente con sus funciones y con la imagen que de ella nos ofrecen los textos clásicos, imagen bastante poco definida, sin embargo: en los poemas de la *Edda*, su nombre sólo se menciona seis o siete veces y además en ocasiones aisladas [1], sin que la diosa sea protagonista, ni siquiera primera actriz de reparto, en ningún mito, cuento, poema o relato. A cambio, su nombre es indudablemente antiguo (la equiparación con Venus tuvo lugar en el siglo II o III d.n.e.) y aparece en distintos lugares, incluyendo uno de los rarísimos textos germánicos no escandinavos con referencias paganas, el Segundo Conjuro de Merseburg. Existía también, como Frea, entre los longobardos, pueblo de estirpe gótica, y para la lengua germánica previa a la división dialectal, tendríamos el nombre de una diosa Friyyō; ¿o se trata solamente de uno de sus apelativos o invocaciones? Me inclino más por esta última posibilidad. En cuanto al nombre o apelativo de Freya, su raíz es *per*, con el significado básico de «algo que está delante», «*primero*»: los «primeros» socialmente son los «señores», en antiguo germánico *frawaz*, «él» (de donde Frey), y *frowo*, «ella», de donde Freya, «La Señora».

De modo que hay una importante diosa pangermánica que vemos siempre y principalmente como esposa y que significa «Amada» pero que no tiene un papel muy significativo. Y otra, al parecer mucho más importante pero limitada a Escandinavia y cuyo nombre es simplemente «Señora». Los nombres se parecen, y en ocasiones hay cierta confusión entre los expertos sobre las posibles relaciones entre ambas... ¿no podrían ser originalmente la misma? Vayamos por partes.

---

\* Las lenguas escandinavas que mantienen este nombre tomaron la forma de las lenguas germánicas occidentales, por eso el viernes no se llama \**Friggiardag* o así.

### *Frigg, Frigga, Friia*

Frigg es sobre todo la esposa de Odín y tiene poca vida propia, aunque debieron de existir historias sobre ella que desgraciadamente no nos han llegado. Loki la critica en la *Lokasenna* [2], acusándola de adulterio con los hermanos de Odín. De esta aventura tenemos información, además, en la *Saga de los Ynglingos*:

> Odín tenía dos hermanos; uno se llamaba Vé, y el otro Víli. Los dos hermanos gobernaban el reino cuando él estaba fuera. Una vez, cuando Odín se había ido a un largo viaje y había pasado mucho tiempo, los Ases pensaron que nunca regresaría a casa. Entonces sus hermanos decidieron repartirse su herencia, y a su esposa, Frigg, la poseyeron los dos. Pero poco después volvió Odín a casa; recuperó entonces a su mujer.

Saxo Gramático [3] cuenta otra historia que, además, guarda cierta semejanza con una que comentaremos al tratar de Freya. Odín vivía en Bizancio y sus súbditos del norte le envían una efigie suya tallada en oro; Odín

> acogió efusivamente la devoción de los que se la enviaban. Su esposa Friga, para poder ir más adornada, encargó a unos artesanos extranjeros que quitaran el oro de la estatua. Muertos éstos en la horca, colocó Odín la estatua en un pedestal y, gracias a un extraño mecanismo, la dotó de voz al contacto humano. Pero a pesar de todo Friga, anteponiendo el esplendor de su atavío a los honores de su divino marido, se une en adulterio a uno de sus servidores: desmontando con ayuda de aquél la estatua, convirtió el oro [...] en instrumento de su lujo personal. [...] Pues bien, Odín [...] ofuscado por la irritación de su doble deshonra, se exilió imbuido de honorable amor propio y pensó que con ello borraría la bajeza de la afrenta contraída\*.

El adulterio es común a las dos historias, aunque su causa es muy diferente. También hay de común la larga ausencia de Odín, aunque en Saxo es consecuencia lo que en Snorri es causa. Quizá el monje danés unió aquí la historia del viaje de Odín y el adulterio de Frigg con un mito diferente y propio de Freya. Sea como fuere, lo que cuenta Snorri puede tener un origen muy antiguo, quizá incluso en alguna clase de matrimonio ritual celebrado a la muerte del rey para que el trono no pasara a otra estirpe o para garantizar la

---

\* No podemos olvidar la feroz y cristianísima misoginia de Saxo, que aquí como en otros sitios intentó, seguramente, cambiar todo lo necesario para dejar en mal lugar a las mujeres.

continuidad de la necesaria pareja hombre + mujer como condición imprescindible para la prosperidad del clan o del reino. Podría parecer que este mito no encaja muy bien en la imagen de esposa que hemos asignado a Frigga, pero aunque existe adulterio, en la versión de Snorri es al menos tan institucional como el matrimonio, e incluso está justificado por la larga ausencia del dios.

Aparte de su relación con los hermanos de Odín, Frigg aparece asociada sobre todo a la muerte de Baldr. No es que tenga un papel de primer orden, sin embargo. Veamos lo que hace: (1) Cuando Baldr tiene su ominoso sueño, Frigg «tomó juramento, para que respetaran a Baldr, al fuego y al agua, al hierro y toda clase de metales, las piedras, la tierra, los árboles, las enfermedades, los animales, las aves, los venenos, las serpientes»[4]. (2) Se le olvida, sin embargo, tomar juramento al muérdago y, encima, le cuenta el secreto a Loki, que va a preguntarle disfrazado de mujer: «Al oeste del Valhala crece una rama mágica, que llaman muérdago: me pareció demasiado joven para pedirle juramento». Como consecuencia de estos dos descuidos, Baldr muere, y entonces (3) «Frigg preguntó quién de entre los Ases [...] querría viajar al infierno e intentar encontrar a Baldr y pedirle a Hel que lo dejara marchar»[5]. Pero Loki también hace fracasar este intento desesperado, y Frigg se limita a (4) formar parte del cortejo fúnebre de su hijo.

Una de las invocaciones de Frigg es Hlín, «Amparo», nombre que encontramos también en una supuesta diosa y algunas *Matronae*. Y cumple sus funciones hasta el final: hacia su reino, compartiendo el lecho con los hermanos del supuestamente difunto marido; hacia su hijo, antes y después de la muerte de éste. El amparo de la diosa no siempre se logra, lo que explica también la frecuentísima asociación en una misma figura femenina de la protección y la muerte[6], que conocemos tan bien en las *Matronae*, en otras diosas germánicas y en otras muchas mitologías. Igual que la madre da a luz, protege después a sus hijos durante años sin dejar de atender y amparar a otros parientes en la hora de su muerte.

Sólo conservamos el vago recuerdo de otro mito. En la *Historia Langobardorum* de Pablo Diácono se nos habla del enfrentamiento entre los vándalos, cuyo valedor es Wodan, y los longobardos, protegidos por Frea; vencerán éstos gracias a la astucia, lo que quizá cuadraría mejor en historias del Olimpo grecorromano que en el mundo germánico. Sin embargo, en otros textos también se nos muestra a Odín y Frigg como defensores de distintos grupos humanos. El *Discurso de Grímnir*, uno de los poemas de la *Edda*, tiene una introducción en prosa, «Sobre los hijos del rey Hrauðung», en la que se nos cuenta la disputa entre éstos, Geirrøð (adoptado por Odín) y Agnar (protegido de Frigg) \*; Odín y Frigg están viendo el desarrollo de los acontecimientos:

> Odín dijo: «¿Ves a Agnar, tu hijo adoptivo, que va a engendrar un hijo con esa etona, allá en el infierno? Y Geirröð, mi hijo adoptivo, es rey y ahora está en sus tierras». Frigg dice: «Mata de hambre a su pueblo y tortura a sus huéspedes si le parece que es excesivo su número». Odín dice que es una gran mentirosa. Hacen una apuesta.
> Frigg envió a su doncella, Fula, a casa de Geirröð. Pidió al rey que estuviera alerta, que no se fiara de un hábil mago que había llegado a su tierra, y dijo que la prueba era que no había perro tan feroz que osara acercársele. [...] Hizo apresar al hombre al que no se le querían acercar los perros. Llevaba un manto azul y dijo llamarse Grímnir, pero no dijo más sobre sí mismo aunque se lo preguntaron. El rey le hizo torturar poniéndolo entre dos fuegos, y allí quedó durante ocho noches.

El mago de manto azul no es otro que el propio Odín, pero Frigg conseguirá ganar la apuesta y, de paso, que su favorito recupere el trono. Debió de haber otras historias como éstas, aunque no las conocemos. Sí sabemos que Frigg aconseja a su esposo porque posee gran sabiduría [7]: la diosa intenta proteger al marido reteniéndolo en casa, pero, al no poder convencerlo, formula un deseo que, en una diosa, se supone es ya un acto de protección y que nos recuerda al agradecimiento expresado por los viajeros en los altares que dedicaban a Nehalennia.

### *Otras cosas de Frigg: su casa, su padre, su criada*

Como todos los dioses, Frigg tiene su casa: Fensalir, «Las Salas de la Ciénaga». Se ha propuesto la interpretación de este nombre en el sentido de un antiguo culto a la diosa en alguna fuente o laguna [8], y es difícil no pensar en los sacrificios rituales de las ciénagas. Sin embargo, tenderíamos a considerar a Freya la sucesora de las diosas a las que se sacrificaban objetos valiosos, animales y también seres humanos; a fin de cuentas, Frigg siempre es presentada como miembro de los Ases, nunca como uno de los Vanes, y ese tipo de ofrenda parece corresponder mejor a estos dioses agrícolas. Nuestra información es insuficiente para dilucidar el tema de una vez por todas, así

---

\* En este texto tardío, Odín y Frigg se relacionan con los hombres como dos ancianos; en Odín es habitual, pero Frigg no suele aparecer como mujer de edad avanzada; quizá el autor ha igualado edades por asociación.

que baste por ahora con contemplar la posibilidad de que también Friyyō tuviera un rito acuático de algún tipo en la más remota antigüedad germánica. A lo mejor todo es fruto de la reorganización reciente del panteón germánico, con su masculinización y la pérdida de autonomía de las diosas.

Pero para complicar las cosas un poquito más, Frigg es hija de un desconocido Fiörgynn, mencionado sólo en textos recientes, que quizá esté relacionado con el dios lituano del trueno, Perkunas[9]. Como existen dobletes de dioses en el panteón indoeuropeo, podría ser que ese Fiörgynn (la doble /n/ indica que es masculino) fuera simplemente la versión masculina de Fiörgyn (ahora femenino, con una sola /n/), madre de Thor; quizá entonces Thor y su padre fueran dos dioses sucesivos del trueno, como apunta el autor mencionado, y Thor y Frigg tendrían vínculos familiares por el parentesco de la madre de uno y el padre de la otra... Muy complicado: otro castillo de naipes muy atrayente pero edificado sobre arena.

Frigg tiene además una criada, Fula, que nos procura más quebraderos de cabeza. Snorri[10] nos dice de ella que «es aún virgen y lleva el cabello suelto y una cinta de oro en la cabeza. Lleva la bolsa de Frigg y se ocupa de su calzado y comparte secretos con ella». Hasta aquí todo va bien, pero en el Segundo Conjuro de Merseburg se menciona a una diosa Volla\*, presentada como hermana de Frigg (*Friia, Volla era suister: Friia,* Volla su hermana). Referencias en antiguos *kenningar* la relacionan con el oro y la mujer. Y para completar el cuadro, su nombre significa aproximadamente «Abundancia», lo que no se aparta mucho de los epítetos aplicados a las *Matronae.* Finalmente, recordemos que Frigg es esposa de Odín, que la pareja Odín-Frigg es seguramente muy antigua y que su hijo es Baldr, del que hablaremos con más detenimiento en otro capítulo. El animal de Frigg es el halcón, y, como suele suceder con las diosas[11], es capaz de adoptar la forma de esa ave de presa, aunque no conservamos historias al respecto.

---

\* La pronunciación sería [fóla] o [fúla].

CAPÍTULO 12

# NUESTRA SEÑORA FREYA

Freya también está casada. Se dice que su esposo era Óð, nombre muy parecido al de Odín: el primero es «Furor» y el segundo «Furioso». El parecido es llamativo: no sólo la fomación de los nombres, sino el de los dos matrimonios en su conjunto: Óð y Freya, Óðinn y Frigga. Hemos visto que Frigga se unió a sus cuñados cuando Odín parecía haber desaparecido para siempre; de Freya sabemos que «Óð se marchaba para largos viajes y Freya quedaba llorando, y sus lágrimas son de rojo oro. Freya tiene muchos nombres, y la causa de ello es que se la llamó de distintas maneras cuando viajó entre gentes desconocidas para buscar a Óð»[1]. Las dos diosas perdieron a sus maridos durante largo tiempo, aunque no sabemos que Freya recuperase nunca al suyo, al contrario que Frigga. Además, en varias ocasiones, implícita o explícitamente, aparece Freya como amante de Odín.

### *Cómo es*

Pero antes de proponer una explicación de todas estas semejanzas y diferencias, veamos con más detalle quién es Freya y qué hace. Físicamente era una mujer de gran belleza, adornada con un collar de oro llamado Brísing (enseguida veremos cómo lo consiguió), pero por lo demás no se nos cuentan muchas cosas sobre su aspecto. Sabemos que viaja en un carro tirado por gatos y que a veces monta sobre uno de estos animales; demos la palabra a Snorri:

> Cuando viaja lleva un carro tirado por dos gatos, y ella los guía sentada. Conviene a los hombres invocarla, y de su excelso nombre viene el que se da a las mujeres nobles, que es *frú*. Le gustan mucho las canciones de amor. Es bueno invocarla en el amor [2].

El autor islandés tiene toda la razón al relacionar el nombre de la diosa con la palabra «señora», tal como ya vimos, y el gusto de la diosa por el amor, y también por sus canciones, es uno de sus rasgos más significativos. Por lo que respecta a esas canciones, desgraciadamente no han llegado hasta nosotros; la referencia es al *mansöngr*, un tipo de canto muy obsceno como los que en tantas culturas, incluidas las indoeuropeas, se entonaban en las ceremonias y los sacrificios dedicados a la diosa de la fertilidad, el amor, el sexo y la muerte. Estos cánticos fueron radical y activamente perseguidos por el cristianismo, lo que explica su desaparición, aunque la costumbre de fiestas (moderadamente) desenfrenadas se mantuvo vigente como tradiciones populares más o menos secretas, perseguidas siempre por la iglesia.

El caso es que Freya era indudablemente una diosa muy activa sexualmente; no es que fuera infiel a su esposo alguna vez, como Frigg o las demás diosas, sino que gozaba una vida sexual plena, como dice Loki [3]:

> ¡Calla, Freya! Muy bien te conozco,
> muchas son tus deshonras,
> de los Ases y Elfos que aquí dentro están
> cada uno fue tu amante.

Por si hiciera falta, esta fama de la diosa queda confirmada por una anécdota relativa al poeta islandés cristiano Hialti Skeggiason, que en el Alþing del año 999 recitó una letrilla insultante para Freya, lo que le valió el destierro. Curiosamente, el poemita está rimado, cosa más que infrecuente por entonces y tras el cual intuyo un toque extranjero (lo cristiano era entonces todavía «no islandés») en la afrenta:

> *Vilkat goð geyia*  No quiero honrar a los dioses,
> *Grey þykkiumk Freyia*  una perra me parece Freya.

Pero lo cierto es que la diosa no se limita a aceptar a todo el que la reclama como amante, sino que los elige ella misma: de sus tratos con dioses y hombres tenemos poca información, pero algunas historias nos hablan de los problemas originados por la negativa de Freya a unirse a los etones.

### Su familia

Quizá esperaríamos que esta diosa, habida cuenta de su función prioritaria, fuera madre de numerosos hijos. No es así (ni tiene por qué serlo), y solamente se mencionan dos hijas (en cambio, Frigg tiene un hijo varón): Hnoss y Gersimi, dos nombres que significan lo mismo, «Tesoro», y que bien pueden ser una simple variación poética para referirse a una única hija, o bien pueden designar a dos personas distintas (no sería el único caso de hermanos con nombres sinónimos). Sea como fuere, el nombre de las hijas de Freya hace clara referencia a las funciones divinas de su madre: la diosa de la fertilidad trae al mundo la riqueza. Puede ser significativo que estas hijas tengan escasísima relación con su supuesto padre Óð: son «hijas de Freya» y nada más, y nunca se mencionan si no es en relación con su madre; nunca se dice, por ejemplo, «Hnoss hija de Óð». En cambio, el hijo de Frigg es un varón, Baldr, mencionado repetidas veces como «hijo de Odín», y es guerrero como su padre. Pero más curiosos aún son sus padres y su hermano, a quienes volveremos en el próximo capítulo. Freya, hermana y a veces amante de Frey, es hija de Niörð, dios un tanto peculiar; mientras que los demás dioses suelen ser mestizos de etones y Ases, Freya y su hermano proceden solamente de otros dioses, los Vanes, aunque sea a costa de cometer incesto.

Resumamos: Freya es quizá hija de hermanos, tiene un solo hermano que es también su amante, repitiendo así la relación de sus padres, y una sola hija que es la riqueza y que supondríamos que tiene un padre, ese Óð misterioso al que se menciona como absentista marido de la diosa y cuya única utilidad en este mundo es conseguir que su esposa llore lágrimas de oro y viaje por el mundo en inútil búsqueda.

### Del collar de Freya y de lo que hubo de hacer para obtenerlo

Al este de Vanakvísl, en Asia, había un país llamado Tierra de Asia o País de Asia, y los que vivían allí eran llamados Ases, y su capital era Recinto de los Ases. El rey era Odín [...] La hija de Niörð se llamaba Freya. Acompañaba a Odín y era su amante. En Asia había unos hombres llamados Álfrigg, Dvalin, Berling y

Grér. Vivían cerca del palacio del rey. Eran tan hábiles artesanos que podían fabricar cualquier tesoro. A los hombres que eran como ellos se les llamaba tuergos. Vivían en una piedra. En aquel entonces tenían más contacto con las personas del que tienen ahora. Odín amaba mucho a Freya, pues era la mujer más bella de aquellos tiempos. Ella tenía una casa, que era bonita y tan fuerte que decían que, si Freya cerraba la puerta, nadie podía entrar en la casa sin su permiso.

Un día, Freya se había acercado a la piedra, que estaba abierta. Los tuergos estaban forjando un collar de oro. Estaba prácticamente terminado. A Freya le gustó mucho el collar. A los tuergos les gustó mucho Freya. Ella les pidió que le vendieran el collar, ofreciéndoles a cambio oro y plata y otros tesoros. Ellos dijeron que no necesitaban riquezas, dijeron que querían tener cada uno una parte del precio y que no aceptarían pago alguno excepto que se acostara una noche con cada uno de ellos. Y da igual si a ella le gustó o no aquel trato, lo cierto es que aceptó. Y pasadas las cuatro noches y cumplidas todas las condiciones, le entregan a Freya el collar. Y se marchó a su casa y no dijo ni una palabra, como si no hubiera pasado nada.

[...] [Había un hombre] llamado Loki. Era de no mucha estatura, pero habilísimo con las palabras [...] Poseía, en mayor grado que cualquier otro hombre, esa forma de inteligencia que se llama astucia. [...] Se puso al servicio de Odín en Ásgarð. [...] Cuentan que Loki se enteró de que Freya había comprado un collar, y de lo que había dado a cambio; y se lo contó a Odín. Y cuando Odín lo oyó, le dijo a Loki que fuera a traerle el collar. Loki dijo [...] que nadie podía entrar en la casa sin permiso de Freya. Odín dijo que tenía que ir y que no volviera sin el collar. De modo que allá fue Loki [...]

Llega a la casa de Freya, que estaba cerrada. Intentó entrar pero no pudo [...] Se convirtió en mosca. [Consigue entrar con muchas dificultades y comprueba que todos están durmiendo.] Se metió en la cama de Freya, y ve que tiene el collar en el cuello con el cierre hacia abajo. Loki se convierte entonces en pulga. Salta sobre la barbilla de Freya y le pica tan fuerte que Freya despierta, se da la vuelta y se duerme de nuevo. Entonces Loki se quita el disfraz de pulga, le quita el collar, abre las puertas de la casa y se marcha a ver a Odín.

Freya despierta por la mañana y ve que la puerta está abierta pero no forzada, y que el collar había desaparecido. Creyó saber quién era el culpable, va al palacio en cuanto se ha vestido, se presenta ante el rey Odín y le dice que ha hecho muy mal en robarle su tesoro y le pide que se lo devuelva. Odín dice que nunca se lo dará [a menos que obligue a dos reyes a mantener una guerra sin fin; Freya lo hace y Odín le devuelve el collar].

Este texto es la primera parte de un relato llamado *Sörla þáttr (Historia de Sörli)*, escrito en Islandia a fines del siglo XIV y en el que sin duda se han reelaborado motivos, historias y mitos de diversa antigüedad. En la forma en que lo conocemos no es posible tomarlo como un único mito original, pero tampoco debemos arrojarlo a la basura como historieta inservible. El caso es que muchos de los elementos que aparecen en la *Historia de Sörli* encajan perfectamente en lo que sabemos del mundo mítico germánico, incluyendo Freya. Veamos.

Primero tenemos que olvidar el juego etimologista del principio, que aparece también en Snorri y otros autores. El collar de Freya no es ningún misterio: si hay algo claro sobre la diosa de la fertilidad es su collar, del que tenemos ejemplos en Escandinavia desde la Edad del Bronce\*, tanto en forma de collares auténticos, usados por mujeres, quizá sacerdotisas de la diosa, como de figuritas que representan a esta divinidad y que lucen un grueso collar; en una de ellas, en concreto, el collar es tan grande que domina por completo a la figura misma de la diosa. Es un atributo o símbolo fundamental en las diosas de la fertilidad de Eurasia (al menos) «desde los tiempos más antiguos de que tenemos noticia»[4] y está asociado a Freya explícitamente en muchos textos, desde los escaldas. Se la ha querido relacionar con un personaje llamado Menglöð, «La Alegre por el Collar»[5], que aparece en un poema tardío de tipo éddico, el *Discurso de Svipdag (Svipdagsmál)*, relación que parece demasiado tenue como para tomarse muy en cuenta.

Pero no sólo esa asociación es antigua; los escaldas utilizan *kenningar* que relacionan a Loki con el robo del collar, de modo que al menos desde el siglo IX existía un mito según el cual nuestro *trickster* había robado el collar de Freya, llamado Brísing, «Resplandeciente». No tenemos fuentes tan antiguas que nos hablen de cómo lo consiguió la diosa ni de la forma en que lo recuperó, y las escasas referencias que existen sólo añaden más confusión: por ejemplo, un poema del siglo X nos habla de la lucha de Loki y Heimdal por el collar, y en otros lugares se señala a este último como el que recuperó el objeto robado. Podemos añadir a este respecto que, según la interpretación de Gro Steinsland[6], Heimdal será el nuevo dios supremo después del Ragnarök y, de ser cierta esta hipótesis, tendría sentido que fuera él quien recuperara el collar que simboliza la nueva vida después de la destrucción; y Loki, precisamente, es quien causará la destrucción final. Veamos algo más sobre esta relación de Loki y Freya, de la que nunca se habla.

### Intermedio: Loki y Freya (Thor, tercero en discordia)

En el capítulo 19 veremos que Loki es responsable de la obtención de los grandes tesoros de los dioses. El collar Brísing es otro gran tesoro, pero dis-

---

\* El último, hasta el momento en que escribo, es uno de bronce encontrado en Noruega en mayo de 2001.

tinto de los demás: no se nos dice qué maravillas «hace», a diferencia del martillo de Thor, la lanza de Odín, el barco de Frey, etc.; y es que Brísing no hace nada, se limita a garantizar la renovación anual de la naturaleza con su mera existencia ligada a la diosa; para eso está, seguramente, el simbolismo de su circularidad, que nos evoca los círculos y ruedas de los antiguos grabados rupestres escandinavos que representan a la diosa invisible e indecible[7]. Brísing es por tanto imprescindible; si de los otros tesoros de los dioses puede decirse que son los objetos cotidianos llevados a su extrema perfección, el collar de Freya es simplemente bello... y de la diosa. También a diferencia de los otros tesoros, y creo que el dato es crucial, no es Loki quien lo consigue, sino la diosa directamente; es el único caso en que una divinidad obtiene por sus propios medios el objeto que la caracteriza. Pero esos objetos maravillosos son en cierto modo los que permiten a los dioses ejercer su función: la guerrera de Odín con Gungnir, la defensora del cosmos con el martillo de Thor, y así sucesivamente, de manera que los poderes de los dioses no dependen en último término de ellos mismos sino de otros seres, representados aquí por Loki, el principio creador y al mismo tiempo destructor: el caos creativo. Freya, en cambio, depende sólo de sí misma: los tuergos fabrican el collar, simplemente porque la función de estos seres, exclusivamente masculinos, no es otra que construir objetos valiosos, aunque ellos nunca dan uso alguno por su cuenta a los productos de su arte\*. Freya se une sexualmente a ellos como pago por su trabajo, y de esa unión sexual surge la asociación de la diosa con el objeto que garantizará su función generadora.

Loki no tiene papel alguno en la obtención del collar, pero es él quien, por encargo del dios Odín, jefe de los Ases, se lo roba a Freya. Lo que ha sucedido es que los dioses de la aristocracia guerrera masculina han intentado apropiarse de la fertilidad que garantiza la diosa Freya, que es uno de los Vanes. Odín ha hecho, en cierta manera, lo mismo que intentan varias veces los etones: la fertilización de su mundo mediante el matrimonio sagrado con Freya. En esos casos, es significativo que quien salva de la destrucción a los dioses es Thor, auxiliado habitualmente por Loki, o bien este mismo con alguno de sus ingeniosos trucos, como en la historia del «maestro constructor». Thor es un dios que a sus funciones guerreras une las atmosféricas y, como resultado de ello, desempeña también un papel en la fertilidad, y su martillo, además de para matar, sirve también para bendecir los matrimonios, es decir, las uniones sexuales con función social (las de Freya son uniones sexuales sin más, en esa cotidia-

---

\* Tampoco los herreros usan los maravillosos objetos de hierro que sólo ellos saben producir.

neidad que hemos analizado como esencial en las diosas). Pero en esta historia Loki no soluciona un problema por encargo de los dioses, sino que intenta crearlo.

Y entonces, Heimdal lucha contra Loki para recuperar Brísing. Loki se ha soltado de las rocas de su suplicio y ha tenido lugar el Ragnarök; la destrucción total será seguida de un nuevo nacimiento y es posible que sea Heimdal el encargado de liderar el nuevo ciclo del universo. Para ello es necesaria la fertilidad, pues sin ella sólo pueden existir mundos yermos como las montañas de Iötunheim; y la fertilidad es Freya con su collar Brísing.

En esta interpretación que propongo, creo que encuentran ubicación coherente, dentro del marco general del paganismo escandinavo, varios de los elementos centrales de este relato: la independencia de Freya al conseguir por sus propios medios el objeto que garantiza la fertilidad; su relación con Loki y el papel de éste en la obtención de los tesoros de los dioses y también en la destrucción del orden. Únicamente aquí, de entre todos los textos que conservamos, Loki es un mero instrumento sin capacidad creadora propia, pues ésta queda en manos de Freya. Odín intenta hacerse con el objeto básico de la diosa, es decir, controlar la existencia en sus aspectos más elementales y naturales, él, que ya (o solamente) controla la sociedad y la vida y muerte de su clase dirigente: obliga a Freya a provocar uno de esos conflictos fratricidas que tanto gustan al «Tuerto». En el próximo capítulo veremos, en la *Historia de Völsi*, que Odín elimina un antiguo culto de los Vanes, de evidente carácter sexual, para acaparar en exclusiva todo el poder.

### *Los nombres de Freya*

Snorri achacaba la existencia de los varios nombres de Freya a sus largos viajes en busca de su esposo, de manera que en cada sitio se dirigían a ella de una manera. Y en parte tenía razón el sabio islandés, pues el culto de la diosa era de ámbito local; pero hay más en esos nombres, porque también nos indican de sus funciones.

Hörn es «Lino»; una de las ocupaciones de la diosa era garantizar la cosecha de esta planta, usada para aceite pero sobre todo para tejidos [8]. En tumbas femeninas se hallan con frecuencia accesorios y objetos relacionados con la actividad de tejer, que era exclusivamente femenina y de cuya importancia tenemos muchos testimonios, también literarios; se han encontrado semillas de lino en algunas tumbas, y el folclore medieval establecía que esta planta sólo podía sembrarse en viernes *, [9]. Como muestra Näsström [10], el folclore escandinavo mantiene una estrecha relación entre el lino y el matrimonio, lo que refuerza la asociación con Freya.

Otro nombre cuya interpretación no plantea mucho problema es Gefn, «La Dadivosa», «La Generosa». Nos recuerda a algunas *Matronae* claramente germánicas, las *Gabiae* y *Alagabiae* con exactamente el mismo nombre, pero también a la diosa Gefion. En realidad, Gefion y Gefn son lo mismo, de manera que esa supuesta diosa no es sino otra advocación de Freya [11]. Gefn/Gefion es virgen, y a su casa de ultratumba van las muchachas muertas.

Algo más complicado es su tercer nombre, Sýr, tradicionalmente interpretado como «La del Cerdo» o «La Cerda», lo que encaja bastante bien con la relación entre su hermano Frey y este animal. Freya se asocia más bien a los gatos, probablemente por la fuerte sexualidad de éstos, pero también existen varias referencias al cerdo y el jabalí; en el poema *Canto de Hyndla*, contenido en la *Edda*, Freya monta sobre un jabalí. Pero Brit-Mari Näsström [12] propone una interpretación distinta a partir de una raíz que significa «proteger, amparar», si bien en la Alta Edad Media ya no se reconocía la diferencia entre esta palabra y la de significado «cerda», lo que explica la reinterpretación. Y si en un caso se mantendría bien la relación del cerdo con los Vanes, en el otro Freya estaría caracterizada con un nombre que hemos encontrado también entre las *Matronae*. La misma autora, que en su monumental libro sobre Freya [13] analiza exhaustivamente todos los nombres atribuidos a la diosa, así como sus funciones y su pervivencia en el folclore escandinavo, presenta la interpretación tradicional de otro de los nombres de Freya, Mardöl, como «Resplandeciente en el Mar», que se asociaría así con Heimdal, que significa «Resplandeciente en la Tierra» **.

Y hablando de ciclos naturales, Þrungva es un nombre que parece referirse al brote de los retoños o de las primeras plantas: nada mejor como epíteto de una diosa agrícola. Finalmente, Vanadís es un nombre genérico que hace referencia a su condición de «Señora de los Vanes». Seguramente había otros nombres, pero éstos que recogió Snorri en su *Skáldskaparmál* son suficientes para indicar, fuera de toda duda, el carácter básico de nuestra bella diosa. Los que se nos han conservado son suficientemene significativos:

---

\* Recordemos que es el día de Frigg, realmente, pero la creencia popular confundió totalmente a esta diosa con Freya (cosa lógica, por cierto); la misma forma del nombre de este día favorecería tal interpretación.

\*\* *-dal* y *-döl* son la misma palabra, en forma respectivamente masculina y femenina.

Freya, Vanadís, Hörn, Þrungva, Sýr, Gefn, Mardöl
[fréiya, vánadiis, hörn, zrúngva, siir, guevn, márdöl]
Señora, Diosa de los Vanes, del Lino, de los Retoños, del Juramento, Generosa, que Resplandece en los Mares.

### *Freya, entre Ases y Vanes, de cómo llegó al Ásgarð y de otras cosas que le atañen*

Sabemos que la diosa pertenece a la estirpe de los Vanes, que estudiaremos con más detalle en el capítulo siguiente; ahora mencionaré solamente una cuestión que no ha encontrado solución definitiva: así como Snorri explica cómo se produjo la reconciliación de las dos estirpes divinas y cómo los Vanes se establecieron en el Ásgarð, nada se nos cuenta de la forma en que Freya llegó allí, a diferencia de su padre y hermano [14]:

> A Niörð y Frey, Odín los hizo sacerdotes sacrificadores, y se convirtieron en *díar* entre los Ases. La hija de Niörð era Freya; era sacerdotisa sacrificadora; enseñó a los Ases la magia que usaban los Vanes.

En el *Gylfaginning* [15], el mismo Snorri nos dice que Niörð «creció en el Vanaheim, pero los Vanes le entregaron a los dioses como rehén»; se dice también [16] que Frey y Freya nacieron en el palacio de su padre en Ásgarð, de modo que cierta confusión existía ya por entonces.

Se ha pensado que Freya es la Gulveig de la que hablan los textos éddicos, y Edgar Polomé [17] propone que la llegada de Freya al Ásgarð «como Gulveig», como el poder del oro, es la causa de la avaricia y la desgracia, a lo que se añade su pernicioso efecto al introducir la magia *seið*. En mi opinión, sin embargo, la imagen que los textos nos presentan de la gran diosa no es tan negativa ni mucho menos: no es Pandora abriendo su caja.

### *Brevísimo aparte en el que el autor expresa algunas opiniones*

Y es que me temo que algunos estudiosos quieren ver la religión germánica aún más masculinizada que los escritores medievales, y parecen considerar que las diosas son elementos que vienen a alterar la felicidad guerrera y etílica de sus colegas varones.

Resulta que hay autores que, en sus tratados, dedican a las diosas solamente un pequeño espacio, reflejo del que les concedió Snorri, por no hablar de Saxo. Me temo que muchas veces se trata de un reflejo incluso inconsciente del deseo de marginar a la mujer de todo lo que tenga que ver con lo religioso, y que es producto directo de la misoginia militante del cristianismo. Es un tanto lamentable que, a principios del siglo XXI, para encontrar trabajos académicos que planteen con seriedad y amplitud el auténtico papel de las diosas en la religión germánica, sea necesario buscar autoras; las referencias bibliográficas en este capítulo y otros lo ponen bien de manifiesto.

Mi deseo es devolver a las diosas el papel fundamental que creo desempeñaban en esta religión, sobre todo en su vertiente más popular, sin incurrir en la mitificación que parece inevitable en tantos círculos de la *New Age* anglosajona. Como mostré en otro lugar [18], al analizar un personaje femenino de la *Saga de Nial* que se convirtió en paradigma de mujer perversa, su maldad consistía en hacer lo que de acuerdo con las normas sociales era aceptable en los hombres. Algo parecido sucedería aquí, pues la sexualidad de Freya no está sometida a la del hombre, sino por encima de ella, y la diosa es insobornable y no es posible forzarla.

### *Freya y la muerte y otras cosas*

Como las otras divinidades importantes, Freya posee un palacio, Fólkvang, que las fuentes nos describen como una bella granja con sus prados, su palacio, y demás. Allí van los guerreros muertos en combate que le corresponde elegir a la diosa [19]:

> Fólkvang la novena\*, allí Freya rige
> la asignación de asientos en las salas;
> la mitad de los muertos elige cada día,
> y la mitad es de Odín.

Seguramente, con Freya iban los campesinos que morían en la lucha como buenos soldados. Si Gefion es Freya, Fólkvang, «El Prado de las Gentes»\*\*, acoge también a las doncellas, aunque ya sabemos que los escandinavos de entonces nunca pretendieron imaginar con más detalle estas cosas del otro mundo. Como señala H. E. Davidson [20], «hay indicios de que Freya también recibía a las mujeres después de la muerte, posiblemente tras la muerte

---
\* De las mansiones divinas.
\*\* Pero recuerde que *fólk* se refería originalmente al «pueblo organizado militarmente», de modo que una traducción más correcta podría ser «Prado de los Ejércitos» (Green, 1998).

en sacrificio»; a este grupo pertenecerían entonces las que acompañaban a sus esposos, amantes o quizá hijos en los funerales. A lo mejor bastaba, como sucedía con los adeptos de Odín, un sacrificio simbólico después incluso de la muerte, pero nada sabemos a ciencia cierta. La estrecha relación entre sexo y muerte no necesita mucho comentario, pero en el norte era explícita, y «la muerte se siente como una unión amorosa entre el moribundo y un ser del reino de los muertos»[21], y ese ser podría llamarse Freya en unos sitios, Nehalennia en otros, y tener muchas más variantes según los lugares. Por otra parte, esta relación de las diosas de la fertilidad con la muerte existe en todas partes y desde los tiempos más antiguos[22].

No hace falta hablar mucho de las plumas de águila que permiten a la diosa desplazarse por los mundos, aunque nunca la vemos hacerlo, y que Loki tomará prestadas en más de una ocasión para salvar a los dioses. Freya, igual que Frigga, puede convertirse en pájaro o, en general, cambiar de forma, algo que ha perdurado en el folclore escandinavo[23] y que se aprovecha a veces en las sagas islandesas, por ejemplo en la de Egil Skallagrimsson. Es otro ejemplo del enlace entre muerte y fertilidad, entendida como ciclo de muerte y renacimiento, y que se manifiesta muy habitualmente en las aves[24]. Finalmente, sobre la relación entre Freya y la magia, ya vimos lo principal en un capítulo anterior, así que no es preciso extendernos otra vez en el tema.

## *El culto de Freya*

Ya sabemos que Freya era una diosa local. Parece que su culto (como tal Freya) estaba limitado a Suecia y Noruega, quizá más aún a la región en torno al fiordo de Oslo y al sur y este de Suecia, donde se concentran los nombres de lugares con el nombre de la diosa. Su personalidad, que hace de ella una especie de versión femenina de Odín (los guerreros muertos, su actividad, su independencia, su protección de la aristocracia...), la convirtió sin duda en personaje mitológico favorito de los escritores islandeses, casi todos los cuales, no hay que olvidarlo, procedían de Noruega y seguían manteniendo estrechos contactos con esas regiones de Escandinavia.

En cuanto a sus ritos y cultos, lo desconocemos prácticamente todo, como es lógico, aunque el folclore ha conservado muchas costumbres que deben de ser pervivencia de algunos de ellos[25]. Además, es muy probable que ese culto no estuviera del todo individualizado, sino que se realizara en común con el de otras divinidades femeninas. Pero primero el culto de Odín, y luego el del dios cristiano, hicieron todo lo posible para que el dedicado a las diosas se perdiera en el olvido y para que las mujeres quedaran excluidas de toda función sacerdotal, aunque nos quedan testimonios como el del barco funerario de Oseberg, en el que reposa la que seguramente fue reina y sacerdotisa de Freya, aunando dos funciones que en esa parte del mundo estaban estrechísimamente relacionadas[26].

## CAPÍTULO 13

# VANES: LOS DIOSES DEL DESEO

### *La historia de Völsi*

Para empezar nuestra panorámica de los dioses Vanes, nada mejor que la *Historia de Völsi*, muchas veces citada pero rara vez traducida, que presento en forma ligeramente abreviada, resumiendo entre corchetes las líneas que he suprimido.

Según se cuenta en un antiguo poema, en un promontorio del norte de Noruega vivían hace tiempo un campesino y su mujer, ya de edad avanzada. Tenían un hijo y una hija. También había un esclavo y una esclava. Esta gente no conocía la sagrada religión. Y a finales de un otoño, sucedió que murió el caballo del señor. Estaba muy gordo, y pues que los paganos comían carne de caballo, utilizaron el caballo como alimento. Y al principio, cuando lo estaban despellejando, el esclavo le cortó el miembro ese que de acuerdo con la naturaleza tienen los animales que se aparean para engendrar, y que en los caballos se llama *víngul*. De modo que el esclavo se lo ha cortado y va a tirarlo cuando llega corriendo el hijo del campesino, lo agarra y entra en la casa. Allí estaban su madre, su hermana y la esclava. Les arrojó el *víngul* haciendo bromas, y dijo un poema:

> Aquí podéis ver
> un *víngul* cortado,
> bastante poderoso,
> de un padre de caballos.
> Toma, esclava,
> este Völsi
> no te aburrirá
> metido entre tus muslos.

La esclava da un chillido y se ríe, pero la hija de la campesina le pidió a su hermano que se llevara aquella porquería. La vieja se levanta y se acerca a él, se lo quita y dice que no había que echar a perder lo que puede ser de utilidad, y entonces lo seca con muchísimo cuidado y lo envuelve en un paño de lino y pone ajo y otras hierbas para que no se pudra, y lo guarda en su arcón.

Va pasando el otoño, y la vieja lo saca todas las noches y le dirige una oración, y resulta que hace creer a su marido y sus hijos y al resto de gente de la casa que aquello es un dios. Y con el poder del demonio, el pene creció, y se pone tan duro que la señora podía colocarlo de pie en el suelo a su lado si quería. Y tomó por costumbre llevarlo a la sala todas las noches y decir una estrofa y pasárselo entonces al marido y luego de unos a otros, hasta que al final llegaba a la esclava, y cada uno tenía que recitar una estrofa.

[El rey Olaf decide hacer una visita al promontorio, porque se ha enterado de que allí son todavía paganos; andamos por el año 1029. Va a la granja con dos de sus hombres de confianza, Finn y el poeta Þormóð Kolbrúnarskald.] Los tres se ponen capas grises encima de sus ropas y llegan a la granja al caer la tarde, entran en la sala y se sientan en un banco, el rey en el sitio más cercano a la puerta, y esperan que oscurezca pero nadie entra en la sala. Y luego entra una mujer llevando una luz, era la hija del campesino. Saluda a los hombres y les pregunta sus nombres, y todos dijeron llamarse Grím, «Enmascarado». La muchacha enciende luces en la sala. No hace más que mirar a los huéspedes, pero especialmente al que está sentado más cerca de la puerta. [La muchacha reconoce al rey, pero éste le pide que guarde silencio.]

La hija del campesino salió y poco después entran el campesino y su hijo y el esclavo. El campesino se sienta en el lugar de honor, su hijo a su lado y el esclavo algo más apartado. Les causan muy buena impresión las buenas maneras de sus huéspedes.

Luego prepararon las mesas y sirvieron la comida. La hija del campesino se sentó al lado de su hermano, y la esclava junto al siervo. Los Enmascarados están sentados uno junto al otro, como ya contamos. En último lugar entra la vieja llevando a Völsi en el regazo y se acerca al sitial de honor donde está el campesino. La historia no menciona que saludara a los huéspedes. Desenvuelve a Völsi y lo coloca sobre las rodillas del campesino, y recitó una estrofa:

> Has crecido, Völsi,
> y te has erguido,
> adornado con lino,
> ayudado por ajos.
> Reciban las etonas
> este objeto sagrado,
> y tú, esposo,
> acepta también a Völsi.

El campesino no dejó traslucir sentimiento alguno, pero lo cogió y recitó:

> No podría,
> si por mí fuera,
> este objeto sagrado
> aparecer aquí ahora.
> Reciban las etonas
> este objeto sagrado,
> y tú, hijo mío,
> ocúpate de Völsi.

El hijo agarra a Völsi, lo levanta y se lo pasa a su hermana diciendo:

> Que te traigan un falo
> tus damas en la boda.
> Ellas harán que el *vingul*
> se humedezca esa noche.
> Reciban las etonas
> este objeto sagrado,
> y tú, hermana,
> abrázate a Völsi.

Ella no pareció tener muchas ganas de hacerlo, pero siguió la costumbre de la casa, lo cogió y recitó:

> Juro por Gefion
> y los otros dioses,
> que obligada tomo
> la polla rojiza.
> Reciban las etonas
> este objeto sagrado,
> y tú, esclavo de mis padres,
> sujeta ahora a Völsi.

El esclavo lo agarra, y recitó:

>Una barra de pan me sería
>mucho más placentera,
>gruesa y abultada
>y ancha además,
>que este Völsi
>en los días de trabajo.
>Reciban las etonas
>este objeto sagrado,
>y tú, sierva,
>abraza a este Völsi.

La esclava lo agarra muy contenta, lo abraza y acaricia, y recitó:

>Ciertamente no podría
>yo evitar
>meterte dentro de mí,
>si estuviéramos solos
>dándonos placer.
>Reciban las etonas
>este objeto sagrado,
>y tú, Enmascarado, huésped nuestro,
>agarra ahora a Völsi.

Finn lo agarró. Dijo entonces una estrofa:

>He estado muchas veces
>ante promontorios,
>con ágiles brazos
>izando las velas.
>Reciban las etonas
>este objeto sagrado,
>y tú, Enmascarado, compañero,
>agarra a Völsi.

Entonces lo tomó Þormóð. Agarró a Völsi y estudió cuidadosamente su forma. Entonces sonrió y recitó una estrofa:

>Nunca había visto,
>aunque mucho he viajado,
>una verga enhiesta
>recorrer los bancos.

> Reciban las etonas
> este objeto sagrado,
> y tu, señor Grímr,
> recibe ahora a Völsi.

El rey lo cogió y recitó:

> He sido timonel
> y también proero
> y general
> de las tropas.
> Reciban las etonas
> este objeto sagrado,
> ¡y tú, perro de la casa,
> ocúpate de este espanto!

Lo arrojó al suelo y el perro lo cogió al momento. Y cuando la vieja lo vio, se puso frenética. Se alteró mucho y recitó:

> ¿Quién es éste, entre los hombres
> me es desconocido,
> que echa a los perros
> un objeto sagrado?
> Álzame más alto
> que la puerta,
> por si puedo salvar
> al objeto sagrado.
>
> Suéltalo, Lærir,
> no quiero ni verlo,
> ¡no te lo tragues,
> chucho asqueroso!

[El rey se quita la capa e intenta convencerlos de que abracen la fe cristiana y al final lo consigue, aunque la mujer lo hace muy a regañadientes.]

Algunos estudiosos consideran este texto completamente espurio, lo califican incluso de absurdo y prefieren considerarlo una simple invención tardía. Sin embargo, otros muchos pensamos de manera distinta: esta historia, seguramente, recoge el recuerdo de ritos antiguos e incluso es posible que parte de las estrofas correspondan a oraciones o frases rituales efectivamente utilizadas. Los dioses de la fertilidad están asociados con el caballo; el gran pene erecto es otro de sus signos. Veamos de qué tratan las sucesivas estrofas recitadas durante la ceremonia\*.

La señora de la casa es quien oficia de algo así como sacerdotisa familiar. Su intervención alude directamente a la condición erecta de Völsi, que es la que permite el engendramiento, así como a los medios mágicos utilizados para conseguirlo: hierbas y tejido de lino. El lino es una planta de importancia no sólo práctica sino también mágica y está asociado directamente con las diosas de la fertilidad. En cuanto al ajo\*\*, es una planta mencionada muchas veces en los textos medievales, incluyendo los poemas de la *Edda*, como mágica y curativa. La asociación de lino y yerbas, entre ellas el ajo, nos es bien conocida por otras fuentes, incluyendo inscripciones rúnicas: la de Fløksand contiene precisamente la pareja *lina laukaz*, «lino y ajo», en lo que parece a todas luces una invocación mágica para la fertilidad, pues ambas cosas se utilizan, como aquí, para preservar, para evitar la muerte definitiva de algo, y otras inscripciones usan la abreviatura *ll*. La importancia del ajo es tan grande que hay inscripciones que consisten solamente en esa palabra, frecuentemente abreviada [1].

El marido se desmarca del rito aunque no lo interrumpe: los hombres eran meros partícipes en los ritos de la fertilidad, no protagonistas. También el hijo aparece como simple comparsa, encargado de pasar el falo a su hermana acompañando a esta acción de una clara alusión sexual. El papel del hombre en la generación de los hijos no se comprendía bien, lo que se reflejaba en algunos ritos: para certificar oficialmente un nacimiento, el padre tenía que aceptar a su hijo o hija recogiéndolo del suelo, donde era colocado inmediatamente después del parto. De este modo extraía de la tierra simbólicamente a quien a partir de ese momento era legalmente su hijo. Pero la educación del niño quedaba muchas veces en manos de su tío materno, como sucede también en otras partes del mundo: es el más próximo de los parientes masculinos mayores de consanguinidad indiscutible. Así, todo lo que tenía que ver con la fertilidad estaba prioritariamente en manos de las mujeres... y las diosas. Los hombres, caracterizados como (de alguna forma) engendradores de gran pene erecto (condición imprescindible para la generación) que aparecen en los grabados rupestres de la Edad del Bronce, eran partícipes necesarios en ceremonias que desconocemos, dedicadas a divinidades femeninas nunca representadas directamente sino a través de sus símbolos [2].

---

\* En realidad, más que recitadas, cantadas o salmodiadas.
\*\* Adopto esta traducción de *laukr*, que he usado en mis demás versiones de textos islandeses, aunque el término original es más genérico y se refiere a toda la familia del ajo, la cebolla y el puerro. No sabemos exactamente a qué especie concreta se refería *laukr* en aquellos tiempos.

Llega el turno a la hija del campesino, quien no está muy conforme, quizá porque ha reconocido al rey Olaf, el cristianizador del país, y arde en deseos de abrazar la nueva religión o de evitar el castigo a su familia que seguramente aplicaría el monarca si persistían en su paganismo. Pero el caso es que ella hace referencia clara, como su madre, a la naturaleza engendradora de Völsi, así como a la diosa Gefion.

El esclavo ya no menciona el valor sexual del objeto, sino su relación con los medios de subsistencia: un pan cuya forma, sin embargo, tiene mucho que ver con el objeto que está manipulando. Esta relación entre las cosas del comer y la sexualidad no es nada rara, y a usted mismo le será fácil recordar dulces, quesos o panes fabricados con la intención de representar ciertas partes del cuerpo de hombres y mujeres.

La esclava, por fin, habla sin tapujos del aspecto directamente sexual y placentero de Völsi, referencia que cuadra muy bien con lo que sabemos de los ritos sobre fertilidad en todas partes, incluido su recuerdo posterior en el folclore: orgías rituales, bacantes, sátiros y ninfas...

Cuando Völsi llega a Finn, éste se refiere a la navegación. Aparentemente se ha ido del tema, pero no: los grabados rupestres, la antigua diosa Nehalennia, los mismos Nerthus/Niörð y Frey se asocian con los barcos y el mar, de modo que estamos en un tercer ámbito de competencias de las divinidades de la fertilidad. Þormóð y el mismo Olaf, en cambio, se apartan del tipo de invocación que hemos estado viendo, aunque sólo el rey lo romperá y hará imposible su continuidad arrojando el falo para que se lo coma un perro.

Gro Steinsland[3] analiza esta historia y propone ver al rey cristiano y sus compañeros como reflejo de una eliminación aún más antigua de los viejos ritos de fertilidad. Para la estudiosa noruega, es muy significativo el nombre de Grím que adoptan los tres visitantes, así como el uso del manto y el número tres: «Enmascarado» es uno de los nombres más conocidos y usados de Odín, quien con mucha frecuencia aparece en escena junto a dos compañeros. Además, el manto es la prenda más característica de este dios, y si el culto de los Vanes era familiar o del clan, el de Odín se asocia claramente a la monarquía, al poder. Y si sabemos que los cultos de la fertilidad estaban en manos de mujeres (o de sacerdotes vestidos de mujer), no nos cabe duda de que todos los que tenían que ver con Odín eran cosa de hombres.

Para Steinsland, en consecuencia, tenemos aquí no solamente el recuerdo de un ritual de fertilidad, sino todo un mito sobre la sustitución del culto tradicional de los Vanes por el nuevo de Odín, reflejo de todos los cambios sociales, y por ende también religiosos, que ya hemos tenido ocasión de analizar. Este mito aparecería aquí modificado para adaptarlo a una nueva sustitución socio-cultural-religiosa de mucho mayor alcance aún: ahora es una religión nueva, el cristianismo, asociada a un rey cuyo poder es inmensamente mayor que el de cualquier jefe o rey de tiempos paganos. Y la mujer queda ya completamente marginada del nuevo ámbito religioso, aunque sea a disgusto. La misma autora analiza de forma innovadora el estribillo de las estrofas que van recitando los participantes. La palabra clave de la discusión es *mörnir*, que significa «etonas», aunque algunos estudiosos prefieren entender «espada», que se asociaría entonces por la forma con los dioses de la fertilidad y con el mismo Völsi. Esa asociación no está nada clara por otro lado, de modo que la referencia a las etonas parece preferible. Steinsland juzga a las tursas personajes importantísimos para la existencia del universo, incluidos los dioses, y sobre todo para lo que tiene que ver con la fertilidad. Considera el ritual de fondo de la *Historia de Völsi* otro ejemplo del matrimonio sagrado entre un dios y una etona, donde es ésta la que representa el elemento fundamental de la fecundidad. Aquí, el miembro de un caballo, animal que representa al dios engendrador, es enviado una y otra vez a fertilizar a las etonas.

La interpretación de Gro Steinsland me parece atractiva y engarza perfectamente con otros muchos elementos importantes de las creencias paganas escandinavas, aunque hay que decir que no es una «demostración», de modo que el lector que bucee por otros mares eruditos puede encontrar análisis en los que no aparecen las etonas y, a cambio, todo queda en las manos (permítaseme el eufemismo) del dios.

### *Dioses campesinos de la fertilidad*

Vimos ya que el término *Van* significaba algo así como «deseo». Estos dioses, que corresponden a una sociedad neta o exclusivamente agrícola, se encargan de la fertilidad de los campos y de los animales, de la riqueza y el bienestar de las personas, las familias y las tribus. Antes de continuar es preciso señalar que no existe ninguna referencia, directa o indirecta, al grupo en sí fuera de Escandinavia: si el término *As* aparece en todas partes, no sucede lo mismo con *Van*. Sin embargo, está claro que existieron estos dioses: en Inglaterra se menciona a Ing, y en el ámbito germánico meridional es posible que existiera una pareja Fol/Fola equivalente a Frey/Freya[4]. Quizá la diferenciación clara sea sólo del norte, o tal vez la falta de mención a los Vanes sea un mero accidente, pues sin duda se trata de una estirpe divina que podemos rastrear hasta los indoeuropeos, como indicaría el mito de la lucha de los dioses, existente también entre celtas, latinos e hindúes. Porque los dioses se enfrentaron en una guerra sin posible fin hace mucho tiempo, y el resultado de aquella lucha sin vencedores fue el cosmos tal como lo entendían los antiguos escandinavos.

Nuestras fuentes son escasas, pues no van mucho más allá de Snorri, y además presentan contradicciones. Pero en tiempos lejanos hubo al parecer un larguísimo enfrentamiento entre los Ases y los Vanes, que terminó con un acuerdo y quizá con el envío de algunos Vanes al Ásgarð como rehenes: Frey y Niörð, aunque al parecer no Freya. Producto del acuerdo de paz fue la obtención de la poesía, pero este mito lo veremos al hablar de Odín, que es donde corresponde. Como no vamos a entrar en disquisiciones teóricas y filológicas, baste con señalar las dos interpretaciones básicas de este enfrentamiento mítico entre los dioses campesinos de la fertilidad y las divinidades de la guerra, del conocimiento y demás «funciones superiores». Una hipótesis es que aquí está el recuerdo de los enfrentamientos entre la población neolítica autóctona del norte de Europa y los recién llegados indoeuropeos. Esta propuesta, que parecería atractiva, plantea muchos problemas: entre ellos, que la arqueología parece haber desechado la posibilidad de una «invasión» indoeuropea en el norte de Europa, y la llegada de los indoeuropeos sería un simple proceso de extensión cultural a partir de un grupo seguramente pequeño de emigrantes [5]. La otra hipótesis, generalmente aceptada hoy día aunque no sin discusiones [6], es la avanzada por Georges Dumézil a partir del análisis comparativo de enfrentamientos semejantes en otras varias mitologías indoeuropeas [7]: lo que tenemos es el enfrentamiento social entre campesinos y lo que llamaríamos grupos dirigentes, cada estamento con sus divinidades correspondientes. A los primeros les interesa sencillamente la vida, la procreación, el sexo, el hambre, las cosechas, la magia como medio de conseguir esas cosas o de ayudar a conservarlas. Los aristócratas guerreros tienen preocupaciones más «nobles»: la guerra, la poesía, el gobierno, cosas que se consiguen con confianza en las propias fuerzas (más un empujoncito de arriba, si hace falta). La armonía social se logra con un acuerdo entre ambos grupos, entre las divinidades correspondientes a las tres funciones (gobierno y sabiduría; fuerza física y guerra; riqueza y fertilidad), como una forma de reconocer que los tres estamentos son igualmente necesarios.

Pero curiosamente, mientras que los Vanes eran sin duda alguna los que regían la vida cotidiana de todos los germanos y escandinavos en sus facetas más importantes y señaladas, apenas conocemos historias sobre ellos. Como apunta Renauld-Krantz [8]: «llama la atención la pobreza de su mitología y de su psicología; pobreza que está en perfecta consonancia con el carácter simple y primitivo de sus funciones». Claramente, quienes transmitieron y quienes recogieron los antiguos mitos estaban más preocupados por otras cosas y despreciaban esas funciones secundarias del ser humano: alimentación, sexo, procreación, salud y enfermedad. Veamos lo poco que tenemos.

### El (¿ficticio?) mito del viaje de Skírnir

Una historia que aparece en todos los tratamientos de la mitología escandinava es el *Viaje de Skírnir*, título de un poema de la *Edda*. En forma reducidísima, es como sigue [9]:

> El dios Frey está triste, no come ni habla ni se divierte, y su padre Niörð pide a Skírnir («Luminoso»), criado de Frey, que averigüe lo que sucede. Resulta que el dios está enfermo de amor pues ha visto a la bellísima etona Gerð y ha quedado prendado de ella. Encarga a Skírnir que vaya a Iötunheim a pedirla en matrimonio. Tras un viaje arriesgadísimo, entrega a Gerð y a su padre Gymir los regalos que le envía Frey: las manzanas de oro de Iðun y el anillo Draupnir, de Odín. Como los regalos no surten efecto, amenaza con matar a Gymir con la espada* de Frey y arroja a Gerð terribles maldiciones. Con todo ello convence a la muchacha, que acepta que la boda se celebre al cabo de nueve días, que a Frey le parece un tiempo larguísimo.

La composición del texto es reciente, seguramente de finales del siglo XII [10], y para muchos estudiosos no hay mucho de realmente original en esta historia; el tratamiento más reciente es el de Heinrichs [11], quien ve en el poema nada menos que una disquisición moral cristiana sobre la enfermedad de amor, combinada con una ironía sobre los dioses paganos.

### Los sacrificios a los dioses Vanes

Saxo [12] nos habla del *Frosblod*, «Sacrificio a Frey», que se realizaba periódicamente en Upsala y en el que se ofrecían al dios «víctimas negras» (no sabemos a qué se refiere); cuando las cosas empezaron a ir mal en el reino, se hicieron sacrificios humanos. Como siempre, Saxo presenta al dios como un antiguo rey, y también Snorri, en la *Saga de los Ynglingos* [13], nos habla de

---

* Un antiguo cuento popular islandés, la *Historia de Finna la sapientísima* (*Saga af Finnu forvitnu*), nos habla también de una boda acordada bajo la amenaza de una espada. La novia a la fuerza es una muchacha extraordinariamente sabia que tiene el significativo nombre de Finna, «Lapona», pueblo asociado estrechamente con la magia y la adivinación por los escandinavos. También las etonas son sabias.

cómo el rey Dómaldi fue sacrificado por su pueblo para conseguir buenas cosechas; otras fuentes más, como Adán de Brema, hacen mención de tales sacrificios al dios de la fertilidad. A fin de cuentas, es más que probable que los sacrificios humanos que creemos ver en los pantanos y ciénagas del norte de Europa hubieran sido ofrecidos a los Vanes, fuera con el nombre de Nerthus, Niörð, Frey, Freya o cualquier otro [14].

Pero los sacrificios a Frey solían ser más amables y se hacían *til árs ok friðar*, es decir, para conseguir buenas cosechas y armonía social dentro del clan, la tribu o el reino. Adán de Brema prefiere no hablar de los cantos que se dedicaban al dios del gran príapo, por su extrema obscenidad, y Saxo cuenta lo que puede ser un modo de hablar de matrimonios rituales u otros ritos orgiásticos; en su libro [15], Frey, denominado Fro, es un rey que «exhibió públicamente a las mujeres de los parientes de Sivardo [rey de los noruegos, a quien había derrotado], encerradas en un prostíbulo, para que fueran ultrajadas». Los sacrificios de animales se centraban en los caballos y sobre todo los cerdos y jabalíes, bestia vánica por antonomasia*.

La exposición más detallada de un sacrificio a los Vanes es la que hace Tácito en el capítulo 40 de *Germania*. Resumamos: varios pueblos de la costa del mar del Norte rinden culto en común a Nerthus, «es decir, la Madre Tierra»; un sacerdote guarda allí en un bosquecillo un carro que pasean en procesión: en él está oculta la diosa. Cuando llega la fiesta quedan prohibidas las armas y las luchas**, y al final el carro con la sagrada imagen es devuelto al santuario; en una laguna secreta unos esclavos lavan ídolo, telas, carro y demás objetos ceremoniales, y a continuación ellos mismos son arrojados al agua. Es inevitable pensar en este rito cuando vemos las víctimas arrojadas a lagos, pantanos, estanques y ciénagas, precisamente en torno al mar del Norte.

### Nerthus, Niörð y el misterio del sexo cambiado

Acabamos de encontrarnos a Nerthus, prácticamente la única divinidad germánica de la que Tácito nos proporciona el nombre original. Y los textos escandinavos posteriores nos hablan de Niörð, que, aunque no lo parezca, es el mismo nombre Nerthus (antiguo germánico Nerþuz); pero resulta

---

\* Precisamente la existencia de sacrificios de jabalíes en Inglaterra nos hace pensar que, aunque el nombre de Vanes no se usara allí, el culto del dios correspondiente (Ing) no se diferenciaría mucho del escandinavo (Owen 1981: 47).
\*\* De esta prohibición de la lucha y las armas en las festividades religiosas paganas tenemos muchos ejemplos; el exponente más claro era el *þing*, donde regía tal norma.

que aquél es masculino y éste femenino. Gramaticalmente, ambos pertenecen a un paradigma gramatical usado indistintamente para ambos géneros, de modo que los dos serían igualmente posibles. ¿Cómo explicar el cambio de sexo? No le cansaré con una exposición de las discusiones al respecto y me limitaré a señalar un par de posibles explicaciones: (a) originalmente existió una pareja dios-diosa, quizá hermanos en una relación incestuosa como la que une a Frey y Freya, o un dios hermafrodita; (b) el texto latino no decía Nerthus, sino Erthus (como efectivamente aparece en algunos manuscritos), es decir, la misma palabra germánica «tierra», *erþō*, que ya conocemos en su forma nórdica más tardía: Iörð. Esta interpretación de Lotte Motz [16] me parece atractiva, aunque para aceptarla de modo definitivo habría que realizar un nuevo estudio filológico de los manuscritos de *Germania*. Ciertamente, la relación entre *erþō* y el latín *Terra Mater* es mayor que entre ésta y Nerthus; por otro lado, Niörð está estrechísimamente asociado con el mar y el agua en general, de modo que no se alejaría mucho de lo que contó Tácito.

Sea como fuere, también existe la posibilidad de un cambio de sexo, una masculinización acaecida a la par de otras que sucedieron en la religión germánica y que encontramos una y otra vez en estas páginas. Además, a finales del paganismo Niörð fue desdibujándose, sustituido por su hijo Frey [17]. Quizá un cambio [diosa → dios importante → dios secundario] pueda parecer improbable, pero no es el único ejemplo de una evolución aparentemente anómala en el paganismo germánico. Y las divinidades relacionadas con la fertilidad, el mar y el barco al mismo tiempo eran, en una época más antigua, siempre femeninas; no sólo Nerthus: basta con pensar en Nehalennia.

Lo cierto es que de Niörð solamente conocemos (el recuerdo de) un mito en dos partes: como veremos en el capítulo 19 al estudiar el mito de las manzanas de Iðun, los dioses permitieron a la etona Skaði que se casara con uno de los dioses, pero había de elegirlo viendo solamente sus pies; eligió, pues, unas hermosas piernas convencida de que pertenecerían a Baldr, el más guapo de los dioses, pero resulta que eran de Niörð. Pese al chasco, se casaron, pero Skaði amaba las montañas y Niörð prefería el mar, de modo que acordaron vivir nueve días en un sitio y tres (o nueve) en el otro; sin embargo, el tiempo que cada uno pasaba en el territorio del cónyuge le era difícil de soportar. Frey decía [18]:

> Me hastían los montes, aunque allí estuve
> nueve noches sólo; el aullido del lobo
> me resulta horrible, mas no el canto del cisne.

Y Skaði respondía:

> Dormir no puedo a orilla del mar
> pues chillan las aves; la gaviota que viene
> del mar cada mañana me hace despertar.

En este mito parece haber bastantes cosas. Empezando por los pies, este hecho aparentemente insulso lleva a Renauld-Krantz [19] a pensar en los grabados rupestres de pies y de barcos, desde la Edad del Bronce. Yo añadiría que si los grabados de pies, como ha señalado Gro Mandt [20], representan a la diosa invisible, la femineidad original de Niörð/Nerthus estaría nuevamente de manifiesto. Renauld-Krantz [21] menciona la existencia de ritos religiosos con los pies descalzos; recuerda además la sexualidad de los pies, y que en el *Discurso de Vafþrúðnir* (estrofa 33) se recuerda el nacimiento de un etón por una relación de pie a pie:

> Un pie con el otro engendró el etón
> un hijo de seis cabezas.

Tenemos también el tema, de presencia constante, del matrimonio de una etona con un dios, que Gro Steinsland [22] toma como uno de los ejes de la mitología nórdica, como representación del matrimonio sagrado entre la tierra, simbolizada por las etonas, y los dioses o los reyes, además de poner de relieve la omnipresente oposición complementaria entre las fuerzas del caos y el salvajismo (etones) y la civilización y el orden (dioses). En tercer lugar está la alternancia de vivienda, lo que se ha visto tradicionalmente como la del invierno y el verano pero que puede hacer referencia también al doble modo de vida de los pueblos del norte: la tierra y las montañas durante el invierno y el comercio y la guerra marítimos durante el verano.

Niörð aparece siempre en nuestros textos como padre de Frey y Freya, los dioses Vanes fundamentales en el paganismo clásico del norte. No tiene esposa conocida, lo que refuerza el misterio de su identidad sexual, y vive en Nóatún, «Lugar de Barcos», nombre muy apropiado para la residencia del dios protector de los navegantes\*. La etimología del nombre Niörð no está

---

\* Pero también Thor protege en los viajes por mar. Puede ser que el pelirrojo se haya apropiado de una función que antes no le pertenecía o que se repartan el trabajo marítimo: Thor se dedicaría quizá al viaje propiamente dicho, a los peligros del mar desatado, mientras que tanto Niörð como Nehalennia, antes que él o ella, atendería al provecho resultante de tales viajes (y para que exista provecho hay que llegar a buen puerto, y además vivo y con la carga).

clara, pero la opinión más generalizada es que se trata de un derivado de la raíz indoeuropea *nert-*, que significa «del mundo inferior», y de la que procede también nuestro «norte»[23], punto cardinal preferido para la ubicación de Hel.

### *Frey*

El nombre de este dios significa «Señor», y es simplemente el masculino de Freya. Turville-Petre[24] ha propuesto que su nombre original completo en nórdico pudo ser *Yngvi-Freyr (inn) Fróði: Nuestro Señor Yngvi, el Fructífero*. Ciertamente, numerosas fuentes nórdicas hablan de Yngvi-Frey, y en la forma Ing aparece en Inglaterra y el continente europeo. Igual que sucede con Freya, la denominación «Señor» es exclusiva de Escandinavia, sea en esa forma más conocida, sea como Fro (Saxo) o Frico (Adán de Brema). Es posible, aunque nada seguro, que otro de sus nombres fuera Saxnot[25], dios que aparece en una fórmula de bautismo sajona del siglo IX y en la forma anglosajona Seaxnot, también en Inglaterra. La relación podría estar en la posible alusión al ganado vacuno (*nōt*, nórdico *nautr*), aunque otros prefieren ver ahí al más enigmático Týr, fijándose en que *sax* se refiere originalmente al hacha de piedra, luego a la espada[26].

De Frey tenemos probables imágenes desde tiempos muy antiguos. En el norte de Alemania y en Dinamarca se han encontrado ídolos («hombres de palo») que representan una pareja, masculina y femenina, que no son sino ramas con forma especial a las que se ha añadido toscamente el rostro marcando aún más los atributos sexuales, o una figura masculina que consiste en una rama bifurcada con un vástago central que semeja un gran falo entre dos piernas; de Suecia (donde Frey gozaba de especial devoción) hay una figurita de un hombre sentado, con barba y un gran falo erecto; sin duda, pese a los cambios de nombre obligados en una religión fundamentalmente local, se trata de «Nuestro Señor Yngvi el Fructífero».

Sabemos también que en su honor se hacían procesiones en las que se transportaba en un carro, oculta a la vista del común, la figura del dios. Y seguramente a su paso se iban sucediendo los ritos sexuales, lo que explicaría una curiosa aventura narrada en un manuscrito islandés: un fugitivo llamado Gunnar Helming recibe la protección de una sacerdotisa de Frey, que va de aldea en aldea de Suecia con la imagen del dios en un carro. Gunnar se convierte en dios vivo y va por ahí con su protectora, que queda embarazada: no hay mejor augurio que la fertilización de la sacerdotisa por el dios. Y las sagas, incluyendo una de las sagas breves más famosas: *La Saga de Hrafn-*

*kel*, «*El goði de Frey*», nos hablan de varios personajes denominados Freysgoði, «Sacerdote de Frey».

Aparte de estas cosas sabemos poco de él, si bien no hay duda de su enorme importancia: forma parte de la trinidad divina fundamental que marca, en el paganismo clásico escandinavo, las tres funciones de los dioses indoeuropeos: Odín, Thor y Frey, y es el representante de la tercera [27], la que garantiza fertilidad, salud y riqueza. Pero mientras que la primera corresponde casi en exclusividad a Odín y la segunda solamente a Thor, son legión las divinidades, espíritus y seres sobrenaturales encargados de la tercera: además de Frey está su hermana Freya, con sus numerosas hipóstasis o invocaciones, pero también las demás *Matronae* o disas, así como los elfos y quizá incluso las parejas masculinas que Tácito denominó Alcis y que analizaremos brevemente en el capítulo 20. Es lógico, porque la rutina diaria, las principales preocupaciones de la vida y la muerte, la supervivencia y la procreación no deben dejarse solamente en manos de un único dios.

Frey es padre de rey y creador de la dinastía de los Ynglingos, la primera y más importante de Suecia, pero también recibía culto en otros sitios, y los poderosísimos condes de Lade, en el norte de Noruega, juraban por Frey, Niörð y un tercer dios que no podemos identificar; ya he mencionado la frecuencia de sacerdotes de Frey en Islandia. Además, la referencia de Tácito a los pueblos Ingaevones (o Ingveones) apunta también al mismo Ing-(vi), que sería entonces el fundador de algunos de los más destacados pueblos de Escandinavia\*.

Su animal es el jabalí, y tiene uno especialmente luminoso, así como un barco maravilloso, de los que hablamos en el capítulo 19. También se le asociaba con los caballos, seguramente desde tiempos antiquísimos, y la historia de Hrafnkel se mueve en torno a un caballo al que el goði tenía especialísimo aprecio y había consagrado al dios. Frey vive en Álfheim, lo que pone de manifiesto la relación de Vanes y elfos. También en los *Fragmentos de historias de reyes antiguos (Sögubrot af fornkonungum)* [28] se relaciona a estos seres con unas regiones de Escandinavia llamadas igualmente Álfheim.

Hay que decir, por último, que a los Vanes pertenece también Freya, a quien ya conocemos bien, y quizá alguna otra divinidad, aunque nada podemos decir a ciencia cierta. Todos ellos viven en Ásgarð, entendido en su sentido más genérico como territorio de las divinidades, pero cuentan con su propia comarca, el Vanaheim, «País de los Vanes».

---

\* Quizá Odín sea el antecesor de los gautas, aunque probablemente no de los godos.

## CAPÍTULO 14

# WŌÐANAZ: EL REY

### *Mito y ¿realidad?*

¡Éste es el dios vikingo! ¡El dios de los feroces guerreros normandos! ¡El que cabalga con las valquirias, el que guía a los guerreros germanos en su lucha contra el Imperio Romano! Odín, Wodan, Wotan sirve incluso de modelo para la imagen que tanto el romanticismo como el nazismo quisieron hacerse de los germanos como guerreros indomables y con una religión tan belicosa como ellos mismos. Odín gobierna a los guerreros muertos en combate, que se solazan en Valhala bebiendo hidromiel en los cráneos de sus enemigos, decorados en plata y oro. Las valquirias los atienden y los *einheriar* disfrutan día tras día el placer de la lucha, las heridas y la muerte, para renacer enseguida. Odín rige también a los demás dioses y decide quién vive y quién debe morir. Además es sabio, habla con los etones, con los muertos y con las adivinas y es conocedor de la magia, las runas y la poesía. ¡Éste es el gran Odín!

Y sin embargo...

Vemos a Odín como el dios guerrero por antonomasia, pero nunca combate. Mientras que Thor pasa buena parte de su tiempo peleando con monstruos y etones, Odín acude a las batallas como espectador y decide quién vive y quién muere, pero nunca participa en ellas. Las historias que hablan de él lo presentan siempre como el jefe, como el dios supremo, pero nunca es activo físicamente, aunque sí en el terreno de la sabiduría. Puede parecer extraño que el dios guerrero se nos presente con tanta frecuencia como sabio y nunca como combatiente, de modo que quizá la bonita imagen que nos hemos hecho de Odín no es del todo verdadera. Esa idea de Odín puede ser resultado del cambio social del mundo germánico, que se reflejó en la mitología y el panteón de divinidades. Probablemente, Wōðanaz no era en su origen el Alföðr, el «Padre de Todo», que conocemos gracias a Snorri.

### *El furioso guerrero*

En antiguo germánico, este dios se llamaba Wōðanaz, de donde, por cambios fonéticos regulares y bien conocidos, llegamos al antiguo inglés Woden, el alemán Wodan o Wotan y el nórdico Óðinn. Wōðanaz significa algo así como «El que Posee el Furor», nombre sugerente donde los haya. Quizá demasiado sugerente porque ¿a qué clase de furor se refiere? Pensaríamos primero en el furor guerrero, pero la raíz *wōð* (de donde deriva el alemán moderno *Wut*, «furia») es más que eso. Se refiere también al estado de trance que acompaña a la adivinación, a la magia, al contacto con los muertos, y asimismo a la inspiración poética, al arrebato. ¿Cómo unificar o relacionar estas cosas tan aparentemente dispares?

Originalmente, es probable que Wōðanaz fuera un dios de los muertos. No el único encargado de este fúnebre menester, pues la muerte como suceso cotidiano estaba en manos de las diosas y otros seres sobrenaturales de género femenino. Así que Wōðanaz debía de ser únicamente el dios de ciertos muertos especiales. Y ¿hay mejores candidatos que los caídos en combate? Wōðanaz no era el dios de la guerra o el combate, papel que le correspondía a Tîwaz, lo que explica la relación que los romanos establecieron entre este dios y su propio Marte, mientras que a Wōðanaz lo consideraban más próximo a Mercurio, razón por la cual el martes, «Día de Marte», se tradujo como *Tuesday*, *Týsdagr*, «Día de Tiwaz», y el miércoles, «Día de Mercurio», fue de Wōðanaz: *Wednesday, onsdag, woensdag...*

Mercurio estaba estrechamente asociado con los muertos, como el griego Hermes antes que él, pero la comparación se ve un tanto oscurecida si simplificamos en exceso. Mercurio es considerado dios de los comerciantes y mensajero de los dioses, y ninguna de esas funciones destaca en Wōðanaz/Óðinn. Éste es un gran viajero, lo que es cierto, e incluso se presenta como tal, usando nombres como Gangleri («Caminante», «Viajero»), pero sus lazos con el comercio son tenues, aunque debieron de existir porque entre los 170 nombres de Odín se incluye el de «Dios del Cargamento», Farmaguð. Pero Hermes/Mercurio es también el dios de los cruces de caminos, lo que nos conduce al reino de los muertos: Mercurio era el psicopompo, el encargado de trasladar a los difuntos a su mundo subterráneo, actividad no muy diferente de la que en tiempos pudo ser característica de Wōðanaz y sus fúnebres valquirias.

Pero las semejanzas alcanzaban también algunos detalles. Por ejemplo, tanto Odín como Mercurio gastan sombrero ancho, los dos se cubren con una capa o manto y ambos llevan en la mano lo que es un cayado de caminante, en el caso de Mercurio, y una larga lanza, en el de Odín. Ambos acompañaban a los muertos al mundo subterráneo, pero el romano no hacía distinciones que, en cambio, eran fundamentales para el dios germánico, que tan sólo atendía a algunos de los que morían en combate. De modo que cuando romanos y germanos se sentaban a charlar de sus dioses, podían encontrar similitudes entre Wōðanaz y Mercurio. El caso es que el antiguo dios germánico no era el rey de los dioses, aunque el Wodan de frisones, alemanes e ingleses ganó muchos puestos y el tardío Odín llegó a serlo sin género de dudas en la Escandinavia vikinga. Tampoco era el dios de la batalla considerada como actividad institucional y comunitaria, sino solamente de su aspecto más trágico, más doloroso pero también más definitivo y consustancial: la muerte violenta en combate. Para una cultura guerrera, la muerte en combate viene a ser como la culminación de una vida dedicada precisamente a ese posible desenlace, curiosa idea que sigue viva entre nosotros: los héroes caídos en las guerras están de algún modo por encima de los demás, y hay llamas que arden eternamente en los monumentos al soldado desconocido; pero nunca se nos pasaría por la cabeza encender la que honre a los fallecidos en accidente laboral. Morir en combate, ciertamente, tiene algo de singular, con toda su brutalidad, como si fuera más muerte que cualquier otra, y además es en cierta manera voluntaria aunque no sea buscada. De ahí que los civiles masacrados en una acción guerrera tampoco fueran merecedores de la gloria ni de la protección de Odín: en el Valhala habitan los guerreros muertos mientras asesinaban a mujeres y niños indefensos, pero no estos últimos. Odín, Wōðanaz antes que él, no era sino el dios de quienes habían muerto realizando la actividad guerrera a la que se habían consagrado. En otras palabras, era el dios de quienes habían querido ser suyos. Esta interpretación del dios germánico puede servir para entender esos diversos aspectos de su personalidad y de su nombre que antes juzgamos aparentemente poco compatibles.

### *Fervor guerrero*

Lanzarse al combate, conscientes de la posibilidad nada remota de una muerte horrible, no es fácil. Por eso, desde siempre, tienen lugar arengas para elevar los ánimos y encrespar el odio, gritos de guerra que nublan la mente y una oración comunitaria que prepara para lo que tenga que venir y, quizá, sirva para proteger la vida. Incluso hoy día, no es infrecuente que antes del combate se proporcione alcohol u otras drogas a los soldados, cuando no son éstos quienes las usan por su cuenta. Batalla y muerte van unidas indisolublemente, ahora igual que entonces. Los germanos, según cuenta Tácito, tenían una forma especial de animarse y a la vez amedrentar al enemigo: un peculiar grito de guerra consistente en aullar todos los guerreros cada vez más fuerte contra el interior del escudo, que actuaba como una caja de resonancia. Y sabemos que los *berserk* entraban en combate en auténtico estado de trance, inducido seguramente por ceremonias y brebajes. Wōðanaz era el dios de ese furor, ese *wōð* previo a la batalla.

Los *berserk*, nombre que podríamos traducir como «osunos», eran guerreros singulares, considerados invencibles e invulnerables y caracterizados por un furor y una fuerza sobrehumanos. Guerreros semejantes existen en culturas de todo el mundo, y entre los germanos debió de haber grupos como éste desde muy pronto, seguramente como sociedades guerrero-religiosas, y ya en los grabados rupestres aparecen hombres armados y cubiertos por lo que parecen pieles de animales: osos, lobos, ciervos, pero también con plumas de águila, que se convertirá en el ave de Odín. Los *berserk* combatían desnudos, cubiertos sólo por una piel de oso, y ya Tácito hizo mención de esa desnudez que vislumbramos también en los grabados. Un grupo parecido era el de los *ylfingar* (podríamos decir wulfingos, «lobunos»), que conocemos como un clan, un pueblo, una dinastía, pero que en su origen eran guerreros que se cubrían también con una piel, en este caso de lobo, que les proporcionaba la fuerza y la fiereza, el *wōð*, de esos animales. Y de diversas épocas de la antigüedad germánica tenemos representaciones de guerreros así vestidos que, por si el disfraz fuera poco, parecen estar realizando lo que llamaríamos una danza ritual.

## De los orígenes de Wōðanaz, dios de los orígenes

Según Snorri[1], la vaca primordial Auðumla se alimentaba chupando piedras de escarcha. De ellas surgió un ser llamado Brúní, el «De Espesas Cejas» o quizá «Progenitor», que engendró a Borr o Bori, «Perforador», tal vez «Hijo», quien casó con una etona llamada Bestla, nombre que puede significar «Corteza», hija del etón Bölþorn, «Violento», con la que engendró tres hijos llamados Vili, «Fuerza Volitiva» *, Vé, «Lugar Sagrado», y Óðinn, «El que Posee Furor». En plena coincidencia con lo que cuenta Tácito, hay una sucesión abuelo-padre-tres hijos que parece haber disfrutado de un puesto de privilegio en el pensamiento mítico germánico. En realidad, esta genealogía nos impide saber cuál es el origen real del dios, pues ignoramos quiénes son Brúní y Borr (y los demás mencionados) ni qué hacen ahí. Lo interesante, creo, es que esa progenie sólo masculina 1-1-3 es la que caracteriza en Tácito y otras fuentes posteriores los mitos de origen de los pueblos germánicos; además existe la aliteración que permite caracterizar a los miembros de una familia: los antecesores de Odín comienzan todos por /b/, mientras que este dios y sus hermanos tienen nombres que originalmente empezaban por /w/; aunque esta aliteración se perdió en islandés medieval, se mantiene en su forma más antigua: Wōðanaz, Wilia, Wiha. De manera que quizá Odín fuera lo que vimos en las páginas anteriores pero, además, el creador de pueblos... ¿o quizá no tanto de pueblos, etnias o tribus como de las dinastías que acabaron por regirlas?

Parece fuera de duda que en su origen Wōðanaz era el dios del *druht* o *comitatus*. Por su mera configuración, éste había de tener un jefe único al que se debía lealtad absoluta, costara lo que costase. Como en un *druht* había guerreros procedentes de diversos clanes y tribus, las relaciones tradicionales de parentesco se han roto y han sido sustituidas por una «familia» no consanguínea, cuyo nuevo «padre» es el *druhtinaz*, que desempeñará todas las funciones propias de un *pater familias*, incluyendo las religiosas[2]. El *druhtinaz* y todo el grupo están protegidos por el dios Wōðanaz. Ahora bien, las familias que fueron convirtiéndose en dinastías cuyo poder se extendía por áreas más y más grandes necesitaban una genealogía que remontara lo más arriba posible como garantía de legitimidad (ya conocemos la fórmula «X por la gracia de Dios»): los reyes anglosajones gustaban de hacerse genealogías que remontaban a Woden, como ya hemos visto, pero esos reyes habían sido al principio simples reyezuelos locales, y más atrás aún je-

---

* Pero Polomé (1989: 91) propone una forma originalmente distinta, Wīgwila, algo así como «Pequeño Sacerdote».

fes de un *comitatus*. Allí como en Escandinavia, una línea directa llevaba del *druht* al reino pasando por el cacicazgo local, y detrás estaba siempre Wōðanaz. Como ya hemos tenido oportunidad de ver, Gro Steinsland[3] analiza un mito recurrente: Odín desposa a una etona y de esa unión surge una dinastía; para la estudiosa noruega, las etonas simbolizan los territorios, y Odín, el poder real que se asienta en ellos. De ahí que las confederaciones de pueblos no surgidas del engrandecimiento de algún *druht* cuenten en sus orígenes con alguna divinidad distinta, siguiendo una visión del rey como reencarnación del dios protector de su estirpe[4]: Wōðanaz no es el único origen posible para un pueblo, pero sí el más adecuado para las unidades político-militar-religiosas surgidas de una sociedad guerrera.

### *Wōðanaz, el destronador*

Por la misma razón, Wōðanaz no tiene unos orígenes muy claros: para poder otorgar él mismo legitimidad a sus sucesores bastaba con que no procediese de otro dios anterior, de modo que la aristocracia guerrera cambió el relato de las genealogías divinas y produjo las confusas relaciones de parentesco entre dioses y etones que nos presenta Snorri, que no tienen mucho sentido si queremos establecer el cuadro completo de los dioses germánicos. Claramente hubo una reorganización genealógica y de las propiedades y las funciones de todos los dioses que tuvo su reflejo en un panteón nuevo en el que el sucesor de Wōðanaz, llámese Odín, Woden o Wotan, tiene que ocupar el lugar principal porque así lo exige la nueva organización social basada en la aristocracia militar[5]. De ahí que Tîwaz prácticamente desaparezca del primer plano que antes indudablemente ocupó y que sus orígenes resulten desconocidos; de ahí también que Þunaraz pase a convertirse de gran dios atmosférico en tropa auxiliar que, además y contradictoriamente, se presenta como hijo de Odín. De ahí también que las diosas vean desdibujado su papel y que los Vanes pierdan buena parte de su original importancia: la nueva sociedad, construida sobre el modelo del *druht*, tiene su propio jefe único y su propio dios, y si el jefe domina a la sociedad por la fuerza de las armas de sus guerreros y sus propios méritos personales, humanos y sobrehumanos (para lo cual necesita la ayuda del dios), y si la sociedad divina se conceptualiza como versión de la terrena, deberá existir un dios más poderoso que los demás y que ejerza también de nuevo padre de los otros. Así que Wōðanaz era el dios de los reyes guerreros; pero es mucho más.

### ¿Un dios de mil caras?

De la complejidad de este dios nos hablan los 170 nombres que conocemos de las fuentes escandinavas. No los mencionaré todos, pero es interesante conocer una muestra:

Padre de Hombres, Padre de Todo, Padre de Ejércitos, Padre de la Victoria, Dios de Hombres, Dios de Muertos, Padre de los Muertos, Blandidor, Blandidor del Escudo, Lancero, Dios de la Lanza, Blandidor de la Vara Mágica, Guerrero, Guerrero Ciego, Alegre en la Lucha, Lobo del Combate, Portador de Yelmo, Autor de la Victoria, Exitoso en la Victoria, Protección y Victoria, Luchador, Encadenador, El que Afloja las Cadenas, El que Ciega en la Lucha, El que Trae el Sueño, Ojos Débiles, Ciego, Tuerto, Huésped Ciego, Ciego del Mundo Oculto, Dos Veces Ciego, El de Frente Recta, El que Abre la Boca en Trance, Barba Grisácea, Bigote Rojizo, Mandíbula Colgante, Bigote Colgante, Bigote de Pelo de Caballo, Barbilargo, Barba Colgante, Manto Colgante, Sombrero Colgante, Pálido, El del Manto Roto, Espalda Pardusca, Moreno, Alto, Altísimo, Igual de Alto, Antiguo, Anciano, Poderoso, Famoso Señor, Jefe, Seductor, Hábil o Artesano, Aullador, Gritador, Incitador, Malhechor, Oso, Cabeza de Águila, Terrible, Tempestuoso, Verdad, Triple, Doble, Vigilante, Amante, Afamado, Dios del Cargamento, Dios del Carromato, El que Hace Posible el Viaje, Poeta Inmenso, Dios Inmenso, Consejero Falso, Engañador, Sapientísimo, Dios de Colgados, Hosco, Gritador...

Renauld-Krantz, en su estudio estructuralista de los mitos nórdicos, ofrece los siguientes rasgos de Odín [6]: padre, seductor, creador, soberano, fecundador, guerrero, dios de los muertos, mago, dios mentiroso, dios del espíritu, tuerto. Varias de estas funciones parciales, que podemos derivar de los nombres, se pueden considerar dependientes de la principal que hemos estado comentando: dios de los guerreros aristocráticos del *druht*, en especial de su jefe [7]. Ese carácter militar explica tal vez su misoginia, patente en muchas acciones pero quizá sobre todo en sus numerosas seducciones de etonas, a las que utiliza para sus fines mediante el engaño y a las que desprecia luego. Como dice Davidson [8]: «no sabemos hasta qué punto el culto de Wodan entre los germanos servía a las necesidades de hombres y mujeres fuera de las exigencias de la guerra y las fortunas de las dinastías reales, pero parece claro que el poder del dios va aumentando a la par que el rey va convirtiéndose en figura central de la comunidad».

### *El que conduce al combate y la muerte*

Odín debe reclutar su inmenso ejército para esperar el Ragnarök, y para ello debe producir suficiente número de nobles muertos en combate. Lo hará por todos los medios: educará militarmente a los grandes héroes[9], pero sobre todo provocará la lucha, como indican nombres del estilo de «Incitador» (Hnikuð) y como atestiguan mitos en los que Odín obliga, a Freya por ejemplo, a provocar una guerra eterna entre dos reyes. Pero como sus muertos deben pertenecer a las estirpes nobles, nada mejor que la lucha fratricida, pues así serán más los miembros de una misma familia que pasarán a servir al «Dios de la Lanza». Una vez llegados al combate, nada mejor que usar la magia para proteger a unos y matar a otros: Odín cegaba a algunos y hacía que otros quedaran inmovilizados, como sujetos por ligaduras o cadenas, lo que sin duda acarrearía su muerte en la lucha. Pero Odín no es de fiar, e igual que no podemos saber lo que nos deparará el destino en el combate, tampoco podremos estar seguros nunca de la ayuda del «Malhechor»[10], que de pronto causará la muerte del príncipe a quien ha estado ayudando unos minutos antes, forma de proceder que encontramos una y otra vez en los poemas heroicos.

Si repasamos la lista de nombres de Odín\*, encontraremos algunos que pueden recordarnos la imagen física tradicional de la muerte; por cierto, que en las lenguas germánicas, a diferencia del español, la figura de ésta es masculina y no femenina (recordemos que con el Sol pasa al revés). Ciertamente, los pueblos germánicos han transformado al antiguo dios en imagen viva de la muerte, que, igual que él, es inesperada y traicionera (eche un nuevo vistazo al *Séptimo sello* de Ingmar Bergman). Y esa íntima relación entre la muerte y Odín reaparece en las tumbas de todo el ámbito germánico, sobre todo en la presencia de lanzas enteras, rotas o de miniatura[11] que acompañan seguramente a los miembros de una clase social enormemente diferenciada de las demás\*\*, y no sólo a los guerreros o a quienes lo han sido, sino también a niños, enfermos y mujeres[12].

También las tumbas nos demuestran la estrecha asociación entre Odín o Woden, la muerte, la religión y la lanza. Es posible que esta asociación con el arma más antigua de los germanos, anterior al hacha franconia y vikinga o a la espada, apunte a la gran antigüedad de la función guerrera del dios;

---

\* De Odín, no Wōðanaz, porque no sabemos cuáles de ellos eran válidos antes de la Escandinavia vikinga. La mayoría de los nombres parecen recientes, de modo que puede tratarse de invenciones de los escaldas a partir de la nueva imagen del dios.

\*\* En Sajonia se castigaba con la muerte el matrimonio de un miembro de la aristocracia guerrera con alguien no perteneciente a esa clase (Wolfram 1995: 80).

parece incluso que la muerte en combate podía sustituirse por una simple marca con la lanza, marca que podía realizarse incluso después de la muerte[13]. Esto puede interpretarse como un sacrificio: el guerrero es ofrecido a Odín muriendo en la lucha, y ciertamente «matar» podía expresarse como «regaló a Odín», «envió a Odín», «sacrificó a Odín». Pero los guerreros supervivientes, y por extensión otros miembros de su familia, podían ser sacrificados de manera simbólica mediante la marca de una lanza. Claro que también la horca era propia de Odín, pero de ella hablaremos en el capítulo siguiente.

### *El culto*

Wōðanaz, Odín, Woden contaron con lugares de culto situados generalmente en colinas o altozanos, y su culto era comunitario y oficial, nunca familiar, que sepamos. No son demasiados los topónimos que por el mundo germánico nos llevan a este dios, apenas una décima parte de los existentes en Escandinavia, por ejemplo, y una simple decena en Inglaterra; además, son escasísimos los nombres teofóricos que incluyen a Odín, de lo que podemos deducir que el culto al dios aparentemente más importante no era demasiado popular... pero tampoco hay tantos reyes o grandes príncipes, y a ellos estaría asociado el «Tuerto». Además, no contó con la misma suerte en todas partes: en Inglaterra era propio de los territorios sajones pero no de otros, en Escandinavia su influencia abarca solamente Noruega y Dinamarca, mientras que los suecos se decían descendientes de Yngvi-Frey y los islandeses tenían mayor aprecio a Thor: a fin de cuentas, la importancia de la monarquía y de las sociedades guerreras es distinta en unos lugares y otros.

Pensemos en lo que pudieron ser «cuarteles» de agrupaciones guerreras odínicas; los hay, de dimensiones considerables y estructura uniforme, en lo que es ahora el sur de Suecia pero que fue tradicionalmente un territorio perteneciente a Dinamarca. En ese ámbito geográfico, al que se unen varias islas del Báltico entre Suecia y Dinamarca, así como las que conforman parte del territorio de este último país, encontramos esos fortines que estaban asociados a monarcas locales. Y tenemos también representaciones del Valhala, de guerreros que llegan a él e incluso quizá del mismo Odín... es muy posible que el gran palacio del «Dios de los Ejércitos» fuera la versión sobrenatural de aquellos fortines, de los que aún conserva el recuerdo la *Saga de los vikingos de Iom (Iómsvíkinga saga)*.

*Otras cosas suyas*

En otros capítulos hablamos de los demás objetos, atributos, viviendas, amigos y parientes de Odín (de Wōðanaz no sabemos prácticamente nada al respecto): en tiempos vikingos y en las fuentes cristianas de Escandinavia, Odín es el centro de todo y de todos, de manera que aparece al hablar de Frigg, Freya, otras diosas, los Vanes, Thor, Loki, Baldr, etc. Conocemos su lanza Gungnir, «Oscilante», que quizá arrebató a su dueño original, Tiwaz, muy a principios de nuestra era. También sabemos del Valhala y de la casa o quizá trono del dios, Hlíðskiálf, desde donde observa lo que sucede en todos los mundos. Y es que Odín es el gran sabio, el que sabe lo que sucede en todos los sitios y en todos los tiempos, cuestión que analizaremos más detenidamente en el próximo capítulo porque, como dice Gro Steinsland [14]: «Los dioses no son ni onmipotentes ni omniscientes. Para conservar el complicado modelo cósmico, es necesario tener cada vez más conocimiento. Es imprescindible que los dioses se lancen a la búsqueda de la sabiduría, se trate de lo sucedido en el pasado y el futuro o de los misterios de la vida y la muerte. El conocimiento está oculto en los lugares más diversos: el pasado más remoto, el Recinto Exterior, el reino de los muertos, la montaña, el mar, los seres humanos».

## CAPÍTULO 15

# ODÍN, EL BRUJO

*El viaje sacrificial a la sabiduría*

Sé que colgué del árbol azotado por el viento
nueve noches enteras,
herido por la lanza, entregado a Odín,
mismo a mismo,
de aquel árbol del que nadie sabe
el origen de sus raíces.

Así comienza la *Historia de las Runas de Odín*, parte del *Discurso del Altísimo* o *Hávamál*. Odín se autoinmola para conseguir la sabiduría: colgado del árbol de la vida, del eje del cosmos, privado de alimento y bebida, traspasado por la lanza que le sirve de símbolo, el dios consigue las runas, que permiten que las palabras cargadas de magia subsistan más allá de la inmediatez de quien las ha pronunciado; consigue también los conjuros que vimos en el capítulo 8, y asimismo la poesía en cuanto portadora de la magia de las palabras: «una palabra dio otra, la palabra me llevaba»[1], aunque enseguida veremos otro posible origen del arte poética.

Este sacrificio chamánico debió de ser popular entre los escandinavos, a juzgar por las varias representaciones gráficas que conservamos y alguna referencia más que evidente. Por ejemplo, una canción recogida en las islas Shetland * en el siglo XIX incluía, en contexto cristiano, los siguientes versos [2]:

> Nueve días colgó del árbol sin raíces,
> pues el pueblo estaba enfermo
> y él era bueno.

No se trata del único caso de recuerdo del sacrificio de Odín, aunque ahora sea oficialmente Cristo quien se sacrifica colgado de un árbol sin raíces conocidas. Este tipo de sacrificio chamánico es bastante habitual, también en las culturas que estuvieron en estrecho contacto con los germanos de Escandinavia [3]: el chamán se cuelga del árbol de la vida —recordemos que éste se denomina Yggdrasil, «Potro del Terrible», es decir, de Odín.

¿Qué sabiduría consigue Odín mediante este terrible sacrificio que sus fieles repetirán inmolando prisioneros, esclavos u hombres especiales en las grandes ceremonias? Odín aprende nueve encantamientos y su maestro es el hermano de su etona madre Bestla: es decir, su tío materno, pariente cuya importancia tradicional ya conocemos. Lo que consigue Odín es lo que Schmidt Poulsen [4] denomina «magia *rún*», en la que se enlazan el poder y el conocimiento. Como vemos en las estrofas del *Hávamál*, las runas y los versos se adquieren en relación con la muerte o los muertos, y ambos se relacionan a su vez con un líquido... Vayamos a éste.

### *Del hidromiel de dioses y poetas*

Al concluir la guerra entre Ases y Vanes, un dios de cada estirpe escupió en un caldero y crearon a Kvásir, el más sabio de los seres. Pero en uno de sus viajes, dos tuergos, llamados Ocultador y Aullador, lo mataron y vertieron su sangre en dos cántaros que tenían por nombres Reconciliación y Jarro, y en el caldero Óðrærir, «El que Produce el Éxtasis». Echaron miel en la sangre y así crearon el hidromiel, que convierte en sabio o poeta a quien lo bebe. Luego, los tuergos invitaron al etón Giling, «Gritador», a acompañarlos al mar, pero la barca embarrancó y Giling se ahogó. Mataron también a la esposa del

---

* En las Shetland y las Orcadas se habló hasta finales del siglo XVIII una lengua derivada del antiguo nórdico denominada *norn*.

etón, pero cuando se enteró el sobrino de éste, Suttung*, se llevó a los tuergos y los abandonó sobre un escollo. Éstos pidieron clemencia y a cambio le ofrecieron el hidromiel. Suttung lo ocultó en un lugar llamado Rocas Precipitosas.

Y un día, Odín fue de viaje y se alojó en casa del etón Encorvado, hermano de Suttung; Odín, que se presentó con el nombre de Malhechor, hizo para él el trabajo de nueve hombres y a cambio Encorvado le prometió ayudarle a conseguir un trago del hidromiel de su hermano. Como éste se negó, Malhechor le dio a Encorvado un taladro para hacer un agujero en la montaña, y cuando estuvo listo se metió dentro tras adoptar forma de serpiente. Llegó donde estaba Gunnlöð, «Invitación al Combate», la hija de Suttung, y durmió con ella tres noches y a cambio ella le permitió beber tres tragos; pero al hacerlo dio buena cuenta de todo el hidromiel. Tomó entonces figura de águila y voló para escapar del turso, que lo persiguió disfrazado también él de águila. Cuando los Ases vieron llegar a Odín prepararon un caldero, en el que el dios escupió el hidromiel, aunque una parte cayó fuera y cualquier poetastro puede beber de ella.

La versión completa de este mito, tal como nos lo cuenta Snorri, es aún más compleja⁵ y no del todo compatible con lo que se dice en la *Segunda Noticia de Odín*, del *Hávamál*. También en este poema, el hidromiel se consigue seduciendo a Gunnlöð, pero para salvarse de los etones, quizá por alguna otra razón, Odín hubo de jurar en falso. Si antes vimos al gran dios conseguir la sabiduría de las runas mediante su autoinmolación, ahora lo encontramos obteniendo mediante el engaño, la seducción y el perjurio la bebida que permite la poesía y el conocimiento.

Este mito o, más exactamente, los dos o tres que se esconden tras estas historias hunden sus raíces en la antigüedad indoeuropea. También allí, como nos muestra un relato hindú, los dioses crean un ser sobrehumano y utilizan el mismo procedimiento de escupir en un caldero, acción que por un lado sabemos que alude a actos de conciliación y tregua y por otro al uso de la saliva para hacer fermentar líquidos y convertirlos en bebidas alcohólicas. Ases y Vanes producen con su saliva a Kvásir, personaje de nombre muy antiguo que significaba «Zumo de Bayas» (de él proceden los nombres modernos de dos bebidas alcohólicas: el *kvase* noruego y el *kvas* ruso). También en la India un dios roba el soma, bebida tan sagrada y especial como el hidromiel germánico o la ambrosía griega, pero allí es Indra el encargado del robo, y sabemos que este dios, que fue el más importante, es el equivalente

---

* Este nombre se interpreta en dos sentidos muy distintos. Puede ser «El Sobrecargado de Bebida» o bien «El Ágil». Elija el que más le guste.

hindú del germánico Þunaraz, Thor. Claro que ya conocemos los avatares históricos de nuestros dioses*.

En este mito hay elementos muy interesantes; como pone justamente de relieve Gabriel Turville-Petre [6], el hidromiel era propiedad de tuergos y etones, y Odín se ve obligado a hacer uno de sus rarísimos viajes al Iötunheim para obtenerlo. En el relato de Snorri, los tuergos fabrican el hidromiel, igual que son ellos los creadores de casi todo lo valioso; pero luego se lo llevan los etones, que ya sabemos que son una especie de fuente constante de sabiduría arcana. Odín lo roba utilizando un procedimiento que también nos resulta ya familiar: seducir a una etona. Es curioso, como apunta Steinsland [7], que para poder obtener el conocimiento que permita conservar el orden del cosmos (y la autoridad del rey) los dioses no tienen más remedio que mentir y engañar.

El caso es que todo este asunto es antiguo y no mera invención de Snorri. Veamos algunos *kenningar* de los escaldas que remiten a elementos de estas historias: la poesía puede ser copa de Odín, Hidromiel del terrible, Robo de Viður, Sagrada copa del dios del cuervo. Pero también, como recuerdo de cuando estaba en manos de los etones: Bebida de la tribu de Surt, Herencia de los hijos de Narfi, Copa del hijo de Biling. También están por ahí los tuergos, pues el hidromiel puede llamarse Lluvia de los tuergos, Bebida de tuergos, Hidromiel de Suðri, Pacto de Ám (un etón) y Austri (un tuergo).

Tengamos en cuenta el papel fundamental del hidromiel como bebida sagrada que permite el éxtasis poético y religioso (y en tiempos no había diferencia entre ambas cosas [8]); era además la bebida de la gran fiesta, núcleo y eje de la vida del *druhtinaz* y sus guerreros. Las doncellas reciben en Valhala a los guerreros con una copa de hidromiel, y una copa parecida debió de tener un carácter tan sagrado en tiempos antiguos que se llegó a asesinar a un misionero cristiano por destrozar una. La bebida embriagante era fundamental también, seguramente, para el furor de los *berserk* de Odín y para la actividad de las adivinas [9]. El caso es que la relación entre Odín, el hidromiel, la magia (incluyendo adivinación) y la poesía es bastante clara si pensamos en que el núcleo de las funciones del dios está en el *druht*. Veamos: (1) el señor y sus guerreros celebran fiestas lúdico-rituales en las que corre el hidromiel, en una especie de entrenamiento para las actividades cotidianas

---

* Odín encuentra su mejor correspondencia en Varuna, que también es anciano y se apoya en un bastón. No entro en detalles sobre las equivalencias de Odín con este dios o con el céltico Lug porque el asunto es muy confuso, consecuencia seguramente de esos mismos avatares (pueden consultarse Dumézil, 1959, y Davidson, 1998, 1993, pero también Enright, 1996).

del Valhala; (2) las hazañas del *druhtinaz* tienen que ser cantadas para que de ese modo se conozcan lejos y aumente el prestigio del señor y, con él, el de su propio *druht*; para eso están los poetas cortesanos o escaldas, que compaginarán la alabanza, la guerra, los placeres de la vida cortesana y la especial devoción a Odín, como dios de todas esas actividades suyas; (3) Odín protege a los suyos en combate mediante la magia, lo que incluye el conocimiento de muchas cosas que están ocultas, frecuentemente en los mundos de muertos y etones; (4) para la azarosa vida de un guerrero profesional, disponer de todo el conocimiento posible sobre lo que puede depararle el destino es de un interés indiscutible; (5) el sacrosanto alcohol permite enfrentarse con mejor ánimo a la lucha, la muerte y casi a cualquier cosa.

### *El chamán*

Runas, magia, poesía, bebida embriagante, muerte... Odín aúna todo aquello que puede ser necesario, incluso simplemente deseable, para los guerreros: la fiesta en torno a la bebida servida por bellas mujeres, sea en vida o tras la muerte, el furor del combate, el medio de conocer el destino, de hacer inofensivos a los enemigos y sus armas, de ser recordado con versos y tal vez con runas, que servirán también, en su forma de «Runas de Victoria», *sigrúnar*, para hacer infalibles las propias armas e inviolable nuestra tumba.

No cabe duda de que su capacidad de brujo máximo, de conocedor de todos los tipos de magia, guarda una estrecha relación con su función primordial de señor del *druht*. Intentó hacerse con otras funciones divinas, como hemos tenido ocasión de comentar en varias ocasiones en estas páginas, y muy especialmente codició las que corresponden a la fertilidad, terreno tradicionalmente limitado a las diosas. Por eso lo vimos, disfrazado de santo rey cristiano, apoderándose del rito fálico de Völsi, y por eso lo encontramos también robando el collar de Freya. Y de esta diosa aprendió, sólo él entre todos los dioses, la poderosísima magia *seið*, de la que era nuestra Señora la principal conocedora. Pero también comprobamos cómo arrebató su lugar en el Ásgarð al gran Týr, cómo convirtió a Thor en su hijo y subordinado... Al grito de «¡Todo el poder a Odín!», el que fuera dios de los muertos en combate lanzó la revolución que transformó por completo la religión tradicional.

Es posible, como ya sabemos, que esta revolución se iniciara en el sur del mundo germánico; es posible incluso, como apunta Enright [10], que la victoria sobrenatural del dios tuviera mucho que ver con los triunfos militares y muy terrenales de varios caudillos germánicos que, providencialmente, eran tuertos. Pero una parte de las propiedades del «Engañador» es probable que fueran exclusivas de Escandinavia: la magia *seiðr* no parece que existiera fuera del norte extremo, y la autoinmolación y el autosacrificio están directamente relacionados con ella. No así el sacrificio humano..., y nada más lógico, como ya hemos visto, que ofrecer vidas humanas al dios de la muerte en combate; pero sacrificarse a sí mismo es otra cosa muy distinta.

Lo cierto es que desde hace años se ha propuesto ver en esos peculiares rasgos de Odín una influencia directa de los pueblos fineses y saami, como comentamos brevemente en el capítulo 8. Los escandinavos, pero seguramente no los germanos de otras regiones, revistieron a su dios de los poderes que atesoraban los chamanes saami, creando así un sincretismo parcial de extraordinario interés [11]. Aunque algunos (pocos) han puesto en duda el carácter chamánico de Odín, basta con echar un vistazo a las más importantes coincidencias entre el «Consejero Falso» y los chamanes del norte: sufren muerte aparente para poder desplazarse en busca del conocimiento; tratan con seres de ultratumba, a quienes interrogan; viajan en forma de animal; suelen ir acompañados de aves como el cuervo; tienen espíritus femeninos que los acompañan en sus vuelos, como las valquirias; y pueden averiguar el pasado, el presente y el futuro, conocimiento que está vedado a todos los demás.

Odín tiene dos cuervos que le informan de todo lo que pasa, pues todo lo ven; además, se le asocia con el lobo, animal en el que viajan las brujas-chamanes y que será quien lo mate en el Ragnarök. Desde su trono o palacio Hliðskiálf puede verlo todo, como corresponde al dios del conocimiento.

### *Los poemas éddicos de Odín*

Los poemas de la *Edda* que tienen a Odín como protagonista se centran en la obtención del conocimiento. Repasemos muy deprisa de qué tratan los más importantes. En el *Hávamál*, el *Discurso del Altísimo*, encontramos preceptos y consejos que, al menos en parte, pueden leerse como procedentes del dios; a fin de cuentas, varias de las estrofas (96-102, 103-105) se refieren a cómo adquirió cosas diversas gracias a sus aventuras amorosas.

Más claro es el *Discurso de Vafþrúðnir*, en el que Odín va a interrogar a un etón, quien le informa de cómo está organizado el cosmos: el poema ofrece una relación de los nombres de lugares, objetos y seres, y proporciona algunas características de éstos. Y aunque las preguntas las hace siempre Odín y el que contesta es el etón, cuyo nombre significa «Gran Embrollador», al final éste reconoce la superioridad del dios: «Con Odín compito en sabiduría, mas tú siempre / serás el más sabio». En el *Discurso de Grímnir*, «El Enmascarado», es el propio Odín quien habla del mundo sobrenatural a su protegido, el rey Geirröð, aunque éste, que no ha reconocido al dios, lo está torturando.

Curiosamente, el *Canto de Hárbarð*, nombre que significa «Barbagris», es un enfrentamiento pregunta-respuesta de Odín y Thor. Barbagris, claro, es el mismo Odín, disfrazado ahora de barquero que no permitirá a Thor cruzar el río tras uno de sus viajes al Recinto Exterior, aunque esta competencia entre los dos dioses pone bien de manifiesto sus diferencias: mientras que Thor se refiere a sus hazañas guerreras, Barbagris le habla de sus viajes por el conocimiento. Así, Thor menciona sus combates con los etones, y Odín le responde (estrofa 24):

> Yo estuve en el País de los Muertos librando combates,
> incité a la lucha, nunca a hacer la paz.
> A Odín van los nobles que caen en combate,
> los siervos a Thor van.

A diferencia de los poemas mencionados, sólo en uno es Thor quien pregunta: en el *Discurso de Alvís* interroga a un tuergo, pero ahora sobre cuestiones meramente léxicas: los nombres que se dan al cielo, la luna, el sol, la nube, etc.: es decir, se trata de un inventario de denominaciones poéticas, no de conocimientos arcanos como en los poemas odínicos. En cambio, en el *Canto de Hyndla*, es Freya la que indaga cosas semejantes a las que preocupan a Odín. La proximidad entre la Señora y «Mandíbula Colgante» queda de manifiesto, igual que la radical diferencia entre éste y el «Guerrero Pelirrojo».

El «Altísimo» reaparece una y otra vez en estas páginas, de manera que es innecesario entrar ahora en más detalles. Dejémoslo descansar un poco y visitemos a uno de sus supuestos hijos.

CAPÍTULO 16

# THOR, EL TONANTE GUERRERO PELIRROJO

*¿Un dios sin problemas?*

A la vista de las dificultades de interpretación de todos los seres mitológicos escandinavos, la aparente simplicidad de Thor se agradece. Parece bien claro quién es, qué hace, cómo, por qué y para qué. Claro que las apariencias pueden engañar, pero de todos modos Thor resulta más simple que cualquiera de sus congéneres. Ni siquiera su nombre plantea dificultades de interpretación: significa simplemente «Trueno», y aunque a primera vista no lo parezca, es exactamente la misma palabra que el inglés *Thunder* o el alemán *Donner*. En nórdico antiguo era Þórr, en inglés antiguo Þunor y en antiguo alemán Donar, en todos los casos correspondencias fonéticas perfectamente conocidas a partir de un más antiguo Þunoraz. Tenemos referencias sobradas de que tanto Þunor como Donar eran dioses paganos de Inglaterra y el continente, respectivamente. De modo que es un dios de nombre idéntico en todas partes y una divinidad importante mucho antes de la cristianización. Añadamos que, como enseguida veremos, tiene equivalentes claros en otras mitologías indoeuropeas y que incluso creemos reconocerlo en los grabados rupestres escandinavos de la Edad del Bronce.

Por si todo esto fuera poco, tenemos constancia de que se practicaban ritos y sacrificios en honor de Thor/Þunor/Donar, de que desde pronto se hicieron efigies que parecen referidas a él, que su símbolo principal es fácilmente identificable, que en muchos lugares era el más popular de los dioses y que sus funciones fueron básicamente las mismas desde que tenemos noticia. Parecería la divinidad ideal para el mitólogo; si acaso, un poco aburrido, porque no parece presentar retos interesantes. Claro que...

### *Thor, Júpiter y compañía*

Las apariencias pueden engañar. Para empezar por algún sitio, veamos la *interpretatio romana* (o *germanica*) que hizo que se asignara su nombre al día de la semana dedicado por los romanos a Júpiter: *Iovis dies*, «día de Júpiter», y *Þunres dag*, «día de Thor». Lo cierto es que Júpiter y Thor comparten bastantes cosas importantes que, además, eran accesibles directamente a los observadores. En primer lugar, el trueno, el relámpago y el rayo. Quizá precisamente por intermedio de éste, ambos están asociados con el roble, pues suele decirse que este árbol atrae al rayo. Los dos tienen importantes funciones jurídicas, por ejemplo en la supervisión de los juramentos y las asambleas. Finalmente, Thor y Júpiter portan en la mano un objeto asociado con el rayo y el trueno. De modo que las semejanzas entre el dios germánico y el romano son más que suficientes, y no tiene que extrañarnos en absoluto que nuestro jueves sea el *Donnerstag* de los alemanes y el *Thursday* inglés, aunque queramos pensar que el romano es el primero de los dioses y el germano un simple segundón.

Pero Thor no sólo se parece a Júpiter. Entenderemos mejor lo que representa el pelirrojo si recordamos brevemente a algunos otros dioses indoeuropeos que guardan profundas similitudes con él. Por ejemplo, el hindú Indra[1], que, como Thor, es fuerte y pelirrojo; ambos son hijos de la Tierra, grandes bebedores y enormemente populares entre los fieles; los dos combaten contra un gran monstruo relacionado con el agua (Thor, con la serpiente del Miðgarð; Indra, con Vritra). Indra fue inicialmente el más importante de los dioses, aunque luego quedó relegado al papel de divinidad de la función guerrera, y quizá con Thor sucedió algo parecido, pues se trataba originalmente, igual que ocurría con Indra, de un dios atmosférico, es decir, parte del culto solar que probablemente dominaba en la Edad del Bronce y los primeros tiempos germánicos: quizá sea Þunoraz esa figura armada de gran hacha que aparece tantas veces en los grabados rupestres escandinavos, aunque el desarrollo histórico de la religión hizo que ese aspecto de su divinidad fuera perdiendo importancia en favor de su función guerrera[2].

Y las cosas no terminan en estas semejanzas de Thor e Indra, Thor y Júpiter o Zeus. El eslavo Perun tiene muchos rasgos comunes con nuestro dios del trueno, y, como él, blande una maza o un hacha; si Thor es pelirrojo y usa barba y bigote, Perun gasta mostacho rubio. A los dos se les relacionaba con las cabras, consideradas sus animales favoritos para el sacrificio, aunque sin despreciar a toros y osos; los dos arrojan rayos y producen truenos, y su común árbol sagrado es el roble. Por todo esto, los vikingos suecos en Rusia, llamados varegos, vieron a Perun como plenamente equiparable a Thor, hasta el punto de erigir un templo a Thor/Perun en Kiev[3], mientras que algunos escritores eslavos de los primeros tiempos cristianos establecían una relación con Zeus.

Prácticamente lo mismo podemos decir del lituano Perkunas, el letón Perkons y su equivalente prusiano[4], que incluso ocupaban la misma posición atribuida a Thor en la representación de la trinidad pagana. Claro que la semejanza es aún mayor con el dios saami del trueno, Horagalles, pues incluso su nombre no es sino la forma saami de pronunciar el apelativo escandinavo *Þórr-karl*, «El viejo Thor» (en el sentido de «el bueno de Thor»); como él, produce el trueno con sus martillos. Y es probable que también Ilmarinen, el gran dios y héroe de la epopeya finesa *Kalevala*, deba algo de su configuración misma a nuestro dios pelirrojo, aunque el personaje finés se asocia más aún que Thor con la figura del herrero y el mítico *sampo* del *Kalevala*, de carácter e identidad desconocidos, es un objeto producido en su forja. Pero tanto él como Thor protegen a los viajeros, especialmente en el mar, y ambos traen las lluvias. Los dos tienen una esposa relacionada, además, con el oro.

También en la mitología céltica encontramos equivalentes muy próximos: en Galia está Sucellus, reconocible porque tiene un martillo como Thor y porque también a él se le asociaba con el roble y con Júpiter. También en Galia estaba el dios de la guerra y el trueno, Taranis o Tanarus, nombre etimológicamente idéntico al de nuestro dios germánico, a quien los romanos equiparaban a Júpiter y cuyo símbolo era la rueda. Pero es el irlandés Dagda el más claro equivalente celta de Thor. También él es un pelirrojo grande y fuerte, e igualmente lleva una maza con la que produce el trueno; nunca monta a caballo, sino que viaja a pie o en un carro arrastrado por machos cabríos; también él controla las lluvias y hace guardar la ley, prestando especial asistencia a las asambleas. El Dagda, igual que Thor, tiene un apetito voraz y penetrantes ojos llenos de furia, y ambos están caracterizados en los mitos como personajes no demasiado listos[5]. La única nota discordante es que, a diferencia del dios escandinavo, el Dagda es experto en magia, lo que lo acerca algo más a Odín, como sucede asimismo con las formas de sacrificio: a él y a Taranis se ofrendaban seres humanos a los que se apuñalaba y colgaba de los árboles. La popularidad del Dagda se comprueba incluso en su nombre: como habrá visto, va precedido del artículo, y es que el apelativo significa «dios bueno», idea que también vale para nuestro Thor. Taranis o el Dagda son variaciones sobre un mismo tema, el dios atmosférico y a la vez guerrero.

Pero existe otra correspondencia germano-latina que probablemente era tan fuerte y llamativa como la existente entre Thor y Júpiter/Zeus. Igual que nuestro dios, el semidiós Hércules/Herakles luchaba contra monstruos diversos protegiendo el mundo y el orden, y, como él, usaba una maza. Tácito nos habla del culto germánico a Hércules\*, y seguramente debemos entenderlo en este sentido.

### *El dios indoeuropeo del trueno y la fuerza física*

En la interpretación de Georges Dumézil, Thor es desde los primeros tiempos indoeuropeos el dios que corresponde a la Segunda Función, la de la fuerza física, la del guerrero [6]. Es interesante que en los rituales de diversas culturas indoeuropeas (hititas, indo-iranios, celtas y latinos) el color asociado a esta función, el color del dios guerrero, era el rojo.

El único problema en la asignación de Thor a esa función puede estar en la relación del trueno, el dios atmosférico, y el guerrero. El caso es que los nombres de los dioses bálticos y eslavos que hemos visto nos hacen pensar prioritariamente en un dios del trueno o la lluvia que estaría representado, quizá, entre los germanos por Fiörgyn, madre de Thor, o por el misterioso Fiörgynn, nombre que parece etimológicamente relacionado con los Perun, Perkun y demás del noreste de Europa y que podía ser un nombre del «roble». Quizá en tiempos neolíticos se tratara de un dios puramente atmosférico que con la militarización de la sociedad indoeuropea fuera haciéndose cada vez más guerrero a la vez que, desde los comienzos de la metalurgia, adquiriera una asociación clara, aunque no igual en todas partes, con las labores del herrero.

---

\* En el capítulo 3, cuenta Tácito que los germanos «recuerdan que también Hércules había estado con ellos y que le dedican cantos celebrándolo como el más fuerte de los guerreros».

## *Thor, su familia y amigos*

Como es habitual, Thor tiene padre, madre, esposa e hijos. Sin embargo, como pasa siempre en las genealogías nórdicas, el asunto es más complicado. Como padre de Thor se menciona siempre en Escandinavia desde tiempos antiguos a Odín, aunque es posible que se trate de una paternidad a posteriori; es decir, me gusta pensar que el encumbramiento de Odín llevó consigo, quizá en el VI d.n.e., la transformación en hijo suyo de un dios que hasta entonces había ocupado una posición superior, al tiempo que, quizá, el papel de Thor iba haciéndose cada vez más guerrero y menos atmosférico. En todo caso, no tenemos ni idea de quién pudo ser el padre original de Thor.

Su madre es Iörð, la Tierra, y aquí cuadran bastante bien las cosas. Como pasa con todos los grandes Ases, es etona. Ya hemos hablado algo de ella, aunque no es mucho lo que sabemos, y en los mitos de Thor aparece simplemente como una referencia vaga y lejana, una etiqueta que la identifica como poseedora de antiguos y misteriosos orígenes. Pero los misterios alcanzan también a los otros nombres que a veces se aplican a Iörð: Fiörgyn, mencionada varias veces en este libro, y Hlóðyn; esta última es de ignoto origen, aunque existen cinco piedras votivas de los primeros siglos de nuestra era en las que aparece el nombre latinizado Hludana, que es seguramente el mismo. Sería entonces una diosa de la tierra y del mundo subterráneo que formaría parte de un grupo de diosas con nombres de la misma raíz: el indoeuropeo *kel-*, «oculto»; en él estarían Hel, Nehalennia, Huld, Hlóðyn y Frau Holle, un personaje del folclore alemán con antiguas raíces mitológicas[7]. Lo cierto es que Thor es Hijo de la Tierra en todos sus aspectos. En cuanto a su fiel esposa, Sif, de ella hablaremos más despacio al estudiar cómo consiguió Loki la bella cabellera que adorna a esta diosa, que, por lo demás, no hace nada. Sif significa probablemente «Esposa», de modo que la diosa ni siquiera tiene nombre propio, y no es nada más que «la esposa de Thor». Pero no es el pelirrojo su primer marido, pues ella aportó al matrimonio su hijo Ull, otro personaje difícil de interpretar. Los hijos de Thor tampoco tienen auténtica personalidad propia, pues son simplemente atributos del padre: Móði y Magni, respectivamente «Airado» y «Poderoso». Apenas aparecen en nuestros textos (aunque más abajo se comentará la curiosa intervención de Magni en el mito de Hrungnir). Lo cierto es que pertenecen a la segunda generación de dioses, la que tomará el relevo después de la destrucción del Ragnarök.

El acompañante más habitual de Thor en sus expediciones es el tramposo Loki, y la pareja forma un curioso contrapunto: Thor es poco hablador, y

Loki padece casi de verborrea; el pelirrojo es simple y directo, y el *trickster* es retorcido; si el dios del trueno parece casi tonto muchas veces, nadie supera en astucia al apuesto dios-etón. Las diferencias de temperamento también son destacables: Thor es fiel a su esposa, y Loki es un... seductor, digamos, incansable; Thor siempre ayuda a dioses y hombres, mientras que Loki busca siempre el perjuicio de los demás. Thor, en suma, se esfuerza por conservar el orden en tanto Loki pone al mundo constantemente al borde del caos, peligro del que surge siempre algo nuevo pero que puede terminar en catástrofe.

En una ocasión, cuando va a buscar el caldero de Hymir, le acompaña Týr, relación más bien oscura pero que puede estar justificada por el supuesto origen de este dios, cuyo padre podría ser un etón, seguramente el mismo Hymir. Y en otras aventuras, las más propiamente guerreras, Thor lleva consigo a un joven llamado Þiálfi, hijo quizá del etón Egil. Lo cuenta brevemente Snorri[8], aunque sin hablar de etones y convirtiendo a Þiálfi en ser humano, lo que no carece de sentido, porque si Thor ayuda a las personas, es lógico que éstas le sirvan también:

> Viajaba Thor con sus machos cabríos en compañía de Loki. Llegaron a una granja donde les dieron albergue, y Thor sacrificó sus chivos y comieron de ellos Thor y Loki, el campesino, su mujer, su hijo Þiálfi y su hija Röskva. Tomó luego el dios las pieles de sus animales y ordenó a todos que arrojaran en ellas los huesos. Mas Þiálfi rajó un fémur para llegar a la médula. Antes de partir al día siguiente, Thor consagró las pieles de los chivos con su martillo Miölnir y ambos revivieron, aunque uno de ellos cojeaba de una de las patas. Indignóse el dios, y el campesino y su familia rogaron su perdón ofreciéndole a cambio todo cuanto poseían. Calmóse Thor y en señal de reconciliación aceptó llevar consigo a Þiálfi y Röskva, que habrían de servirle siempre como criados.

Aparte de esta referencia, Þiálfi más parece escudero que criado, o ese típico guerrero joven que acompaña al ya experimentado, pero el asunto es secundario por ahora. No sabemos lo que significa el nombre, aunque era relativamente frecuente, sobre todo en Suecia, de modo que su etimología puede ser irrelevante para este mito. En cuanto a su hermana Röskva, sabemos aún menos, si bien su nombre está relacionado con el crecimiento, lo que apuntaría a alguna desconocida función de fertilidad.

Por otra parte, una escena muy semejante se encuentra en un mito abjasio, en el que también el dios cazador Azhwypshaase guarda en su piel los huesos de los animales sacrificados y comidos para revivirlos al día siguiente[9]. Las relaciones entre el Cáucaso y la Germania aparecen, extrañamente, una y otra vez.

## Casa y cosas de Thor

Como los otros dioses, Thor tiene su propia casa; en realidad, una finca o granja con su casa correspondiente, igual que cualquier jefe terrenal de renombre. La finca se llama Þrúðheim o Þrúðvang, «País o Campos de la Fuerza», y la casa propiamente dicha es Bilskírnir, «La que Resplandece con Rayos de Luz». Como vemos, granja y casa tienen nombres muy adecuados a las funciones y características del dios, aunque, aparte de que la casa tiene tantas puertas como Valhala, no se nos proporcionan mayores detalles.

Un rasgo destacable pero que suele pasar desapercibido es que Thor nunca va a caballo, ni se conoce ninguno de su propiedad: siempre hace sus grandes viajes a pie o en su carro. Esto puede ser indicativo del papel social de nuestro pelirrojo: los caballos eran animales valiosos limitados a la aristocracia guerrera, mientras que Thor era el dios de los combatientes de a pie, valga el juego de palabras.

En cuanto a su carro, es un atributo típico de los dioses del trueno, mientras que sus curiosos animales de tiro, unos machos cabríos, se asocian con los dioses de la fertilidad y los del trueno. Los sonoros nombres de los chivos, Tanngrísnir y Tanngnióst, son seguramente invención de Snorri y, como corresponde a los animales de un dios del trueno, tienen significados rimbombantes: «Rechinador de Dientes» y «Crujidor de Dientes». Ya conocemos su peculiar utilización como víctimas que renacen, rasgo que caracteriza a otros animales pertenecientes a dioses de la fertilidad. Recordemos el jabalí cocinado todos los días en Valhala para alimentar a los *einheriar*, que también renace al día siguiente. El caso es que cuando Thor se pasea por el cielo en su carro se producen las tormentas, y el templo de Upsala guardaba, al parecer, unos instrumentos utilizados para producir enormes ruidos que rememoraban al dios y que el cristiano rey Magnus de Dinamarca ordenó destruir en 1125, según cuenta Saxo Gramático en el libro XIII de su *Historia* [10]; también la diosa-sacerdotisa sepultada en Oseberg tenía en su ajuar funerario una especie de campanas.

Además de estas cosas, nuestro dios tiene varios objetos característicos: aparte del martillo Miölnir, del que hablaremos más detenidamente en un capítulo posterior, posee un cinturón de fuerza que aumenta aún más la ya enorme del dios y unos guantes de hierro que precisa para arrojar a Miölnir: quizá un recuerdo de las herramientas del herrero. Pero si Miölnir es sin duda un atributo de la mayor antigüedad, guantes y cinturón pueden ser simple añadido de Snorri o de alguna tradición medieval, ya cristiana, reflejo de la transformación de Thor en personaje de cuentos populares.

## Culto y popularidad

No hubo dios más popular que Thor, sobre todo en los últimos tiempos del paganismo escandinavo. Aparece en mil de los cuatro mil nombres de varón mencionados en el *Libro de la colonización*; son también numerosos los topónimos en Escandinavia e Inglaterra, pero asimismo en el continente, que frecuentemente hacen referencia a lugares de culto naturales, es decir, bosquecillos, colinas, etc. Un estudio de los topónimos de Islandia realizado por Sigmundsson [11] muestra que en la isla no había dios más popular, pero mientras que en la península escandinava se prefería dar el nombre de Thor a granjas, fincas y campos cultivables, lo que apuntaba a su función original de dios atmosférico y, en consecuencia, del clima y la fertilidad de los campos, en Islandia se usaba para designar lugares importantes, lo que el autor islandés interpreta como una pérdida de ese carácter original y su transformación en «dios del país», algo así como santo patrono de Islandia. Esta tesis, ciertamente, encuentra apoyo considerable en la forma en que muchas sagas nos hablan de sus devotos. Por ejemplo, el noruego Thórólf, de quien nos habla la *Saga de los habitantes de Eyr*[12], decidió emigrar a la isla, y su equipaje incluyó, como era habitual, los pilares del asiento alto, el lugar de honor desde donde el señor de la casa, y si acaso algún huésped a quien se quería honrar especialmente, presidía la vida cotidiana y las grandes fiestas. Dice la saga [13]:

> Thórólf lanzó por la borda los pilares de su asiento alto que habían estado en el templo (en uno de ellos había tallada una imagen de Thór). Dijo que se establecería en Islandia donde Thór eligiera que los pilares llegaran a tierra.

Cuando desembarcó, llamó Þórsá, «Río de Thor», al primer río grande que encontró, y además de su granja construyó un templo a Thor sobre cuya descripción se ha escrito mucho [14]:

> ... mandó erigir un templo que fue muy grande. Tenía la puerta en una de las paredes laterales cerca del aguilón. En el interior estaban los pilares; en ellos había algunos clavos, que ellos llamaban «clavos de los dioses». Era un lugar sagrado. En el centro del templo se encontraba un emplazamiento que se parecía al coro de las iglesias de hoy, y en medio del entarimado de la habitación se levantaba un pedestal como un altar.
> En esta tarima estaba colocado un aro abierto que pesaba veinte aurar. Ante este aro hacían todos sus juramentos, y el godi del templo debía llevarlo siempre en su brazo en todas las reuniones. Había un cuenco para los sacrificios sobre la tarima con una ramita dentro en forma de acetre; con ella asperjaban la sangre

del cuenco que era llamada sangre de sacrificios, es decir, la sangre de aquellos animales que eran sacrificados como ofrendas a los dioses. Alrededor del pedestal estaban dispuestas en círculo las figuras de los dioses.

Ahorraré al lector las eruditas discusiones sobre la autenticidad de estos datos. Es posible que al menos en los periodos finales del paganismo escandinavo se utilizara ese aro, o un objeto semejante, en los juramentos importantes. Sabemos por inscripciones rúnicas incluso de época previkinga que Thor «consagraba», de modo que una expresión que podemos traducir como «Thor bendiga» (estas runas, esta piedra, etc.) tiene orígenes muy antiguos. Esa bendición se impartía sobre todo con el martillo, como sucede en el texto sobre Þiálfi. Sea como sea, lo que es indiscutible, en mi opinión, es que Thor presidía algunas ceremonias de carácter social: era ciertamente el dios de la asamblea, función en la que parece haber sustituido a Týr, al menos en Escandinavia, sobre todo en Islandia, y especialmente desde poco antes de la época vikinga.

Precisamente en Islandia, pero también en otros sitios de Escandinavia e Inglaterra, los símbolos de Thor aparecen una y otra vez: pequeños Miölnir que se utilizaban de amuleto, seguramente, a imitación de los crucifijos cristianos; pero también estatuillas de las que tenemos testimonios escritos y arqueológicos. Y sabemos que hubo imágenes esculpidas, en general de modo bastante burdo, como nos cuentan algunos autores; y que en el continente, y desde tiempos muy antiguos, había robles sagrados por su dedicación al dios: en su biografía de san Bonifacio, escrita antes del 768, Wilibaldo nos cuenta que en el año 723 el misionero decidió destruir un roble al que las gentes de Hesse tenían especial devoción donariana y en torno al cual muchos que eran ya oficialmente cristianos seguían practicando ceremonias paganas. Ante un buen número de espectadores, el futuro mártir cortó una ramita del árbol, que milagrosamente cayó al suelo con gran estruendo. Y siguiendo el proceder habitual, la madera del roble caído se usó para construir una capilla dedicada al apóstol san Pedro [15].

Sabemos, por muchas fuentes islandesas, que había paganos de los últimos tiempos que se mostraban tan devotos del dios como los cristianos de Jesucristo, aunque el término que ellos usaban era «amigo». A él recurrían para solicitar su ayuda en el mar o en una situación difícil, y la oración tomaba muchas veces formas parecidas al trance: el orante se cubría con un manto y permanecía inmóvil largo tiempo, intentando establecer comunicación con el dios [16], o quedaba simplemente absorto, como un personaje de la *Saga de Erik el Rojo* [17] que busca en Thor ayuda para conseguir alimento: Þórhal permanece aislado durante tres días encima de un acantilado con los ojos y la boca abiertos, mirando al infinito y musitando palabras incomprensibles. La ayuda del dios se manifestó en forma de una ballena de especie desconocida que quedó varada en la playa y que fue cocinada al momento. Ante sus compañeros cristianos, Þorhal presumió de que su dios pelirrojo había demostrado ser más poderoso que Cristo y que aquélla era su respuesta al poema que había compuesto y recitado en su honor.

## CAPÍTULO 17

# LOS MITOS DE THOR

Como es de esperar habida cuenta de la popularidad del dios, conocemos una buena cantidad de historias sobre Thor, aunque sabemos que hubo otras muchas de las que apenas tenemos una vaga idea; y debió de haber aún otras más que se han perdido por completo. Nuestra mejor fuente es Snorri; pero además contamos con los poemas de la *Edda*, con poemas escáldicos e incluso con representaciones gráficas que nos demuestran la extensión de algunas historias que de él se contaban.

### *Thor se va de pesca*

Empezaremos por uno de los mitos de cuya popularidad tenemos pruebas de sobra. Primero de todo, veamos cómo nos lo cuenta Snorri[1]:

> Una vez, Thor salió de viaje disfrazado de muchacho y llegó a casa del etón Hymir. A la mañana siguiente, Hymir se preparó para ir de pesca y Thor le pidió que lo dejase acompañarlo. Hymir le respondió que era un jovencito flojo y que se congelaría en alta mar, pero Thor se enfadó tanto que estuvo a punto de gol-

pearlo con el martillo. Hymir le dijo que escogiera él mismo el cebo para la pesca, y Thor le cortó la cabeza a Himinhriót, que era el mayor de los bueyes del rebaño de Hymir, la metió en la barca y empezó a remar. Y bogaron y bogaron lejísimos, hasta que Hymir dijo que aquel lugar era peligroso, pero Thor siguió remando. Y al cabo de un tiempo preparó el sedal con un anzuelo enorme y la cabeza de buey como cebo; arrojó el sedal al agua y cayó hasta el fondo. Y la serpiente del Recinto Central mordió el anzuelo, que se le clavó en el paladar. Thor tiraba con tanta fuerza que sus puños rompían las bordas, y se enfureció, aumentó su fuerza de As y apretó los pies contra el fondo, con tal fuerza que atravesaron el barco y se apoyaron en el fondo. Thor miraba con sus ojos inflamados a la serpiente, que lo miraba a su vez, escupiendo veneno.

Hymir palideció, muerto de miedo al ver a la serpiente y al mar entrando y saliendo en su barca. Y cuando vio que Thor levantaba su martillo para golpearla, cogió un cuchillo y cortó el sedal, tirando el cebo por la borda. Thor arrojó su martillo contra la serpiente que se iba hundiendo, y se dice que le acertó en la cabeza, aunque seguramente sigue viva. Thor, furioso, golpeó a Hymir y lo tiró por la borda; después, volvió caminando hasta la orilla.

Y ahora el poema de la *Edda* que Snorri tomó de base para su relato. Se llama *Hymiskviða*, o *Cantar de Hymir*[2]. Presento una versión simplificada y en prosa:

> Los dioses habían estado de caza y volvieron sedientos; exigieron a Ægir que les preparara un festín y él pensó en cómo castigarles por su grosería. Así que les dijo que habrían de llevarle un caldero mucho más grande para hacer cerveza. Pero los dioses no sabían dónde encontrar uno del tamaño adecuado, hasta que Týr le dijo a Thor que «más allá de Élivágar vive Hymir, quien posee un caldero de tres leguas de hondo». Y allá fueron hasta el palacio del etón, que era el padre de Týr.
>
> Ante la puerta estaban la abuela, tursa de novecientas cabezas, y la esposa del etón, que invitaron a entrar a Thor y su compañero y los aposentaron ocultos bajo los calderos. Cuando llegó Hymir, su esposa le anunció la llegada de su hijo con un acompañante al que presenta como Véor, enemigo de un adversario de Hymir. Receloso, el etón hace caer los calderos y sólo uno de ellos quedó entero. Cogieron entonces tres toros, les cortaron la cabeza y los pusieron a cocer. Y antes de acostarse, el esposo de Sif devoró él solo dos de los toros. «Mañana comeremos el producto de nuestra pesca», dijo Hymir, y Thor se mostró de acuerdo y pidió cebo para pescar. El gigante le dijo que lo buscara él mismo, y Thor fue al bosque, donde encontró un toro zaíno, al que cortó la cabeza.
>
> Van a la pesca y Hymir captura dos ballenas, pero Thor prepara su propio sedal con la cabeza del toro, y la serpiente del Recinto Central mordió el anzuelo. Thor la subió a bordo y le golpeó la cabeza con su martillo. El estruendo fue enorme, como si la tierra entera estuviera temblando, y la fiera volvió a sumer-

girse en las aguas. Furioso y aterrado el etón, pidió a Thor que lo ayudara a volver a la orilla con sus ballenas y Thor transportó barca, trol y botín caminando por el mar. Pero al llegar dijo el etón: «Eres buen remero, pero eres menos fuerte que yo, tendrás que romper esta copa si quieres superarme». Thor arrojó la copa contra un pilar de piedra, que se hizo pedazos, pero la copa siguió entera. La esposa del etón le dijo que la lanzara contra el cráneo de Hymir, más duro que cualquier copa. Así lo hizo Thor y el cráneo de Hymir no fue dañado, pero la gran copa se rajó. Apesadumbrado, Hymir ordena a Týr y Thor que se lleven el caldero, pero Týr no consiguió moverlo; Thor, entonces, lo levantó con sus manos y se marcharon. Y en casa de Ægir prepararon cerveza y festejaron, y así lo hacen los dioses desde entonces.

Tenemos referencias a este mito desde tiempos muy antiguos, y varios grabados escandinavos, incluyendo algunos encontrados en Inglaterra, atestiguan su antigüedad e importancia. Sin embargo, no lo conocemos ni lo entendemos todo. No sabemos si por fin mata o no a la gran serpiente aunque, igual que Snorri, nos inclinamos a pensar que aquélla sobrevivió. No en último término, quizá, porque en el mundo de antagonismos brutales que subyace a la mitología escandinava es necesario que esté presente el Monstruo Terrible que mantenga en constante peligro la existencia del Recinto Central y que, al mismo tiempo, impida que los etones se aventuren por el mar, lo que los acercaría demasiado a las tierras de hombres y dioses. Como señala Preben Meulengracht Sørensen [3], aquí Thor tiene que ir al elemento propio de la serpiente e intentar sacarla de él, acción distinta de la que realiza tantas veces con los etones: ciertamente va al territorio de éstos para vencerlos, pero una vez derrotados permanecerán allí aunque sea muertos, mientras que en este mito el dios intenta, aunque en realidad no lo consigue, que la serpiente deje de vivir en el mar, único lugar donde su existencia es posible. De ahí, quizá, que sea secundario si el golpe de Miölnir tuvo más o menos efecto.

Un elemento de especial interés es el de las ocupaciones de Hymir, pescador y pastor, pero este tema lo desarrollamos más detenidamente en el capítulo dedicado a estos seres. Sí que podemos comentar ahora el papel del caldero, que no aparece, sin embargo, en la versión de Snorri. No cabe duda alguna de la importancia y la antigüedad del uso ritual de grandes calderos, de los que tenemos magníficos ejemplos como el de Gundestrup; estos objetos, de cuya utilización entre los germanos en ritos relacionados con la muerte tenemos seguridad, son probablemente de origen céltico, e incluso es más que posible que remontaran a costumbres rituales aún más antiguas y más extendidas; parte al menos del caldero de Gundestrup, por ejemplo, es de fabricación meridional, quizá tracia.

En este mito, nuestro dios del martillo es el gran héroe, aunque su apariencia juvenil podría indicar que se trata de una de sus primeras aventuras. Ya posee el martillo, sin embargo, así como su fuerza portentosa. Es posible que la historia de Hymir y la serpiente de Miðgarð formara parte de un ciclo general que explicaba cómo se dominó provisionalmente a los grandes monstruos y del que formaría parte también el sacrificio de la mano de Týr para atar al lobo Fenrir[4].

El siguiente relato nos presenta también a un Thor juvenil, pues de otro modo el disfraz habría resultado demasiado poco convincente a pesar del velo. Para algunos quizá no sea un mito muy antiguo, pero desde luego tiene su gracia.

### *Thor se viste de novia*

Una mañana, Thor se enfadó mucho al despertar porque su martillo había desaparecido. Enterado Loki, le pide a Freya las plumas de águila y vuela a Iötunheim, donde se entera de que el martillo lo había robado el poderoso Þrym, quien sólo lo entregaría a cambio de esposar a Freya. Intentan convencer a la diosa para que acceda, pero ella se niega en redondo y los dioses tuvieron que reunirse en asamblea para decidir qué hacer. Heimdal recomendó que Thor se disfrazase de novia y se hiciera pasar por Freya, y aunque al dios no le hizo ninguna gracia la idea, no tuvo más remedio que acceder. Loki se disfrazó de criada de Freya y fueron los dos a Iötunheim.

Llegada la noche comienza el festín, y Thor comió un buey y ocho salmones y bebió tres arrobas de hidromiel. Se asombró el etón, pero Loki explica que el nerviosismo de Freya por la boda le había impedido comer en ocho días. Luego, Þrym quiso besar a la novia, pero al levantar el velo lo rechazaron unos ojos tan fieros que parecía que llamas ardientes iban a salir de ellos. Explicó Loki que durante ocho noches Freya no había conseguido dormir.

Dijo entonces Þrym: «Traed el martillo, consagrad a la novia, poned a Miölnir en su regazo, consagradnos». Pero Thor cogió el martillo y mató a Þrym y a todos los demás gigantes.

Como dice Gro Steinsland[5], aquí queda en entredicho la virilidad del más viril de los dioses (aunque es casi el único del que no se conocen aventuras amorosas). No podemos menos de recordar, en relación con esta historia, a los sacerdotes vestidos de mujer de los que nos habla Tácito o el esqueleto de un probable sacerdote pagano anglosajón cuya tumba está llena de efectos femeninos y que ya hemos tenido oportunidad de conocer. Algún comentarista de la *New Age* propone ver aquí el reflejo de algún rito iniciático de los guerreros, de carácter homosexual, pero son especulaciones más bien gratuitas[6].

Lo que está más o menos claro, me parece a mí, es que en esta historia se introduce una variación sobre un tema frecuente: un etón quiere llevarse a Freya, con lo que garantizaría la fertilidad de sus áridas tierras pedregosas al mismo tiempo que condenaría a los dioses a la pobreza (o, en el mito de Iðun, a la vejez y la muerte) y el hambre. Aquí es el mismo Thor quien tiene que salvar su propia herramienta de fertilidad, el martillo. Quizá, y es sólo mi propuesta de interpretación, Thor está intentando sustituir a Freya como garante de la fertilidad, sin por ello renunciar a su habitual función guerrera de matador de tursos. Igual que Grím-Odín-san Olaf en la *Historia de Völsi*, el dios masculino intenta apropiarse de funciones que habían sido competencia exclusiva de las diosas.

### La lucha con Geirröð

Un texto de gran interés es el muy citado pero rara vez traducido *Elogio de Thor (Þórsdrápa)*, compuesto por el escalda islandés Eilíf Goðrúnarson hacia el año 1000. Este poema es interesante porque nos presenta algunos episodios míticos integrados en un relato original. Es quizá uno de los ejemplos de cómo en los últimos tiempos del paganismo mucha gente que amaba su identidad cultural, su independencia política y religiosa y los valores de la tradición propia adoptó a Thor como símbolo de resistencia ideológica al cristianismo. A fin de cuentas, éste amenazaba con destruir todo el modo de vida tradicional, igual que los etones de la mitología pagana, y Thor podría derrotar a aquél del mismo modo que vencía a éstos una y otra vez*.

Al verter un poema escáldico relativamente largo, como éste de Eilíf, con sus 19 estrofas, surge siempre la duda de si hacer una traducción más literal, conservando las peculiaridades de la dicción, el vocabulario y demás rasgos que identifican realmente a la poesía escáldica, o limitarnos a transmitir su contenido. Si hacemos lo primero, corremos el riesgo de tener que llenarlo todo de notas que acabarán ocupando mucho más espacio que el propio poema; si optamos por lo segundo, lo que suele quedar es demasiado poco y, con frecuencia, no excesivamente interesante. Una de las características más señaladas de este poema, además, es el extenso juego de *kenningar* innova-

---

* Con el cristianismo se hizo necesario construir una nueva identidad, tema analizado en detalle por Anne Heinrichs (1994).

dores de que hace gala su autor. Pero claro, intente entender la siguiente estrofa (la primera del poema) con sus *kenningar*:

> El padre de la cuerda del mar empezó a urgir al que abate la red de vida de los dioses de los aleros a que saliera de casa. Lopt era un gran mentiroso. El engañoso catador de la mente del Gaut del trueno de la guerra declaró que verdes caminos conducían hacia el caballo con paredes de Geirröð.

De manera que me limitaré a contar la historia, que en este poema (a diferencia de otros escáldicos) tiene entidad propia, «argumento».

> Loki incitó a Thor a partir. Loki era un gran mentiroso, afirmó que verdes sendas llevaban hasta la casa de Geirröð. Loki no tuvo que insistir al valeroso Thor para que hiciera aquel viaje, pues estaba ya ansioso por castigar a los etones cuando se despidió de Odín una vez más para marchar a Iötunheim. Þiálfi se mostró más dispuesto que Loki a acompañar a Thor en aquella expedición. Thor se dirigió hacia el océano. Los guerreros caminaron hasta llegar al océano para combatir a la etona. Thor cruzó a pie las gélidas e hinchadas corrientes que giran en torno a la tierra y avanzó rápidamente por el mar, lleno de poderosas corrientes que escupen veneno. Arrojaron sus lanzas contra las corrientes: resonaron al chocar contra los redondos y resbaladizos guijarros mientras las cataratas se derramaban sobre ellos con una tormenta helada. El guerrero dejó que las olas lo cubrieran. Þiálfi no sabía qué hacer. Los gloriosos y belicosos guerreros, vikingos conjurados del Valhala, vadeaban animosos las corrientes. El mar, empujado por la tempestad, se abalanzaba contra Thor, pero Þiálfi, su compañero, saltó y se subió al señor del cielo. Las olas producían una furiosa corriente, chirriante como el acero. Thor cruzó el océano con Þiálfi sobre sus hombros. Los corazones no se amilanaron ante las corrientes. Thor no temía al mar y su corazón no tembló de miedo; mas tampoco el de Þiálfi.
> Un tropel de etones se enfrentó a los Ases antes de que acabaran de atravesar las profundidades para combatir contra Geirröð. Los trols huyeron, escaparon a su santuario, perseguidos por Thor. Los tursos reconocieron su derrota cuando los valientes guerreros se enfrentaron a ellos. Cuando los guerreros, llenas de valor sus mentes, entraron en la redonda caverna, se produjo gran estruendo entre los etones. Thor se sentó en una silla. Empujaron entonces la cabeza de Thor contra el techo de la cueva, pero fueron ellos los aplastados contra las rocas del suelo. Thor rompió el espinazo de dos etonas. Los trols celebraban un festín, Geirröð cogió con las tenazas un pedazo de hierro al rojo y se lo arrojó a Thor para que lo gustara, y éste abrió la mano, agarró el ardiente pedazo de hierro y sus manos bebieron el líquido hierro: había atrapado en el aire la chispeante brasa que voló desde la hostil mano del gigante.
> La caverna tembló cuando la ancha cabeza de Geirröð fue estampada contra el pilar. Thor atravesó con su rayo la cintura del etón, mató a los trols con su

martillo ensangrentado. Thor venció. Þiálfi apenas había servido de ayuda, pero eso no impidió que Thor, el guerrero, infligiera gran daño a los etones.

Thor, en compañía de Þiálfi, mató a los etones con su martillo Miölnir. Los trols no pudieron dañar al firme Þiálfi.

El poema no es fácil de entender, incluso en la versión simplificada que acabamos de transcribir. Una interpretación plausible del núcleo de la historia, o del mito, es la siguiente: «Con engaños, Loki convence a Thor de que viaje a Iötunheim, aunque quien le acompaña es Þiálfi. Tienen que atravesar mares furiosos, hincando las lanzas en el fondo para apoyarse; Thor transporta a Þiálfi sobre los hombros y cuando llegan a la orilla son atacados por los etones, pero los vencen y en su persecución entran en una cueva donde están celebrando una fiesta. Thor se sienta en una silla y dos hijas de Geirröð intentan vencerlo levantándola para romperle la cabeza contra el techo, pero es Thor quien las aplasta contra el suelo. Geirröð entonces le arroja un trozo de hierro al rojo, pero el dios lo agarra, se lo devuelve y lo mata junto a los demás etones».

A partir de este esquema, diversos autores, y sin duda también los creadores populares anónimos, dieron lugar a sus propias versiones. Además de esta de Eilíf conocemos la de Snorri, otra de Saxo y otra contenida en una pequeña saga del siglo XIV: la *Historia de Þorstein bæiarmagn*. Snorri es quien más se acerca al poema, aunque introduce un cuentecito que explica los motivos del engaño de Loki y transforma el mar en río en plena crecida. Otras diferencias respecto al *Elogio* hacen pensar que Snorri pudo tomar parte de su historia de otras fuentes perdidas; se puede leer su texto en el *Skáldskaparmál*[7]. Veamos una versión abreviada:

> Cuando Thor luchó con Geirröð no llevaba ni su martillo ni el cinturón de fuerza ni los guantes de hierro. Resulta que un día Loki estaba volando con las plumas de águila de Freya cuando se acercó a casa de Geirröð, quien lo vio y ordenó que se lo trajeran. Uno de los servidores del etón sube por el muro con muchas dificultades y Loki pensó que nunca conseguiría llegar hasta él, de manera que no se movió hasta el último momento, pero entonces se le quedaron atascadas las patas y los trols lo capturaron. Geirröð interrogó a Loki, pero, como éste no hablaba, lo encerró en una caja sin comer durante tres meses y, al terminar ese tiempo, Loki prefirió decir lo que fuera e incluso, para salvar la vida, prometió a Geirröð que le llevaría a Thor sin martillo ni cinturón de fuerza.
>
> Vuelto al Recinto de los Ases convenció a Thor, quien salió de viaje y en el camino se alojó con una etona llamada Gríð, que le contó al dios cómo era aquel Geirröð, y le prestó su propio cinturón de fuerza y sus guantes de hierro, así como un bastón llamado Gríðarvöl. Y allá fue después Thor hasta llegar a orillas

de un gran río llamado Vimur. Se puso el cinturón y empezó a cruzarlo, pero el río creció muchísimo. Vio entonces Thor que aguas arriba estaba una hija de Geirröð, llamada Giálp, de pie a horcajadas sobre el río, haciéndolo crecer. Entonces Thor le arrojó una gran piedra y luego salió del río agarrándose de un serbal.

Llegados Thor y su compañero Loki a casa de Geirröð, los hicieron pasar al establo, donde sólo había un taburete; en él se sentó Thor, pero notó que lo subían. Apoyó el bastón contra el techo y el taburete bajó de nuevo: debajo quedaron las dos hijas de Geirröð, Giálp y Greip, con el espinazo roto. Entonces, Geirröð mandó llamar a Thor para que fuera a la gran sala a jugar; estaba llena de grandes hogueras, y en cuanto el dios entró por la puerta, Geirröð cogió con las tenazas un hierro al rojo y se lo arrojó. Pero Thor lo agarró al vuelo con sus guantes de hierro y lo tiró a su vez. Y aunque Geirröð corrió a esconderse bajo una columna, el hierro al rojo pasó a través de ella, atravesó luego a Geirröð y traspasó la pared, clavándose en la tierra.

En cuanto a Saxo, su versión incorpora elementos de otros orígenes, aunque la historia es reconocible incluso en los nombres. Geirröð adopta la forma latina de Geruthus, que Santiago Ibáñez castellaniza como Geruto, y Thor se ha convertido en un personaje de nombre Torquilo que sigue recordando al dios, aunque el escritor danés transforma el mito en las aventuras de un héroe legendario. El motivo del viaje es aquí conseguir las enormes riquezas de Geruto; pero «se contaba que el camino estaba plagado de todo tipo de peligros y que era casi intransitable para los mortales. Pues consta por las afirmaciones de los expertos que había que navegar por el océano que abraza las tierras, dejar atrás el sol y las estrellas, descender hacia el Caos y recorrer por último lugares faltos de luz y sometidos a eternas tinieblas» [8]. La suya es una historia más larga y adornada, pero hay muchos elementos que nos sonarán familiares: los gigantes están de fiesta, pero Torquilo y sus acompañantes no comen nada, y el héroe cuenta «que el dios Tor, ofendido en cierta ocasión por la insolencia del gigante, pasó a través de las entrañas de Geruto, que contra él luchaba, un acero candente y, saliendo éste por la otra parte, se hundió en las laderas de un convulsionado monte» [9], claro recuerdo del mito, que el monje danés incorpora como breve mención en su relato; claro que en Saxo son tres y no dos las hijas del gigante y además se añade una etapa intermedia en la que Torquilo es acogido por Gutmundo (= Guðmund), el «hermano bueno» de Geirröð, tema que no encontramos en Eilíf ni Snorri, pero sí en la *Historia de Þorstein*.

Este buen señor, cuyo nombre (como el de Torquilo) es derivado de Thor, es un viajero que sirve al rey Olaf Tryggvason, monarca cristianizador que participa en muchos cuentos e historias que recuerdan aspectos del paganismo. También Þorstein se encuentra con un enorme gigante llamado Guðmund, quien le cuenta que es rey de Glæsisvelir, lugar de Risaland\*, y que el país vecino es Iötunheim, donde «gobierna un rey llamado Geirröð a quien pagamos tributo. Mi padre [...] era llamado Guðmund, como todos los que viven en Glæsisvelir. Mi padre fue al país de Geirröð a entregar al rey sus tributos, y en aquel viaje halló la muerte». Nuevo elemento que no aparece en las versiones anteriores pero que no es incompatible con ellas. Tras fiestas y competiciones que nos recuerdan a las que veremos en un nuevo viaje de Thor, esta vez para visitar a Útgarða-Loki, Torquilo mata a Geirröð valiéndose del fuego (y de ciertos toques de magia).

Las versiones de Saxo y el autor de la *Historia de Þorstein* incluyen, como vemos, la historia del legendario rey Guðmund, presentado como un gigante pero que conocemos de otras fuentes como monarca de un reino misterioso pero riquísimo y maravilloso, situado en algún lugar al noreste de la península escandinava.

Este mito se presta a interpretaciones diversas según en cuál de los aspectos nos fijemos más. Renauld-Krantz [10] atiende especialmente a un detalle mencionado por Snorri aunque no otras fuentes: Thor sale del Ásgarð sin sus armas habituales, como consecuencia del engaño de Loki. Esto lleva al autor francés a ver en el mito una «conquista de las armas»: «Igual que el ritual [...] debía acompañar la entrega de las armas al futuro guerrero, una vez sometido a la prueba del agua, la tierra y el fuego, en el mito vemos al dios en construcción, al dios conquistando su divinidad, su modo especial de divinidad y los atributos y símbolos de esta especialidad divina que son sus armas [...] mediante su triunfo en una sucesión de pruebas elementales, sumergiéndose en el seno de la Gran madre cósmica [...] y marchando a la búsqueda del fuego: el fuego, arma y elemento del dios de la forja, del rayo». Para Renauld-Krantz, la adquisición de las armas iría seguida por el primer combate, ahora contra Hrungnir.

En mi opinión, esta interpretación se apoya excesivamente en un elemento que sólo aparece en una de las versiones y que tampoco me parece tan importante ni siquiera en ésa. Quizá había otra historia que partía del engaño de Loki y obligaba a Thor a hacer algo, que desconocemos, sin sus armas. Pero incluso en la versión de Snorri parece que el dios consigue ense-

---

\* Risaland no es un mundo mítico original, sino creación popular tardía cuyo nombre muestra la nueva forma de ver a los gigantes como personas de enorme tamaño. Glæsisvelir, en cambio, es un nombre mencionado varias veces en textos de cierta antigüedad; significa «Campos Resplandecientes» o «de cristal» y siempre se presenta como un lugar paradisíaco. Puede tratarse de la adaptación de un elemento medieval no germánico o de un antiquísimo mundo de los muertos, semejante a Helgafel.

guida, sin especiales dificultades, otros guantes de hierro y otro cinturón de fuerza, y el *Elogio* especifica en su última estrofa que, además de la lanza o bastón, lleva su martillo Miölnir.

De todos modos no es nada despreciable la idea de que tras el mito se encuentre un rito iniciático del joven guerrero. Éste debería de ser Þiálfi, en realidad, pero su papel en el mito es muy secundario, así que el neófito es nada menos que el mismo Thor. Claro, está el asunto de las armas. El bastón que le regala la anciana puede interpretarse como una lanza, y entonces se trataría del arma más antigua, la más simple frente a la tecnología mágica de los constructores de Miölnir. Quizá Eilíf no encontró mucho sentido al bastón/lanza y prefirió mostrar la grandeza del dios primero venciendo al mar y triunfando luego sobre los etones y el hierro al rojo. Y el detalle del hierro nos recuerda el papel de Thor como dios de la forja, que comentaremos también al hablar del martillo con más detenimiento. Por desgracia, mi versión del *Elogio* no conserva gran cosa de su exquisita dicción poética, pero el escalda islandés, sin duda, consiguió mostrar que el gran dios aún podía detener el avance de la nueva religión extranjera. Thor aparece en el *Elogio* en todo su poder: (a) triunfa ante el mar, como corresponde al dios a quien se pedía ayuda en los viajes oceánicos; (b) ayuda al joven guerrero a superar una prueba que de otro modo estaría fuera de su alcance; (c) vence a los etones en combate y ocupa su refugio; (d) se impone a quienes intentan utilizar medios sobrehumanos para derrotarlo, pues la fuerza de las hijas de Geirröð es todo menos normal, incluso para esas gentes; (e) triunfa sobre el hierro y el fuego unidos. En los mitos de nuestro dios guerrero, como vemos, aparecen constantemente las mismas preocupaciones: defender al mundo contra su destrucción o su infertilización, rondando siempre por los márgenes del mundo civilizado, lo que con frecuencia lo obliga a internarse en el mar y aún más allá.

Una interpretación muy distinta es la de Hilda Ellis Davidson[11], quien ve este mito como uno de los que tratan el viaje al más allá. Debo reconocer que su interpretación me resulta bastante convincente: atravesar regiones peligrosas asociadas con el agua enlaza con mitos de muchos sitios relacionados con la ubicación del país de los muertos. Lo cierto es que el mítico reino de Guðmund aparece en dos versiones, muy diferentes por lo demás, y que tiene apoyos en otros textos, incluido el relato de Ibn Fadlan: la joven que va a ser sacrificada tiene una visión y habla de los verdes campos (¿Glæsisvelir?) en los que van a recibirla su difunto señor y sus parientes, aunque esta mención al paraíso puede ser simple intromisión de las ideas religiosas del mismo viajero árabe[12]. Claro que en nuestras dos versiones más antiguas y, en cierto modo, más claras no hay mención de tal reino, lo que no soluciona demasiado las cosas.

Pero veamos otro mito no menos famoso: el enfrentamiento de Thor con el feroz gigante Hrungnir, «El Fanfarrón».

### *El duelo con Hrungnir*

Primero de todo, el texto de Snorri en forma abreviada [13]:

> Odín fue a Iötunheim montando su caballo Sleipnir, y allí el etón Hrungnir le reta a una carrera contra su potro Gulfaxi. El caballo de Odín tomó gran delantera sobre Gulfaxi, y Hrungnir, furioso, no se dio cuenta de que entraba en el Recinto de los Ases. Los dioses, generosos, le invitaron a beber, y Hrungnir, borracho, empezó a fanfarronear: se llevaría el Valhala enterito a Iötunheim y encima mataría a todos los dioses menos a Freya y Sif, a las que se quedaría para su propio uso y disfrute. Así que los dioses, hartos ya, llamaron a Thor, que de inmediato amenazó al etón. Pero éste alegó estar desarmado, pues había olvidado su escudo y su afiladera, de modo que quedaron para combatir en Griótúnagarðir, «Los Recintos de los Patios de Roca». Como era el primer reto a un duelo singular que había recibido nunca, Thor se mostró encantado.
>
> Los etones construyeron un gran hombre de barro, de nueve leguas de alto y tres de ancho, pero no hubo modo de encontrar un corazón adecuado y tuvieron que contentarse con uno de yegua. Hrungnir, por su parte, tenía el corazón de piedra y acabado en tres cuernos; también la cabeza era de piedra, igual que el escudo. Y allí se plantó a esperar a Thor con el escudo en una mano y la piedra de afilar sobre el hombro. A su lado estaba el hombre de barro, que se asustó tanto al ver a Thor que se meó encima.
>
> Thor acudió acompañado de Þiálfi, quien se acercó corriendo a Hrungnir y le advirtió de que Thor pensaba atacarle por debajo, de modo que el etón se puso el escudo debajo de los pies blandiendo la amoladera con ambas manos. Llegó entonces el dios con gran despliegue de rayos y truenos y arrojó su martillo. Hrungnir responde lanzando su afiladera y ambos objetos chocan en el aire; la piedra se hace pedazos y un trozo se empotró en la cabeza de Thor, haciéndolo caer. Pero Miölnir se estampó contra la cabeza del turso, haciéndole pedazos el cráneo. El etón cayó y su pierna quedó aplastando el cuello de Thor. Entretanto, Þiálfi venció sin dificultad al hombre de barro.
>
> Quedaba el problema de la pierna de Hrungnir. Þiálfi intentó levantarla y no pudo, ni tampoco lo consiguieron los dioses. Tuvo que venir Magni, hijo de Thor pero de apenas tres años de edad, quien alzó la portentosa pierna sin dificultad, liberando así a su padre. Añadió la criatura que de haberle avisado habría

vencido a Hrungnir a puñetazos. En premio, Thor le regaló el caballo de Hrungnir, para disgusto de Odín, que lo quería para sí.

Como el trozo de afiladera seguía en la cabeza del dios, fueron a ver a la maga Gróa, que empezó sus conjuros. Y Thor se alegró tanto de pensar en que iba a verse libre de aquella molestia que le contó a Gróa una historia: «Crucé el río Élivágar con tu marido Aurvandil metido en un cesto; y resulta que se le heló uno de los dedos del pie, de modo que se lo corté y lo tiré al cielo, donde se convirtió en una estrella que llamé Dedo de Aurvandil». A Gróa le hizo tanta gracia que interrumpió sus conjuros y la afiladera se quedó metida en la cabeza de Thor.

También aquí, para escribir su texto, Snorri se sirvió de un antiquísimo poema, que rara vez se encuentra traducido, el *Haustlöng* del escalda Þióðólf ór Hvini, que vivió en el siglo IX. Es un «poema de escudo», es decir, la descripción de las imágenes pintadas en un escudo que, suponemos, servía de decoración colgado en la pared, justo detrás del asiento del señor de la casa. En el que describe Þióðólf se cuentan dos mitos: el de las manzanas de Iðun y el que ahora nos ocupa. Vamos a la parte correspondiente del poema (estrofas 14 en adelante), con la habitual abreviación y adaptación; dejo unos pocos *kenningar* que deben ser ya de fácil comprensión:

> Puede verse también en el escudo que el terror de los etones visitó la Ciudad de Roca. El hijo de la Tierra acudió en su carro a hacer sonar los hierros, y el cielo retumbó. El cielo entero se inflamó ante el padre adoptivo de Ull mientras, abajo, la tierra era azotada por el granizo y la nieve, cuando los chivos avanzaron al encuentro de Hrungnir. El hijo de Odín estaba a punto de explotar. El hermano de Baldr no perdonó al estúpido enemigo de los hombres; los montes se rajaron y se quebraron los acantilados; el cielo ardía; he oído contar que el etón se aprestó a la defensiva al ver a su belicoso matador. Veloz bajó el pálido escudo a los pies del turso; así lo querían las diosas, así lo deseaban las potencias. El hombre del malpaís no hubo de esperar mucho para recibir un raudo golpe del martillo.
>
> El matador de tursos hizo caer al etón sobre su propio escudo; así consagró con el duro martillo al enorme etón, así venció al turso el matador de trols. Pero el duro fragmento del arma del etón voló hasta el hijo de la Tierra y penetró en su cabeza, y allí quedó, manchada la piedra con la sangre de Thor. Hasta que una mujer quite con sus mágicos cantos la afiladera de la cabeza del dios guerrero. Veo bien esta hazaña pintada en el escudo, regalo de Þorleif.

Aunque Þióðólf pudo haber abreviado el mito, es evidente que Snorri lo amplió con nuevos elementos, como casi siempre. La carrera de Sleipnir y Gulfaxi («Crines de Oro») puede haber formado parte de un mito de Odín, que Snorri utiliza para justificar la presencia de Hrungnir en Ásgarð sin sus armas. Es curioso que no hayamos conservado mitos que incluyan carreras o luchas de caballos: los ejemplos que tenemos son ejercicios meramente deportivos de los que se ha eliminado cualquier elemento religioso, pero sabemos que existió ese tipo de ceremonias; aunque en realidad no debe extrañarnos, porque los clérigos cristianos, conscientes de la importancia religiosa del caballo, se esforzaron en acabar con las ceremonias, incluso prohibiendo el consumo de la carne de este animal. De manera que lo que abre el relato de Snorri fue quizá un mito completo en el que se desplazaría a los animales más sagrados la tradicional competencia entre dioses y etones o en el que, como señala John Lindow[14], se mostraría cómo adquirieron los dioses, gracias a un (infrecuente) viaje de Odín al mundo de los etones, un caballo cuyo nombre, «Crines de Oro», lo enlaza con otros animales de apelativo semejante, como Gultopp, «Cabeza de Oro», el caballo de Heimdal; Gulinborsti, «Cerdas de Oro», el jabalí de Freyr; o Gulintanni, «Diente de Oro», apelativo del mismo Heimdal.

Otro cuentecito que quizá fue antes un mito entero es el de Aurvandil. Sabemos que este individuo era el esposo de Gróa, una adivina, y que el nombre es muy antiguo porque existe también entre los longobardos como Auriwandalo, en alemán como Orentil (más tarde Orendel) y también en inglés antiguo donde, precisamente, Earendel se refiere a una estrella. Esto nos lleva al Dedo de Aurvandil. Conocemos poquísimos nombres de estrellas de los antiguos escandinavos; en otro caso, los Ojos de Þiázi, se trata también de partes del cuerpo de un etón lanzadas al cielo por Thor. El problema es la identificación: entre los ingleses era el lucero del alba, es decir, Venus, y para los escandinavos es posible que fuera Alcor, una brillante estrella de la Osa Mayor, constelación que, según parece, denominaban Carro de Karl, esto es, de Thor\* (la Osa Menor era el Carro de Freya, o también el Trono de Thor).

Aparte de esto, prácticamente nada sabemos. Saxo nos presenta a un Horvendilo, seguramente el mismo nombre, como rey de Dinamarca y jefe vikingo que mata al rey de Noruega cortándole un pie. Luego se casa con Geruta (en nórdico sería Geirröð, nombre que ya conocemos, ahora en su forma femenina) y con ella tiene un hijo: Amleto, más conocido por Hamlet, que vengará la muerte de su padre a manos de su tío Fengón, quien, para colmo de crímenes, había esposado a Geruta[15]. Pero desconocemos si esto tiene algo que ver con el islandés Aurvendil y su esposa Gróa o de dónde proviene la relación de aquél con Thor. En su novela *Den enøyde (El Tuer-*

---

\* Puede encontrarse más información en la página de Internet: [http://www.thorshof.org/zthorstar.htm].

*to)*, Tor Åge Bringsværd [16] narra como ficción un encuentro que continuaría después en lo que Thor le cuenta a Gróa: en uno de sus viajes el dios escuchó gritos pidiendo auxilio: era Aurvandil, medio enterrado en la nieve y moribundo. Thor lo salva transportándolo en un cesto colgado de sus hombros, pero ya sabemos que con un dedo del pie nada pudo hacer. Bien, es sólo ficción, pero no tenemos nada mejor.

Con él, nuestro divino guerrero pelirrojo atravesó Élivágar, «las Corrientes Tempestuosas», que Snorri describe como un río enorme formado por los once ríos que manan de Hvergelmir, al pie del árbol Yggdrasil; pero se trata seguramente de una invención suya, y en sus orígenes este furioso lugar acuático debía de ser el mar, ese mar que atraviesan Thor y Þiálfi para enfrentarse a Geirröð y en el que pescó a la gran serpiente acompañado de Hymir. Así que quizá existió un mito en el que Thor cruzaba el proceloso en compañía del etón Aurvandil. Pero bueno, esto tampoco es más que ficción.

Volviendo al núcleo del relato, en él hay elementos bastante antiguos; sabemos que Hrungnir se puso encima del escudo porque hay *kenningar* que llaman al escudo «plataforma de los pies de Hrungnir» o «base de las suelas de los pies de Hrungnir». También el motivo de la afiladera es antiguo y muy importante. Diremos primero que otro nombre escandinavo de la Estrella Polar, habitualmente denominada «estrella guía», es Clavo del Dios, y quizá se trate de una referencia al pedazo de piedra de afilar de Hrungnir. Lo cierto es que en todo el mundo germánico no faltan las tumbas que, entre otros objetos, incluyen una piedra de afilar, usada unas veces, completamente nueva otras. Y claro, tenemos el magnífico ejemplo de la afiladera de la tumba de Sutton Hoo, bellamente decorada y que sólo podía servir de símbolo o elemento ritual.

Es más que probable que la afiladera se considerase un símbolo de la aristocracia guerrera, de los sucesores de los poquísimos germanos que en los primeros tiempos de la metalurgia del hierro podían permitirse la adquisición y el uso de armas de ese metal. Y Thor, como herrero que es, como propietario de un arma superpoderosa como el martillo Miölnir, que quizá represente la nueva metalurgia que sustituyó al hacha de bronce de los grabados rupestres, podría tener afiladera. Sin embargo, la interpretación del mito se complica, porque la piedra de afilar no es suya, sino del etón. Intentemos una breve visión de conjunto. Puede ser que aquí estén en conflicto las antiguas armas de piedra y las nuevas de hierro, representadas por la afiladera y Miölnir, respectivamente. Si fuera cierto que los etones vienen a recordar de alguna forma a los antiguos pobladores del norte de Europa a la llegada de la cultura indoeuropea, podríamos ver en este mito, junto a otras cosas, el vestigio del conflicto entre las armas antiguas de unos y las modernas de otros. Claro que sin irnos tan lejos podríamos ver el triunfo de las tribus armadas de hierro sobre las que aún conservaban las antiguas herramientas de matar hechas de bronce y piedra, tomándose este elemento como el más significativo de la oposición entre el orden antiguo y el moderno. Si los gigantes representaban la antigüedad, la precivilización, este relato tendría bastante sentido. Incluso el trozo de afiladera que se clava en la cabeza del dios puede considerarse un tributo, la consecución de un objeto imprescindible para poder utilizar adecuadamente las nuevas armas de hierro: una amoladera no servía para nada hasta la llegada del hierro. Y sabemos que los dioses tienen que sacrificar algo para obtener otra cosa más importante: Odín un ojo, Týr la mano y Baldr su vida.

Otros elementos del relato son también significativos: ya he comentado la antigüedad de la referencia a cómo busca Hrungnir la protección de su escudo. Snorri nos da una explicación, probablemente ideada por él mismo, en el malintencionado consejo de Þiálfi. Podemos comprobar que Þióðólf no menciona esto, aunque dice que sucedió de acuerdo con los deseos de los dioses, a los que denomina *dísir* y *bönd*, nombre este último que, como ya vimos, se refiere a la capacidad de los dioses para atar, sea literalmente con sus decisiones, sea quizá también físicamente en el combate, imposibilitando la defensa. Quien hace esto último, que es lo que le sucede a Hrungnir, suele ser Odín, y en este mito podríamos estar viendo al padre de Thor ayudando a su hijo en su primer duelo singular. Pero además, existe un simbolismo que me parece claro: el etón se protege contra la tierra, pero es atacado y destruido desde el cielo. Si juzgamos que la religión más antigua del norte era básicamente telúrica, la de los primeros pueblos pregermanos era uránica, y los dioses principales eran del cielo.

Otro tema es el rito iniciático del joven guerrero. Para Renauld-Krantz [17], «una vez recibidas sus armas, el joven guerrero debe demostrar que sabe usarlas»; y efectivamente, la lucha contra Hrungnir es el primer duelo singular de Thor, como especifica Snorri. El gran monigote de barro, de medidas exageradas pero dotado de un corazón de yegua, es un símbolo máximo de cobardía: «el enemigo parece monstruosamente fuerte, invencible, pero no es más que un cobarde: es un simple tigre de papel», sería la enseñanza de este rito para el joven guerrero. Un elemento misterioso es el corazón de Hrungnir, de tres cuernos o tres esquinas. No sabemos qué simbolizaba, pero su antigüedad e importancia son claras: en varias piedras rúnicas, incluidas las de Gotland, aparece un grabado que sin duda corresponde a ese extraño corazón. Había seguramente cierta relación con los ritos mortuorios, y quizá también con la runa T (de Týr) y la esvástica, signos que aparecen regularmente asociados a tumbas y urnas funerarias en lugares donde sabemos que Thor gozaba de especial popularidad.

Recapitulemos: Thor es un dios de extraordinaria antigüedad, indoeuropeo ya, y compañero de Týr, el dios cuyo nombre mismo hace referencia al cielo y a la luz del día. Representaba, quizá, la nueva cultura que se impuso por la fuerza sobre otra más antigua y menos avanzada en la tecnología de las armas. La religión del cielo y el hierro vence a la de la tierra y la piedra.

### *Thor y Skrýmir, alias Loki del Recinto Exterior*

Iba un día Thor con Loki, Þiálfi y Röskva hacia el este, donde se encuentra el Iötunheim, y al anochecer hallaron una enorme cabaña vacía donde se echaron a dormir, pero por la noche tembló la tierra y la casa se estremeció. Se levantaron y se escondieron en una alcoba más pequeña, y Thor se quedó en la puerta con su martillo porque se escuchaban extraños ruidos. Salió el dios al amanecer y encontró un hombre enorme, durmiendo. Los ruidos que habían oído eran sus ronquidos, y cada movimiento suyo producía un terremoto. El gigante despertó y dijo llamarse Skrýmir y que la casa donde habían dormido era su guante. Skrýmir invitó a Thor a acompañarle y así lo hicieron el dios y sus camaradas. Juntaron en una sola bolsa las provisiones de unos y otros y el gigante la cargó a la espalda. A la noche siguiente, Skrýmir se durmió y Thor y sus compañeros se dispusieron a comer, pero no hubo forma de aflojar el nudo de la correa que cerraba el saco. Furioso, Thor golpeó con el martillo al gigante, que despertó y dijo que le había caído encima una hoja de árbol. Thor golpeó otras dos veces a Skrýmir pero no le hizo nada, fue como la primera vez. A la mañana siguiente, se separaron y cada uno siguió su camino.

Llegaron Thor y sus compañeros al Mundo de los Etones y vieron una fortaleza altísima, cuya puerta estaba cerrada por una verja que ni Thor consiguió abrir, de modo que se colaron entre los barrotes. Entraron en una gran sala donde había unos hombres enormes que estaban de fiesta. Su rey se llamaba Útgarða-Loki, «Loki del Recinto Exterior» \*, se burló de la enclenquez de Thor y sus compañeros y les preguntó si había algo que él y sus compañeros supieran hacer. Loki dijo que podía comer más rápido que nadie y compitió contra un etón llamado Logi, «Llamarada», que triunfó aunque sin mucha ventaja. Þiálfi se declaró rapidísimo corredor y hubo de competir con otro etón llamado Hugi, «Pensamiento», que venció aunque no sin dificultad. Finalmente, Thor dijo que nadie lo superaba bebiendo, y le trajeron un cuerno que levantó y del que dio tres grandes tragos sin aparente efecto sobre el nivel del líquido. El etón se burla

---

\* *Loki* aparece aquí reflejando cómo ya en pleno cristianismo este extraño personaje se había asociado con el demonio, que viene a ser el *trickster* cristiano. El nombre Útgarða-Loki es reciente.

de él y lo reta a levantar un gran gato gris que había por allí; pero aunque Thor consigue hacerle arquear el lomo casi hasta el techo y que levante una pata, no logra alzarlo del suelo. Finalmente, Thor tiene que combatir contra una anciana etona llamada Eli, «Vejez», que obliga a Thor a hincar una rodilla.

Se van los tres a dormir bastante avergonzados y a la mañana siguiente el etón los acompaña un trecho y al despedirse le cuenta a Thor la verdad: le había provocado alucinaciones, de modo que el saco de comida estaba cerrado con un aro sin abertura, los martillazos del dios habían provocado grandes hondonadas en el suelo y tanto él como sus compañeros habían estado a punto de vencer a sus adversarios, que eran nada menos que el Fuego, que lo devora todo, el Pensamiento, que va más rápido que ninguna otra cosa, y el Mar entero, que llenaba el cuerno del que bebió Thor, quien casi logró levantar a la serpiente del Recinto Central, que él había creído gato, y que apenas había doblado una rodilla ante los embates de la Vejez. Pero cuando Thor levantó su martillo para vengarse, el etón y su palacio habían desaparecido.

Esta historia tiene tantos elementos típicos de los cuentos populares que muchos especialistas la han considerado una invención tardía, lo que se debe también a que prácticamente no tenemos otras menciones del mito en época más antigua, aunque sí en el *Canto de Harbarð*, poema de la *Edda* en el que Thor y Odín compiten verbalmente sobre sus hazañas respectivas. Sin embargo, existen extrañas coincidencias fuera del ámbito germánico, especialmente en el Cáucaso, en cuentos populares osetios; éstos eran un pueblo iranio, no lo olvidemos, y por tanto de origen indoeuropeo, y sabemos que los germanos tuvieron antiguos contactos con diversos pueblos iranios. Quizá se trata, en parte al menos, de historias míticas traídas desde allí en época antigua o incluso en pleno periodo vikingo, pues los varegos suecos también anduvieron por aquella zona. En todo caso, no podemos olvidar las llamativas, aunque aisladas, coincidencias entre algunas leyendas germánicas y otras del Cáucaso[18]. También se han señalado semejanzas entre Útgarða-Loki y el gigante ruso Sviatogor[19].

Además, si repasamos la versión de la historia de Geirröð que nos ofrece Saxo, encontramos algunas semejanzas, incluso en el nombre *Uthgarthi locus*; quizá se trate originalmente del mismo personaje que aparece en dos mitos distintos. De modo que en esta historia, como en tantas otras, nos movemos bastante a ciegas. Sin embargo, el esquema básico de tantas historias de Thor se repite también aquí: un viaje lleno de dificultades y el enfrentamiento con el etón. No obstante, hay diferencias, pues el dios no conseguirá matar esta vez a su adversario. Una posible interpretación está en la magia: Skrýmir (pues éste parece ser el auténtico nombre de ese Úgarða-Loki) vence a Thor gracias a la magia, terreno en el que el pelirrojo es completamente inútil, a diferencia de Odín [*, 20]. Se trataría entonces de un mito que pone de relieve las diferencias entre Thor y Odín, que muestra incluso sus distintos métodos de actuación; algo parecido sucedía en el relato de Hrungnir.

### *Conclusión*

En 1962, Thor se convirtió en personaje de cómic norteamericano, con su martillo y su compañero Loki. Quizá sea uno de los efectos de su enorme popularidad histórica. Pero esa imagen tardía no debe hacernos olvidar la compleja evolución de este personaje divino fundamental. Veamos a continuación cómo creo que fue cambiando este dios con el paso del tiempo.

Podemos suponer que en la Edad del Bronce escandinava, cuando ya dominaba la nueva cultura indoeuropea, antes incluso de que podamos hablar de germanos, existió una divinidad masculina de gran fuerza que dominaba el rayo, las tormentas y la lluvia. En aquella época de sociedad campesina, su función era principalmente la de garante del clima adecuado para la agricultura. Al mismo tiempo, su asociación con la metalurgia, técnica que permitía el dominio sobre los otros pueblos de la región, más antiguos, parecía lógica compañera de su papel tonante: la forja y el trueno son igualmente misteriosos y temibles, y los dos tienen que ver con el fuego y el estruendo. Así que el dios del trueno lo era a la vez de las armas que permitían a los seres humanos vivir como prósperos agricultores. Y la agricultura representaba la civilización frente a las actividades de otros pueblos históricamente más atrasados, dedicados a la ganadería, la caza y la pesca, actividades todas ellas que también serán dominadas de algún modo por este dios. Thor garantiza el orden de la civilización agrícola frente a las amenazas externas, aunque no participa de las luchas entre seres humanos, al contrario que Odín.

El dios, de cabellos rojos como el fuego y el rayo, combate con el hacha, transformada luego en martillo, y aún no utiliza el caballo. Cuando el clima haya cambiado tanto que sea peligroso confiar la propia supervivencia a las cosechas y se haga más necesaria y provechosa la actividad guerrera, Thor también cambiará. Ahora estará subordinado a Odín, del mismo modo que los campesinos a quienes siempre había ayudado eran ya simples subordinados de los aristócratas, que tenían a aquél como dios protector. Thor irá perdiendo su carácter atmosférico e irá adquiriendo cada vez más el guerrero

---

\* Pero también del Dagda irlandés. ¿Acaso éstos enriquecieron a su dios del trueno con uno de los pocos atributos de los que carecía?

y el de la defensa contra el caos cósmico: seguirá protegiendo a los hombres de a pie ante los peligros llegados de fuera, y cuando éstos tengan el nombre de una nueva religión, Thor se convertirá en antagonista del jefe máximo de esa fe, a quien los islandeses llamaron Cristo Blanco.

A diferencia de Odín, Thor es un buen amigo, leal, persona algo simple pero muy de fiar, que hace bien su trabajo y que siempre está a nuestro lado cuando lo necesitamos, sin que sus vicios puedan poner en peligro la amistad. Es decir, nuestro dios es el campesino y vecino ideal.

Y para terminar, nada mejor que otra estrofa de un islandés del siglo X, Þorbiörn Dísarskáld (apodo que significa «el poeta de la diosa»):

> Bien defendió Thor el Ásgarð
> con la ayuda de los hombres de Odín.
> Se quebró el cráneo de Keila,
> rompiste el cuerpo a Kialandi,
> antes mataste a Lút y Leiði,
> hiciste sangrar a Búseyra,
> acabaste a Hengiankiapta,
> y antes mataste a Hyrrokkin,
> y aun antes murió el oscuro Svívör.

## CAPÍTULO 18

# LOKI, EL TRAMPOSO

*¿Quién es este individuo?*

Loki tiene una presencia destacada en las historias que cuenta Snorri y también en algunos poemas de la *Edda* y de los escaldas. Algunos de los peligros más graves a los que se ven abocados los dioses son responsabilidad de Loki, pero también es él quien les proporciona sus mejores tesoros. Más que un dios parece en realidad un simple compañero de los dioses, aunque al final serán precisamente sus hijos quienes acaben con la vida de las divinidades principales. Incluso en textos de finales de la Edad Media como la balada faroesa *Lokatáttur (Historia de Loki)*, del siglo XIV, Loki es caracterizado como extraordinariamente hábil y al mismo tiempo más bien deshonesto: no repara en medios para conseguir un fin, aunque cuando nadie sabe qué resolución adoptar ante una dificultad Loki será la persona a quien recurrir, pues siempre hallará alguna solución. Así que, para abrir boca, veamos esta bonita balada aunque presentada como si fuera un cuento, para ahorrarnos sus 96 estrofas (más el estribillo repetido después de cada una).

### *La balada faroesa de Loki*

Un gigante y un campesino estaban jugando. El gigante salió vencedor y le ganó al campesino su hijo, y dijo que iría a buscarlo al día siguiente y se lo llevaría para siempre a menos que los padres supieran esconderlo donde él no pudiera encontrarlo. Como no sabían qué hacer, desearon que estuviera allí Odín porque él sabría ayudarlos, y el dios bajó a la tierra, hizo crecer la cebada en una sola noche, convirtió al niño en un grano y lo escondió en una espiga, asegurando que el gigante no sería capaz de encontrarlo. Le dijo que si lo llamaba tenía que ir a su lado inmediatamente. Pero el gigante se puso a segar la cebada con su hoz y cogió la espiga donde estaba oculto el niño. Odín llamó al niño, que al momento estuvo a su lado y con sus padres, y dijo que aquél era el escondite que le había buscado. El campesino apeló entonces a Hœnir y éste apareció al instante, transformó al niño en una pluma que ocultó en el pecho de un cisne y le dijo que si lo llamaba tenía que ir a su lado inmediatamente. Pero el gigante vio tres cisnes, cogió uno y le arrancó el cuello de un mordisco; y se habría tragado al niño, pero Hœnir le llamó y al instante estuvo a su lado. Hœnir dijo que aquél era el escondite que había sabido encontrar. Entonces desearon que estuviera allí Loki, y no habían terminado de decirlo cuando allí estaba. El campesino le explica la situación y Loki le ordena construir un galpón para guardar el barco, con una ventana grande con ganchos de hierro. Entonces se fue con el niño al barco, remó hasta mar abierto, pescó un lenguado y metió dentro al muchacho, transformado en huevo, y le dijo que si lo llamaba fuera con él al instante. Al volver se encontró al gigante cerca de la orilla, y como vio que quería salir de pesca insistió en acompañarlo. El gigante echó el anzuelo y sacó el lenguado. El gigante puso el pez sobre sus rodillas, lo abrió y se puso a examinar la hueva con mucho cuidado. Loki llamó al niño y le dijo que se sentara delante de él para que el gigante no le viera, y que en cuanto llegaran a la orilla corriera a casa sin dejar siquiera huellas en la arena. Cuando el gigante lo vio escapar salió tras él, pero se hundía en la arena hasta la rodilla. El muchacho atravesó el galpón, el gigante lo siguió, pero al meter la cabeza por la ventana los ganchos de hierro se le clavaron en la cabeza. Loki le cortó entonces una pierna pero el gigante se rió, porque se volvió a juntar al cuerpo en un instante. Pero Loki le cortó la otra pierna y puso acero y pedernal entre la pierna y el cuerpo para evitar más magias*.

### *¿Loki, un dios?*

Pero si Loki es interesante por lo que es, que enseguida analizaremos con más detalle, no lo es menos por lo que no es. Así, no existen topónimos ba-

---

* El acero es seguramente una aportación moderna al cuento, pero el pedernal es una piedra estrechamente asociada a la magia.

sados en su nombre* ni nadie llamó nunca Loki a un hijo suyo. Es prácticamente seguro que no existió un culto a Loki y que nadie hacía sacrificios en su honor ni le rezaba. Y si bien es posible que haya existido algún intento de plasmarlo gráficamente, sería en el marco de la representación de una historia o mito, no como imagen de un dios. De modo que es un ser importante, con un papel significativo en varias historias pero que no fue nunca objeto de culto. Además, es una figura totalmente aislada: no existe otro caso parecido en todo el panteón escandinavo. Y por si fuera poco, más allá del ámbito escandinavo no parece haber existido nunca: no hay nada en la Inglaterra pagana ni en el continente europeo que apunte a un equivalente de este curioso personaje.

### *Loki y su extraña familia*

Y el caso es que, además de lo que ya hemos visto, Loki tiene orígenes sospechosos. Snorri[1] nos dice de él:

> Hay otro As al que algunos llaman Enemistador de los Ases, y Mentiroso, y Desdicha de dioses y hombres, es el llamado Loki o Lopt, hijo del gigante Fárbauti. Su madre es Laufey o Nál y sus hermanos son Býleist y Helblindi. [...] Su mujer se llama Sigyn; su hijo, Nari o Narvi.

Su padre tiene un nombre intrigante: significa «Asesino Peligroso», y a lo mejor se refiere al rayo o a la tormenta. Y por algún motivo que no conocemos, Loki no recibe el habitual patronímico, sino un matronímico: es siempre Loki Laufeyiarson, «Hijo de Laufey». No se sabe muy bien qué hacer con el nombre de este personaje femenino, que quizá signifique algo así como «Frondosa», en cuyo caso podría tratarse de alguna divinidad arbórea, como una dríada, aunque ahí se acaba lo que podemos decir al respecto. Para complicar las cosas un poco más, el otro nombre de Laufey, Nál, quiere decir «Aguja», lo que no parece encajar fácilmente en el resto, aunque es posible que en realidad sea Nal, que significa «Cadáver». Ni siquiera está claro que Laufey y Nal sean la misma persona, y a lo mejor Loki tiene dos genealogías maternas diferentes.

El caso es que los *tricksters*, a los que ahora mismo iremos, suelen tener también orígenes mixtos, extraños, misteriosos o simplemente desconocidos. A veces, como en algunas historias del Cuervo en el noroeste de Améri-

---

* Ni siquiera si aceptamos que otros nombres se refieren también a Loki, como Lopt y Lóð.

ca, incluso carecen de auténticos padres. Lo que sigue es el principio de un cuento de los indios tsimshi de la Columbia Británica[2]:

> En esta época [¿cuál? el tiempo mítico] las gentes animales* vivían en el extremo de las islas Queen Charlotte. Siempre estaba oscuro. El amado y mimado hijo del jefe enfermó y murió y sus padres gimieron y lloraron durante muchos días, pidiendo a todos los demás del poblado que llorasen con ellos. Un día, la madre fue al pajar, donde habían puesto el cadáver del niño, y vio a un joven que brillaba como el sol. El joven le explicó que en el Cielo estaban hartos de tantos lloros y lo habían enviado a él para que la gente se calmara.

El Cuervo vivirá con sus nuevos padres hasta que su descomunal apetito le obligue a marcharse. Ahora bien, ¿quiénes son sus auténticos padres? Otras veces es medio animal, medio persona, o algo imposible de definir en términos concretos.

Así que Loki es un personaje de orígenes inciertos; pero creo que en vez de extrañarnos podemos juzgar esta circunstancia como propia de su misma naturaleza. Porque si los padres resultan misteriosos, los hijos son ciertamente raros. Snorri nos habla de ese Nari, Narvi o Narfi (pronunciado igual: [narvi]), que aparece ya mencionado en poemas del siglo IX. El nombre puede significar «Cadáver», y Loki, desde luego, está relacionado con la muerte, pues en el Ragnarök avanzará en su barco hecho con las uñas de los difuntos. Pero tiene otros hijos. Dejemos que nos lo cuente Snorri[3]:

> Loki tuvo más hijos. Angrboða se llama una giganta del Iötunheim. Con ella tuvo Loki tres hijos: uno era el lobo Fenrir, otro Iörmungand, es decir, la serpiente de Miðgarð, y el tercero es Hel.

Fenrir es un nombre antiquísimo que significaría «Habitante de las Ciénagas», y se trata del terrible lobo que en el Ragnarök acabará devorando a Odín. La gran serpiente se llama simplemente Monstruo Espantoso, otro nombre que aparece en poemas del siglo IX, y la matará Thor, quien a su vez perecerá por el veneno del monstruo. Por último, Hel es precisamente la diosa de la muerte; en este caso, sin embargo, parece que Snorri se dejó llevar quizá por la tendencia a presentar las cosas en grupos de tres y por la relación, que quizá le resultara aún vagamente conocida, de Nar(f)i y la muerte. Lo cierto es que, como ya sabemos, en época pagana no existía esa diosa Hel, y el nombre se refería solamente al antiguo mundo de los muertos. No

---

* Frecuentemente, en las mitologías amerindias los seres humanos proceden de una población anterior de animales.

deja de ser interesante que Loki, a quien se llama «compañero de Odín» y «camarada de Thor», sea el padre de los monstruos que acabarán con ellos. ¿Y Angrboða? Otra etona, lo que no debe extrañarnos. Su nombre, algo así como «Furibunda», es seguramente una invención tardía que se limita a recoger la imagen estereotipada de los tursos, sobre todo en la tradición popular. Volvamos a ver el fragmento anterior, pero ahora con los nombres traducidos:

> Furibunda se llama una giganta del País de los Etones. Con ella tuvo Loki tres hijos: uno era el lobo Habitante de la Ciénaga, otro el Monstruo Espantoso, es decir, la serpiente del Recinto Central, y el tercero es La que Habita en lo Oculto.

### *El* trickster

Lo cierto es que a pesar de las muchísimas páginas que le han dedicado los más eminentes estudiosos de la mitología germánica, no sabemos qué hacer con Loki. La propuesta más seguida y que creo más acertada la hizo Jan de Vries, el gran especialista neerlandés en la antigüedad germánica [4], que vio en Loki al equivalente escandinavo de un personaje mitológico conocido sobre todo entre los indios de Norteamérica pero presente también en el resto del mundo: el llamado *trickster* o «tramposo». Como el nombre inglés es el que se utiliza habitualmente para hacer referencia a este personaje, seguiré con él; y como el concepto de *trickster* es típico de los indios norteamericanos y fue en sus mitologías donde primero se acuñó, vamos allá a ver en qué consiste.

El *trickster* amerindio se presenta en diversas formas, normalmente de animales, que dependen más de la geografía que de cualquier otra cosa. En el oeste de Norteamérica el más habitual es Coyote, que viene a ser por tanto el *trickster* por antonomasia; pero en otras zonas se representa como otro animal, en general alguna bestia capaz de apañárselas bien en las situaciones más comprometidas. De modo que puede ser castor, cuervo, araña, conejo o, entre algunos indios sudamericanos, coatí. Destaquemos que el animal elegido no está asociado a culturas, tribus o lenguas específicos primordialmente, sino que se extiende por regiones enteras: es como si el *trickster* fuera un personaje universal pero su representación como un animal u otro resultara de la elección de la bestia más adecuada en cada región.

El caso es que el *trickster* es una figura sobrenatural pero al mismo tiempo no es un dios propiamente dicho. Se cuentan historias sobre él que ofrecen tanto rasgos de su forma de ser como los resultados de sus acciones, con frecuencia objetos o ideas muy valiosos para dioses u hombres. Y es que la figura del *trickster* es realmente apasionante. Por un lado, sus historias, en América, China, Japón, África o cualquier otro sitio, están llenas de humor, frecuentemente bastante grosero\* pero siempre divertido. Por otro, es un auténtico creador, no como el demiurgo cristiano sino más bien como un artesano ayudado por sus poderes sobrenaturales. Y cuando no puede crear, siempre queda la opción de robar. Y cuando no crea él mismo, puede aparecer como compañero y auxiliar de un auténtico dios creador.

El *trickster* es capaz de hacer muchísimas cosas y de usar muchísimos medios que están vedados al ser humano. Frecuentemente se disfraza de mujer o, más allá incluso, se convierte en mujer, pero también puede transformarse en animal; por ejemplo en pez, lo que le sirve para proporcionar a los hombres el anzuelo, el arpón o cualquier otro objeto de interés cultural. Puede morir muchas veces, pero siempre vuelve a la vida y las partes de su cuerpo se regeneran y vuelven a funcionar cuando las pierde. Y aunque Coyote se pasa la vida haciendo triquiñuelas más o menos extrañas y poniendo en un aprieto a mucha gente, al final siempre es castigado. Puede parecer un chiste, pero las historietas animadas de Coyote y Correcaminos responden bastante bien al aspecto más humorístico, ridículo si queremos, del *trickster* norteamericano, aunque ciertamente trivializado y desprovisto de todo su significado profundo. Al mismo tiempo, el *trickster* es considerado un ser fundamentalmente negativo y peligroso, utilísimo pero peligroso. Entre los indios navajos, llamar a alguien «Coyote» *(mą'ii)* es un gravísimo insulto.

Con Loki suceden cosas parecidas: acompaña a los dioses pero nunca es presentado como uno más de ellos. En realidad es etón, y está siempre relacionándose con esos archienemigos de los dioses. Lo sabe todo sobre la vida y obras de cada divinidad, lo que explica que pueda dirigirles insultos muy precisos en el *Lokasenna*, y al final de los tiempos formará en el bando de los enemigos de los dioses. Usando la analogía con el *trickster* amerindio podemos comprender mejor algunas cosas. Por ejemplo, es posible que en otras partes del mundo germánico el equivalente de Loki tuviera otra forma, otros atributos. Como no existía un culto al *trickster* (tampoco lo tienen los sioux o los apaches, por ejemplo), la única forma de saber algo de él es recurrir a historias como las que nos cuenta Snorri o a poemas como los éddicos... muestras que no existen en el continente europeo ni en Inglaterra. Aunque quizá sí: los cuentos de Coyote han quedado plasmados en forma de lo que llamamos cuentos populares, como pasa también con los *tricksters* en Sudamérica y África, las historias del mono chino y japonés o los cuentos

---

\* Coyote puede comerse sus propias heces por error, devorar sus propios testículos....

de la araña en el este de Siberia. Y enseguida veremos cómo las historias de Loki nos recuerdan a los cuentos populares y en algunos casos hay incluso equivalentes muy próximos entre éstos.

En la Europa germánica existe un ciclo de cuentos que tiene por protagonista al zorro, llamado de distintos modos según el lugar (Reinecke, Reynarde, Mikkel...), al que le cuadra perfectamente el nombre de *trickster*. En otros sitios el personaje de estos cuentos es el demonio del cristianismo, y quizá Loki no sea más que un personaje de cuento popular convertido en figura (semi)divina, como han propuesto algunos autores. Me inclino más a pensar que los cuentos son narraciones que servían y sirven aún, en muchas culturas, para transmitir conocimientos útiles para la vida y la armonía sociales. Algunas mitologías recogidas oralmente a lo largo del siglo XX son imposibles de diferenciar formalmente de una colección de cuentos populares: desde los !kung del Kalahari hasta los oneida de Norteamérica pasando por los chachi de Ecuador o los chucotos de Siberia. Es posible que los relatos mitológicos germánicos tuvieran en su origen una forma que asimilamos con la del cuento y que la obra de Snorri represente simplemente una literarización de lo popular.

### *De la antigüedad del* trickster

De modo que seguramente hubo un *trickster* en todo el mundo germánico. Podía ser incluso, como propuso el polémico mitólogo Joseph Cambell [5], que el *trickster* sea un resto de la primera capa histórica de la mitología humana, que se remontaría al Paleolítico. Otros, como Georges Dumézil [6], lo han querido revestir de un sentido muy abstracto, quizá demasiado para una cultura tan pegada al suelo como la germánica. Loki sería para él la inteligencia impulsiva y desatada, no racional, y se opondría a otros dioses germánicos más racionales. Es posible ciertamente que Loki fuera al principio, si no un concepto abstracto, sí una figura muy vaga —todos los dioses lo eran, y quizá éste aún más, por su propia naturaleza. Sea como fuere, ese posible *trickster* germánico acabaría por ir transformando su apariencia y haciéndose antropomorfo, al menos en Escandinavia.

Propongo ver a Loki de esta manera: un *trickster* formaba parte de las creencias religiosas más antiguas de los pueblos germánicos y escandinavos. Quizá en el norte de Europa ya existía un personaje parecido antes de que empezaran a formarse los pueblos germánicos, y Loki sería fruto de la fusión de ambos componentes. Lo cierto es que en el ámbito indoeuropeo el *trickster* no es demasiado frecuente, y a pesar de las semejanzas que encontró

Dumézil entre Loki y una figura mitológica del ámbito iranio y a ciertos parecidos con Hermes y algún personaje irlandés, un ser como Loki no parece existir con su misma integridad, de modo que a lo mejor fue tomado de la tradición preindoeuropea. El caso es que entre los germanos y escandinavos de ciertas épocas pudo existir una serie de historias, un ciclo de cuentos parecidos quizá a los que hoy se relatan sobre Coyote, Cuervo y otros *tricksters*; historias que desde nuestra perspectiva denominaríamos cuentos más que narraciones mitológicas. Por algún motivo, en Escandinavia ese personaje recibió el nombre de Loki\*.

### Loki y sus disfraces

Pero, a fin de cuentas, ¿cómo es Loki y qué hace? Físicamente se le presenta como el más apuesto de los dioses, de modo que se le puede considerar el más guapo habitante masculino del Ásgarð (Baldr aparte). Pero como buen *trickster*, Loki sabe disfrazarse y adoptar cualquier forma cuando las condiciones lo hacen recomendable. Puede convertirse en salmón o en yegua, y es él la anciana que engaña a los dioses tras la muerte de Baldr. Esta capacidad de cambiar de forma no la desaprovechan otros dioses, especialmente Odín, pero también Freya y Frigg. Y si incluso Thor es capaz de vestirse de mujer, sólo Loki puede adoptar la naturaleza femenina más allá del disfraz y parir un hijo, lo que es una característica constante en el *trickster*, pues igualmente Coyote puede transformarse en lo que le venga en gana, también en mujer, e incluso tener hijos si hace falta. El caso es que en el mundo germánico poseemos varios ejemplos de dioses y de hombres que se disfrazan de mujer. En la *Lokasenna* o «Sarcasmos de Loki», nuestro *trickster* (¡él, precisamente!) acusa a varios dioses de ejercer de mujer: primero a Bragi, dios de la poesía, a quien reprocha su cobardía y caracteriza luego con un bonito *kenning*, «ornato del escaño», que significa «mujer» (estrofa 15). Pero luego es al mismo Odín, por la relación de éste con la magia (24):

> Magia negra hacías, eso dicen, en Samsey
> tabaleabas como las völvas;

---

\* ¿Quizá porque así se llamaba el correspondiente personaje preindoeuropeo? No tenemos forma alguna de saberlo. Se ha propuesto, sin embargo, identificar a Loki con un personaje de los cuentos populares suecos: Locke, la araña (Roth, 1961). Ya sabemos que este animalito es el *trickster* típico de parte del noroeste de América y también de algunos pueblos siberianos. Deje correr la imaginación: la araña Locke era el *trickster* del norte de la Europa preindoeuropea... que permanece como Loki en un lado y como araña en otras partes de la misma área septentrional.

> en figura de brujo viviste entre hombres,
> y eso amaricamiento es.

A su vez, Thor lo llama «afeminado» varias veces (estrofas 57, 59, 61 y 63), acusación que con mayor fuerza aún le lanza Niörð (33):

> Más asombra que el As afeminado que aquí entró
> llegara a parir un hijo.

Cosas como éstas son típicas de los *tricksters* de todo el mundo, y constantes en el caso de Coyote. El caso es que la indefinición, el «saltarse los límites», la falta de respeto a lo establecido, son características fundamentales de Loki, de los *tricksters* y de la creatividad.

La diferencia con los otros dioses es clara: cierto que en una de sus historias incluso el fiero Thor se viste de novia, pero nadie sino Loki es capaz de parir criaturas como auténtica hembra. Así que nuestro personaje, también a este respecto, es único entre dioses, hombres, tuergos y etones. Pero también lo son Coyote, Cuervo o Araña, o el *trickster* Eshu de África Occidental. Más abajo veremos algunos ejemplos de cómo Loki, mediante el disfraz y la transformación, es capaz de solucionar algunos graves problemas de los dioses.

## *Loki, el creador*

Otra peculiaridad de Loki es que es él quien consigue los principales tesoros de los dioses, aunque no suele hacerlo por voluntad propia ni de buena gana, y al principio su intención suele ser muy distinta: en varios casos, el tesoro es resultado del intento de Loki por solucionar un problema causado por él mismo, como veremos en el próximo capítulo. Incluso inventa la red de pesca.

En un libro apasionante, Hyde Lewis [7] nos habla del *trickster* como el creador por antonomasia, la fuerza creadora, la inventiva, y explora el mundo de los creadores auténticos, los que no se limitan a repetir lo que han hecho ya otros, desde Coyote, el africano Eshu, el griego Hermes o Loki hasta John Cage y Pablo Picasso. Puede parecer un poco difícil casar esta visión que quizá se dejaría llamar posmoderna con el carácter antiquísimo del *trickster*, pero no lo es. El *trickster* es capaz de crear algo completamente nuevo, o hasta entonces visto como imposible, porque sólo él es capaz de atreverse a hacerlo. Su atrevimiento suele acabar en castigo, claro, pero si no hay riesgo tampoco habrá creación. Es incluso posible que el propio acto creativo sea el castigo; así sucede con la red, ideada por Loki pero que servirá para cazarlo y llevarlo al castigo (casi) definitivo.

### *Los vicios de Loki*

También como buen *trickster*, Loki es un gran comilón, y en una historia de Thor ya lo encontramos compitiendo en esa difícil especialidad. También debía de ser un amante muy popular entre diosas, etonas y seguramente mujeres, aunque los narradores y poetas islandeses medievales prefieren callar este tema. Pero la gran especialidad de nuestro amigo, que también lo define como *trickster*, es su capacidad para embrollar las cosas, para poner en grave riesgo a los dioses y al mundo entero mediante sus consejos, más bien desafortunados. Snorri nos dice:

> Loki es de hermoso y bello aspecto pero de mala naturaleza, es de costumbres muy caprichosas. Tenía más sabiduría, de esa que llaman astucia, que cualquier hombre, y por todo se queja. Causaba siempre complicaciones a los dioses y a menudo las resolvía mediante estratagemas.

Pero es mejor repasar las historias que nos hablan de Loki e ir comprobando en ellas cómo se combinan todos esos rasgos para intentar hallar al final una imagen global de este personaje apasionante. El problema es que las historias de Loki son casi «historias de los dioses», al menos en la versión de Snorri. Sabemos que hubo muchas más historias o mitos de los diversos dioses, y quizá Loki sólo desempeñaba un papel en algunas pocas, pero por algún motivo Snorri se centró muchas veces en él. Así que ahora, cuando ya sabemos suficiente sobre los dioses principales, podemos contar unas historias que les afectan a ellos pero en las que Loki figura como personaje más importante.

CAPÍTULO 19

# HISTORIAS DE LOKI

### *Cómo consiguió Loki los tesoros de los dioses*

Resulta que Loki, el hijo de Laufey, le había cortado a traición el pelo a Sif. Cuando Thor se enteró agarró a Loki dispuesto a partirle los huesos, pero Loki le prometió que obligaría a los tuergos a fabricar una cabellera nueva para Sif, toda de oro y que le crecería como pelo normal. Así que Loki fue a ver a unos tuergos, que fabricaron la cabellera y también el barco Skíðblaðnir y la lanza de Odín, que se llama Gungnir. Entonces Loki se apostó la cabeza con un tuergo llamado Brokk a que el hermano de éste, Sindri, no conseguiría hacer tres tesoros tan buenos como aquéllos. Fueron a la forja, Sindri colocó el fuelle y le dijo a Brokk que echara aire sin detenerse hasta que hubiera acabado. Y de pronto llegó una mosca y le picó en la mano a Brokk, que sin embargo siguió echando aire hasta que su hermano acabó de forjar un jabalí con las cerdas de oro. Después, Sindri puso oro en la fragua y le dijo a su hermano que fuera echando aire; pero entonces vino la mosca y le dio un picotazo terrible en el cuello. Pero Brokk siguió echando aire hasta que su hermano sacó de la fragua un brazalete de oro, que se llama Draupnir. Luego, Sindri puso hierro en la fragua y le dijo a Brokk que echara aire, e insistió en que lo estropearía todo si se detenía. Volvió entonces la mosca y le picó en los párpados tan fuerte que le hizo sangre, y la sangre le cayó sobre los ojos y no le dejaba ver, así que dejó el fuelle un momento y levantó las manos para espantar la mosca, pero entonces llegó su hermano y le dijo que había estado a punto de echarse todo a perder. Pero sacó de la fragua un martillo, se lo dio a Brokk con las demás cosas y se fueron los dos al Ásgarð a cobrar la apuesta.

De modo que los dioses se sentaron a decidir qué tesoros eran los mejores, si los de Loki o los de Sindri y Brokk. Odín, Thor y Frey formaban el jurado. Loki le regaló a Odín la lanza, a Thor la cabellera de oro para Sif y a Frey el barco Skíðblaðnir y explicó las propiedades de cada cosa: la lanza nunca se detendría una vez arrojada, la cabellera sería igual que el pelo de verdad y el barco tendría siempre viento favorable y además podía doblarse y meterse en el bolsillo. Le tocó a Brokk el turno de enseñar sus tres tesoros. Le dio a Odín el anillo, del que saldrían otros ocho exactamente iguales cada nueve días; el jabalí se lo dio a Frey diciendo que no sólo correría más rápido que cualquier caballo por el cielo, la tierra y el agua, sino que además iluminaría y se podría ver aun en la noche más oscura, porque sus cerdas eran de oro. Y a Thor le dio el martillo, diciendo que con él podría golpear lo que quisiera con todas sus fuerzas sin que se rompiera nunca, y que si lo lanzaba por el aire siempre podría recogerlo; además, podía hacerse tan pequeño como quisiera, para llevarlo escondido en la ropa. Pero tenía un pequeño defecto, porque el mango era un poco corto.

Los dioses decidieron que el mejor de aquellos tesoros era el martillo, porque con él podrían vencer a los peores etones. Su veredicto fue que Brokk había resultado vencedor. Loki le pidió que le perdonara la vida pero el tuergo se negó. Así que Loki echó a correr diciendo «¡Agárrame si puedes!». Loki tenía unos zapatos con los que podía correr por el aire y el agua. Así que Brokk le pidió a Thor que cogiera a Loki; pero cuando le iba a cortar la cabeza, Loki dijo que podía cortarle la cabeza como habían apostado, pero no el cuello. El tuergo decidió coserle la boca a Loki para que no siguiera hablando, pero Loki consiguió romper la correa que había usado como hilo.

Esta historia nos dice muchas cosas y en ella hay varios mitos, desde luego, aunque el conjunto es quizá elaboración de Snorri. Este cuento tan artísticamente montado tiene un amplio conjunto de temas: (1) la fabricación de objetos portentosos por tuergos herreros; (2) los objetos mágicos que convienen a cada uno de los dioses; (3) el papel de Loki como creador de un problema y su solución al ser amenazado; (4) las triquiñuelas que usa Loki para dificultar el trabajo de otros y ganar la apuesta; (5) los trucos de Loki para salvar la vida; (6) Loki como hablador peligroso; (7) el castigo de Loki. Así que vemos aquí cinco de las características más importantes que se asocian a Loki y en general a los *tricksters*. Los otros dos temas son propiamente mitológicos: el herrero y los objetos mágicos. Veamos cada uno de estos aspectos.

## *Los tuergos herreros*

Cualquier libro sobre mitología le mostrará la importancia de la figura del herrero, que siguió siendo fundamental en los cuentos populares una vez desaparecidos los paganismos. Entre los germanos y los escandinavos hubo dos grandes herreros, Völund y Regin, aunque no existe un dios herrero tan claro como en otras mitologías. Thor lo es, y desde luego hay una estrecha relación entre sus actividades tonantes y relampagueantes y la labor de la forja: el *kenning* «Thor de los grandes fuelles de la forja» quiere decir simplemente «herrero». Pero los casos en que Thor está asociado directamente con la herrería son muy pocos, de modo que esa actividad apenas parece una ocupación secundaria del dios.

Los herreros son en este mundo germánico unas figuras sobrenaturales, desde luego, pero no dioses, sino tuergos, a los que ya hemos tenido ocasión de conocer. En esta historia, los tuergos tienen nombres muy significativos: Sindri significa «Que Hace Chispas», mientras que Brokk es «El que Trabaja con Trozos de Hierro», términos que se dejan traducir bien por «Herrero».

El mito del herrero debió de surgir con los principios de la Edad del Hierro. Probablemente incluso antes, cuando empezó a trabajarse el bronce. Sin embargo, el aura de misterio, el carácter de personaje extraño y extranjero parece corresponder bien a la época en que los raros objetos de hierro llegaban de pueblos extranjeros, principalmente celtas. Los herreros eran hombres especiales que acrecentaban su prestigio disfrazando su oficio de magia inaccesible a los no iniciados. Imaginemos lo que serían los primeros objetos de bronce en una época en que los materiales más usados seguían siendo la piedra, la madera y el hueso. Un objeto pulido de una forma imposible de conseguir con otros materiales, con un brillo peculiar, que no se astillaba, que cuando se estropeaba volvía a servir fundiéndolo y forjándolo de nuevo. No es de extrañar que en los primeros tiempos de la Edad del Bronce los artesanos de la piedra intentaran imitar los objetos de metal, sobre todo las hachas y los arpones, creando utensilios que no pudieron tener otro uso que el meramente decorativo o ceremonial.

Pues imaginemos el nuevo salto que representó el hierro. Su dureza no tenía comparación con nada existente hasta entonces. Los objetos cortantes podían tener un filo insuperable por su durabilidad, que podía restituirse además con una amoladera, y además eran irrompibles, inastillables; como el bronce, podía volverse a forjar. Unamos a esto el fuego, pues para el hierro es necesaria una auténtica forja, mucho más compleja que la usada tradicionalmente para el bronce, que solía limitarse a una hoguera, un crisol y un molde. Ahora, además, había que meter aire en la forja para mantener la temperatura necesaria, uniéndose de este modo elementos con un importantísimo papel en cualquier mitología. Y entretanto, el herrero hablaba en una lengua que se entendía poco o nada, porque el suyo era un idioma celta, y nunca iba acompañado de una mujer: eran todos varones, como los tuergos. Y muchos de estos artesanos aparecían en el poblado, estaban allí unos días o unas semanas, fabricaban y vendían sus objetos de hierro y desaparecían.

Hoy día, el herrero es para nosotros un personaje histórico, si acaso un artesano que rarísima vez vemos en acción excepto en los museos vivientes. Pero cuando observamos a uno en acción es difícil resistirse a la atracción del fuego, a la extraña visión de una masa blanda y brillante, humeante, trabajada a golpes de martillo sobre un yunque y que de pronto se convierte en un durísimo objeto frío. Si esto no es magia... Pues piense en aquellos germanos de hace dos mil años que desconocían todos los principios físicos que hoy nos permiten comprender el proceso de la forja y que no siempre tenían la oportunidad de poseer uno de aquellos objetos de origen más misterioso aún porque se podía ver cómo surgían, cómo se iban transformando (y no hay nada más misterioso ni más desasosegante que presenciar una metamorfosis).

Así que los herreros eran gentes especiales, aunque no dioses, porque éstos hacen las cosas sin que los mortales puedan ver cómo, mientras que aquellos artesanos trabajaban a la vista de todos. Los tuergos son los herreros que proporcionarán a los dioses sus objetos más preciados. Simple transposición de la realidad cotidiana: si el herrero proporciona a los hombres sus objetos más valiosos, con los dioses sucederá lo mismo aunque de otra forma. Y los tesoros que Loki consigue que fabriquen los tuergos serán todos ellos muy adecuados a la personalidad y las funciones de cada uno de los dioses, del mismo modo que cada tipo de persona desea poseer los objetos de hierro que más le convienen: un jefe querrá una espada, el guerrero se contentará con puntas de lanza, el ama de casa deseará llaves, todos broches, cuchillos... Los tesoros de los dioses son a la vez los objetos perfectos correspondientes: la mejor lanza imaginable, el barco perfecto, el medio de transporte ideal, el anillo de oro insuperable, el martillo/hacha sin igual.

### *Los tesoros de Odín*

Odín recibe dos tesoros: la lanza Gungnir, «La que se Agita», y el anillo o brazalete Draupnir, «El que Gotea». Sobre aquélla no hay duda alguna: viejos poemas de Bragi, el primer escalda, cuatrocientos años antes de Snorri, se refieren al dios tuerto como «El Blandidor de Gungnir», y otros poemas refuerzan la asociación. Más dudoso es el brazalete, cuya interpretación como referencia a la fertilidad y la riqueza es clara, sin embargo. Las fuentes más antiguas no nos dicen a qué dios pertenece este objeto maravilloso, pero es bastante posible que la asociación con Odín fuera ya arcaica e hiciera referencia al aspecto del dios como monarca. Snorri nos cuenta que Odín depositó el brazalete en la pira de Baldr, y aquí existe una llamativa coincidencia con el relato que del destino de este dios nos hace Saxo Gramático, pues en el contexto del mismo Baldr/Balderus nos habla de «un brazalete maravilloso que solía aumentar las riquezas de su poseedor por efecto de sus secretas cualidades»[1]. Si el mito de Baldr recoge un rito de iniciación, quizá no sería descabellado ver en el brazalete un símbolo de la riqueza que ha de acompañar al guerrero valeroso; recordemos que Odín es el dios del *druht*, y que el *druhtinaz* repartía el botín entre sus compañeros, rompiendo anillos y brazaletes de oro. De modo que la lanza Gungnir puede corresponder al aspecto netamente guerrero del dios mientras que el brazalete nos habla de las riquezas conseguidas en la lucha. Ambos objetos, por tanto, parecen apropiados para Odín.

En el caso de Thor, en cambio, su primer objeto maravilloso no es exactamente para él, sino para su esposa Sif.

### *Sif y sus misterios*

La cabellera de oro parece intrigante. Es en realidad lo que desata toda la acción: Loki tiene que solucionar el grave problema causado por él mismo al cortarle el pelo a la esposa de Thor. Era una ofensa realmente grave, porque a las adúlteras se las castigaba rapándoles la cabeza, o sólo media, y expulsándolas de la comunidad o matándolas. Uno de los cadáveres encontrados en los pantanos de Dinamarca puede ser un ejemplo: una muchacha de unos quince años, con los ojos vendados y la mitad de la cabeza afeitada, que murió en la ciénaga donde la arrojaron echando encima piedras para que no pudiera escapar. Así que cortarle el pelo a Sif es llamarla adúltera, insulto realmente grave entonces. En *Los sarcasmos de Loki*, Sif se acerca a él con una copa de hidromiel y le pide que al menos la respete a ella en sus insultos. Loki responde que lo haría encantado:

>  si tú fueras
>  rigurosa con los hombres;
>  sé sólo de uno, le creo conocer,

> al que amaste a pesar de Hlórriði,
> y ése fue Loki, el mago.

Hlórriði, el dios atmosférico, no es otro que Thor. Pero entonces Loki está afirmando no sólo que Sif es adúltera, sino que lo fue con él mismo. Así que primero sedujo a Sif y luego la castigó por dejarse seducir. No es extraño que Thor se enfadara ni que Loki tuviera que buscar solución al enredo. Parece que no sólo Loki lo sabía, porque en el canto de la *Edda* poética que lleva su nombre Hárbarð (uno de los nombres de Odín) se dedica a tomarle el pelo a Thor, y en la estrofa 48 dice, como respuesta a una de las amenazas de éste:

> Sif tiene un amante, vete a casa a buscarlo:
> podrás probar tu valor en cosa más acuciante.

El problema es que realmente no sabemos gran cosa de Sif, lo que ha dado pie a mucha especulación. En estas condiciones es muy difícil identificar el mito de la cabellera de oro, si es que existió realmente como tal y no se trata de una creación literaria, ya que es posible que Sif fuera una incorporación reciente a Thor. Pero dejemos a Sif y su cabellera como uno de los misterios menores del paganismo escandinavo. Nada en Inglaterra ni el continente apunta a algo semejante a este mito, al que sin embargo se le pueden encontrar semejanzas fuera del mundo germánico. Claro que si pensamos que uno de los productos de exportación de los germanos en tiempos del Imperio Romano eran precisamente las cabelleras rubias de sus mujeres, se me ocurre que quizá tengamos aquí un recuerdo disfrazado de los tiempos en que la posesión de una magnífica cabellera dorada permitía mejorar los ingresos familiares. A lo mejor, la traición de Loki y el adulterio de Sif, que pueden estar unidos o ser dos historias diferentes, hacen referencia a la utilización indebida de esas riquezas.

### El martillo Miölnir

Este martillo es sin duda uno de los objetos más conocidos de todo el paganismo germánico, y cuando el cristianismo empezó a amenazar seriamente su pervivencia, el uso de Miölnir como alternativa pagana a la cruz de Cristo se acentuó, aunque también hubo intentos de asimilación de uno en otro, quizá porque un dibujo en forma de cruz había sido una de las alternativas tradicionales al martillo o la esvástica de Thor. La asociación de

Thor con su martillo es incluso más importante que la de Odín con la lanza, y el nombre del martillo es muy antiguo, tanto que no están claras ni su etimología ni su significado, aunque probablemente quiere decir algo así como «Chispeante», en referencia al rayo. Está emparentado con armas similares de otros dioses indoeuropeos y también con el hacha de los grabados rupestres. Seguramente, al martillo, a través del hacha, se llegaría a partir de las «piedras del trueno», hachas de piedra del Paleolítico o el Neolítico, o bien de los fósiles: piedras todas ellas de extrañas formas, que no podían ser naturales pero tampoco se reconocían como obra humana *. La presencia de uno de estos objetos en el suelo indicaba el lugar donde había caído un rayo, y la muerte o las heridas en una tormenta se debían a la caída precisa de esas piedras: igual que podemos herir con una piedra, un hacha o un martillo, quienquiera que haya lanzado el rayo ha arrojado con él una piedra que fue la encargada de causar el mal. Porque, no lo olvide, la naturaleza del rayo no se empezó a comprender hasta finales del siglo XVIII. Además, al golpear una piedra con otra saltan chispas y se escucha un ruido, de modo que el rayo y el trueno deben de ser fruto de algo parecido pero en el ámbito sobrenatural. Sin duda, ahí arriba hay alguien que hace lo mismo que nosotros, pero sus acciones son mucho más violentas y sus repercusiones sobre los pobres mortales necesariamente más graves. El rayo mata a distancia, pues no podemos ver a quién lo arroja, así que debe de estar muy lejos; y caen uno tras otro, lo que debe significar que su dueño tiene muchos o, lo que es lo mismo, que puede recuperarlos al instante: características típicas de Miölnir. Además, las piedras del trueno son pequeñas, pueden llevarse en cualquier sitio y nos resulta difícil imaginar que algo tan aparentemente insignificante haya sido capaz de rajar un árbol, matar todo un rebaño de ovejas o un grupo entero de personas. Ese tamaño ha de ser mera apariencia, y disimula algo mucho más grande y poderoso.

Un elemento aparentemente insignificante y que quizá esconda profundidades míticas que ya no están a nuestro alcance es el defecto del mango de Miölnir. La historia que estamos comentando nos explica el motivo, que parecería asunto nimio, justificado sólo por el intento de Loki de evitar la culminación del trabajo. Pero, aunque en un contexto muy diferente, también Saxo nos habla de esa curiosa peculiaridad del martillo: en el marco de su versión del mito de Baldr, el monje danés nos cuenta la lucha entre éste (Balderus en la versión latina), ayudado por «Odín, Thor y los sagrados dioses» [2], y su hermano Hotero. Veamos lo que sucede:

---

* En muchas culturas, fósiles y antiguas herramientas de piedra se encuentran entre los objetos mágicos más codiciados.

Thor abatía los obstáculos de los escudos con los extraordinarios movimientos de su maza, incitando tanto a sus enemigos a abalanzarse sobre él como a sus camaradas a matarlos. No había género de armadura que no cediera al que así golpeaba. Nadie podía resistir incólume al que así hería. [...] Por lo tanto, la victoria habría correspondido a los dioses si Hotero, corriendo velozmente junto a sus desbaratadas filas, no hubiera inutilizado el mazo cortándole la empuñadura. Privados de esta arma, los dioses emprendieron la huida al instante.

Si pasamos a los objetos maravillosos del itifálico dios de la fertilidad, éstos parecen también bastante simples, quizá porque Frey es el continuador más claro de una larguísima tradición prácticamente ininterrumpida y casi invariable de divinidades dedicadas a todo lo relativo a la fertilidad. Así que el barco y también el cerdo, o jabalí, tienen que ver con esta función suya. Pero ¿cómo?

### *Skíðblaðnir, el mejor de los barcos*

Skíðblaðnir es el mejor de los barcos, y el de más hábil construcción. Es tan grande que todos los dioses pueden cargar en él sus armas y pertrechos, y siempre que iza la vela tiene viento favorable donde quiera que vaya. Y cuando no es necesario para viajar por el mar, está hecho de tantas piezas y con tanta habilidad, que se puede plegar como un pañuelo y meterlo en una bolsa [3].

En realidad no es el mayor de los barcos sobrenaturales, pues lo supera Naglfar, la nave del propio Loki. Esa propiedad de poderse plegar y transportar tranquilamente es, sin duda, interesante e intrigante, y nos hace pensar en los modelos de barcos que aparecen en las ofrendas votivas y los grabados rupestres. Una figura antropomorfa monumental, por ejemplo, que sostiene en la mano un barquito... ¿quizá Frey con Skíðblaðnir? El nombre significa probablemente «Hecho con Astillas», lo que nos lleva también más a lo ceremonial y ritual que a un barco hecho y derecho. Ya hemos hablado de la estrecha asociación entre fertilidad y barcos, que no está limitada a esta región del mundo ni de Europa: parece que la Edad del Bronce era especialmente aficionada a este simbolismo.

### *El jabalí Gulinborsti*

¿Qué decir de cerdos y jabalíes que no sepamos ya? Asociados desde los tiempos más antiguos a Frey y a su hermana Freya, simbolizan la fertilidad.

Tanto es así que los primeros emigrantes germánicos en Inglaterra recurrían a ellos porque garantizaban una fácil, rápida y abundante reproducción y, en consecuencia, la seguridad de mantenerse hasta haberse asentado perfectamente en las nuevas tierras, aunque éstas fueran en realidad más apropiadas para cabras y ovejas [4]. De modo que la asociación es tan natural y evidente que no hay que insistir en ella.

Claro que un jabalí de «Cerdas de Oro», que es lo que significa el nombre, es un buen símbolo de Frey. El oro refuerza la relación con fertilidad y riqueza, pero no deja de recordarnos al vellocino de oro del mito griego de Jasón y los Argonautas. Es posible que éste fuera la versión mítica de un uso real, practicado hasta nuestros días en esas mismas regiones: el pellejo de una oveja se utiliza de filtro para lavar el barro de los ríos auríferos, de modo que si la suerte sonríe al buscador, acabará con una pelambre de oveja cubierta de oro *. ¿Qué mejor y más estrecha relación entre la riqueza representada por el más preciado y aristocrático de los metales y la que compete al antiguo trabajo del pastor? Claro que de Gulinborsti no podemos decir nada parecido, pero la unión entre las dos formas de riqueza me parece atractivamente similar. Quizá llegaran al norte, con otras muchas cosas del Cáucaso, ecos de esta costumbre y del mito griego. No es improbable, pues las relaciones con el sureste europeo existieron y fueron además duraderas. Recordemos que con los primeros emigrantes germánicos viajaron también gentes de origen iranio: suavos y vándalos eran germanos, los alanos eran parientes cercanos de persas y escitas, y la influencia de estos últimos sobre el arte y la cultura germánicos, aunque muy debatida, parece asegurada. Los pueblos ecuestres de las estepas, y los escitas lo eran, dejaron su huella en diversas tradiciones germánicas. Y en las tierras del vellocino y de Jasón, Georgia y el Cáucaso, vivían y siguen viviendo los osetios, otro pueblo iranio, y G. Dumézil [5] encontró curiosas coincidencias entre Loki y un héroe mítico de este pueblo: Syrdon, y se preocupó debidamente de documentar los posibles contactos entre iranios y germanos. Así que, ¿no sería posible ese salto geográfico, acompañado de la transformación del vellocino en cerdas de jabalí?

---

* El procedimiento no es el que indicaba Estrabón, exactamente. No se cuelga de una rama el vellocino para que recoja el oro sin esfuerzo, sino que se introduce en una estructura de madera por la que se hace correr el lodo lleno de agua, que vuelve al río dejando en la lana todo lo que es sólido y algo pesado, desde piedras hasta pepitas de oro. El vellocino no alivia la dura labor del buscador de oro.

### *Loki, creador de problemas*

¿Por qué le corta Loki el pelo a Sif? No lo sabemos, más allá de la posible interpretación de ese acto como un castigo a Sif por su infidelidad. Pero tampoco hay que darle muchas vueltas. Si el *trickster* es creativo, su invención empieza muchas veces sin motivo aparente. Por ejemplo, vea «por qué» inventa la red; Snorri[6] dice solamente esto, como de pasada:

> Cuando los dioses se enfadaron con él [acababa de causar la muerte de Baldr], escapó corriendo y se ocultó en la montaña, donde construyó una casa con cuatro puertas para poder ver en todas las direcciones. A menudo, durante el día, adoptaba forma de salmón y se ocultaba en una cascada. Pensó cómo podrían capturarlo los dioses en la cascada, y cogió hilo de lino y se puso a hacer nudos como para una red...

Cuando ve acercarse a los Ases tira la red al fuego, pero Kvásir

> vio las blancas cenizas que habían quedado al arder la red y comprendió que era una red para coger peces, y se lo dijo a los otros Ases. Enseguida hicieron una red igual a la que había hecho Loki, según pudieron ver por las cenizas, y en cuanto estuvo lista fueron al río y la arrojaron a la cascada; Thor sujetaba un extremo y el otro lo agarraban los demás dioses todos juntos.

Al final consiguen capturar al salmón-Loki, que recibirá su castigo. Pero si nos fijamos, parece que la invención y fabricación de la red es el resultado de pensar qué podrían hacer los dioses para atraparlo: está ideando la herramienta misma que servirá para capturarlo. No es que Loki sea masoquista, lejos de él tales aficiones, pero su creatividad está desbocada, y da igual si lo que inventa va a resultar en algo bueno o algo malo para él o para cualquier otro. Lo importante es que ese acto creativo dará pie a algo importante, que puede ser la captura y casi destrucción de su propio autor.

Por eso, quizá, Loki le corta el pelo a Sif a fin de que «pase algo»; o a lo mejor, simplemente por hacer algo extraño, infrecuente, inesperado, indebido. Lo mismo sucede con otros *tricksters*. Uno de los cuentos de Coyote empieza por un acto totalmente inútil e inexplicable de éste: va por el campo con su inseparable amigo Itkome* cuando pasan junto a una roca que le parece especial porque el musgo dibuja en ella como una telaraña. Así que Coyote decide regalarle su manta para que no tenga frío. Itkome se extraña y Coyote le explica que «me paso la vida regalando cosas». Claro, el resulta-

---
* Iktome y esta versión son sioux (véase Leeming y Page: 50 y ss.).

do será una peligrosísima aventura, pero el origen es absolutamente carente de todo sentido o toda lógica (como cualquier acto realmente creativo).

Así que Loki le corta el pelo a Sif simplemente por hacer algo que moleste o llame la atención, pero no acaban aquí sus actos irreflexivos. Después, cuando ya ha conseguido la cabellera de oro y ha salvado sus huesos de la furia de Thor, no se le ocurre otra cosa que retar a los herreros. No parece que la apuesta incluyera contrapartida alguna a la cabeza de Loki, de modo que se trata de otro acto aparentemente estúpido pero que tendrá enormes consecuencias, incluyendo, como casi siempre, graves peligros para él mismo. Claro que Loki no haría nada más si no fuera por las amenazas: quizá, si Thor no lo hubiera puesto en una difícil tesitura, Loki no se habría preocupado de conseguir la nueva cabellera de Sif ni los demás objetos maravillosos. Aunque la amenaza puede ser sólo imaginada, como en la invención de la red. Para evitar que Thor le rompa todos los huesos, Loki se limita a convencer a unos tuergos de que fabriquen ciertos objetos, pero las cosas se complican en la apuesta con Brokk. Aquí encontramos un motivo típico de los *tricksters*, sea en las mitologías o en la narrativa popular: intentar que los otros no puedan hacer su propio trabajo. Loki se transforma en mosca para que Brokk deje el fuelle.

Pero ésta no es la única vez que se disfraza para evitar que alguien haga su labor: también se convierte en yegua para atraer al caballo del etón que está construyendo el Ásgarð, y ya comentamos la historia del collar de Freya. Perdida la apuesta, tiene que buscar algún recurso extraño para no morir, y lo primero es la huida, aunque sin éxito. Lo mismo sucedió cuando se ocultó en la cascada convertido en salmón: escapó a la primera redada y se escondió entre dos rocas, volvieron a arrojar la red y lo capturaron de nuevo, pero escapó otra vez, ahora nadando cascada arriba como buen salmón; los dioses le siguen y arrojan la red en el lago que hay encima de la catarata; Loki salta por encima de ella pero no puede esquivar la mano de Thor, que lo agarra por la cola. Obsérvese: también es ahí Thor quien lo captura, igual que en la historia que ahora nos está ocupando. La camaradería de ambos dioses no parece que diera siempre buenos resultados.

Debe de haber algo de mucho fondo en esta amistad que al mismo tiempo es enfrentamiento constante. Nos lo cuentan, por ejemplo, algunos *kenningar* para Thor que se usan en el *Elogio de Thor*, donde se le llama «experto oponente de la maldad de Loki» o, en forma más bien críptica pero que entenderemos si conocemos el castigo final del *trickster*: «el furioso golpeador del malvado de las rocas», en referencia a las que servirán de potro de tortura de Loki.

### Loki, el hablador (¿o el mentiroso?)

Apresado, a merced de Brokk, a Loki sólo le queda un último recurso: la palabra. Su estratagema es un problema lógico: habían apostado que si perdía, Brokk le cortaría la cabeza; pero nada se ha dicho del cuello, de manera que habría que buscar la forma de cortar aquélla sin tocar éste, lo que nos recuerda un problema parecido que le planteó Shakespeare a cierto mercader veneciano.

El tramposo es siempre un maestro del lenguaje, sin duda porque es aquí donde puede desarrollarse con más inmediatez la creatividad. El *trickster* de África Occidental, Eshu, inventa la diversidad lingüística para confundir a las criaturas, incluyendo los dioses mismos. Los indios Bella Coola creen que «al creador le parecía suficiente con un solo idioma, pero Cuervo opinaba de otra forma y creó muchos» [7], y también Coyote es el creador de la multiplicidad de lenguas, aunque no siempre directa ni personalmente. También sabemos que la mentira es algo exclusivo del ser humano y que sólo es posible gracias al lenguaje: viene a ser como crear un mundo distinto y convencer al interlocutor de que habita realmente en él. El *trickster*, como creador desbocado que es, supera a cualquiera en su capacidad de mentir y de confundir, de liar las cosas. La primera estrofa del *Elogio de Thor* dice: «experto era Lopt en la mentira», usando otro nombre de Loki. Su castigo será coserle la boca, aunque será por poco tiempo. Los labios cosidos de Loki no aparecen solamente en esta historia, sino en referencias más antiguas y también, seguramente, en un curioso grabado: una piedra utilizada de pantalla para el fuego en un hogar muestra el tosco esquema de un rostro bigotudo y con los labios cruzados por lo que parecen puntadas.

Resulta que los *tricksters* siempre encuentran su castigo, aunque ninguno sea para ellos suficientemente duradero y su habilidad, o su buena suerte, les devuelva pronto a las aventuras, los inventos y los nuevos castigos.

### De cómo Loki robó las manzanas de Iðun y de lo que pasó luego

Otra historia es la del robo de las manzanas de Iðun. La investigación se ha centrado, como probablemente es lógico, en las frutas mismas, pero aquí nos fijaremos en lo que sucede con nuestro *trickster* en esta ocasión. Como el texto del capítulo I del *Skáldskaparmál* de Snorri es fácilmente accesible en español, me limitaré a un resumen:

> Una vez iban de viaje Odín, Loki y Hœnir y no tenían nada que comer. Encontraron unos bueyes y cogieron uno, hicieron un agujero en el suelo y lo metieron

con piedras calientes para que se cociera, pero pasó mucho rato y seguía crudo. Entonces, un águila que estaba posada en un árbol les pidió un trozo de buey a cambio de dejar que se guisara. Aceptaron, pero el águila se apoderó de casi todo el animal. Loki se enfadó y golpeó al águila con un palo, pero ésta echó a volar llevándose a Loki con ella, pues se había quedado sujeto a sus plumas por las manos y el palo. El águila vuela arrastrando a Loki, que se golpea con las rocas y los árboles y suplica que le suelte, pero el águila le hace jurar que le regalará las manzanas de Iðun. Así lo hace Loki, y de vuelta a Ásgarð invita a Iðun a dar un paseo más allá de las murallas; entonces aparece el etón Þiazi, disfrazado de águila, y se lleva a Iðun a su casa.

Pero al desaparecer la diosa, los Ases se quedaron sin las manzanas que les permitían mantenerse siempre jóvenes y empezaron a envejecer. Y cuando se enteraron de que la culpa de todo la tenía Loki, le amenazaron de muerte si no les devolvía a Iðun. Loki dijo que iría a buscarla, tomó prestado el traje de halcón de Freya y se fue al País de los Etones. Þiazi no estaba, así que transformó a Iðun en una nuez y echó a volar a toda prisa llevándola entre sus garras. Pero cuando Þiazi volvió y se dio cuenta de lo que había pasado, salió en persecución de Loki. Cuando los dioses vieron regresar el halcón, con el águila persiguiéndolo, pusieron leña y encendieron una hoguera, y cuando el águila pasó por encima se le prendieron las plumas y cayó al suelo, lo que aprovecharon los dioses para matarlo.

Aquí acaba la historia de Iðun propiamente dicha, pero Snorri añade algo que quizá pertenece a otro mito: Skaði, la hija de Þiazi, llega armada de pies a cabeza, decidida a vengar a su padre, pero los dioses la apaciguan permitiéndole elegir esposo entre ellos, aunque debe hacerlo mirando sólo sus piernas. Elige las más bellas pensando que son de Baldr, pero resulta que pertenecen a Niörð. Otra condición que impone la etona para no atacar a los dioses es algo que conocemos bien por muchos cuentos populares: parece que era mujer en extremo adusta y que nada le hacía reír, así que uno de los dioses tiene que conseguir eso precisamente. Claro, es Loki quien lo logra por un procedimiento que no desentonaría en una historia de Coyote: nuestro dios coge una cuerda y ata un extremo a la barba de un chivo y el otro a sus propios testículos; dice Snorri: «[la cuerda] cedía poco a poco y Loki y la cabra chillaban a más no poder. Y Loki cayó entonces en el regazo de Skaði, que se echó a reír».

Megan Biesele [8], al explicar cómo cuentan los !kung las historias de Kauha, su *trickster* particular, dice algo que es probablemente universal en los cuentos de estos individuos y que pudo serlo también en los de Loki: «suelen narrarse uno tras otro muy deprisa. El narrador se va animando y las risotadas del público se hacen cada vez más sonoras. [...] Estas historias exploran algunos de los problemas fundamentales de la vida: sexo, excrementos, nacimiento y muerte, caza y recolección, compartir, cocinar y comer el alimento, la división del trabajo y el equilibrio de poder entre hombres y mujeres»[9]. Marshall[10], por su parte, cuenta que esos mismos !kung se mueren de risa contando y oyendo las historias. Traspase esto a las praderas norteamericanas y tendrá a Coyote, llévelos a Escandinavia y encontrará a nuestro buen Loki.

Y como se trataba, posiblemente, de enlazar un cuento tras otro, vuelva a leer el *Lokatáttur* faroés fijándose en las transformaciones y la artimaña final para matar al etón y compárelo con este relato de Snorri. Y ahora lea el siguiente cuento popular noruego, cuyo protagonista es el zorro, que en ese país recibe el nombre de Mikkel:

> Un día, el oso estaba comiéndose un caballo que acababa de matar. Mikkel andaba por allí y vino haciéndose el despistado, pero se le hacía la boca agua pensando en un bocado de carne de caballo. Se fue acercando disimuladamente y cuando estuvo detrás del oso dio un salto al otro lado y al pasar arrancó un trozo. Pero el oso agarró a Mikkel de la cola y desde entonces el zorro siempre tiene una mancha blanca en su rojo rabo. «Espera, Mikkel, ven aquí que te voy a enseñar a cazar caballos», dijo el oso. Bueno, Mikkel estaba encantado de aprender, pero no se fiaba mucho del oso. Éste dijo: «Cuando veas un caballo durmiendo en algún sitio soleado debes atar bien fuerte tus bigotes a su cola y luego agarrarle bien fuerte el muslo con los dientes». Poco tiempo después, el zorro se encontró con un caballo que estaba durmiendo en una ladera soleada e hizo lo que le había dicho el oso. Se ató bien al caballo con la cola y le agarró el muslo con los dientes. Allá fue el caballo saltando, galopando y soltando coces, estampando al zorro contra las piedras y los árboles hasta que se quedó atontado. Entonces pasó por allí una liebre. «¿Adónde vas tan deprisa?», preguntó la liebre. «Estoy montando a caballo», respondió el zorro. La liebre se irguió sobre las patas traseras y se echó a reír a mandíbula batiente, pensando en lo bien que cabalgaba Mikkel. Y desde entonces, el zorro no ha vuelto a cazar caballos[11].

Seguramente habrá reconocido el azaroso viaje involuntario de Loki, también asociado con la comida. Desde luego, estas tres historias representan aventuras parciales de lo que pudo ser, en tiempos, así me gustaría creerlo, un nutrido ciclo mitológico/narrativo del *trickster* germánico que se entrelazaría con las historias, mucho más serias, de los dioses cuando los temas fueran de especial importancia para las personas.

Pero veamos los temas que aparecen en esta historia, en la que Snorri juntó varios mitos, cuentos y asuntos mitológicos diversos.

### Iðun y sus manzanas

Snorri se basa en el *Haustlöng*, del siglo IX, para contarnos la historia de esta diosa prácticamente desconocida; lo que quiere decir, evidentemente, que en tiempos más antiguos no era tan desconocida. Su nombre, «Rejuvenecedora», nos recuerda a los epítetos de las *Matronae*, de modo que su función estaría bastante clara. Quedémonos en que se trata del rapto de la diosa Rejuvenecedora por los etones. Podemos recordar enseguida los intentos de éstos de hacerse con Freya a fin de llevar la fertilidad a los yermos campos del Iötunheim o su pretensión de conseguir el sol y la luna, elementos imprescindibles para la existencia de los ciclos estacionales que permiten la agricultura. Las manzanas creo que son secundarias y bien puede tratarse de una simple referencia culta de Snorri, que así demostraba conocer el mito grecorromano de las Hespérides, aunque tampoco sería justo olvidar que el manzano es desde hace tiempo un árbol importante en el mundo germánico y que por mucho tiempo fue el primero en florecer en primavera. De todos modos me parece un poco ocioso insistir demasiado en las manzanas, que me parecen un elemento secundario en el relato de Snorri: cuando Loki la rescata y la devuelve a Ásgarð, las frutas ni se mencionan. Quedémonos pues con lo siguiente: los etones se llevan a la diosa y los dioses empiezan a envejecer.

Esta vez es la comida la culpable última del embrollo. Y así tiene que ser, pues los *tricksters* son golosos, tragones y están siempre hambrientos, y la preocupación de Loki por quedarse sin su comida es lo que pone todo en marcha. Loki verá castigada su gula con un doloroso viaje colgado del águila y tendrá que hacer un trato para salvar el pellejo, y aunque ahora no es una apuesta, el efecto es semejante. Con engaños hace salir a la diosa fuera del Recinto de los Ases para ser raptada por Þiazi, y ante las amenazas de los dioses no le queda más remedio que disfrazarse de nuevo y volar al rescate de Iðun. Creo que es interesante que esta vez no recurra a sus propias habilidades para cambiar de forma, sino al ropaje de halcón de la diosa Freya, que tantas veces se encuentra en tesituras semejantes a las de Iðun ahora mismo (¿no serán las dos una misma persona?). Una vez robada al etón, Loki tiene que darse de nuevo a la fuga a toda velocidad, aunque en esta ocasión serán los dioses, y no él, quienes darán su merecido al turso. Loki, al final de todo, se limitará a ejercer de bufón con el divertido juego de la maroma entre el macho cabrío y sus propias partes pudendas. Y esta Skaði, aunque hija de etón, se convirtió en una de las diosas, en esposa de Niörð y luego en amante de Odín, nada menos: su reconciliación con los dioses le otorgó un lugar en el Ásgarð.

### *Más tesoros: el Ásgarð y el caballo de Odín*

Hemos visto a Loki creando los grandes tesoros de los dioses; lo hemos visto también salvar a Iðun y, con ella, a todos los dioses y haciendo posible la reconciliación de éstos con Skaði. Pero hizo más: en una historia discutidísima, Loki proporciona a Odín su caballo maravilloso y, a fin de cuentas, consigue para los dioses su gran palacio, el Ásgarð. Veamos el relato, abreviado y adaptado como en los casos anteriores [12]:

> Hace muchísimo tiempo, los dioses habían construido el Recinto Central y también el Valhala, y entonces vino un artesano que se ofreció a construirles una fortaleza en apenas año y medio. Sería tan magnífica que aunque los etones consiguieran entrar en el Recinto Central, serían derrotados. Como pago pidió a Freya, el sol y la luna. Los dioses se reunieron en asamblea y decidieron aceptar, pero con la condición de que hiciera la fortaleza en sólo medio año, ni un día más, y sin ayuda de nadie. El constructor pidió que le dejaran usar a su caballo Svaðilfari y los dioses estuvieron de acuerdo. Fue Loki quien recomendó que aceptaran.
>
> Cuál no sería el desmayo de los dioses al ver que aquel caballo trabajaba más que muchos hombres y que las paredes de la fortaleza crecían de día en día. Como se iba acercando el día señalado y el palacio estaba casi terminado, se horrorizaron al pensar en lo que sería de ellos y de todo el mundo sin Freya, el sol y la luna. De modo que como había sido Loki quien aconsejó aceptar la oferta del constructor, lo amenazaron de muerte si no impedía que se acabara la obra en el plazo acordado.
>
> Y Loki se transformó en yegua, y cuando el caballo la vio echó a correr tras ella hacia el bosque, con el artesano corriendo detrás. Y la obra no se pudo acabar a tiempo, el constructor se enfureció y los dioses se dieron cuenta de que era un etón, y Thor lo mató con su martillo. Pero Loki había copulado con el caballo y al tiempo parió un potrillo gris de ocho patas, que no hay mejor caballo en tierras de dioses o de hombres.

El caballo es Sleipnir, la montura característica de Odín, que conocemos también por las piedras de Gotland. Pero como no siempre aparece representado así y otras veces Odín parece montar un caballo normal, se ha propuesto interpretar el octeto como simple intento de reflejar plásticamente la velocidad de Sleipnir: a partir de esas representaciones se habría creado el mito del número de patas. Sea como fuere, el nombre significa «Deslizante», en clara referencia a su galope, que no necesita el suelo bajo sus cascos. Sin embargo, es reciente, inventado quizá en el siglo X, y parte de la historia puede ser incluso posterior. Se ha apuntado que la paternidad/maternidad de Loki es un invento de Snorri, y aunque el hecho se menciona en un poema titulado *Völuspá* corta, integrado en otro más extenso denominado *Canto de Hyndla*, éstos son seguramente muy recientes, tal vez muy poco anteriores a Snorri, y parecen un intento de sistematizar mitos, nombres y genealogías paganas. Ahí se nos dice [13]:

> Loki engendró al lobo con Angrboða,
> concibió a Sleipnir con Svaðilfari.

¿Construyó Snorri su relato a partir de este texto, como afirman algunos estudiosos (aunque no Georges Dumézil)? No lo creo, porque la maternidad de Loki encaja perfectamente con la figura del *trickster* y con sus propias características, como hemos estado viendo. Es imposible que toda la literatura de tema mitológico se reduzca a lo que conservamos; y bien pudo haber echado mano Snorri, aquí y en otros pasajes, de historias, relatos, poemas o anécdotas que conocía.

### El «maestro constructor»

Las comillas están ahí porque se trata de un personaje de los cuentos populares. Incluso en España los hay sospechosamente parecidos a esta historia de la edificación del Recinto de los Ases. Quizá recuerde el de la muchacha que harta de vadear el río vende su alma al demonio para que éste le construya un puente, que deberá estar terminado antes del primer canto del gallo del día siguiente. El diablo trabaja como un demonio y la niña, desesperada, recibe la ayuda de un alma caritativa que hace que los gallos empiecen a cantar antes de tiempo. El demonio, convencido de su fracaso, se marcha sin reclamar su pago y el puente queda ahí, entero, a falta solamente de una piedra. Pues cuentos como éste existen en muchos sitios de Europa, también en el ámbito germánico, y en forma de leyenda sirven para explicar muchas obras inconclusas. Aquí tiene el ejemplo (muy abreviado) de una leyenda islandesa que trata este tema (de la colección de Jón Arnason):

> Un granjero tenía que construir una iglesia cerca de su casa antes de que empezara el invierno, por orden de su obispo. Se puso manos a la obra, pero iba mucho más despacio de lo previsto. Un día se le acercó un extraño que se ofreció a construir la iglesia sin ayuda de nadie. A cambio, el campesino le regalaría a su hijo, a menos que fuese capaz de averiguar su nombre. El campesino aceptó y el extraño se puso manos a la obra, y trabajaba tan rápido que resultaba evidente que la iglesia estaría lista incluso antes del plazo fijado. El buen hombre hizo todo lo posible para averiguar el nombre del forastero, pero no consiguió nada.

Y cuando vio que la iglesia estaba prácticamente terminada, se dejó caer al suelo desesperado; y entonces, desde debajo de la tierra, oyó la voz de una mujer diciéndole a su hijito: «Duérmete, que pronto llegará tu padre, Finnur, y te traerá un niño para que tengas con quien jugar». El campesino se dio cuenta de lo que aquello significaba y echó a correr hacia la iglesia, loco de contento. En aquel momento el extraño estaba a punto de colocar la tabla del altar, pero el campesino se acercó y gritó: «¡Buen trabajo, Finnur!». En cuanto dijo el nombre, el extraño dejó caer la tabla, desapareció y nunca se volvió a saber de él.

Este motivo popular tan extendido y duradero es con toda probabilidad el responsable de la historia que nos cuenta Snorri, seguramente mezclado con elementos, algunos netamente míticos y otros puramente folclóricos, tomados de aquí y allá. Quizá en este caso, más que en ningún otro, Snorri se dejó llevar por su conocimiento de las figuras y lugares mitológicos para construir su propio mito explicativo de los orígenes de Ásgarð e incluso de Sleipnir [14].

## *El castigo final*

Loki hace muchas más cosas en los relatos de Snorri. Nos queda por ver qué fue de él una vez que, asesinado Baldr, los dioses consiguieron capturarlo en la cascada. El mito de su castigo no tiene mucho que ver con el *trickster*, me parece, y se acerca más al de Prometeo, condenado a sufrir un cruel suplicio por regalar el fuego a los humanos. Una vez capturado, los Ases ataron a Loki sobre tres piedras afiladas utilizando los intestinos de dos de sus hijos, Vali y Narvi. La diosa Skaði colgó una serpiente venenosa sobre el rostro de Loki para que el veneno goteara produciéndole un dolor insufrible. Sigyn, la fiel esposa de Loki, tiene una copa en la que va recogiendo las gotas de veneno, pero cuando se llena y se da la vuelta para tirarla, «el veneno le gotea a Loki sobre la cara y le hace retorcerse de tal forma que tiembla toda la tierra. Esto es lo que los humanos llamáis terremoto» [15]. Este feroz castigo no es invento de Snorri, pues en la *Völuspá* [16] leemos:

> Con las tripas de Vali trenzó ligaduras,
> eran recias y fuertes.
>
> Lo vio yacer atado bajo el Hveralund;
> su aspecto de mentiroso era el de Loki;
> allí está Sigyn, mas poco gozosa
> de ver a su esposo.

Lo desconocemos todo sobre ese Hveralund, quizá un «bosque del caldero» en referencia a la jarra de Sigyn, tal vez el nombre de algún sulfúreo lugar lleno de géiseres. Pero aparte de esto y de la explicación del origen de los terremotos, no reconocemos ya a nuestro Loki; el humor ha desaparecido por completo y el dios no volverá a hacer gala de él cuando consiga desatarse en el Ragnarök y se una al ejército de los enemigos de los dioses.

Ciertamente, ni su discutido papel en la muerte de Baldr, ni este brutal castigo ni la lucha final tienen mucho que ver con la imagen del *trickster* que hemos estado analizando en estas páginas. Tal vez, lo que vemos en él es la fusión de dos figuras de distinto origen y carácter: el *trickster* por un lado, que podría corresponder originalmente a la mitología de los pueblos no indoeuropeos del norte de Europa, y el héroe cultural semidivino representado por Prometeo y algunos personajes del área caucásica. En este ámbito no hay humor y los sucesos son bastante terribles, pero existe un punto de contacto en el carácter intermedio del héroe entre dioses y hombres y en los peligros de la creación y la inventiva.

Es difícil llegar a una interpretación final de todo Loki. Aunque lo mismo sucede con otros muchos dioses escandinavos, lo cierto es que esta carencia se hace sentir especialmente en la misteriosa figura del hijo de Laufey.

CAPÍTULO 20

# HAY OTROS DIOSES

Hemos ido conociendo a un buen número de divinidades germánicas: las diosas, los dioses de la fertilidad, Thor y Odín e incluso algunas etonas eran objeto de culto. Pero existieron otros dioses, aunque de ellos sabemos muy poco. Curiosamente, entre estas divinidades ya desdibujadas, que habían cedido su puesto original de preeminencia a otros nuevos, está quien pudo ser en tiempos lejanos el más importante de todos, el dios por antonomasia, hasta el punto de que su nombre en plural es una denominación genérica para los dioses *(tívar)* y su nombre propio, en singular por tanto, puede aplicarse a cualquier divinidad masculina. Me refiero al escandinavo Týr, llamado Tíw en Inglaterra, Ziu en Alemania y Tîwaz en los tiempos más antiguos de Germania.

### *El rey del cielo, destronado*

Tîwaz es la misma palabra que el latín *deus* (de donde *Júpiter*), el griego *Zeus* y el sánscrito *devah*, entre otras muchísimas derivadas de una raíz indoeuropea *dyu/diw* referida a la luz del día, la luz celestial, el cielo y el dios del cielo[1]. Es decir, este dios germánico había sido, ya en tiempos de la comunidad indoeuropea, la divinidad (masculina) máxima, el dios del cielo, el dios por antonomasia, y seguramente es la gran figura portadora de lanza de los grabados rupestres escandinavos; pero cuando empiezan nuestros textos, este dios aparece relegado a un papel secundario y además bastante indefinido. Por un lado era dios de la guerra, lo que explica que en la interpretación romana se le equiparase a Marte, como indica el nombre del día correspondiente: *Martis dies*, «martes», se convirtió en *Tiwesdæg (Tuesday)* en antiguo inglés y en *Týdagr* en nórdico. El paso del cielo a la guerra no está nada claro, y quizá se trata de un caso más de reinterpretación guerrera de los antiguos dioses, que como vimos afectó también a Thor. De ahí, quizá, que en algunos lugares se nos diga que Odín es el padre de Týr, lo que en realidad tendría poco sentido excepto si responde al deseo de poner de relieve la sumisión de todos, incluyendo los dioses de los tiempos antiguos, al nuevo dios de la aristocracia militar. En todo caso, si Týr o Tíw había adquirido esta función, sería como encargado de la guerra en cuanto actividad del pueblo todo, mientras que, como sabemos, Odín sólo se preocupa de la actividad guerrera de sus propios protegidos.

Aparte de esa función guerrera, Týr está relacionado con la primera función de las tres de Dumézil: precisamente sería el dios encargado de la vida social propiamente dicha, lo que se reflejaría en su antiguo apelativo (romanizado) *thingsus*, es decir, «Protector del Þing», y en el único mito que conservamos sobre él: el sacrificio de su propia mano para encadenar al lobo Fenrir. Veamos brevemente esta historia, que, a pesar de que ha suscitado muchas discusiones, tiene equivalentes muy claros en otras mitologías indoeuropeas, como mostró Georges Dumézil[2]. Resumamos lo que cuenta Snorri[3]:

> Cuando los Ases vieron que Fenrir estaba creciendo y haciéndose extremadamente peligroso, decidieron encadenarlo; pero era tan fuerte que tenían que utilizar la astucia, pues nada habrían conseguido por la fuerza. Así que lo retaron a romper unos grilletes, que no plantearon dificultad alguna al lobo; luego otros aún más fuertes, que sin embargo no aguantaron más que los primeros. Finalmente recurrieron a unos tuergos que construyeron unas ligaduras finísimas utilizando el ruido del gato, la barba de la mujer, las raíces de las rocas, los tendones del oso, la respiración del pez y la baba del pájaro. El lobo sospechó una trampa al ver aquello tan fino y exigió, como garantía de que los Ases le quitarían la ligadura, que uno de los dioses metiera el brazo derecho en su boca mientras lo ataban. Týr se ofreció voluntario y cuando Fenrir vio que no podía soltarse, le arrancó la mano de un mordisco.

Týr tiene que sacrificar la mano de los juramentos para inmovilizar, de momento al menos, al temible hijo de Loki; recordemos que Thor hubo de sufrir la herida de la afiladera en su primer combate singular, y que Odín tuvo que ofrecer un ojo a cambio de la sabiduría, las runas y la poesía. La relación de intercambio que subyace a las religiones [4] queda patente en estos sacrificios. Si un dios está dispuesto a sacrificar una parte importante de sí mismo para conservar el orden cósmico, ¿vamos a negarle nosotros un cordero, una vaca o un caballo? Vimos también en uno de los mitos de Thor que su acompañante era Týr, y debe de haber algo interesante en el fondo de ese viaje por lo que a Thor afecta, pero nada sabemos.

Tampoco podemos decir nada de su familia. Aunque a veces se dice que es hijo de Odín, en otras ocasiones se menciona como posible padre a un gigante, aunque no podemos establecer árbol genealógico para este dios, demasiado antiguo: estaba ya ahí, entre las creencias religiosas básicas de los indoeuropeos, antes de que se configurase la religión germánica en su contacto con los pueblos indígenas del norte, de modo que fue difícil encajarlo en el modelo familiar habitual. Quizá por eso tampoco tiene esposa, hijos ni casa propia.

Ciertamente hay lugares cuyo nombre incluye el de este dios; en realidad la runa T le debe su nombre, y su frecuente presencia en urnas funerarias y el interior de tumbas apunta a una cierta popularidad que, sin embargo, somos incapaces de analizar en más detalle. Parece que Odín consiguió con Týr plenamente lo que intentó también con Thor, Freya y los Vanes: sustituir sus antiguos ritos, clánicos, familiares, individuales, por los rituales institucionales de las emergentes monarquías militares consagradas a él.

### *El dios de las nieves, el arco y flechas y los esquís*

De Ull, también llamado Ulin, es aún menos lo que podemos decir. Sólo se le conoció en Escandinavia, lo que encaja bien con sus atribuciones, que son las del encabezamiento, aparte de ciertas (dudosas) relaciones con los dioses de la fertilidad. Creo que lo más apropiado es considerarlo protector de la caza y, en consecuencia, de la (escasa) riqueza obtenida por este medio. De ahí quizá el nombre de su granja, Ýdalir, «Valles del Tejo», pues este árbol era el preferido para la fabricación de arcos, usados casi exclusivamente en la caza. Su asociación con el esquí nos lleva quizá a los pueblos preindoeuropeos del norte, a fineses y saami y quizá incluso a sus predecesores, pues el uso de estos adminículos comenzó en época muy antigua, como atestiguan los grabados rupestres. Tal vez por eso, parece que Ull poseía ciertas habilidades mágicas, como corresponde a esos antiguos pueblos boreales: lo cierto es que un esquiador armado de arco y flechas y conocedor de la magia es buena imagen de los más antiguos pobladores de Escandinavia.

No hay duda de que existió un antiguo culto a este dios, como demuestran los numerosos topónimos con su nombre, aunque no podemos dar detalles. En cuanto a su familia, sólo sabemos que su madre es, supuestamente, Sif, de modo que Ull sería hijastro de Thor. Por otro lado debieron de existir mitos bien conocidos sobre él pero de los que solamente nos ha llegado alguna oscura referencia a través de *kenningar*. Sabemos, por ejemplo, que existió un relato en el que Ull hubo de utilizar su escudo como barco, de donde procede la metáfora «barco de Ull» = «escudo». A lo mejor no era un barco en realidad, sino un trineo, dadas las preferencias geográficas de este dios, pero cualquier cosa que digamos será simple producto de la imaginación. Tampoco podemos decir nada a ciencia cierta sobre el significado de su nombre, que puede significar «Glorioso» y que tal vez aparece en la antigua inscripción rúnica de Thorsberg, en el término *(o)wlþuþewaz*, «Servidor de Ull», es decir, un posible sacerdote de este dios [5]. El caso es que, para complicar las cosas un poquitín más, Saxo [6] nos habla de un Olero que compitió con Odín, y un estudioso [7] cree posible la identificación con Týr, de tal modo que Ull sería una advocación regional de aquél; esto explicaría el conflicto con Odín y las escasas referencias al dios de los esquís.

### *Forseti*

Si de Ull sabemos poco, de Forseti aún menos. Su nombre significa «Presidente», lo que haría referencia a una posible función de presidencia del Þing. En el siglo VIII se menciona la existencia, entre Frisia y Dinamarca, de una isla llamada Tierra de Fosite, y quizá se trata del mismo personaje. Pero si es así no sabemos ni el significado del nombre («presidente» quedaría descartado) ni su función. No nos ayuda mucho que Snorri nos lo presente como hijo de Baldr y Nanna.

### *Bragi*

Este dios no es tal. Se trata del primer escalda de nombre conocido, un noruego del siglo IX. Parece que fue divinizado, aunque no está claro cuándo. Es el dios de la poesía y Snorri lo define como muy sabio, pero deberíamos considerarlo más bien un «semidiós», uno de los héroes que cubren plaza en

Valhala junto a Odín, dios precisamente de la poesía: en la tercera estrofa de su poema *Rescate de la Cabeza*, Egil Skallagrímsson aplica este nombre, precisamente, al propio Odín. Así que se trata de un dios básica o exclusivamente literario, sin culto en su honor, ni correspondencias fuera de Escandinavia occidental ni nada parecido.

## Ægir

De este dios sabemos algo más. Su nombre significa «Mar» y está derivado de la palabra indoeuroea para «agua», vive en el mar y es el dios de los océanos. Tiene otro nombre, Hlér, que probablemente es un tal Lerus mencionado por Saxo Gramático[8] y que significa «Océano». Sus hijas, las hijas de Hlér o de Ægir, son las olas, y su mujer, Rán, «Ladrona», se lleva a los ahogados. A diferencia de su esposa, Ægir es un dios amable que entre sus actividades incluye la de preparar festines para los dioses, como hemos visto ya en estas páginas, y su relación con los calderos ceremoniales y la bebida parece encajar bien con su aspecto acuático. Una pequeña pega es que Ægir no era dios sino etón, y se trataría entonces del único miembro masculino de esta raza que pudo haber sido objeto de culto en Escandinavia, pero ya sabemos de la asociación de los etones con la caza, la pesca y el pastoreo.

Una peculiaridad es que tuvo con Rán nada menos que nueve hijas, de nombres la mar de sugerentes: «La que Brilla en el Cielo» (Himinglæva, metáfora de la ola), «La del Cabello Ensangrentado» (Blóðughadda), «La que se Alza» (Hefring), Dúfa, Uð, Hrön, Bylgia, Bara (sinónimos de «ola») y «La Fría» (Kolga). Aunque estos nombres son quizá recientes y de origen más bien literario, se menciona a las hijas de Ægir como madres conjuntas de Heimdal, engendrado sin ayuda de varón.

## Heimdal

El «Resplandeciente en la Tierra», engendrado por las olas que resplandecen en el mar... o bien, también sin la intervención de un varón, por nueve hermanas tursas. No estamos seguros del significado del misterioso Heimdal, pero ya hemos visto que quizá él y Freya, bajo su advocación como «Resplandeciente en el Mar», fueran los príncipes de los nuevos dioses tras el Ragnarök.

De este dios suele contarse que su función principal es estar de guardia en el puente Bífröst y avisar con un toque del cuerno Gialarhorn cuando se acerquen los enemigos de los dioses. No está tan claro, sin embargo. Por un lado resulta que es una divinidad de magnífico oído: si Odín lo ve todo desde su palacio, Heimdal escucha incluso lo que carece de sonido, como la hierba al crecer en la tierra o la lana en las ovejas. Tampoco su vista desmerece, pues ve a una distancia de trescientas leguas, de día o de noche. Otros nombres suyos son «El de Dientes de Oro (Gulintanni), «Macho Cabrío» (Halinskiði) o quizá «Ciervo», pues el apelativo significa literalmente «de cuernos simétricos» (aunque se usa normalmente para el macho cabrío) y también Ríg, «Rey», palabra de origen céltico; con este último nombre aparece en el poema llamado *Cantar de Ríg*, en el que se nos presenta como padre de los distintos estamentos humanos: nobles, hombres libres y esclavos; sin embargo, la identificación de Heimdal y Ríg no carece de problemas, así que no debemos considerarla segura.

Realmente, los textos nos dicen tan poco sobre este dios, y hay tal cantidad de alusiones indirectas a él, que algo importante debía de haber tras su apariencia de segundón. Creo que Gro Steinsland puede tener razón al considerarlo el gran dios del futuro, y si Halinskiði hace referencia al ciervo, no podemos menos de pensar en la iconografía de hombres con astas de este animal: desde fiestas populares inglesas de antiguos orígenes hasta los enigmáticos grabados del cuerno de Gallehus. Como señala Folke Ström[9], nadie ha sido capaz de señalar la función básica de este dios; pero se me ocurre que ese misterio sería explicable si nos atenemos a la interpretación, ya mencionada, de Steinsland, que también nos ayudaría a entender el relativo silencio de Snorri; relativo en la medida en que nos presenta como muy secundario y como mero centinela a quien era quizá capitán general: ciertamente, para la iglesia cristiana no sería aceptable un dios que fuera a reaparecer en el futuro, después de la destrucción de las divinidades antiguas, lo que explica su habilidad para enmascararlo; y para los mismos paganos, centrados en las preocupaciones cotidianas de Thor y Odín, la imagen de un hipotético futuro quedaría demasiado lejos, sobre todo cuando la Nueva Costumbre estaba amenazadoramente próxima.

Heimdal, ya lo sabemos, es enemigo de Loki y luchará con él para recuperar el collar Brísing de Freya. Algo hemos comentado a este respecto y no vale la pena repetirlo, pero la enemistad con la creatividad desbocada puede tener sentido si Heimdal va a ser el encargado de conservar lo que hay, aunque sea en una forma nueva: ya sabemos que los cambios producidos directa o indirectamente por Loki lo alteran todo radicalmente; Heimdal sería, entonces, el garante de la continuidad. Lo cierto es que sabemos muy poco, pero está claro que había mucho. ¿Por qué llamar «cabeza» a la espada de Heimdal? ¿Por qué no tiene participación clara en el Ragnarök, aparte de su aviso a los dioses? ¿Quizá el cuerno no sea tan musical como pensamos y las funciones sonoras de este dios son una reconstrucción tardía? A lo mejor ni siquiera protegía la entrada al Recinto de los Ases, ni Bifröst es el arco iris. De todos modos, si es el protector, puede ser también el encargado de la nueva vida tras la hecatombe final. Obviamente, no voy a ser yo quien solucione el problema de Heimdal, aunque me gustaría; de momento prefiero quedarme con la interpretación de Gro Steinsland.

### *Baldr*

Este dios sólo hace una cosa: morir, y tiene una esposa, Nanna, cuya principal hazaña será arrojarse a la pira funeraria de su marido. Baldr es joven y guapísimo, y en principio eso es todo. Lo mata su propio hermano, aunque, más tarde, ambos revivirán. De pocos dioses escandinavos se ha escrito y discutido tanto como de Baldr, pero aquí tendremos que limitarnos a un resumen brevísimo, centrándonos solamente en lo que parece más seguro sobre esta figura apasionante.

No está claro el significado de su nombre ni si encontramos a este muchacho fuera de Escandinavia. El nombre puede proceder de la raíz indoeuropea *bhel-*, «brillar», que aparece en la divinidad céltica Beleno y apuntaría a un significado «Luminoso», como el de la palabra anglosajona *bældæg*, que los escandinavos juzgaban idéntico a su propio Baldr, lo que etimológicamente no está claro [10]; en esta misma lengua hay un término *bealdor* que significa «Príncipe», derivado de otra raíz *bhel-* que equivale a «hinchado»; de ahí el significado germánico de «Valeroso». Tanto Valeroso como Luminoso tienen apoyos en nuestras fuentes, aunque Snorri se inclina por el segundo. Pero la interpretación más habitual del mito de la muerte de Baldr hoy día prefiere el primero, porque se quiere ver en él un rito guerrero, como comprobaremos ahora mismo. Para Turville-Petre [11] sólo hay dos indicios que apuntan a la existencia de Baldr fuera de Escandinavia: una piedra votiva holandesa del siglo IV, donde aparece el nombre Baldruo; y el Segundo Conjuro de Merseburg, alemán, que empieza así: «Phol y Wodan fueron al bosque. Allí se le torció la pata al potro de Balder».

De Baldr y su muerte nos hablan Snorri y Saxo, pero, por desgracia, sus relatos son contradictorios. Repasemos primero la versión del escritor islandés [12]:

> Baldr tuvo unos sueños horribles: una völva predice su muerte y los dioses se reúnen para buscar un modo de evitarla. Así que Frigg, la madre del joven dios,

toma juramento a todo lo que existe en la tierra, y nada podrá dañarlo. Se olvida del muérdago, sin embargo, porque parece insignificante. Pero Loki se disfrazó de mujer y consiguió sonsacarle el secreto a la diosa. Se reunieron luego los dioses para entretenerse arrojando toda clase de cosas a Baldr y comprobar que nada le hacía daño; Loki se acercó a Höðr, «Guerrero», hermano de Baldr, que era ciego y no participaba en la diversión, y le dio una ramita de muérdago para que, guiado por él, se la arrojara y hacerle así los honores. La rama mágica mató a Baldr. Ante el desconsuelo de los dioses, Frigg pidió un voluntario para ir a Hel a intentar traer de vuelta a su hijo. Se ofreció otro de los hijos de Odín, Hermóð, «Valeroso en la Tropa», que tomó prestado el caballo Sleipnir y atravesó el Gialarbrú. Pero allí se le dijo que Baldr sólo podría salir si todas las cosas de la tierra, vivas y muertas, lloraban por él. Y así lo hicieron, pero hubo una vieja etona llamada Þökk que se negó a hacerlo: seguramente era Loki, y por su culpa no pudo abandonar Baldr el mundo de los muertos. Entretanto prepararon el funeral del dios: aprestaron su barco pero no consiguieron sacarlo del agua hasta que los ayudó una etona llamada Hyrrokin, que llegó cabalgando sobre un lobo. La esposa de Baldr, Nanna, murió de dolor y fue quemada en la pira junto a su marido. Odín arroja a la hoguera su mágico brazalete Draupnir. Loki será castigado por los dioses y Vali, otro hijo de Odín, dará muerte a Höðr.

Incluso en una lectura apresurada, este mito promete muchas cosas distintas, pues hay una buena cantidad de temas: los sueños, la invulnerabilidad, el juego de arrojar objetos dañinos, el muérdago, las insidias de Loki, la muerte a manos del hermano ciego, el viaje a los infiernos, la condición impuesta para abandonar el mundo de los muertos, el funeral, el sacrificio de la esposa, el recurso a la etona para llevar el barco al agua... Es muy posible que no se trate de un solo mito sino de varios, pero no se ha alcanzado todavía una interpretación, ni global ni de cada parte, que satisfaga a todos los estudiosos. Además, por si todo eso fuera poco, la *Völuspá* nos dice en su estrofa 62 que tras el Ragnarök todo volverá a la vida y que allí estarán de nuevo Höðr y Baldr viviendo en armonía, como confirma Snorri [13]: «Vendrán entonces Baldr y Höðr desde el infierno, se sentarán todos juntos y hablarán y conversarán sobre lo sucedido...».

Un análisis detallado de la historia de Baldr excede los límites de este capítulo, así que me limitaré a exponer la interpretación más generalizada, que me parece bastante plausible; pero como quedarán muchos más cabos sueltos que atados, el lector interesado deberá acudir a la bibliografía. Esta interpretación ve en la muerte y resurrección de Baldr un «falso sacrificio», el completo rito de iniciación de un joven guerrero. Sabemos que tales ritos existían, pues incluso Tácito lo menciona. Aquí podemos tener un ritual con las siguientes partes: (1) el neófito es sometido a un ataque masivo de los guerreros adultos; (2) muere figurada y ritualmente; (3) recibe un sepelio igualmente ritual, en el que se le entrega su primer brazalete de guerrero; (4) nace a la nueva vida de guerrero adulto. Todo esto es plausible y habitual, a la vista de como son estos rituales en otras culturas y a partir de un breve comentario de Tácito, quien en el capítulo 24 de *Germania* nos cuenta cómo los jóvenes germanos se entretienen saltando y bailando entre lanzas y espadas para así probar su valor. Pero hay demasiadas cosas pendientes de explicación; el papel de Loki como instigador, por ejemplo, que introduce un cambio poco comprensible en sus maldades de *trickster*, siempre menos dramáticas y decisivas [14].

Esta versión, sin embargo, encaja malamente con lo que cuenta Saxo [15]: para el danés, los hermanos Hotero (Hoterus) y Bálder (Balderus) luchan a muerte porque éste quiere arrebatarle a aquél su esposa Nanna. Como señala Edgar Polomé [16], esta versión se prestaría a una interpretación más sencilla, de acuerdo con el mito indoeuropeo en el que una pareja de hermanos gemelos compite a muerte por una misma mujer. Pero claro, no habría entonces hueco para lo que cuenta Snorri. Como se ve, vayamos por donde vayamos siempre aparecen callejones sin salida en este mito apasionante.

Por si todo eso fuera poco, hay quien ha propuesto ver en Höðr una hipóstasis de Odín, basándose en la ceguera, y entonces el padre mataría al hijo, lo que encajaría en un nutrido grupo de historias indoeuropeas sobre el enfrentamiento de un padre y un hijo, que en el ámbito germánico está representado especialmente por el *Cantar de Hildebrand* [17]. Y como algunos quieren ver en Baldr, su muerte y su resurrección un calco de la pasión de Cristo, las cosas pueden ponerse aún peor, de modo que es el momento oportuno para dejar al bello dios infortunado.

### *Los gemelos y otros fundadores*

Aparte de los dioses propiamente dichos, existen unos seres en los que nuestros germanos veían sus orígenes. No como creadores del ser humano, sino como los que originaron las etnias, tribus y grandes clanes. Ya en la *Germania* de Tácito encontramos referencias a estas divinidades, aunque resulta que después, cuando contamos con las fuentes escritas escandinavas, esos mitos de origen se desdibujan hasta casi desaparecer. Pero no hay duda de la importancia que tuvieron entre germanos, anglosajones y escandinavos: ya en el capítulo 2 de su libro, el historiador romano nos cuenta que una serie de pueblos se creían descendientes de un dios llamado Tuisto, surgido de la tierra; Tuisto engendró a Mannus, que tuvo tres hijos, de quienes proceden las tres grandes etnias del mar del Norte: Istaevones, Ingvaeones e Irminones. Tenemos otras evidencias de esta línea sucesoria masculina padre-hijo-tres nietos, de modo que debe de corresponder a una creencia muy antigua y extendida entre los germanos.

Pero el originario es Tuisto o Tuisco, personaje desconocido por lo demás pero cuyo nombre significa «Doble» o «Gemelo» (Mannus es sencillamente «Persona»), como el etón primordial Ymir, y el caso es que varios pueblos germanos remontan sus orígenes a una pareja de mellizos. Es Tácito [18] quien menciona la importancia de unos dioses que él equipara con Cástor y Pólux y que entre los germanos de la tribu de los naharvalos reciben el nombre de Alcis; el sacerdote de estos dioses gemelos va ataviado de mujer, tema que ya nos debe resultar familiar. Lo cierto es que la llegada de los germanos a Inglaterra se explica tradicionalmente como la de sus dos caudillos principales, Hengest y Horsa, dos nombres que significan lo mismo: «Caballo», y resulta que Cástor y Pólux y otras parejas de gemelos divinos se consideraban entre los griegos divinidades ecuestres, lo que no deja de ser llamativo. Y aunque otros pueblos proceden de dioses individuales [19], los longobardos descienden de Ibur y Aio, según Pablo Diácono, y de Aggi y Ebbi según Saxo; los gemelos que crean la gran tribu de los vándalos se llaman Raos y Raptos. En estos ejemplos, aunque no podemos reconocer su significado, encontramos aliteración (h-h, vocal-vocal, r-r), procedimiento habitual entonces entre los miembros de una familia.

Nos sentiríamos tentados a reconocer estas parejas de gemelos en algunas figuras dobles de los grabados escandinavos, pero también representaciones más recientes, como los Cuernos de Gallehus. Lo cierto es que la existencia de los Alcis se puso en duda durante mucho tiempo, y esa ausencia se presentaba como muestra de la escasa fiabilidad de Tácito. Hoy día, sin embargo, estamos convencidos del importantísimo papel de los gemelos en las mitologías del norte, y en las páginas de este libro se encuentran otros ejemplos del mismo.

CAPÍTULO 21

# LA GEOGRAFÍA MITOLÓGICA

*Nueve mundos*

De las runas de los trols y de todos los dioses
diré lo que es cierto,
pues visité cada mundo,
llegué a nueve mundos...

Esto dice Vafþrúðnir en la estrofa 43 del poema de su nombre. En otros lugares también se nos habla de nueve mundos o regiones, pero Vafþrúðnir, desgraciadamente, no continúa estos versos ofreciéndonos una lista definitiva, y tampoco las otras fuentes nos dicen de una vez por todas cuáles son los famosos «nueve mundos» de la cosmología escandinava. Algunos especialistas han achacado esta deficiencia a la poca fiabilidad de las fuentes, y hay quien quiere suponer que esos países estaban bien definidos y que se tenía una idea coherente de dónde estaba cada uno, cómo eran y quién vivía en ellos; más o menos, que los escandinavos poseían un atlas de su propio universo sobrenatural. Pero ya sabemos que esto sería extraordinariamente improbable.

Está claro que esos mundos eran vistos en analogía con los lugares mismos donde vivían los germanos. Por ejemplo, noruegos e islandeses se imaginaban grandes granjas muy separadas unas de otras y situadas en espacios mayores, en analogía con las unidades políticas de sus propios países [1]. Por eso, además de «mundos», como es habitual, utilizo términos geográficos más limitados: comarca, región o país. A ello apuntan también los propios topónimos [2]. A este respecto cabe señalar que los terminados en -garð suelen indicar un espacio preparado por los seres humanos y destinado a la agricultura, la vivienda, etc.; de ahí que sólo dioses y seres humanos habiten en ellos.

El primer problema es cuáles son los nueve mundos. Que sean precisamente nueve puede resultar sospechoso, ya que éste es uno de los números mágicos de los germanos y nuestras fuentes están llenas de referencias a esa cifra; a lo mejor existían simplemente varios y como consecuencia natural de la importancia del nueve se añadió esa especificación numérica, que no debemos interpretar en sentido matemático. Esto querría decir que nunca existió una lista de los nueve mundos, lo que explicaría bastante bien por qué no figura en nuestras fuentes y por qué es tan difícil reconstruirla por nuestra cuenta. Así que la que viene a continuación es solamente una posibilidad, aunque siete de los países resultarían aceptables para bastantes especialistas en la materia (sigo aquí básicamente a Hilda Ellis Davidson). Los países son lugares donde vive alguien, pues aunque también puede haber desiertos, a los germanos estos mundos vacíos no les interesaban excepto como sitios de paso de uno a otro de los mundos habitados. La lista de seres del universo escandinavo puede acercarnos a la de sus mundos, aunque con algunos ajustes.

En primer lugar tenemos los dioses, que originalmente eran Ases y Vanes, dos grupos enfrentados que pese a la reconciliación seguían siendo claramente diferentes, así que nada se opone a que conservaran sus mundos propios. De modo que aunque todos debían de pasar la mayor parte del tiempo en el Ásgarð, el Recinto de los Ases, había también un Vanaheim, un País de los Vanes. El Ásgarð servirá de bastión último de defensa de los dioses en el Ragnarök. Curiosamente, el nombre de este mundo divino no aparece en nuestras fuentes, incluido Snorri, tantas veces como podríamos esperar. En cuanto a su aspecto, lo único que sabemos es que era como cualquier zona habitada de la antigua Escandinavia, con montañas y colinas, ríos y campos. Aquí y allá había granjas, que era donde vivían los dioses: Odín en Hlíðskiálf, nombre antiguo que puede significar «Torre de Vigilancia», «Otero» y desde donde el dios puede ver todos los países de dioses y hombres. Es posible que este nombre perteneciera originalmente al principal lugar de culto odínico de la dinastía sueca de los Skílfing, conocidos por fuentes escandinavas y anglosajonas *(Beowulf)*. La esposa de Odín, Frigg, tiene su propia casa, llamada Fensalir, «Salas de las Ciénagas», que ya visitamos en su momento. Thor es dueño de una granja llamada Þrúðvang o Þrúðheim, «Campo de la Fuerza» o «País de la Fuerza», donde se encuentra su casa «Resplandeciente», Bilskírnir. Freya habita en Fólkvang, «Prado de los Pueblos» o «Prado de los Ejércitos», mientras que la granja de su hermano Frey es Álfheim, «País de los Elfos». Niörð vivía sin duda alguna al borde del mar, en el «Lugar de Barcos» (Nóatún), pero el misterioso Heimdal habita en Himinbiörg, «La Ciudad Celestial», sin duda invención reciente. Ull vive en Ýdalir, «Los Valles de los Tejos», y Baldr en Breiðablik, «El que Resplandece por Doquier». La imagen general se parece mucho a la geografía de las sagas y de los poemas heroicos. Sólo uno de los dioses carece de casa propia, y no podía ser otro que Loki.

También existe un par de lugares de uso y etimología menos claros, como Iðavöll\*, «Campo de la Acción» o «Campo de la Renovación», quizá nada más y nada menos que «Campo del Edén», en un préstamo disfrazado; aquí se dedican las divinidades a actividades de todo tipo y aquí vivirán los nuevos dioses después del Ragnarök. Vingólf, «La Casa Amistosa», se presenta a veces como un templo de las diosas o un gineceo, aunque es probable que sólo se trate de otro nombre del Valhala. Algo parecido sucede con Glaðsheim, «País de Alegría».

Además de dioses existen seres humanos. Éstos viven (es decir, vivimos) en el Miðgarð, el «Recinto Central». A diferencia de los otros nombres de mundos, conocidos sólo en Escandinavia, éste aparece también en Inglaterra como Middangeard ([mídanyàrd]), que es exactamente la misma palabra pero en su forma anglosajona. Aunque hay quien ha propuesto ver el Recinto Central como fruto de influencia cristiana, no debemos extrañarnos del concepto de «centro» aplicado al mundo de los humanos; más bien es esperable, y desde vastos imperios hasta la mayoría de los grupos étnicos grandes y pequeños de América, Asia, África, Oceanía o Europa, el lugar donde uno vive se considera el centro del universo, igual que cada grupo se juzga a sí mismo como el mejor representante del género humano. El Recinto Central tiene una muralla que lo protege, construida con las cejas del gigante primordial, Ymir. Está rodeado por el mar, siguiendo una visión geográfica compartida por muchos pueblos: un océano repleto de peligros que los escandinavos simbolizaban con la figura de Miðgarðsorm, la serpiente del Recinto Central que rodea el mundo y que al final se unirá a los enemigos de los dioses en el Ragnarök.

---

\* Frecuentemente aparece en la forma de plural, *Iðavellir*.

Tenemos también etones, tursos y trols. Como es lógico, viven en Iötunheim, el «País de los Etones», también llamado, con un nombre especialmente significativo, Útgarð, «Recinto Exterior». Este topónimo es anómalo, porque al terminar en -garð supondríamos que se trata de una comarca «civilizada», lo que no correspondería a los etones. Quizá recupere una división meramente tripartita original en Recinto Central y Recinto Exterior, como regiones habitadas por los seres vivos, con el proceloso en medio actuando de barrera, y Mundo Oculto, donde están sobre todo los muertos. En todo caso, el Iötunheim/Útgarð se imaginaba como un país ribereño y montañoso, rocoso, inhóspito y estéril. Los etones viven en cuevas, pero también en grandes casas y palacios de piedra*. El paso del País de los Etones a los restantes mundos está vedado por el mar, como puede comprobarse en varios mitos de Thor, Odín y Loki.

Vienen a continuación los elfos, cuyo mundo es Álfheim, el «País de los Elfos», que curiosamente sirve también de vivienda de Frey. No sabemos cómo puede ser este país, ya que el nombre sólo nos habla de sus ocupantes. Los tuergos, por su parte, ocupan Níðavellir, los «Campos Inferiores», pues son seres subterráneos.

Van seis países. El séptimo puede ser Níflheim, el «País Oscuro», donde habitarían los muertos. Originalmente debió de llamarse Hel, nombre que significaba «Lo Oculto» y que por influencia del cristianismo pasó a significar «Infierno» (inglés *Hell*, alemán *Hölle*), quizá porque era un sitio poco apetecido. Pero como ya vimos, los muertos seguían viviendo en el interior de montañas y colinas, y Hel quizá fue en su origen un concepto genérico: los muertos viven en algún lugar oculto.

Hasta aquí la lista de mundos que la mayoría de los especialistas admite como probable. Los dos que faltan son muy dudosos. Según Hilda Ellis Davidson[3] podría tratarse del Valhala y de un lugar sin nombre donde habitarían los nuevos dioses después del Ragnarök. Valhala significa «Salas de los Caídos» y, como ya vimos, allí habitan los guerreros muertos que lucharán junto a los dioses en el Ragnarök; hombres, por tanto, que ocuparían una posición intermedia entre los dioses y los simples seres humanos. Puede hacernos pensar en los fortines que se construyeron en el sur de Escandinavia justo antes de tiempos vikingos y donde vivían sin duda, de forma permanente, guerreros directamente al servicio del rey local. Del último y noveno mundo no sabemos nada, más allá de una breve referencia en la *Völuspá*. En el capítulo dedicado al Ragnarök veremos algo más a este respecto.

---

* Los germanos no construyeron sus casas en piedra hasta bien entrada la Edad Media.

## La geografía mítica

Si tan complicado resulta saber cuáles son los nueve países, más difícil aún es ubicarlos, situarlos unos en relación a los otros. Ha habido muchos intentos de trazar el mapa del cosmos escandinavo, pero siempre quedan cabos sueltos y nadie ha hallado una solución que satisfaga a todo el mundo. Las fuentes, Snorri incluido, no nos dan una imagen coherente, y existen numerosas contradicciones, pues un mismo país puede aparecer situado en partes diferentes del universo.

Por ejemplo, Snorri nos habla del Ásgarð como si estuviera en alguna parte de Miðgarð. Podemos imaginar que, al estilo del Olimpo, los dioses vivirían en una montaña inaccesible aunque en pleno territorio humano, pero las fuentes no dicen nada: los dioses, sencillamente, estarían en algún sitio al que no podemos acceder. Otras veces, sin embargo, se nos habla del Ásgarð como si fuera mundo celestial, e incluso existe un término, Himinbiörg, que significa «Ciudad Celestial», que entonces lo enlazaría al Recinto Central por el puente Bifröst. Éste es el arco iris, aunque esta interpretación tan conocida puede ser una simple justificación a partir de la tardía visión etérea del Ásgarð, seguramente influida por la concepción cristiana del Cielo.

En realidad todo esto no es tan extraño. Piense en la tradición cristiana e intente situar el Cielo; ahora haga lo mismo con el Infierno. Hasta aquí, las cosas funcionan, aunque se trata necesariamente de ubicaciones muy abstractas porque se encuentran en un plano diferente del mundo cotidiano. Pero ahora coloque en su sitio al Limbo y al Purgatorio. Obviamente, la transposición de estos mundos míticos a una geografía cósmica más o menos paralela o equivalente a nuestro propio cosmos es imposible. Así es como tenemos que ver los países míticos germánicos, y no intentar hacernos una imagen geográfica de ellos. Porque los dioses habitaban el Recinto de los Ases y el País de los Vanes, pero estos mundos son simples espacios abstractos, inaccesibles aunque relacionados de algún modo con nuestro propio mundo, el Recinto Central, ya que los dioses influyen sobre los seres humanos y aprovechan los sacrificios que éstos les ofrecen. Si se alimentan del humo de las víctimas, por ejemplo, deben de estar «arriba», porque el humo asciende, pero los germanos no les daban de comer humo, sino la sangre con la que embadurnaban sus imágenes, de modo que la idea de «arriba» era secundaria.

Pensemos que incluso en la época de Snorri los mapas sólo permitían hacerse una imagen aproximada y general de las tierras conocidas; tanto más cuando ni siquiera existían esos mapas. Viajar de un sitio a otro era una actividad peligrosa; si por mar, por las tormentas, los vientos y las olas; si por tierra, por los peligros propios de cada región más los derivados de los animales salvajes, los bandidos... Excepto quien viajaba con frecuencia por un mismo camino, lo que quedaba limitado a muy poca gente, se desconocían las regiones que había que atravesar, y lo desconocido produce miedo. Esto mismo sucedía con los países míticos. El Miðgarð está rodeado por un mar tenebroso y más allá está Útgarð, lugar no mucho más atractivo y donde corren graves riesgos incluso los dioses. Porque los seres humanos vivimos en el Recinto Central y no podemos visitar los otros mundos, pero esa imposibilidad no existe para los dioses, que pueden ir de un sitio a otro aunque sus viajes —nunca narrados en detalle, porque no hay detalles en la geografía mítica— implican largos recorridos por parajes desolados en los que no vive nadie y que están repletos de peligros [4].

Si pretendemos elaborar un cuadro más preciso tendrá que ser a costa de falsear lo que sin duda era una idea extraordinariamente vaga, imprecisión que seguramente les resultaba irrelevante a germanos y escandinavos. En la Edad Media se tenía una idea imprecisa, difusa, incoherente y contradictoria del mundo real, del Recinto Central, ¡cuánto más de aquellas regiones donde imaginamos que habitan seres sobrenaturales! Las características de esas regiones se corresponden con las que suponemos en sus habitantes, habitantes que a su vez desconocemos y cuyas características sólo podemos imaginar a partir de nuestras necesidades, deseos, conveniencias, miedos, odios...

Resumamos de la siguiente forma lo que creo sería el mapa mítico de los germanos: existe un Recinto Central donde vivimos los seres humanos; en alguna parte de él están los Recintos de los Dioses, aunque no podemos saber dónde exactamente y en todo caso nos son inaccesibles. Luego está el mar lleno de peligros y al otro lado habitan otras gentes que no gozan de nuestra civilización: por algún sitio de ese Recinto Exterior se sitúa el País de los Etones, y en otra parte distinta se halla el País de los Elfos y por debajo los Campos Inferiores. Y existen otros lugares: en algún paraje que nos es vedado conocer está el País Oculto, y fuera de todos estos países, comarcas, regiones o mundos debe de situarse el que ocuparán los dioses futuros después del Ragnarök.

## CAPÍTULO 22

# PRINCIPIO Y FIN: DE LA CONSTRUCCIÓN AL RAGNARÖK

> Fue en los tiempos primeros cuando Ymir vivió;
> no había arena ni mar, ni las frías olas,
> tierra no había, ni el alto cielo,
> sólo el vacío abismo, tampoco había hierba.

Las cosas viven y mueren, y de ellas nacen otras que empezarán un nuevo ciclo. Para los germanos, ese ciclo no se interrumpía y afectaba tanto a los seres humanos como a los dioses, las casas, los pueblos y el universo entero: en algún momento, como todo, el universo hubo de surgir de algo, y llegará un día en el que desaparecerá, y algo lo sustituirá. Desde luego, en cuanto nos alejamos del mundo humano corriente y cotidiano y queremos ver cómo son las cosas en el de dioses y demás seres sobrenaturales, se altera la escala de todo, incluido el tiempo. Y si entre nosotros una cosa sólo puede ser el origen de otra parecida, aunque no idéntica, en ese otro universo nada se opone a que unas cosas surjan de otras con las que no guardan relación aparente. Lo relativo al tiempo es aún más radical, porque el mítico no tiene nada que ver con el nuestro. El *Norna-Gests Þáttr*, que podemos traducir como *Historia del huésped de las nornas*, nos habla de un viajero mágico a través del tiempo que cuenta al rey Olaf el santo las cosas que vivió en tiempos de Sigurð, el héroe que mató al dragón Fáfnir y se apoderó del tesoro de los Nibelungos; ante el asombro del rey, le explica que tiene trescientos años de edad. Igual que sucedía con el número de guerreros que pueden entrar o salir a la vez por las puertas de Valhala, el número de años, el tiempo mismo, que va más allá incluso de las memorias familiares, es, sencillamente, «inmenso», y lo mismo dan trescientos años que mil doscientos (tiempo que separa al supuesto Sigurð histórico de la composición de *Norna-Gests Þáttr*) o siete mil. *Ár vas alda*, dice el principio de la estrofa de más arriba, en una referencia más comparable a los populares tiempos de Maricastaña que a cualquier otra cosa. Así que el ciclo del universo, dioses incluidos, comienza en algún momento y terminará en el futuro, pero no existe una cronología que tenga que ver con nuestros años, ni siglos ni milenios. No es que no la conozcamos, es que para los germanos, y los escandinavos, jamás existió.

### *El principio de todo*

En la estrofa que encabeza este capítulo, la tercera de la *Profecía de la vidente*, la *Völuspá*, el gran poema islandés del origen, la conformación y el final del universo y los dioses, se nos dice lo que había antes: repasemos a grandes rasgos cómo fueron apareciendo las cosas y los seres, siguiendo libremente a Snorri [1]:

> Al principio existía el Niflheim, la «Región Oscura», separada del ardiente Muspel por el Ginnungagap, el «Gran Abismo» repleto de fuerza mágica. Como corresponde a la realidad geográfica del mundo escandinavo, el frío Niflheim está al norte, el cálido Muspel al sur del Abismo. En la Región Oscura hay una fuente, Hvergelmir, «Caldero Hirviente», llamada también «Fuente de Mímir» y «Fuente de Urð»\*. De ella surgen Élivágar, «Mares Tempestuosos», formados según Snorri por once corrientes ponzoñosas y heladas, pero que según se van acercando al Muspel hierven por las chispas que saltan de éste. De ese hervor esencial surgen los dos seres míticos iniciales: la vaca Auðumla, la «Fructífera Sin Cuernos», y el etón Ymir, «Mellizo», que se alimentará de los cuatro ríos de leche que manan de las ubres de la vaca.

Por referencias perdidas aquí y allá en las más diversas fuentes, podemos pensar que más o menos era así la imagen de los más lejanos tiempos míti-

---

\* Aunque Snorri, como veremos, habla de ellas como de tres fuentes distintas. Pensamos, sin embargo, que las tres son la misma.

cos. Muspel es un término curioso, que aparece en un poema alemán de principios del siglo X al que, en consecuencia, se conoce como *Muspilli\** y que narra el mito cristiano del fin del mundo. Hoy se piensa que el término viajó del sur germano hacia Escandinavia, que lo adoptó con un cambio radical: es el principio ardiente en vez del final por el fuego. Por otra parte, seguramente es un nombre muy arcaico, pues su etimología sigue sin ser descifrada. Ginnungagap también es nombre antiguo, pero parece solamente escandinavo, mientras que la Región Oscura se antoja un término creado por Snorri, si bien la idea de un mundo de tinieblas es ciertamente arcaica. La unión del agua o el hielo con el fuego produce la vida, en dos variedades iniciales: la vaca que simboliza la tierra aquí como en tantos otros lugares del antiguo ámbito cultural europeo y mediterráneo; y el etón, cuyo antiquísimo nombre Ymir significa «Mellizo» y al que podemos interpretar como un personaje doble, del estilo de los Alcis y demás dioses dobles germánicos y de las parejas sobrenaturales que aparecen en los grabados rupestres de la Edad del Bronce y en el Cuerno de Gallehus como figura de dos cabezas; existen correspondencias incluso de nombre con otras mitologías indoeuropeas, como la hindú, donde hay un antepasado mítico de nombre Yama, la misma raíz que Ymir. Tuisto, a quien Tácito presenta como padre original de los germanos, es nombre de idéntico significado, de manera que no cabe duda de la antigüedad y la importancia de ese antepasado doble, gemelo, en el origen del universo, veámoslo en su totalidad mítica, como aquí, o en la existencia de alguna tribu germánica del mar del Norte, como en el caso de Tuisto. También éste, según Tácito, ha surgido directamente de la tierra.

En Muspel vive otro etón, de cuyo origen nada se nos cuenta, llamado Surt, «Negro», que representa el fuego; pero si Ymir es el principio, Surt será el final, pues la destrucción de los dioses y el universo se deberá a él en buena medida. Y también en la Región Oscura habitan los Hijos de Muspel, que combatirán al lado de su jefe, Surt. Un antiguo poema sajón, el *Heliand*, menciona también a esas criaturas que, o bien acompañaron a su Región entera en su viaje del sur al norte de Germania, o bien representan un fondo mítico común a, por lo menos, los pueblos germanos en torno al mar del Norte.

Ya existen las condiciones para la existencia de los mundos y de todos los seres naturales y sobrenaturales. Pero no ha existido acto creativo, nadie ha creado el universo, que ha surgido de manera natural por el cho-

---

\* Pero el título no es medieval, y aparece por primera vez en una edición de 1832 (Simek 1995: 284).

que de los contrarios. Para los germanos, como para tantos otros pueblos en todo el mundo, no existe creación a cargo de divinidad alguna, no hay nada parecido a un dios creador. En Germania encontramos a varios dioses haciendo algo que nos puede parecer «crear», pero en realidad se limitan a trabajar con lo que ya existe. Los seres humanos podemos organizar, construir, crear cosas; más aún los tuergos, que disponen de artes especiales, y tanto más los dioses, cuyo poder es muy superior al de todos los demás seres.

### *El origen de los dioses*

Ya conocemos el origen de Odín y sus hermanos a partir de una estirpe de etones, y sabemos también que las divinidades escandinavas no destacan precisamente por la claridad de sus genealogías: las relaciones paterno-filiales debieron de verse sometidas a cambios drásticos para adaptarlas a las nuevas exigencias derivadas de los cambios sociales. Poemas de la *Edda* y los escaldas, los *kenningar* y poco más son nuestras fuentes para este tema, pero la única con cierta sistematicidad es la narración de Snorri. Creo más que probable que los germanos, y luego los escandinavos, no tuvieran una idea muy clara de cómo, cuándo y por qué aparecieron los dioses o de cuál era el árbol genealógico de cada uno. El caso es que una persona era quien era, en buena medida, por su pertenencia a una familia, por tener ciertos antepasados importantes, pero no así los dioses: Odín es quien es por sí mismo, no porque haya heredado nada especial de sus padres, abuelos o tatarabuelos; incluso Thor, al que se suele presentar como hijo de Odín, destaca por sus propias cualidades, no por su dudosa calidad de «hijo de», de manera que, en este asunto como en tantos otros, daba igual cuál fuera la línea sucesoria exacta. Pero recordemos que esa misma vaguedad existe en otros aspectos que a nosotros nos parecen importantes: qué mundos sobrenaturales existen, dónde están y cómo son, adónde va la gente después de la muerte, etc. En la religión germánica, y luego en la escandinava, lo que importa son los hechos, no las ideas abstractas.

Pero veamos brevemente cómo nos explica Snorri la teogonía, el origen de los dioses[2]:

La vaca Auðumla se alimentaba con la escarcha salada que cubría las piedras. Y de una de ellas fue saliendo un hombre, a lo largo de tres días, que se llamó Brúní, que engendró un hijo de nombre Borr que casó con la etona Bestla; tuvieron tres hijos: Vili, Vé y Odín.

Observe lo profundamente incompleta que resulta la genealogía, pero también sus peculiares características, típicas de tantas teogonías indoeuropeas. Brúní surge directamente de la tierra o, más exactamente, de la acción de la tierra, representada por su símbolo, la vaca\*, sobre la misma tierra: la vaca Auðumla se alimenta con el producto de la tierra, y de la tierra extrae al primer ser, que no podemos realmente clasificar en ninguna de las categorías habituales: pero la tierra es ella misma. Estos nacimientos por generación espontánea, directamente de la tierra, no son infrecuentes, y entre germanos y escandinavos dieron pie a una justificación de la paternidad, reflejada en el ritual que seguía al nacimiento: el padre recogía, «extraía» del suelo, de la tierra, al recién nacido, que sólo entonces gozaba de existencia legal. Después, también por sí mismo y aparentemente sin participación de hembra, Brúní tendrá un hijo que se unirá a una etona: es la primera unión de uno de estos seres femeninos y un... ¿qué eran estos personajes? Lo cierto es que el fruto de esa unión serán precisamente Odín y sus hermanos, es decir, dioses.

Esta teogonía, como todas, es extraña; además, es la única. Se nos dirá que un cierto dios es hijo de éste o aquél, y muy frecuentemente el padre es Odín, pero en ocasiones nuestra información es contradictoria. Los escandinavos no sabían bien de dónde habían salido sus dioses, y tampoco tenían una idea clara de sus parentescos, ni de sus casas o sus cónyuges, cosas todas ellas consideradas secundarias. Sí sabían, en cambio, lo único que realmente importaba: cuál era su personalidad, a qué se dedicaban, de qué manera se podían conseguir sus favores y evitar su ira. El resto era difícilmente cognoscible y en realidad daba igual. No debemos extrañarnos, sin embargo, porque lo mismo sucede con los dioses de otras religiones, incluidas las monoteístas (especialmente las monoteístas, quizá), aunque en estas religiones institucionales todo se soluciona con la apelación a la autoridad de los «doctores de la madre iglesia, que sabrán responderle», o a los misterios de la fe, inaccesibles a la razón humana. Ahora elimine la autoridad y la fe ciega y verá que usted se encuentra en las mismas condiciones que los antiguos germanos. Pero estamos acostumbrados a las complejas teogonías grecolatinas y de algún modo esperábamos que algo así existiera también en el mundo germánico. Ya hemos visto suficientes veces en estas páginas que las cosas no son comparables, aparte de que en muy buena medida esas teogonías griegas son mera creación literaria, intentos de racionalizar las contradictorias, insuficientes y aparentemente absurdas narraciones tradicionales.

---

\* La falta de cornamenta es probablemente una simple referencia a la raza de vacas que tenían los germanos, a diferencia de las existentes en otras partes de la antigua Europa.

### *Los otros seres sobrenaturales*

Esos mismos orígenes en la tierra caracterizan el nacimiento de los etones. Sabemos que Ymir, igual que Auðumla, nació del choque del frío y el calor; pero mientras que la vaca se alimenta de sí misma, pues lame la tierra que es su propia esencia, Ymir se nutre con la leche de la vaca, es decir, con el fruto de la tierra. De él surgen, a su vez, los demás etones: el sudor de Ymir mientras dormía creó una pareja bajo la axila izquierda, mientras que la unión de los pies hizo nacer un hijo. Quizá no sean los pies sino las piernas, y en este caso tendríamos quizá una referencia al órgano engendrador mismo, situado en la confluencia de aquéllas. En cambio, no acabo de entender por qué la mano izquierda, o el brazo, quizá la axila, tiene como fruto una pareja de masculino y femenino. Sea como fuere, de esos primeros etones sólo quedará uno cuando los hijos de Burr, es decir, los dioses Odín, Vili y Vé, maten al etón primigenio. ¿Por qué lo matan? Tal vez hubo algún mito que explicara este asunto, pero se ha perdido, y sólo sabemos que [3]:

> Los hijos de Borr mataron a Ymir, y de sus heridas brotó tanta sangre que en ella se ahogaron todos los etones menos uno llamado Bergelmir, que se salvó con su familia subiéndose a un molino: de ellos proceden todos los etones.

¿Cómo debemos entender esto? El caso es que Bergelmir, «Aullador de la Montaña», era hijo de Þrúðgelmir, «Aullador de la Fuerza», quien es probablemente el nacido de los pies o piernas de Ymir (llamado también Aurgelmir, «Aullador de las Arenas» *), como le cuenta a Odín el sabio etón Vafþrúðnir en el poema de su nombre. También dice que Bergelmir se salvó flotando sobre la sangre dentro de una artesa, aunque la palabra utilizada puede usarse también para referirse a una piedra de molino. Y de paso le añade familia, que no aparece en el poema, seguramente para facilitar el nacimiento de los futuros etoncitos.

En cuanto a los tuergos, lo poquísimo que se nos dice es contradictorio. Para Snorri, nacieron como gusanos dentro del cuerpo de Ymir, y los dioses se limitaron a proporcionarles raciocinio; según la *Profecía de la vidente*, en cambio, son obra divina a partir de los restos de dos etones: la sangre de Brímir y los huesos de Bláin. La cosa se complica porque Brímir significa «Mar» y es otro nombre de Ymir, por motivos que ahora mismo veremos.

---

* En todas las épocas a las que podemos acceder, era habitual en el mundo germánico, especialmente en Escandinavia e Inglaterra, formar los nombres de miembros de una familia a base de variar un elemento común: aquí se trata de *gelmir*, «aullador», que va adquiriendo especificaciones distintas.

En cuanto a Bláin, significa «El Negro» o «El Azul»\*, y puede ser una referencia a la bóveda celeste, es decir, al mismo Ymir, de nuevo. Aquí debe de haber bastante de creación tardía, pero la insistencia en presentar a Ymir como el origen de todo es llamativa, de todos modos. Porque el universo, casi en su totalidad, surge del etón.

### *La construcción del universo*

Ya sabemos que no sabemos las causas de la muerte de Ymir a manos de sus descendientes, los dioses; podemos recordar, sin embargo, historias semejantes en otras regiones del mundo indoeuropeo, por ejemplo a Saturno, que devora a sus propios hijos para que éstos no puedan acabar con él pero que es muerto, finalmente, por uno al que no consigue asesinar. Pero lo que nos interesa aquí es que una vez muerto el etón, Odín y sus hermanos utilizan sus despojos para construir el mundo, precisamente llenando el Ginnungagap con los restos de Ymir:

> De su carne hicieron la tierra, y las montañas las formaron con sus huesos; las piedras y las rocas las hicieron con sus dientes y muelas, y de los fragmentos de huesos rotos. Con su sangre formaron los lagos y el mar, que pusieron alrededor de la tierra. Con su cráneo hicieron el cielo azul y colocaron a cuatro tuergos sujetándolo desde abajo; se llaman Norte, Sur, Este y Oeste; y con las chispas que saltaban desde Muspel hicieron los astros, el sol y la luna, que más tarde organizaron para que pudieran marcar el paso del tiempo y las estaciones. Los sesos fueron las nubes, los cabellos se transformaron en árboles. Finalmente, con las cejas del etón construyeron una muralla en torno al Recinto Central.

La creación del mundo a partir de los despojos de un monstruo u otro ser primordial es uno de los tipos estándar de relato de orígenes y creación, no exclusivamente germánico, y es más que probable que se trate de una noción muy antigua en el mundo indoeuropeo [4]; como ha mostrado asimismo Gabriel Turville-Petre [5], en el mundo iranio el mito es tan semejante al de Ymir, con antecedentes aún más antiguos en la India, que hay que pensar en un origen indoeuropeo, aunque también podría haber desempeñado cierto papel esa influencia de los pueblos iranios sobre los germánicos que hemos detectado ya en más de una ocasión. Lo cierto es que, como ya hemos visto,

---

\* En antiguo nórdico un mismo término se encarga de estos dos colores; y en todo el germánico, desde el indoeuropeo, la raíz de, por ejemplo, los vocablos ingleses *blue* y *black* era única y se refería

la idea de creación a partir de la nada es inexistente en la religión germánica y, como estudiamos al considerar los nombres de dios del poema de Cædmon, la noción de dioses artesanos es la única que circulaba entre estos pueblos.

## *El árbol del mundo*

Pero hay algo de importancia extraordinaria que existe desde antes del inicio de todo, y que nada debe a dioses, etones u otros seres. Si el universo es mutable, puede nacer y morir, podemos imaginar que tiene que existir alguna cosa que se halle fuera de esa contingencia radical. Y en el norte de Europa, tanto entre los germanos como entre los pueblos fineses, esa posición de entidad inmutable que garantiza la existencia misma es un árbol: el árbol del mundo o de la vida [6], idea que existió también entre los celtas [7]. Es el árbol que une la tierra y el alto cielo o, con términos que se usaron en todo el mundo germánico para referirse a la estructura básica del universo, *erþō, uphiminaz*. Como de sus ramas se colgó Odín en su sacrificio a sí mismo, se le llama Potro del Terrible, es decir Yggdrasil, nombre que es probablemente un *kenning* para «árbol» [8], de manera que el árbol del mundo carecería de nombre propio. Snorri [9] nos dice bastantes cosas sobre él, aunque buena parte del simbolismo se nos escapa irremediablemente; para el autor islandés es un fresno, lo que ha desatado bastante discusión, apuntándose que quizá se trataría de un tejo, árbol que ya Tácito afirmaba era objeto de veneración por los germanos; es probable que lo importante no es que fuera una u otra especie, sino el simbolismo general arquetípico del árbol como enlace entre cielo y tierra:

> Este fresno es el mayor y el mejor de los árboles; sus ramas se extienden por todos los mundos y llegan más allá del cielo. Lo sujetan tres raíces: una llega hasta donde viven los Ases, otra donde los etones del hielo, que es donde antiguamente estaba el Ginnungagap y está ahora la fuente que guarda la sabiduría y el conocimiento: a ella acudirá Odín para interrogar a la cortada cabeza del etón Mímir, por quien recibe su nombre el manantial, cuando se avecine el Ragnarök; allí fue también el dios a adquirir conocimiento bebiendo el agua de la fuente, pero el etón no se lo permitió hasta que Odín le hubo entregado su ojo en prenda, por eso es tuerto Odín. La tercera rama llega a Niflheim y bajo ella está la fuente de Urð, donde se reúnen los dioses para tomar las grandes decisiones. Aunque en realidad, quizá esa tercera rama llegue adonde habitan los seres humanos y se hunda allí hasta las regiones oscuras de los muertos. Bajo el árbol hay una casa donde se reúnen las nornas para decidir los destinos. Sobre la copa hay

un águila muy sabia y un halcón, y la ardilla Ratatosk sube y baja constantemente por el tronco para sembrar cizaña entre el águila y el monstruo Níðhögg, «El que Golpea Lleno de Odio», que está a los pies del árbol, mordisqueando las raíces y devorando a los muertos. Varios ciervos pasean por las ramas comiendo las hojas, y la fuente Hvergelmir está repleta de serpientes.

Aunque no entendamos el significado de todo esto, la acumulación de cosas y seres de enorme y misteriosa importancia mitológica es impresionante: ciervos, serpientes, un águila, un halcón, manantiales, la cabeza parlante de un etón sabio, las nornas, la unión de etones, dioses y seres humanos, vivos o muertos. El árbol, sin duda alguna, representa el nexo entre todo lo existente[10], razón por la cual podrá seguir en pie cuando todo lo demás se derrumbe: es el símbolo de la existencia misma. Por eso los templos escandinavos se hacían a la sombra de un gran árbol, y por eso hasta hoy mismo las granjas noruegas tienen su árbol que garantiza la continuidad[11]. La costumbre, cuando una familia se mudaba a otras tierras, de llevarse las tablas que servían de base para el asiento alto seguramente era una manifestación más de la importancia del árbol del mundo. Y es que entre los germanos, como en tantísimas otras culturas, el árbol es un elemento de la mayor significación religiosa; árbol entero, con o sin frutos que proporcionan sabiduría, prohibido o permitido; o transformado, por ejemplo en cadalso para el sacrificio supremo que proporciona la sabiduría o la salvación.

### La creación del hombre y la mujer

También los seres humanos descendemos de los árboles. Tres dioses, uno de ellos Odín aunque no está del todo claro quiénes eran los otros dos, iban caminando por la orilla del mar cuando encontraron dos árboles; cada uno de los dioses les dio una propiedad, igual que hacían las nornas o las filgiur en el nacimiento de los niños: Odín les dio vida, el segundo dios les otorgó el juicio y el tercero les concedió aspecto humano. Uno de aquellos nuevos seres era varón y se llamó «Fresno», Ask, y el otro era hembra y se llamó Embla, que quizá signifique «Olmo» aunque otros han querido ver en este nombre, de etimología dudosa, una referencia ciertamente llamativa a la madera colocada en horizontal, con una pequeña concavidad sobre la que gira un palo terminado en punta roma para producir el fuego[12]. Hombre y mujer no serían entonces simples árboles transformados por los dioses, sino el resultado de la domesticación del fuego, y pocos símbolos podrían ser más acertados para hacer referencia a la humanidad frente a los demás seres de la naturaleza. Existen indicios de la obtención ritual del fuego por este arcaico procedimiento, por ejemplo en un discutido grabado de la famosa tumba escandinava de Kivik, de la Edad del Bronce.

Los seres humanos, en todo caso, son producto de una acción de los dioses, sean éstos Odín, Vili y Vé, como en Snorri, u Odín, Hœnir y Lóður, como en la *Völuspá*. Esto indica una cierta dependencia del hombre respecto a las divinidades, pues no somos productos naturales como etones, tuergos o dioses, sino fruto de la acción deliberada de un trío divino. Por otro lado es significativo, por su diferencia con otros mitos sobre la creación del ser humano, que hombre y mujer sean formados a la par y al mismo tiempo, sin que exista ninguna primacía de uno sobre otro [13]: esto es, la mujer no se fabrica a partir del hombre, como en el mito bíblico, ni es imaginable la existencia del varón sin la de la mujer. Esta igualdad en el momento de la creación refleja el estatus de la mujer en Germania y Escandinavia, que se vio radicalmente alterado con la cristianización, que introdujo la idea de la dependencia total de un sexo respecto al otro.

### *Lo que empieza tiene que acabar: el Destino de los Dioses*

El destino establecido en el nacimiento de cada uno tiene que cumplirse, sin escapatoria posible. También los dioses tienen su destino, y llegado su momento perecerán y serán sustituidos por otros, igual que las personas morimos pero dejamos detrás hijos y nietos. Es el Ragnarök, el Destino de los Dioses, la gran catástrofe final. Pero antes de entrar en materia, una cuestión terminológica. Solemos hablar de *Crepúsculo de los dioses*, denominación sugerente pero, ¡qué le vamos a hacer!, incorrecta. El error procede de algunos manuscritos de la obra de Snorri en los que el término antiguo se vio sustituido por otro muy parecido que apela al crepúsculo. Aunque sabemos hace siglos que el nombre original para el fin del mundo divino era *ragnarök*, «Destino de los Dioses», la interpretación errónea se generalizó fuera del terreno de los especialistas con el espaldarazo final a cargo de Wagner.

En segundo lugar, la tradicional comparación con el apocalipsis cristiano es entretenida si nos limitamos a considerar los tipos de horrible suceso que se anuncian, pero mucho más importantes son las diferencias. Hemos visto que la idea de creación es totalmente ajena a los germanos, y que para ellos lo que hicieron los dioses fue una «construcción» a partir de algo existente, de manera que las divinidades, pese a su poder sobrehumano, estaban limitadas igual que nosotros mismos, los seres humanos, aunque en una escala muy diferente. Lo mismo sucede con el final. Una diferencia radical respecto al apocalipsis es que en éste todo es destruido excepto la divinidad misma: igual que se dice que el dios bíblico existía antes que ninguna otra cosa, se supone que seguirá ahí cuando todo acabe, aunque con las complicaciones inherentes a la idea de resurrección. Ese dios lo crea todo y lo destruye todo, de modo que está por encima de todo, incluyendo muy especialmente a los seres humanos. En cambio, el Ragnarök es la destrucción de los dioses y todos los demás seres de la tierra, aunque, desde luego, la idea de un juicio con separación de buenos y malos es totalmente ajena a nuestra mitología, pues si los dioses, como todo, son buenos y malos a la vez, es ridículo esperar de los seres humanos una maldad o bondad sin tacha. Esta idea de la dualidad inherente a todo, de dioses a hombres pasando por etones y tuergos, está quizá en la base de una característica muchas veces señalada de la literatura islandesa medieval: frente a los personajes estereotipados y absolutos que suelen adornar la literatura del resto de Europa, los de las sagas muestran siempre un llamativo equilibrio entre lo bueno y lo malo: Egil Skallagrímsson o el Gunnar de la *Saga de Nial* son ejemplos paradigmáticos.

Así que el mundo termina pero no como castigo a la maldad de nadie, sino porque todo tiene que acabar. Y lo referente a los dioses, lógicamente, ha de terminar a lo grande. También en los sucesos concretos del Ragnarök se han querido ver influencias del *Libro de las revelaciones*, y no podemos descartar que existan algunas, pero lo importante no es el origen de este o aquel detalle, sino el conjunto que da su carácter único al Ragnarök escandinavo, hasta el punto de que no tiene sentido seguir intentando arrebatarle su autonomía y su carácter autóctono, como mostró John S. Martin hace ya bastantes años[14].

En el Ragnarök se produce el enfrentamiento final entre las fuerzas del orden y las del caos, que han estado en constante conflicto y equilibrio: la mitología entera es el relato de esa lucha. Los dioses y sus aliados, los guerreros sacrificados a Odín, combatirán a muerte contra etones, trols, tursos y monstruos como el lobo Fenrir o la serpiente del Recinto Central. Pero vayamos por pasos; retomemos la narración a partir de Snorri y sus fuentes principales, la *Völuspá* y el *Discurso de Grímnir*.

El Ragnarök comienza con Fimbulvetr, «El Invierno Espantoso», que durará tres años, con nieve constante, heladas y vientos gélidos. No saldrá el sol, oculto por una negra nube, como si el lobo que persigue a la diosa solar la devorara por fin, y lo mismo sucederá a la luna. Caerán del cielo las estrellas, temblará la tierra, se derrumbarán las montañas, y el mar, agitado por la serpiente, se precipitará sobre las tierras. La avaricia producirá grandes y constantes guerras en las que el padre no respetará al hijo. Y cuando todo esté cubierto por las aguas, el barco

Naglfari se hará a la mar con tursos y monstruos. Se rajará el cielo y acudirán los monstruos de Muspel, dirigidos por Surt, para enfrentarse a los dioses en el duelo final. El gran combate tendrá lugar en Vígríð, inmenso llano de 120 jornadas de largo por cada lado. Heimdal avisará a los dioses, que saldrán de Valhala acompañados de todos los *einheriar*, y Odín pedirá consejo a la cabeza de Mímir. «El Tuerto» combatirá con Fenrir, pero el lobo lo devorará; Thor contra la gran serpiente, y aunque conseguirá acabar con ella, el veneno de sus fauces caerá sobre el dios pelirrojo, que también morirá. Frey poco puede hacer ante Surt, pues no lleva su espada, que hubo de entregar para conseguir los favores de Gerð. El lobo Garm romperá sus ligaduras y peleará con Týr, y ambos se matarán. Surt por fin prenderá fuego a todos los mundos. Pero Víðar, hijo de Odín, «El que Reinará», destroza al lobo que acabó con su padre: con sus manos le romperá la boca. Y entonces saldrán de Hel el joven Baldr y su matador, su propio hermano Höðr, y también Vali, el otro hijo de Odín, que vengó la muerte de su hermano matando a su hermano. Y la diosa solar habrá parido una hija, tan bella como ella misma. Y Móði y Magni, los hijos de Thor, tomarán el relevo de su padre. Y aparecerán también dos humanos, un hombre y una mujer, Líf, «Vida», y Lífþrasir, «El que Ansía la Vida», que habían sobrevivido alimentándose de rocío. Y llegará «El que Todo lo Rige» para gobernar el nuevo universo en el que no existirán los antiguos monstruos y sí habrá maravillosos campos y palacios. Los dioses reinarán en Gimlé, «El Lugar Protegido del Fuego», y en Íðavelir, «Los Campos de la Acción».

Destrucción total seguida de renacimiento. Los hijos de los dioses permanecerán y regirán el nuevo universo. Pero antes, veamos más despacio cómo se destruyó todo. Se ha señalado que las características del Fimbulvetr encajan perfectamente con los resultados de una gran erupción volcánica. Descripciones parecidas, pero no en un contexto mitológico, proceden de Plutarco (una erupción del 44 a.n.e.), Procopio, Juan de Éfeso y otros muchos en todos los tiempos, pero no puedo por menos que abreviar la descripción que Benjamin Franklin hizo en París, en 1783, de los efectos de la erupción de un volcán islandés*: «Durante varios meses del verano de 1783 [...] existió una niebla constante sobre toda Europa y gran parte de Norteamérica [...] el sol no conseguía disiparla y sus rayos, concentrándolos con una lupa, apenas lograban tostar ligeramente un papel marrón. Naturalmente, el calentamiento de la tierra durante aquel verano se vio enormemente reducido, de modo que las heladas empezaron muy pronto y las primeras nieves fueron acumulándose sobre las siguientes, el aire se enfrió y los vientos eran extraordinariamente fríos. Por eso quizá el invierno de 1783-1784 fue el más duro

---

a un color muy brillante, que podía ser incluso el *blanco*, palabra que procede... de esta misma raíz.

de muchos años». Lo cierto es que en Islandia se produjo una catástrofe inmensa en esa erupción, que duró dieciocho meses y costó la vida a un cuarto de la población de la isla y a casi todo el ganado, así como la pérdida de las cosechas; el volcán islandés culpable de ese durísimo y prolongado invierno fue el Laki, vecino del Hekla, pero la isla cuenta con otros muchos que producen erupciones catastróficas: desde el año 960 d.n.e. el Hekla ha tenido una erupción importante cada cincuenta años, una de ellas en 1104, cuyo recuerdo pudo llegar perfectamente a Snorri, quien lo combinaría quizá con otros más antiguos de anteriores catástrofes para construir el cataclísmico final, e incluso con los lejanísimos ecos de la gran catástrofe climática de principios del siglo VI a.n.e.[15]. Intentar buscar modelos en los libros sagrados de otras religiones es más bien absurdo cuando se trata de realidades tan cotidianas como la que Snorri refleja en el principio de su Ragnarök.

Pero lo importante son los enfrentamientos de dioses y monstruos o etones. Cada dios se empareja en el combate con un monstruo: Thor con la serpiente y Odín con el lobo Fenrir, aunque en este caso las cosas no están tan claras, porque se mezcla y confunde con otra lucha, la de Týr y Garm, que es también un lobo monstruoso del que se menciona que se soltó de sus ligaduras; en palabras de la *Völuspá*:

> Garm aúlla ante Gnipahel,
> romperá los nudos, y correrá el lobo.

Pero al estudiar a Týr lo vimos ofreciendo su brazo para poder atar al lobo... Fenrir. Quizá se trate de la misma fiera con dos nombres igual de arcaicos, aunque los poetas, no sólo Snorri, los tratan como distintos. De todos modos, la lucha de Garm (o Fenrir) con Týr tiene perfecto sentido, pero no así la de Odín; «El Terrible» muere sin conseguir acabar con su enemigo, y la confusión y el fracaso guerrero pueden tener que ver con esa probable modernidad de Odín. Quizá, Odín alcanzó ese lugar de preeminencia mucho después de conformarse el relato básico del Ragnarök con sus emparejamientos y el dios guerrero por antonomasia se quedó descolocado y sin pareja final. Pero lo principal es que la gran guerra produce la destrucción total de dioses, etones, monstruos y mundos. ¿De todos? Nada se nos dice de las diosas, curiosamente, detalle que suele pasarse siempre por alto. Frey muere en su combate con Surt, pero Freya no aparece en la lucha, como era de esperar, ni se menciona como «víctima colateral»; quizá muere en la destrucción de los mundos, pero también podría ser que ella, como quizá las otras diosas, continúe su vida al margen del gran cataclismo, al margen de los dioses de la guerra. Así que, aunque nuestras fuentes no nos digan nada al respecto, prefiero pensar que el nuevo universo, además de los hijos de Thor y Odín, seguirá ocupado por las diosas de siempre.

La *Völuspá* nos habla, además, de un personaje misterioso llamado «El que Todo lo Rige». Se ha pensado en una intromisión cristiana, pero es posible otra interpretación. Como hemos visto ya varias veces, Gro Steinsland[16] propone ver en Heimdal a ese misterioso rey de los dioses, y aunque se trata solamente de una hipótesis, me parece muy atractiva. Y es una propuesta plausible si atamos cabos aquí y allá, como hace la estudiosa noruega; entre otros cabos, la sospechosa lucha final de Loki y Heimdal que sólo menciona Snorri y que seguramente no es sino la transposición del antiguo enfrentamiento entre ambos por el collar de Freya. Quizá Snorri quiso incluirlos en la escena final de su mitología, y ya que no figuraban en combates adecuados, resituó las viejas rencillas entre dos seres importantes que se le habían quedado sueltos.

Destrucción de todo seguida de renacimiento. Nada especialmente misterioso: es lo que sucede todos los días. ¿Cuándo sucederá? Ya sabemos que el tiempo mitológico no tiene nada que ver con el nuestro, así que es imposible establecer una fecha para la gran renovación, para el destino final de los dioses. Para saber algo sobre el Ragnarök, el gran Odín se vio obligado a interrogar a las völvas más poderosas, a las etonas más sabias, a la cabeza de Mímir. Sólo así consiguió saber lo que se avecinaba y gracias a él tenemos nosotros una ligera idea de la tremenda catástrofe. Pero como ni siquiera las más sabias adivinas son capaces de saber en detalle qué sucederá tras el renacimiento, en los Campos de la Acción, tendremos que dejar aquí nuestra historia. Por el momento.

# NOTAS

*Introducción*

[1] Turville-Petre 1964: 264.
[2] Aðalsteinsson 1978.
[3] Fletcher 1997; Aðalsteinsson 1978; Jones y Pennick 1995; Strömbäck 1976.

*Capítulo 1*

[1] Lund 1998; Ström 1986.
[2] Strömbäck 1975: 30.
[3] Ídem: 88.
[4] Ibáñez 1997.
[5] Boyer 2001.
[6] Marshall 1999: 9; Haile 1984.
[7] Biesele 1976: 316.
[8] Palmer 1996: 145.
[9] Biesele 1976.
[10] Bulow 1991; Hyde 1998; Palmer 1996: 65 y ss.
[11] Steblin-Kamenskij 1976, 1984.
[12] Máire Herbert 1996: 141.
[13] Veyne 1983.
[14] Burkert 1996: 170.
[15] Fletcher 1997.

¹⁶ Rubin 1995.
¹⁷ Véanse, por ejemplo, Arnold 1997; Bjerre Finnestad 1986; Hultkrantz 1986; Kobylifiski 1995; Nordbladh 1986; Schjødt 1986; Ström 1986; Warmind 1995.

## Capítulo 2

¹ Bach 1988; Müller 1988; Østmo 1996; Schlette 1988; Schutz 1983.
² Sausverde 1996; Volpe 1996; Witczak 1996.
³ Mallory 1996: 12.
⁴ Tejada 1999.
⁵ DuBois 1999: 12-17.
⁶ Herwig, 1995; Todd 1975; Lund 1998; *Frühe Völker in Mitteleuropa* 1988.
⁷ Green 1998: 22 ss.
⁸ Schutz 1983: 164.
⁹ Bertilson 1986; Bjerre Finnestad 1986; Gelling y Davidson 1969; Green 1991; Hultkrantz 1986; Mandt 1986; Nordbladh 1986; Schjødt 1986; Simonsen 1986; Ström 1961.
¹⁰ Simonsen 1986.
¹¹ Bertilson 1986.
¹² Briem 1963.
¹³ Green 1991; Gelling y Davidson 1969.
¹⁴ Mallory 1989.
¹⁵ Mandt 1986.

## Capítulo 3

¹ Bernárdez 2001.
² Schutz 1988: 321-322.
³ Burkert 1996.
⁴ Dumézil 1952; 1959; Mallory 1989; Polomé (ed.) 1996.
⁵ Babes 1988.
⁶ Schlette 1988.
⁷ Haywood, 2000, s.v.
⁸ Green 1998: 93.
⁹ Enright 1996.
¹⁰ Todd 1975: 82-83.
¹¹ Schutz 1983: 319.
¹² Owen 1981: 46 y ss.; Arnold 1997: 220-221; Campbell (ed.) 1991: 56 y ss.

## Capítulo 4

¹ Green 1998: 14.
² Watkins 2000: 31; Polomé 1989.
³ Boyer 1994, 2001.
⁴ Green 1998: 14.
⁵ Boyer 2001: 226-227.
⁶ Burkert 1996; Boyer 1992, 1994, 2001.
⁷ Green 1998: 14.
⁸ Boyer 2001: 170 y ss. y 195.
⁹ *Germania*, cap. 39.
¹⁰ Hulsmann 1980.

[11] Polomé 1989: 56.
[12] Watkins 2000: 4.
[13] Boyer 2001: 244.
[14] Green 1998: 16; Watkins 2000: 36.
[15] Green 1998: 17.
[16] Ídem: 20.
[17] Polomé 1989: 88.
[18] Watkins 2000: 97; Polomé 1989: 88.
[19] Boyer 2001: 237; Anttonen 2000.
[20] Watkins 2000: 9.
[21] Flowers 1983.
[22] Polomé 1989: 89.

*Capítulo 5*

[1] *Saga de los habitantes de Eyr*: 15-16.
[2] Owen 1981: 78.
[3] *Saga de los habitantes de Eyr*: 67.
[4] Ídem: 68.
[5] Ídem: 69.
[6] Ídem: 123-124.
[7] Wilson 1992: 97.
[8] *Gylfaginning*, cap. XLIX.
[9] Sognnes 1998.
[10] Wilson 1992, cap. 1.
[11] *Gylfaginning*, cap. II.
[12] Ellmers 1995; Enright 1996.
[13] *Discurso del Altísimo*: 72.
[14] Ídem: 76.

*Capítulo 6*

[1] Owen 1981: 68; Arnold 1997; Campbell 1991; Lapidge (ed.) 1999: 90-92.
[2] Haywood 2000: 39.
[3] Arnold 1997: 63.
[4] Wilson 1992: 97.
[5] Wamers 1995.
[6] Warmind 1995.
[7] Steinsland 1997.
[8] Ellmers 1995.
[9] Crumlin-Pedersen y Thye (eds.) 1995.
[10] Schjødt.
[11] Schutz 1983.
[12] Crumlin-Pedersen 1995.
[13] Härke 1992.
[14] Ingstad 1995.
[15] Ídem.
[16] Arnold 1997; Carver 1992, 1995; Davidson 1988; Owen 1981; Scull 1992; Wilson 1992.
[17] *Gylfaginning*, cap. XLIX.
[18] Crumlin-Pedersen 1995.
[19] Davidson 1998; Billington y Green (eds.) 1996; Näsström 1995.

²⁰ Steinsland 1997: 102.
²¹ Ídem: 98.

## Capítulo 7

¹ Boyer 2001; Burkert 1996; Green 1996; Hyde 1998.
² *Morgunblaðið* 2000.
³ Olsen 1988: 35.
⁴ Véanse, por ejemplo, Crumlin-Pedersen 1995; Müller-Wiele 1995; Schjødt 1995; Ström 1993; Varenius 1995.
⁵ Arnold 1997; Campbell (ed.) 1991; Hedeager 1992; Holmsen 1977; Holmsen y Simensen (eds.) 1967; Lund 1998; Scull 1992; Sognnes 1998.
⁶ Davidson 1993: 88.
⁷ Davidson, ídem, 1998; Jones y Pennick 1995.
⁸ Owen 1981; Steinsland 1991, 1992.
⁹ Owen 1981: 50 y ss.; Turville-Petre 1964: 253.
¹⁰ Grønvik 1999.
¹¹ Bernárdez 1985.
¹² Looijenga 1997: 90-91.
¹³ Ingstad 1995.
¹⁴ Davidson 1988, 1993; Jones y Pennick 1995; Wilson 1992.
¹⁵ Steinsland 1997.
¹⁶ Turville-Petre 1964: 260.
¹⁷ Davidson 1993: 98.
¹⁸ Aðalsteinsson 1997; *Morgunblaðið* 2000; Todd 1975: 177.
¹⁹ Aðalsteinsson 1992; Davidson 1993: 90; Lindow 1988: 35.
²⁰ Looijenga 1997.
²¹ Véanse, por ejemplo, Arnold 1997: 155; Owen 1981; Schutz 1983; Teichert 1988.
²² Brothwell 1986: 90; Glob 1965.
²³ Brothwell 1986; Todd 1975: 183 y ss.
²⁴ Glob 1065; Ström 1993.
²⁵ Carver 1992; Davidson 1992.

## Capítulo 8

¹ *Textos mitológicos*: 50.
² Owen 1981: 12.
³ Ibídem.
⁴ DuBois 1999: 105.
⁵ Arnold 1997; Davidson 1998; Owen 1981.
⁶ Looijenga 1997: 90-91.
⁷ Ídem: 90.
⁸ Polomé 1996: 103.
⁹ Enright 1996.
¹⁰ Grambo 1979.
¹¹ Owen 1981: 92; Wilson 1992, cap. 5.
¹² *Textos mitológicos*: 212-214.
¹³ Boyer 2001; Marshall 1999.
¹⁴ Véase, por ejemplo, la *Saga de Egil*.
¹⁵ Raudvere 1996.
¹⁶ Mitchell 1997.

[17] Jøn 1999; Vitebsky 1995.
[18] Haywood 2000: 128.
[19] Davidson 1998; Jones y Pennick 1995.
[20] Simek 1995: 452.
[21] Enright 1996.
[22] Wilson 1992, cap. 4.
[23] Schmidt Poulsen 1986.

## Capítulo 9

[1] Renauld-Krantz 1972; Steinsland 1997.
[2] Orchard 1997: 191-193.
[3] Meulengracht Sørensen 1986.
[4] Renauld-Krantz 1972: 214.
[5] Motz 1981a, b, 1982, 1984; véase también Steinsland 1986.
[6] Bernárdez 1995b.
[7] Steinsland 1986, 1991, 1992, 1997.
[8] Steinsland 1991: 25.
[9] Dexter 1996: 241.
[10] Simek 1995: 365.
[11] Motz 1993.

## Capítulo 10

[1] Maas 1999; Vuik 2000.
[2] Vuik 2000.
[3] Simek 1995: 289.
[4] *Germania*, cap. 9.
[5] Grünert 1988; Mallory 1989.
[6] Ots 1998.
[7] Preston 1980, citado en Boyer 2001, cap. 7.
[8] Davidson 1998: 148 y ss.
[9] Metselaar 1999.
[10] Ídem: 150.
[11] Näsström 1995; Davidson 1998.
[12] F. Ström 1993: 192.
[13] Davidson 1998: 185.
[14] Eliade 1951; Jøn 1999; Vitebsky 1995.
[15] Boyer 1994, 2001.
[16] Simek 1995: 161.
[17] Raudvere 1996: 41.
[18] Veyne 1983.
[19] Watkins 2000: 81.
[20] *Textos mitológicos*: 104.
[21] Boyer 2001, cap. 1.
[22] Davidson 1998: 120, 1988: 164.
[23] Davidson 1998: 120.
[24] Ídem: 145.
[25] *Saga de Niál*, cap. 157: 397-400.
[26] Renauld-Krantz 1972: 193.
[27] *Textos mitológicos*: 124.

²⁸ Steinsland 1997.
²⁹ *Textos mitológicos*: 122-123.
³⁰ Simek 1995: 465.
³¹ Ídem: 50.
³² Ídem: 393.

## Capítulo 11

¹ Ots 1998.
² *Lokasenna:* 26.
³ *Textos mitológicos*: 328.
⁴ Saxo Gramático, vol. I: 66.
⁵ *Textos mitológicos*: 145-149.
⁶ Ibídem.
⁷ Davidson 1998.
⁸ *Discurso de Vafþrúðnir*: 1-4.
⁹ Simek 1995: 97-98.
¹⁰ Grundy 1996: 60.
¹¹ *Textos mitológicos*: 122.
¹² Raudvere 1996.

## Capítulo 12

¹ *Textos mitológicos*: 122.
² Ibídem.
³ *Sarcasmos de Loki*: 30.
⁴ Gimbutas 1982: 44; Davidson 1993: 109; Steinsland 1997: 141.
⁵ Davidson 1993: 109.
⁶ Steinsland 1997: 52 y ss.
⁷ Mandt 1986; Gelling y Davidson 1969.
⁸ Davidson 1998: 99 y ss.
⁹ Näsström 1996: 71.
¹⁰ Ibídem.
¹¹ Näsström 1996: 71-72.
¹² Ídem: 72.
¹³ Näsström 1995.
¹⁴ *Textos mitológicos*: 329.
¹⁵ *Gylfaginning*, cap. XXIII.
¹⁶ Ídem: 24.
¹⁷ Polomé 1989: 124.
¹⁸ Bernárdez 1995a.
¹⁹ *Discurso de Grímnir*: 14.
²⁰ Davidson 1993: 109.
²¹ Steinsland 1997: 102.
²² Davidson 1998; Gelling y Davidson 1969; Ström 1993.
²³ Raudvere 1996.
²⁴ Davidson 1993: 109.
²⁵ Näsström 1995; Davidson 1998.
²⁶ Ingstad 1995.

*Capítulo 13*

1. Looijenga 1997: 113-114.
2. Mandt 1986.
3. Steinsland 1995: 88 y ss.
4. Simek 1995: 466.
5. Véanse, por ejemplo, Mallory 1989, 1996; Østmo 1996; Schutz 1983.
6. Polomé (ed.) 1996.
7. Dumézil 1952.
8. Renauld-Krantz 1972: 195.
9. *Textos mitológicos*: 124-125; 281-289.
10. Klingenberg 1996.
11. Heinrichs 1997.
12. Saxo Gramático, vol. I: 72.
13. *Saga de los Ynglingos*: 13.
14. Glob 1965.
15. Saxo Gramático, vol. II: 195.
16. Motz 1992a.
17. Turville-Petre 1964: 162.
18. *Textos mitológicos*: 112.
19. Renauld-Krantz 1972: 198.
20. Mandt 1986.
21. Renauld-Krantz 1972: 198.
22. Steinsland 1986, 1991, 1992, 1997.
23. Polomé 1996: 135.
24. Turville-Petre 1964: 170.
25. Por ejemplo, Polomé 1989: 81.
26. Simek 1995: 351.
27. Polomé 1989: 81.
28. *Fragmentos de historias de reyes antiguos (Sögubrot af fornkonungum)*, cap. 10.

*Capítulo 14*

1. *Textos mitológicos*: 94.
2. Enright 1996.
3. Steinsland 1991, 1997.
4. Herwig 1995: 59.
5. Wolfram 1995: 60.
6. Renauld-Krantz 1972: 43.
7. Davidson 1993: 78.
8. Ídem: 100.
9. Turville-Petre 1964: 52.
10. Renauld-Krantz, 1972: 43.
11. Owen 1981: 13-15.
12. Härke 1992.
13. Davidson 1993: 99.
14. Steinsland 1997: 125.

*Capítulo 15*

1. *Hávamál*, estrofa 141.
2. Turville-Petre 1964: 43.

³ Jøn 1999.
⁴ Schmidt Poulsen 1986: 175.
⁵ *Textos mitológicos*: 160-163.
⁶ Turville-Petre 1964: 38.
⁷ Steinsland 1997: 140.
⁸ Bernárdez 1985.
⁹ Sobre todos estos temas, Enright 1996.
¹⁰ Ídem.
¹¹ Véanse Boyer y Lot-Falk 1974; DuBois 1999; Jøn 1999.

## Capítulo 16

¹ Véanse, por ejemplo, Mallory 1989; Polomé 1996; Dumézil 1952 y 1959; de Vries 1977.
² Polomé 1989: 107.
³ Ibídem.
⁴ Usaciovaitē 1996.
⁵ Davidson 1988: 204-205; 1993: 83-84.
⁶ Dumézil 1952, 1959; de Vries 1977; Polomé 1989; Polomé (ed.) 1996; Renauld-Krantz 1972.
⁷ Simek 1995: 190-191.
⁸ *Textos mitológicos*: 133.
⁹ Chaudhri 1994: 168.
¹⁰ Davidson 1993: 101.
¹¹ Sigmundsson 1992.
¹² *Saga de los habitantes de Eyr*, cap. 4.
¹³ Ídem: 6-7.
¹⁴ Ídem: 7-8.
¹⁵ Talbot 1954: 45-46.
¹⁶ Aðalsteinsson 1978, 1997.
¹⁷ *Saga de Erik el Rojo*, cap. 8.

## Capítulo 17

¹ *Textos mitológicos*: 143-144.
² Ídem: 265-271.
³ Meulengracht Sørensen 1986: 267.
⁴ Ídem: 273; Renauld-Krantz 1972: 133 y ss.
⁵ Steinsland 1997.
⁶ Pero véase Johnson 2001.
⁷ *Textos mitológicos:* 167-169.
⁸ Saxo Gramático, vol. II: 176.
⁹ Ídem: 181.
¹⁰ Renauld-Krantz 1972: 147.
¹¹ Davidson 1988: 184 y ss.
¹² Warmind 1995.
¹³ *Textos mitológicos*: 164-167.
¹⁴ Lindow 1996: 9.
¹⁵ Saxo Gramático, vol. 1: 137 y ss.; Ibáñez 1997.
¹⁶ Bringsværd 1996, cap. 5.
¹⁷ Renauld-Krantz 1972: 148.
¹⁸ Por ejemplo, sobre la figura de Loki, Dumézil 1948.

[19] Simek 1995: 441.
[20] Renauld-Krantz 1972: 164.

## Capítulo 18

[1] *Gylfaginning*, cap. XXXIII.
[2] Leeming y Page: 54 y ss.
[3] *Gylfaginning*, cap. XXXIV.
[4] De Vries 1933.
[5] Cambell 1970.
[6] Dumézil 1986.
[7] Lewis 1998.

## Capítulo 19

[1] Saxo Gramático, vol. I: 121.
[2] Ídem: 124.
[3] *Textos mitológicos*: 131-132.
[4] Arnold 1997: 35.
[5] Dumézil 1948/1986.
[6] *Textos mitológicos*: 149-150.
[7] Hyde 1998: 299.
[8] Biesele 1976.
[9] Ídem.
[10] Marshall 1999.
[11] Asbjørnsen y Moe, *Norske fortællinger og æventyr*.
[12] *Textos mitológicos*: 129-131.
[13] Ídem: 298, estr. 40.
[14] Meulengracht Sørensen 1992; Ross 1992.
[15] *Textos mitológicos:* 151.
[16] *Völuspá*: 34-35.

## Capítulo 20

[1] Watkins 2000: 22.
[2] Dumézil 1952, 1959.
[3] *Textos mitológicos*: 114, 119 y ss.
[4] Burkert 1996; Boyer 1994.
[5] Turville-Petre 1964: 184; Looijenga 1997: 150.
[6] Saxo Gramático, vol. I: 132-133.
[7] Wouter Belier, 1996.
[8] Saxo Gramático, vol. II: 162.
[9] Ström 1967: 134.
[10] Turville-Petre 1964: 122.
[11] Ibídem.
[12] *Textos mitológicos*: 145 y ss.; *Sueños de Baldr*: 241-244.
[13] *Textos mitológicos*: 154.
[14] Pero véase Dumézil 1948 para una justificación.
[15] Saxo Gramático, vol. I: 120 y ss.
[16] Polomé 1989: 11.

[17] Miller 1996 comenta las versiones conocidas de este mito y propone algunas nuevas.
[18] *Germania*, cap. 43.
[19] Simek 1995: 1-3 y 68-70.

## Capítulo 21

[1] Véase Steinsland 1997.
[2] Véanse Korslund 1999; Sigmundsson 1992.
[3] Davidson 1988: 172.
[4] Ibídem.

## Capítulo 22

[1] *Textos mitológicos*: 91 y ss.
[2] Ídem: 94.
[3] Ídem: 95.
[4] Polomé 1989: 91.
[5] Turville-Petre 1964: 278.
[6] DuBois 1999.
[7] Davidson 1988: 179-182.
[8] Simek 1995: 482.
[9] *Textos mitológicos*: 103-106.
[10] Steinsland 1997: 30.
[11] Ídem: 35-36.
[12] Simek 1995: 86.
[13] Steinsland 1997: 64.
[14] Martin 1972.
[15] Forsyth 1990.
[16] Steinsland 1997.

# BIBLIOGRAFÍA

Esta bibliografía incluye todas las obras a las que se hace referencia en el libro, así como algunos trabajos que han tenido un papel especialmente importante para configurar la perspectiva adoptada. La primera parte incluye obras descriptivas e interpretativas, y una segunda sección recoge referencias a los textos, sea en traducción española (u otra lengua, en algún caso), sea en sus versiones originales. Dicho sea de paso, para la mayor parte de estos últimos he utilizado ediciones electrónicas, y así lo indico. Aunque hay personas reacias al soporte informático, estas ediciones me resultaron extraordinariamente útiles, cómodas y rápidas de usar, además de fiables; espero que lo sean también para el lector interesado. También en la bibliografía de obras teóricas he incluido referencias electrónicas; en muchos casos no existe otra versión, o es prácticamente inaccesible, mientras que añadí referencia a la versión electrónica de varias revistas porque el lector podrá acudir a ellas con mucha más facilidad, sin duda, que si quiere usar la copia en papel.

Las obras indicadas con un asterisco me parecen especialmente recomendables.

Aðalsteinsson, Jón Hnefill (1978): *Under the Cloak. The acceptance of Christianity in Iceland with particular reference to the religious attitudes prevailing at the time*. Upsala, Acta Universitatis Upsaliensis.
—(1992): «A piece of Horse-Liver and the ratification of law», en Bragason (ed.), pp. 81-98.
—(1997): *Blót í norrænum sið*. Reikiavik, Háskólaútgáfan.

Anttonen, Veikko (2000): «Toward a cognitive theory of the Sacred: An ethnographic approach», en *Folklore* 14: 41-48. También en la versión electrónica de la revista: [hadjas.folklore.ee/folklore].
Arnold, C. J. (1997): *An archaeology of the early Anglo-Saxon kingdoms*. Londres, Routledge.
Babeş, Mircea (1988): «Die Frühgermanen im östlichen Dakien in den letzten Jahrhunderten v.u.Z. Archäologische und historische Belege», en *Frühe Völker in Mitteleuropa*, pp. 129-156.
Bach, Adelheid (1988): «Zur Aussagefähigkeit von Skelettresten im Hinblick auf populationsgenetische Vorgänge, vor allem während der Hallstatt- und Latènezeit», en *Frühe Völker in Mitteleuropa*, pp. 275-285.
Belier, Wouter (1996): «The first function: A critical analysis», en Polomé (ed.), pp. 37-72.
Bentley, Peter (ed.) (1995): *The Dictionary of World Myth*. Nueva York, Facts on File.
Bernárdez, Enrique (1985): «El lenguaje de la poesía anglosajona», en F. Galván (ed.), *Estudios Literarios Ingleses. Edad Media*, pp. 69-83. Madrid, Cátedra.
—(1995a): «Los personajes femeninos de la *Saga de Njáll*: Hallgerðr y Bergþóra», en *Acta Poetica* 16: 109-121.
—(1995b): «Islas en una Isla: La Islandia medieval», en *Cuadernos del CEMYR 3 (Los Universos Insulares)*, pp. 139-156. La Laguna.
—(1999): *¿Qué son las lenguas?* Madrid, Alianza.
—(2001): «Las lenguas germánicas», en I. de la Cruz Cabanillas y J. Martín Arista (eds.), *Historia de la lengua inglesa*, pp. 61-106. Barcelona, Ariel.
Bertilsson, Ulf (1986): «Rock carvings and graves: spatial relationships», en Steinsland (ed.), pp. 9-20.
Biesele, Megan (1976): «Aspects of !Kung folklore», en Lee y DeVore, pp. 302-324.
Billington, Sandra, y Miranda Green (eds.) (1996): *The concept of the Goddess*. Londres y Nueva York, Routledge.
Birkedahl, Peter, y Erik Johansen (1995): «The Sebbersund boat-graves», en Crumlin-Pedersen y Thye (eds.), pp. 160-164.
Bjerre Finnestad, Ragnhild (1986): «The part and the whole: Reflections on theory and methods applied to the interpretation of Scandinavian rock carvings», en Steinsland (ed.), pp. 21-31.
Blacker, Carmen (1996): «The Mistress of animals in Japan: Yamanokami», en Billington y Green, pp. 178-185.
*Borges, Jorge Luis (1982): *Literaturas germánicas medievales*. Madrid, Alianza.
Boyer, Pascal (1992): *Tradition as Truth and Communication*. Cambridge, Cambridge University Press.
—(1994): *The Naturalness of Religious Ideas*. Berkeley. The University of California Press.
*—(2001): *Religion Explained. The evolutionary origins of religious thought*. Nueva York, Basic Books.
*Boyer, Régis (1981): *La religion des anciens scandinaves*. París, Payot.
—(ed.) (1976): *Les Vikings et leur civilisation*. París, Mouton.
—, y Eveline Lot-Falck (1974): *Les religions de l'Europe du Nord*. París, Fayard/Denoël.
Bragason, Úlfar (ed.) (1992): *Snorrastefna*. Reikiavik, Stofnun Sigurðar Nordals.
Branston, Brian (1957): *The lost gods of England*. Londres, Constable, 1993.

Briem, Ólafur (1963): *Vanir og Æsir*. Reikiavik, Háskóla Íslands og Bókaútgáfa Menningarsjóðar.
Bringsværd, Tor Åge (1995): *Norrøn mytologi*. Oslo, Gyldendal. Ed. electrónica [www.gyldendal.no/toraage/artikler/mytologi.html].
—(1996): *Den Enøyde*. Oslo, Gyldendal. Ed. electrónica [www.gyldendal.no/toraage/denenoyde/index.html].
Brothwell, Don (1986): *The Bogman and the Archaeology of People*. Londres, British Museum Press y Cambridge (MA), Harvard University Press, 1992.
Bulow, Ernie (1991): *Navajo taboos*. Gallup NM, Buffalo Medicine Books.
Burkert, Walter (1996): *Creation of the Sacred. Tracks of biology in early religions*. Cambridge (MA), Harvard University Press.
Campanile, Enrico (1996): «Today, after Dumézil», en Polomé (ed.), pp. 73-82.
Campbell, James (ed.) (1991): *The Anglo-Saxons*. Harmondsworth, Penguin Books.
Campbell, Joseph (1970): *The masks of god*. Nueva York, Viking. [Ed. cast.: *Las máscaras de dios*, Madrid, Alianza Editorial, 1999, 4 vols.]
Capelle, Torsten (1995): «Bronze-Age stone ships», en Crumlin-Pedersen y Thye (eds.), pp. 71-75.
Carver, Martin O. H. (1992): «The Anglo-Saxon cemetery at Sutton Hoo: An interim report», en Carver (ed.), pp. 343-371.
—(1995): «Boat-burial in Britain: Ancient custom or practical signal?», en Crumlin-Pedersen y Thye (eds.), pp. 110-124.
—(ed.) (1992): *The Age of Sutton Hoo. The seventh century in Northwestern Europe*. Woodbridge, Boydell Press.
Chaudhri, Anna (1996): «The Caucasian Hunting Divinity, Male and Female: Traces of the Hunting-Goddess in Ossetic Folklore», en Billington y Green, pp. 166-177.
Crichton, Michael (1977): *Entre caníbales y vikingos*. Madrid, Ultramar Ediciones.
Crumlin-Pedersen, Ole (1995): «Boat-burials at Slusegaard and the interpretation of the boat-grave custom», en Crumlin-Pedersen y Thye (eds.), pp. 86-99.
—, y Birgitte Munch-Thye (eds.) (1995): *The Ship as Symbol in Prehistoric and Medieval Scandinavia*. Copenhague, Publications of the National Museum.
Dahl, Östen: «The origin of the Scandinavian languages». Ms.
*Davidson, Hilda Ellis (1964): *Gods and myths of northern Europe*. Harmondsworth, Penguin Books.
—(1988): *Myths and symbols in Pagan Europe. Early Scandinavian and Celtic religions*. Syracuse, Syracuse University Press.
—(1992): «Human sacrifice in the late pagan period in North-Western Europe», en Carver (ed.), pp. 331-340.
—(1993): *The lost beliefs of Northern Europe*. Londres y Nueva York, Routledge.
—(1996): «Milk and the Northern Goddess», en Billington y Green, pp. 91-106.
—(1998): *Roles of the Northern Goddess*. Londres y Nueva York, Routledge.
De Vries, Jan (1933): *The problem of Loki*. Helsinki.
—(1934): *De skaldenkenningen met mythologischen inhoud*. Haarlem, H. D. Tjeenk Willink.
—(1956): *Altgermanische Religionsgeschichte*, 2 vols. Berlín, Walter de Gruyter.
—($1977^2$): *Altnordisches etymologisches Worterbuch*. Leiden, Brill.
*—(1977): «La religión de los germanos», en *Historia de las Religiones. Las Religiones Antiguas*, vol. III: 66-108. Madrid, Siglo XXI.

Dexter, Miriam R. (1996): «Dawn-Maid and Sun-Maid: Celestial goddesses among the proto-Indoeuropeans», en Jones-Bley y Huld (eds.), pp. 228-246.
Dillmann, François-Xavier (1992): «Textafræði og goðafræði: Um þörfina á betri útgáfu á *Snorra-Eddu*», en Bragason (ed.), pp. 9-18.
DuBois, Thomas A. (1999): *Nordic religions in the Viking Age*. Filadelfia, University of Pennsylvania Press.
Dumézil, Georges (1952): *Los dioses de los indoeuropeos*. Barcelona, Seix Barral, 1970.
*—(1959): *Los dioses de los germanos*. México, Siglo XXI, 1973.
—(1973): *Del mito a la novela*. Madrid, F.C.E.
—(1948): *Loki*. París, Flammarion, 1986.
Eliade, Mircea (1964): *Tratado de historia de las religiones*. Madrid, Ediciones Cristiandad, 1974: 2 vols.
—(1951): *El chamanismo y las técnicas arcaicas del éxtasis*. México, F.C.E., 1960.
—(ed.) (1987): *The Encyclopaedia of Religion*. Nueva York, Macmillan.
Ellmers, Detlev (1995): «Valhalla and the Gotland Stones», en Crumlin-Pedersen y Thye (eds.), pp. 165-171.
Elm, Delmus, y Harvey Antone (2000): *The Oneida Creation Story*. Transl. and edited by Floyd G. Lounsbury and Bryan Gick. Lincoln, University of Nebraska Press.
*Encyclopaedia Mythica*: [www.pantheon.org/mythica.html].
Enright, Michael J. (1996): *Lady with a mead cup: ritual, prophecy, and lordship in the European warband from La Tène to the Viking Age*. Portland (OR), Four Courts Press.
Erdoes, Richard, y Alfonso Ortiz (eds.) (1984): *American Indian myths and legends*. Nueva York, Pantheon Books.
Fletcher, Richard (1997): *The Barbarian conversion. From Paganism to Christianity*. Nueva York, Henry Holt & Co., 1998.
Forsyth, P. Y. (1990): «Call For Cybele», en *The Ancient History Bulletin* 4.4.: 75-78.
*Frühe Völker in Mitteleuropa* (1988). Berlín, Akademie-Verlag.
Gelling, Peter, y Hilda Ellis Davidson (1969): *The Chariot of the Sun and other rites and symbols of the Northern Bronze Age*. Nueva York, Praeger.
Gimbutas, Marija (1982): *The goddesses and gods of Old Europe: Myths and cult images*. Londres, Thames & Hudson.
Glob, Peter Vilhelm (1965): *Mosefolket: Jernalderens mennesker bevaret i 2000 år*. Copenhague, Gyldendal. (Traducción inglesa: *The Bog People*, Londres, Faber, 1969.)
Grambo, Ronald (1979): *Norske trollformler og magiske ritualer*. Oslo, Universitetsforlaget.
Green, Dennis Howard (1998): *Language and history in the early Germanic world*. Cambridge, Cambridge University Press.
Green, Miranda (1991): *The Sun-Gods of Ancient Europe*. Londres, B. T. Batsford Ltd.
—(1996): «Concepts of sacrifice in later prehistoric Europe», en Jones-Bley y Huld (eds.), pp. 191-203.
Grimm, Jakob (1835): *Deutsche Mythologie*. Gotingen, In der Dieterichschen Buchhandlung. Texto electrónico de la traducción inglesa en [www.midhnottsol.org/public/grimmst/].
Grønvik, Ottar (1999): «Runeinnskriften på gullhornet fra Gallehus», en *Maal og Minne* 1/1999: 1-18. Ed. electrónica [www.samlaget.no/maalogminne/1_99/Korslund-(NY).pdf].
Grundy, Stephan (1996): «Freyja and Frigg», en Billington y Green, pp. 56-67.

Grünert, Heinz (1988): «Zur Bedeutung und zum Bild der Frau in den keltischen und germanischen Stammesgesellschaften», en *Frühe Völker in Mitteleuropa*, pp. 247-274.
Gundarsson, Kveldulf Hagen (1992): «The folklore of the Wild Hunt and the Furious Host», en *Mountain Thunder* 7. Ed. electrónica [www.vinland.orh/heathen/mt/wildhunt.html].
Gunnell, Terry (1995): *The origins of drama in Scandinavia*. Cambridge, Brewer.
Haile, Father Berard, O.F.M. (1984): *Navajo Coyote Tales. The Curly Tó Aheedlíinii Version*. Lincoln, University of Nebraska Press.
Hallan, Nils (1986): «Die Berater des Schwedenkönigs», en Steinsland (ed.), pp. 32-42.
Härke, Heinrich (1992): «Changing symbols in a changing society: The Anglo-Saxon weapon burial rite in the seventh century», en Carver (ed.), pp. 149-165.
Haywood, John (2000): *Encyclopaedia of the Viking Age*. Londres, Thames & Hudson.
Hedeager, Lotte (1992): «Kingdoms, ethnicity and material culture: Denmark in a European perspective», en Carver (ed.), pp. 279-300.
Heinrichs, Anne (1994): «The search for identity: A problem after the conversion», en *Alvíssmál* 3: 43-62. Ed. electrónica [userpage.fu-berlin.de/~alvismal/3search.pdf].
—(1997): «Der liebeskranke Freyr, euhemeristisch entmythisiert», en *Alvíssmál* 7: 3-36. Ed. electrónica [userpage.fu-berlin.de/~alvismal/7amor.pdf]
Herbert, Máire (1996): «Transmutations of an Irish goddess», en Billington y Green, pp. 141-151.
Herwig, Wolfram (1995): *Die Germanen*. Múnich, Beck.
Historiker Gesellschaft der DDR (1988): *Frühe Völker in Mitteleuropa*. Berlín, Akademie-Verlag.
Holmsen, Andreas (1977): *Norges historie fra de eldste tider til 1660*. Oslo, Universitetsforlaget.
—, y Jarle Simensen (eds.) (1967): *Rikssamling og Kristendom*. Oslo, Universitetsforlaget.
Holtsmark, Anne (1970): *Norrøn mytologie. Tru og mytar i vikingtida*. Oslo, Det Norske Samlaget.
Hulsmann, Gertrud (1980): *Der Caedmon-Hymnus: Versuch einer Neudeutung in sprach- und religionsgeschichtlicher Sicht*. Münster.
Hultkrantz, Åke (1986): «Rock drawings as evidence of religion: Some principal points of view», en Steinsland (ed.), pp. 43-66.
Hyde, Lewis (1998): *Trickster makes this world. Mischief, myth, and art*. Nueva York, North Point Press.
Ibáñez, Santiago (1997): «La leyenda de Amleto en la Historia Danesa de Saxo Gramático», en *Estudios Ingleses de la Universidad Complutense* 5: 261-278.
Ingstad, Anne Stine (1995): «The interpretation of the Oseberg-find», en Crumlin-Pedersen y Thye (eds.), pp. 138-147.
Jøn, Asbjørn (1999): «Shamanism and the image of the Teutonic deity, Óðinn», en *Folklore* 10 [haldjas.folklore.ee/folklore/vol10/teuton.htm].
Jones, Prudence, y Nigel Pennick (1995): *A history of Pagan Europe*. Londres, Routledge, 1997.
Jones-Bley, Karlene, y Martin E. Huld (eds.) (1996): *The Indo-Europeanization of Northern Europe*. Washington D.C., Institute for the Study of Man.
Johnson, Sara (2001): «Freyja and Androgyny in Old Norse Myths». [www.escape.ca/~awrayj/l-freyja2.htm].
Kaul, Flemming (1995): «Ships on bronzes», en Crumlin-Pedersen y Thye (eds.), pp. 59-70.

Kellermann, Volkmar (1966): *Germanische Altertumskunde*. Berlín, Erich Schmidt.
Klingenberg, Heinz (1996): «*För Skírnis*: Brautwerbungsfahrt eines Werbungshelfers», en *Alvíssmál* 6: 21-62. Ed. electrónica [userpage.fu-berlin.de/-alvismal/6skm.pdf].
Kobyliński, Zbigniew (1995): «Ships, society, symbols and archaeologists», en Crumlin-Pedersen y Thye (eds.), pp. 9-18.
Korslund, Frode (1999): «Forleddene i norske -vin og -heim navn», *Maal og Minne* 1/1999: 57-70.
Lakoff, George, y Rafael E. Núñez (2001): *Where Mathematics Comes From. How the embodied mind brings mathematics into being*. Nueva York, Basic Books.
Lapidge, Michael, *et al.* (eds.) (1999): *The Blackwell Encyclopaedia of Anglo-Saxon England*. Londres, Blackwell, 2001.
Lee, Richard B., e Irven DeVore (eds.) (1976): *Kalahari Hunter-Gatherers. Studies of the !Kung San and their neighbors*. Cambridge (MA), Harvard University Press.
Leeming, David, y Jake Page (1998): *The mythology of native North America*. Norman, The University of Oklahoma Press.
Lie, Kåre A. (2001): *The songs of the Vikings*. [home.online.no-alberlie/Vikings.htm].
Lindow, John (1988): «Scandinavian mythology», en Strayer (ed.), pp. 23-34.
—(1992): «Loki and Skaði», en Bragason (ed.), pp. 130-142.
—(1994/1995): «Bloodfeud and Scandinavian Mythology», en *Alvíssmál* 4: 51-68.
—(1996): «Thor's duel with Hrungnir», en *Alvíssmál* 6: 3-20.
—(1997): *Murder and Vengeance among the gods: Baldr in Scandinavian Mythology*. Helsinki, Suomalainen Tiedeakatemia.
Lindström, Jonathan (1999): «Jættens tå og solhesten». *Astronomisk Årsbok* 1999. Citado de la ed. electrónica [www,ancient-astronomy.dk/decmag99.htm].
Looijenga, Tineke (1997): *Runes around the North Sea and on the Continent AD 150-700; Texts & Contexts*. Tesis Doctoral, Universidad de Groninga. [www.ub.rug.nl/eldoc/dis/arts/j.h.looijenga/].
Luckert, Karl W. (1984): «Coyote in Navajo and Hopi Tales», en Haile, pp. 3-19.
Lund, Allan A. (1998): *Die ersten Germanen. Ethnizität und Ethnogenese*. Heidelberg, Universitätsverlag C. Winter.
Lysaght, Patricia (1996): «Aspects of the Earth-Goddess in the traditions of the Banshee in Ireland», en Billington y Green, pp. 152-165.
Maas, Cees (1999): «Terug naar Nehalennia», *BN/De Stem*, 30/10/99. También en Internet: [www.devrijedomburger.nl/nehalennia.htm]
Mallory, J. P. (1989): *In Search of the Indo-Europeans. Language, Archaeology and Myth*. Londres, Thames and Hudson, 1999.
—(1996): «The Indo-European Homeland Problem: A matter of time», en Jones-Bley y Huld (eds.), pp. 1-22.
Mandt, Gro (1986): «Searching for female deities in the religious manifestations of the Scandinavian Bronze Age», en Steinsland (ed.), pp. 111-126.
Mariboe, Knud (1994): *The Encyclopaedia of the Celts*. Based on quotations from literature, myth, legend, fiction and history. [www.ealaghol.demon.co.uk/celtenc/celtnd. htm].
Marshall, Lorna J. (1999): *Nyae Nyae !Kung. Beliefs and Rites*. Cambridge (MA), Peabody Museum.
McGregor, Rick (1995): «Skírnismál as Ritual Drama: A Summary of Scholarship this Century», en *Deep South* 1, 3. [www.otago.ac.nz/DeepSouth/vol1no3/mcgregor3 ssue3.html].

Metselaar, Albert (1999): «Moedergodinnen en het heilige water», en *Hollandsche Veld*. [members.tripod.lycos.nl/akkelies/moeder.htm].
Meulengracht Sørensen, Preben (1986): «Thor's fishing expedition», en Steinsland (ed.), pp. 257-278.
—(1992): «Snorris frœði», en Bragason (ed.), pp. 270-283.
Miller, Dean A. (1996): «Defining and expanding the Indo-European Vater-Sohnes-Kampf Theme», en Polomé (ed.), pp. 109-130.
Mitchell, Stephen (1997): «*Blåkulla* and its antecedents: Transvection and conventicles in Nordic witchcraft», en *Alvíssmál* 7: 81-100.
*Morgunblaðið* (2000): «Fyrsti blótstaður sem finnst á þessu menningarsvæði», Reikiavik. [www.mbl.si/frettir-ifx/].
Motz, Lotte (1981a): «Giantesses and their names», en *Frühmittelalterliche Studien* 15: 495-511.
—(1981b): «Gerðr», en *Maal og Minne* 3-4: 121-136.
—(1982): «Giants in folklore and mythology», en *Folklore* 93: 70-84.
—(1984): «Gods and demons of the wilderness», en *Arkiv för Nordisk Filologi* 99: 175-187.
—(1992a): «The goddess Nerthus: a new approach», en *Amsterdamer Beiträge zur älteren Germanistik* 36: 1-19.
—(1992b): «The Goddess Freyja», en Bragason (ed.), pp. 163-179.
—(1993): «The Host of Dvalinn: Thoughts on Some Dwarf-Names in Old Icelandic», en *Collegium Medievale* 6.1: 81-96.
Müller, Christian (1988): «Zur Anthropologie der frühgermanischen Bevölkerung auf dem Gebiet der DDR», en *Frühe Völker in Mitteleuropa*, pp. 157-165.
Müller-Wille, Michael (1995): «Boat-graves, old and new views», en Crumlin-Pedersen y Thye (eds.), pp. 100-109.
Munch, P. A. (1964): *Norröne gude- og heltesagn*. Rev. intg. ved Anne Holtsmark, Oslo, Universitets forlaget.
Mundal, Else (1992): «Snorri og *Völuspá*», en Bragason (ed.), pp. 180-192.
Musset, Lucien (1965): *Introduction à la runologie*. París, Aubier.
Näsström, Brit-Mari (1992): «The Goddesses in Gylfaginning», en Bragason (ed.), pp. 193-203.
—(1995): *Freyja, the great goddess of the North*. Lund, University of Lund.
—(1996): «Freyja – a goddess with many names», en Billington y Green, pp. 68-77.
Nordbladh, Jarl (1986): «Interpretations of South-Scandinavian petroglyphs in the history of religion, done by archaeologists: Analysis and attempt at auto-critique», en Steinsland (ed.), pp. 142-149.
Ohlmarks, Åke (1983): *Forn Nordiskt Lexikon*. Estocolmo, Tidens förlag.
Olsen, Olaf (1995): «Scandinavian temples», en Strayer (ed.), pp. 34-36.
Østmo, Einar (1996): «The Indo-European question in a Norwegian perspective: A view from the wrong end of the stick?», en Jones-Bley y Huld (eds.), pp. 23-41.
Ots, Loone (1998): «The position of the woman in the Poetic Edda», en *Folklore* 7. Ed. electrónica [http:/haldjas.folklore.ee/folklore/vol7/llone1.htm].
*Owen, Gale R. (1981): *Rites and religions of the Anglo-Saxons*. Newton Abbot, David & Charles.
Palmer, Gary B. (1996): *Lingüística cultural*. Madrid, Alianza, 2000.
Persson, Johannes: «Loki». [www.snerpa.is/net/thjod/finna.htm].

Polomé, Edgar C. (1989): *Essays on Germanic Religion.* Washington D.C., Institute for the Study of Man.
—(1996): «Indo-European and non-Indo-European elements in Germanic myth and religion», en Polomé (ed.), pp. 131-146.
—(ed.) (1996): *Indo-European Religion after Dumézil.* Washington D.C., Institute for the Study of Man.
Prada, Carlos de (1997): *Los cisnes de Urd. Naturaleza y mito en la Edda.* Madrid, Parteluz.
Preston, J. J. (1980): *Cult of the goddess. Social and religious change in a Hindu temple.* Nueva Delhi, Vikas.
Quinn, Judy (1998): «"Ok verðr henni ljóð á munni" – Eddic prophecy in the *fornaldarsögur*», en *Alvíssmál* 8: 29-50.
Raudvere, Catharina (1996): «Now you see her, now you don't: Some notes on the conception of female shape-shifters in Scandinavian tradition», en Billington y Green, pp. 41-55.
Renauld-Krantz (1972): *Structures de la mythologie nordique.* París, Maisonneuve & Larose.
—(1976): «Odín», en R. Boyer (ed.), *Les Vikings et leur civilisation*, pp. 191-208. París, Mouton.
Richards, J. D. (1992): «Anglo-Saxon Symbolism», en Carver (ed.), pp. 131-147.
Rife, Joseph L. (1997): «Review of Toynbee (1996)», en *Bryn Mawr Classical Review* 97.6.10 [ccat.sas.upenn.edu/bmcr/1997/97.06.10.html].
Ross, Margaret Clunies (1992): «The mythological functions of *Snorra Edda*», en Bragason (ed.), pp. 204-216.
Roth, Anna Birgitta (1961): *Loki in Scandinavian mythology.* Lund, Gleerup.
Rubin, David C. (1995): *Memory in oral traditions. The cognitive psychology of epic, ballads, and counting-out rhymes.* Nueva York y Oxford, Oxford University Press.
Rydberg, Viktor (1886-1889): *Undersökningar i germanisk mythologi*, 2 vols. Versión inglesa en: [www.hi.is/~eybjorn/ugm/ugm0.html].
—(1906): *Fädernas gudasaga berättad för ungdommen* (3ª ed.). Estocolmo, Bonniers. [www.lysator.liu.se/runeberg/gudasaga/].
Sausverdē, Erika (1996): «"Seewörter" und Substratum in Germanic, Baltic and Baltic Finno-Ugrian languages», en Jones-Bley y Huld (eds.), pp. 133-147.
Savage-Rumbaugh, Sue, Stuart G. Shanker y Talbot J. Taylor (1998): *Apes, language, and the human mind.* Nueva York y Oxford, Oxford University Press.
Schjødt, Jens Peter (1986): «The "meaning" of the rock carvings and the scope for religious-historical interpretation: Some thoughts on the limits of the phenomenology of religion», en Steinsland (ed.), pp. 180-196.
—(1995): «The ship in Old Norse mythology and religion», en Crumlin-Pedersen y Thye (eds.), pp. 20-24.
Schlette, Friedrich (1988): «Frühe Völker in Mitteleuropa. Archäologische Kulturen und ethnische Gemeinschaften des 1. Jahrhtausends v.u.Z», en *Frühe Völker in Mitteleuropa*, pp. 9-23.
Schmidt Poulsen, Grete (1986): «The complementarity of magic in Nordic mythology and in archaeological sources», en Steinsland (ed.), pp. 168-179.
Schutz, Herbert (1983): *The Prehistory of Germanic Europe.* New Haven y Londres, Yale University Press.

Scull, Christopher (1992): «Before Sutton Hoo: Structures of power and society in early East Anglia», en Carver (ed.), pp. 2-23.
Segal, Robert A. (1999): *Theorizing about Myth*. Amherst, University of Massachusetts Press.
Simek, Rudolf (1995): *Lexikon der germanischen Mythologie*. Stuttgart, Kröner.
Simonsen, Poul (1986): «The magic picture: Used once or more times?», en Steinsland (ed.), pp. 197-211.
Sigmundsson, Svavar (1992): «Átrúnaður og örnefni», en Bragason (ed.), pp. 241-254.
Simek, Rudolf (1995): *Lexikon der germanischen Mythologie*. Stuttgart, Kröner.
Skaarup, Jørgen (1995): «Stone-Age burials in boats», en Crumlin-Pedersen y Thye (eds.), pp. 51-58.
Sognnes, Kalle (1998): «Trøndheimen før Nidaros - Trøndelags vikingtid fra en arkeologisk synsvinkel», *Historisk Tidsskrift* 3 (citado de la edición electrónica).
Sørensen, Preben Meulengracht, *véase* Meulengracht Sørensen, Preben.
Steblin-Kamenskij, M. I. (1984): *Mir sagi*. Leningrado, Nauka.
—(1976): *Mif*. Leningrado, Nauka.
Steinsland, Gro (1986): «Giants as recipients of cult in the Viking Age?», en Steinsland (ed.), pp. 212-222.
—(1991): *Det hellige bryllup og norrøn kongeideologi: En analyse av hierogami-myten i Skírnismál, Ynglingatal, Háleygjatal og Hyndluljóð*. Oslo, Solum.
—(1992): «Myte og ideologi - Bryllupsmyten i edda-diktningen og hos Snorri - Om det mytologiske grunnlaget for norrøn kongeideologi», en Bragason (ed.), pp. 226-240.
*—(1997): *Eros og død i norrøne myter*. Oslo, Universitets Forlaget.
—(ed.) (1986): *Words and Objects. Towards a dialogue between archaeology and history of religion*. Oslo, Norwegian University Press.
Strayer, Joseph R. (ed.) (1988): *Dictionary of the Middle Ages*. Nueva York, Scribner.
Ström, Folke (1986): «Bog corpses and *Germania*, Chap. 12», en Steinsland (ed.), pp. 223-239.
—(1993 = 1961): *Nordisk Hedendom: Tro och sed i förkristen tid*. Goteborg, Akademieforlaget.
Strömbäck, Dag (1975): *The conversion of Iceland. A survey*. Londres, Viking Society.
Talbot, C. H. (1954): *The Anglo-Saxon Missionaries in Germany*. Londres, Sheed and Ward.
Teichert, Manfred (1988): «Untersuchungen der Tierreste aus dem bronzezeitlichen Kulthöhlen im Kuffhäusergebirge», en *Frühe Völker in Mitteleuropa*, pp. 287-306.
Tejada, Paloma (1999): *El cambio lingüístico*. Madrid, Alianza.
*The Scar Viking Boat Burial*. [www.orkneyjar.com/history/scarboat/].
Todd, Malcom (1975): *The Northern Barbarians 100 BC-AD 300*. Oxford, Blackwell, 1987.
Toynbee, J. M. C. (1996): *Death and Burial in the Roman World*. Baltimore, Johns Hopkins University Press.
Turville-Petre, Gabriel (1964): *Myth and Religion of the North: The Religion of Ancient Scandinavia*. Londres, Weidenfeld & Nicholson.
Usačiovaitē, Elvyra (1996): «Customs of the Old Prussians», en Jones-Bley y Huld (eds.), pp. 204-217.
Varenius, Björn (1995): «Metaphorical ships in Iron-Age contexts», en Crumlin-Pedersen y Thye (eds.), pp. 34-40.

Veyne, Paul (1983): *Les grecs ont-ils cru à leurs mythes? Essai sur l'imagination constituante*. París, Éditions du Seuil.
Vitebsky, Piers (1995): *The Shaman. Voyages of the soul trance, ecstasy and healing from Siberia to the Amazon*. Boston, Little & Brown.
Volpe, Angella della (1996): «Indo-European architectural terms and the pre-Indo-Europeans», en Jones-Bley y Huld (eds.), pp. 148-165.
Vuik, Dik (2000): *Nehalennia, een Romeinse godin in de Oosterschelde*. [www.owsvdegrot.nl/nehalen.html].
Walraven van Nijmegen (= Brian R. Speer) (s.f.): «Dutch Womens' Names before 1100». [www.geocities.com/Athens/1336/name1100vr.html].
Wamers, Egon (1995): «The symbolic significance of the ship-graves at Haiðaby and Ladby», en Crumlin-Pedersen y Thye (eds.), pp. 148-161.
Warmind, Morten Ole (1995): «Ibn Fadlan in the context of his age», en Crumlin-Pedersen y Thye (eds.), pp. 131-138.
Watkins, Calvert (2000): *The American Heritage Dictionary of Indo-European Roots* (2ª ed.). Boston, Houghton Mifflin.
Wilson, David (1992): *Anglo-Saxon Paganism*. Londres, Routledge.
Wilson, Edward O. (1998): *Consilience. The unity of knowledge*. Nueva York, Vintage Books.
Witczak, Krzysztof Tomasz (1996): «The pre-Germanic substrata and Germanic maritime vocabulary», en Jones-Bley y Huld (eds.), pp. 166-180.

### *Fuentes primarias y algunos enlaces electrónicos*

#### *Enlaces de interés para la mitología germánica*

*Anglosaxon*: [www.rook.org/heritage/german/anglosaxon.html]. Amplia colección de enlaces sobre la Inglaterra anglosajona.
*Ásatrú*: [www.asatru.is/sidur/felagid/]. Página oficial de la iglesia pagana islandesa.
*Asatro*: [www.asatro.a.se/SamfundSed.htm]. Ídem de la iglesia sueca.
*Balladearkivet*: [www.dokpro.uio.no/ballader/lister/arkiv.html]. Magnífica edición de las baladas populares noruegas.
*Encyclopedia Mythica*: [pantheon.org/areas/]. El mejor compendio de mitología de casi cualquier parte del mundo.
*Germanic Myths, Legends, and Sagas*: [www.pitt.edu/~dash/mythlinks.html]. Útil e interesante.
*Internet Medieval Sourcebook*. Paul Halsall, ed. [www.fordham.edu/halsall/sbook.html]. Numerosos textos medievales, en inglés.
*Irish Literature, Mythology, Folklore, and Drama*. [www.luminarium.org/mythology/ireland/].
*Les anciennes croyances nordiques*: [www.geocities.com/Athens/Olympus/5781/index.htm]. Página francesa dedicada a mitología escandinava.
*Märchenlexikon*: [www.maerchenlexikon.de/inhalt.htm]. Magnífica fuente para todo lo relacionado con el cuento popular.
*Mitología germánica*: [www.fyl.uva.es/~wlia/Mitologia/index.html]. Muy buena enciclopedia en español, organizada por el profesor Muñoz Acebes, de la Universidad de Valladolid.

*Myths and legends:* [pubpages.unh.edu/~cbsiren/myth2.html]. Útil catálogo de enlaces.
*Norse mythology:* [www.ugcs.caltech.edu/~cherryne/mythology.html]. Información breve.
*Project Runeberg.* [www.lysator.liu.se/runeberg/]. Cuidadas ediciones de textos literarios clásicos escandinavos.
*Runic Inscriptions:* [www.teaser.fr/~lfontaine/nmh/runic.htm]. Dentro de una página de carácter más bien *New Age,* un útil catálogo analizado de las inscripciones rúnicas.
*Samnordisk runtextdatabas:* [www.nordiska.uu.se/forskn/samnord.htm]. Recopilaciones y base de datos de todas las inscripciones rúnicas escandinavas.
*The Online Medieval and Classical Library.* [sunsite.berkeley.edu/OMACL/]. Magnífica colección de textos medievales, en su mayoría traducidos al inglés.
*The World of the Vikings:* [www.pastforward.co.uk/vikings/index.html]. Una buena guía de recursos sobre los vikingos.

*Textos originales y traducciones*

*Anglo-Saxon Chronicle.* [www.georgetown.edu/labyrinth/library/oe/texts/asc/index.html]
\**Beowulf* y otros poemas anglosajones. Edición de L. Lerate y J. Lerate. Madrid, Alianza, 1982.
*Fornaldarsögur Norðurlanda.* [www.humnet.ucla.edu/humnet/scandinavian/leghome.html].
Gregorio de Tours: *History of the Franks:* Books I-X. [www.fordham.edu/halsall/basis/gregory-hist.html].
*Grettis saga.* [www.snerpa.is/net/isl/grettir.htm].
Hammershaimb, V. U. (1851): *Færøiske kvæder.* Repr. Emil Thompsen, Tórshavn, 1969.
*Heliand.* Edición de Pilar Fernández Álvarez. Madrid, Marcial Pons, 1996.
*Hildebrandslied.* [hub.ib.hu-berlin.de/~hab/arnd/text.html].
Ibn Fadlan: *Risala.* [www.vikinganswerlady.org/ibn_fdln.htm#Risala].
*Hrafnagaldur Óðins.* [hi.is/~eybjorn/ugm/hrg/hrg].
*Kalevala.* Compilación de Elias Lönnroth. Traducción de Ursula Ojanen y Joaquín Fernández. Madrid, Alianza, 1998.
*Kalevala.* [www.kaapeli.fi/maailma/kalevala/kalevala.html].
*Landnámabók.* [www.forn-sed.org/n-text/islendinge-saga/landnamabok.htm].
*Le livre de la colonisation de l'Islande (Landnámabók).* Edición de Régis Boyer. París, Mouton, 1973.
*Norna-Gests Þáttr.* [www.net/forn/nornages.htm].
*Örvar-Odds saga.* [www.snerpa.is/net/forn/orvar.htm].
\**Poesía antiguo-nórdica.* Edición de Luis Lerate. Madrid, Alianza, 1993.
*Rökstenen.* [www.torget.se/users/r/runor/rokstenen.htm].
*Saga af Finnu forvitnu.* [www.snerpa.is/net/thjod/finna.htm].
\**Saga de Egil Skallagrimsson.* Traducción, introducción y notas de E. Bernárdez. Madrid, Ed. Nacional, 1984. También Barcelona, Hyspamerica/Ediciones Urbis, 1987, y Madrid, Miraguano Editores, 1988.
\**Saga de los habitantes de Eyr* (Eyrbyggja saga). Edición de Mª Pilar Fernández Álvarez y Teodoro Manrique Antón. Introducción de Else Mundal. Valencia, Ediciones Tilde.
\**Saga de los groenlandeses. Saga de Erik el Rojo.* Traducción, introducción y notas de A. y P. Casariego Córdoba. Madrid, Siruela, 1993.

*Saga de los volsungos.* Traducción, introducción y notas de Javier Díaz Vera. Madrid, Gredos, 1998.
*Saga de Nial.* Traducción, introducción y notas de E. Bernárdez. Madrid, Alfaguara, 1986.
*Saga de Ragnar Calzas Peludas.* Traducción, introducción y notas de S. Ibáñez. Valencia, Tilde, 1998.
*Sagas Islandesas.* Traducción, introducción y notas de E. Bernárdez. Madrid, Espasa-Calpe, 1984.
*Saxo Gramático: *Historia Danesa* (Libros I-IX). Edición de S. Ibáñez. Valencia, Ediciones Tilde, 1999 (2 vols).
Saxo Gramático: *Gesta Danorum.* [www.kb.dk/elib/lit/dan/saxo/lat/or.dsr/2/1/index.htm
*Snorra Edda.* [forn-sed.org/n-text/snorra-edda].
Snorri Sturluson: *Heimskringla.* Traducción inglesa: [sunsite.berkeley.edu/OMACL/Heimskringla/]
*Snorri Sturluson: *Edda* Menor. Edición de Luis Lerate. Madrid, Alianza, 1984.
*Snorri Sturluson: *La alucinación de Gylfi.* Edición de J. L. Borges y M. Kodama. Madrid, Alianza, 1984.
*Snorri Sturluson: *La saga de los Ynglingos.* Traducción, introducción y notas de S. Ibáñez. Valencia, Ediciones Tilde, 1997.
*Sögubrot af nokkurn fornkonungum í Dana ok Svíaveldi.* [snerpa.is/net/thjod/finna.htm].
*Svipdagsmál.* [www.hi.is/~eybjorn/ugm/svipdag2.htm].
*Tácito, P. Cornelio: *Agrícola. Germania. Diálogo sobre los oradores.* Edición de J. M. Requejo. Madrid, Gredos, 1988. Versión electrónica del texto latino en: [www.fordham.edu/halsall/source/tacitus-germ-latin.html].
*Textos mitológicos de las Eddas.* Traducción, introducción y notas de E. Bernárdez. Madrid, Ed. Nacional, 1983; reedición en Madrid, Miraguano, 1987 y 1998.
*Völsaþáttr.* [www.hi.is.~eybjorn/ugm/volsi.html].
Þjóðólfr ór Hvíni. *Haustlöng.* [www.hi.is/~eybjorn/ugm/test3.htm].
*Þorsdrápa.* [www.hi.is/~eybjorn/ugm/thorsd00.html].
*Þorsteins þáttr bæjarmagns.* [www.snerpa.is/net/forn/th-bmagn.htm].

# ÍNDICE ONOMÁSTICO

Ægir 138, 158, 224, 225, 277
Alcis 282, 291
Álfheim 142, 193, 285, 286
Alföðr 196
Amaltea 87
Angrboða 139, 246, 247, 269
Ases 19, 71, 72, 97, 139, 163, 164, 165, 168, 169, 172, 175, 187, 206, 207, 217, 228, 229, 233, 245, 262, 265, 267, 269, 270, 274, 279, 284, 287, 296
Ásgarð 136, 139, 175, 187, 209, 231, 234, 241, 250, 254, 265, 268, 270, 284, 287
Ask 297
Aurvandil 234, 235, 236
Auðumla 199, 290, 292, 293, 294
Azhwypshaase 218

Baco 87
Baldr 64, 83, 94, 98, 114, 158, 164, 166, 169, 190, 204, 234, 237, 250, 257, 259, 262, 265, 270, 271, 276, 279, 280, 281, 285, 300, 311, 318
Beda 104, 145, 160
Beleno 279
Beowulf 22, 64, 285, 324

Bestla 139, 199, 206, 292
Bil 156, 157
Bilskírnir 219, 285
Bragi 250, 256, 276
Brísing 110, 139, 168, 171, 172, 173, 278

Cástor y Pólux 282
Coyote 33, 34, 247, 248, 250, 251, 262, 264, 265, 266, 317, 319
Cristo 31, 32, 35, 60, 206, 222, 241, 258, 281

Dagda, el 215, 216, 240
Donar (*véase* Donner, Thor) 43, 213, 214
Donner 213
Draupnir 188, 253, 256, 280

Elfo, Elfos 129, 133, 141, 142, 153, 168, 193, 285, 286, 288
Élivágar 224, 234, 236, 290
Embla 297
Enanos 53, 141
Eshu 251, 264
Etón, Etona, Etones (*véase* Gigante[s], Trol [s], Turso [s]), 20, 21, 28, 75, 128, 133, 134,

135, 136, 137, 138, 139, 140, 141, 142, 158, 160, 165, 169, 172, 186, 188, 190, 191, 195, 196, 199, 200, 206, 207, 208, 209, 210, 211, 217, 218, 223, 224, 225, 226, 227, 228, 229, 232, 233, 234, 235, 236, 237, 238, 239, 247, 248, 251, 254, 263, 265, 266, 267, 268, 277, 280, 282, 286, 288, 290, 291, 292, 293, 294, 295, 296, 297, 298, 299, 301

Fáfnir 140, 290
Fenrir 226, 246, 274, 299, 300, 301
Fensalir 165, 285
Fimileva 160
Fiörgyn 160, 166, 216, 217
Fiörgynn 166, 216
Fólkvang 83, 84, 176, 285
Forseti 276
Frea (véase Fricca, Frigga, Friia) 162, 164
Frey 19, 43, 80, 94, 107, 114, 138, 141, 142, 158, 162, 169, 172, 174, 175, 185, 186, 187, 188, 189, 190, 191, 192, 193, 203, 254, 260, 261, 285, 286, 300, 301
Freya 19, 21, 36, 43, 83, 97, 98, 100, 110, 112, 114, 130, 131, 138, 139, 140, 143, 146, 150, 156, 157, 158, 159, 160, 161, 162, 163, 165, 167, 168, 169, 170, 171, 172, 173, 174, 175, 176, 177, 178, 186, 187, 189, 190, 191, 192, 193, 202, 204, 209, 211, 226, 227, 229, 233, 235, 250, 260, 263, 265, 267, 268, 275, 277, 278, 285, 301, 302
Fricca (véase Frigg, Frigga) 161
Frigg (véase Fricca, Frigga) 143, 156, 157, 159, 160, 161, 162, 163, 164, 165, 166, 168, 169, 174, 204, 250, 279, 280, 285, 317
Frigga (véase Fricca, Frigg) 163, 164, 167, 177
Friia (véase Frea, Fricca, Frigg[a]) 119, 161, 162, 163, 166
Fula 156, 165, 166
Fylgia, Fylgiur 151, 152

Gangleri 153, 197
Garm 300, 301
Gefion 143, 145, 156, 157, 159, 174, 176, 181, 185
Gefn 174, 175
Geirröð 164, 227, 228, 229, 230, 231, 232, 236, 239
Gersimi 169
Gerð 29, 138, 158, 188, 314, 319
Gigante[s] 140, 224, 228, 230, 231, 233, 238, 244, 245, 275, 285
Ginnungagap 290, 291, 295, 296

Gnár 156, 157
Grím 80, 180, 185, 227
Gulinborsti 235, 260, 261
Gulveig 143, 175
Gungnir 172, 204, 253, 256, 257
Gunnlöð 139, 207
Guðmund 230, 231, 232

Hamingia, Hamingiur 151, 152
Hárbarð 258
Heimdal 130, 139, 171, 173, 174, 226, 235, 277, 278, 279, 285, 300, 302
Hel 81, 83, 84, 85, 86, 89, 164, 192, 217, 246, 280, 286, 300
Hera, Juno 159
Hércules, Herakles 216
Hermes 196, 197, 250, 251
Hermóð 83-84, 280
Hespérides 267
Hlín 156, 157, 164
Hlíðskiálf 204, 284
Hlórriði 258
Hlóðyn 217
Hnikuð 202
Hnoss 169
Hœnir 244, 264, 298
Holle, Frau 217
Hludana 145
Horagalles 215
Hörn 173, 175
Höð 280, 281, 300
Hrungnir 217, 231, 233, 234, 236, 237, 240, 318
Huld 217, 316, 317, 318, 319, 320, 321, 322, 323
Hvergelmir 236, 290, 297
Hymir 218, 223, 224, 225, 226, 236

Ilmarinen 215
Indra 207, 214, 215
Ing (véase Frey, Yngvi) 17, 186, 189, 192, 193
Iörmungand 246
Iörð 158, 159, 160
Iötunheim 158, 173, 188, 208, 226, 228, 229, 231, 233, 238, 246, 267, 286
Isis 148
Iðun 157, 158, 188, 190, 227, 234, 264, 265, 267, 268

Jasón y los Argonautas 261
Júpiter 214, 215, 216, 273

Kauha 265
Kvásir 206, 207, 262

Laufey 139, 245, 253, 271

Thor (*véase* Donar, Þórr) 17, 19, 27, 28, 35, 43, 50, 81, 87, 95, 109, 110, 112, 113, 114, 115, 120, 123, 134, 135, 136, 137, 139, 141, 156, 158, 160, 166, 171, 172, 191, 193, 195, 203, 204, 208, 209, 211, 213, 214, 215, 216, 217, 218, 219, 220, 221, 223, 224, 225, 226, 227, 228, 229, 230, 231, 232, 233, 234, 235, 236, 237, 238, 239, 240, 241, 246, 247, 250, 251, 252, 253, 254, 255, 257, 258, 259, 260, 262, 263, 264, 268, 273, 274, 275, 276, 278, 285, 286, 292, 300, 301, 302, 318, 319
Tíw 273, 274
Tîwaz 49, 50, 51, 160, 196, 200, 273
Trol, Trols (*véase* Gigantes, Etones, Tursos) 134, 135, 225, 228, 229, 234, 283, 286, 299
Tuergo, Tuergos (*véase* Enanos) 100, 128, 133, 139, 140, 141, 142, 153, 170, 172, 206, 207, 208, 211, 253, 254, 251, 253, 254, 255, 256, 263, 274, 286, 292, 294, 295, 298, 299
Tuisto 281, 282, 291
Tursa, Tursas, Turso, Tursos (*véase* Gigantes, Etones, Trols) 123, 124, 134, 135, 141, 186, 207, 224, 233, 234, 267, 277, 286, 299, 300
Týr (*véase* Tîwaz) 114, 121, 124, 160, 192, 209, 218, 221, 224, 225, 226, 237, 238, 273, 274, 275, 276, 300, 301

Ulin, Ull 138, 139, 217, 234, 275, 276, 285
Urð 153
Útgarð 231, 238, 239
Útgarða-Loki 231, 238, 239

Valhala 63, 83, 84, 86, 87, 88, 95, 100, 101, 155, 164, 195, 197, 203, 204, 208, 209, 219, 228, 233, 268, 277, 285, 286, 290, 300
Váli 156, 158
Valquirias 87, 126, 146, 150, 153, 155, 156, 195, 197, 210
Vanadís 174, 175
Vanaheim 175, 193, 284

Vanes 19, 48, 71, 72, 98, 100, 105, 114, 138, 139, 142, 158, 165, 169, 172, 173, 174, 175, 179, 185, 186, 187, 188, 189, 191, 193, 200, 204, 206, 207, 275, 284, 287
Vár 156, 157
Varuna 208
Vé 75, 106, 163, 199, 292, 294, 298
Veleda 111, 128, 129
Venus 71, 162, 235
Verðandi 152, 153
Víli 163
Virgen María 13, 40, 146, 149
Volla 119, 166
Völund 255
Vör 156, 157

Wodan (*véase* Odín, Óðinn, Wodan, Woten) 279
Woden (*véase* Odín, Óðinn, Wodan, Woten) 37, 120, 196, 199, 200, 202, 203
Wotan (*véase* Odín, Óðinn, Wodan, Woden) 195, 196, 200
Wōðanaz (*véase* Odín, Óðinn, Wodan, Woden) 71, 114, 196, 197, 198, 199, 200, 202, 203, 204

Yama 291
Ygg 29
Yggdrasil 152, 206, 236, 296
Ymir 139, 282, 285, 289, 290, 291, 294, 295
Ynglingos 163, 188, 193, 309, 325
Yngvi (véase Frey, Ing) 192, 203

Zeus 87, 215, 216, 273
Ziu 273

Þiálfi 218, 221, 228, 229, 232, 233, 236, 237, 238
Þiazi 265, 267
Þórr 213, 215
Þrúðheim 219, 285
Þrúðvang 219, 285
Þunor 213
Þunoraz 213, 214

## ÍNDICE ONOMÁSTICO

Lofn 156, 157
Loki 21, 100, 110, 134, 136, 138, 139, 158, 163, 164, 168, 170, 171, 172, 173, 177, 204, 217, 218, 226, 228, 229, 230, 231, 238, 239, 240, 243, 244, 245, 246, 247, 248, 249, 250, 251, 252, 253, 254, 256, 257, 258, 259, 260, 261, 262, 263, 264, 265, 266, 267, 268, 269, 270, 271, 275, 278, 280, 281, 285, 286, 302, 308, 310, 316, 318, 320, 321
Lopt 245
Lóður 298
Lug 208

Mannus 281, 282
Mardöl 174, 175
Marte 196, 274
Matrae 144, 145
Matres 144, 145, 146, 150
Matronae 49, 107, 144, 145, 146, 157, 158, 159, 160, 164, 166, 174, 193, 267
Mercurio 196, 197
Mímir 290, 296, 300, 302
Miölnir 112, 218, 219, 221, 225, 226, 229, 232, 233, 236, 258, 259
Miðgarð, Middangeard 226, 285, 288
Miðgarðsorm (*véase* Iörmungand, Serpiente del Recinto Central) 285
Moiras 152
Muspel, Muspilli 290, 291, 295, 300

Naglfar 100, 260
Nanna 94, 98, 157, 158, 276, 279, 280, 281
Nar(v)i, Narfi 208, 245, 246, 270
Nehalennia 49, 50, 145, 147, 148, 165, 177, 185, 190, 191, 217, 319, 322
Nerthus (véase Niörð) 112, 145, 148, 158, 159, 160, 185, 189, 190, 191, 319
Niflheim 290, 296
Niörð (*véase* Nerthus) 94, 114, 138, 139, 158, 169, 175, 185, 188, 189, 190, 191, 193, 251, 267, 285
Nóatún 191, 285
Nornas 75, 150, 152, 153, 154, 289, 296, 297

Odín (*véase* Óðinn, Wodan, Wotan, Woden) 19, 21, 29, 35, 36, 43, 44, 45, 50, 63, 70, 71, 75, 83, 86, 87, 109, 110, 114, 116, 117, 120, 124, 125, 126, 127, 128, 131, 134, 135, 138, 139, 140, 141, 143, 155, 157, 158, 160, 162, 163, 164, 165, 166, 167, 169, 170, 172, 173, 175, 176, 177, 185, 187, 188, 193, 195, 196, 197, 198, 199, 200, 201, 202, 203, 204, 205, 206, 207, 208, 209, 210, 211, 216, 217, 227, 228, 233, 234, 235, 237, 239, 240, 241, 244, 246, 247, 250, 253, 254, 256, 257, 258, 259, 264, 267, 268, 273, 274, 275, 276, 277, 278, 280, 284, 285, 286, 292, 293, 294, 295, 296, 297, 298, 299, 300, 301, 302, 321
Olaf (Haraldsson, el santo) 16, 17, 110, 180, 185, 227, 230, 290, 320
Óð 167, 169
Óðinn (*véase* Odín, Wodan, Wotan, Woden) 167, 196, 197, 199, 318

Pandora 175
Parcas 152, 155
Perkons 215
Perkunas 166, 215
Perun 216
Phol 119, 279
Prometeo 270, 271

Ragnarök 74, 79, 87, 94, 100, 139, 158, 171, 173, 202, 210, 217, 246, 271, 277, 278, 280, 284, 285, 286, 288, 289, 296, 298, 299, 301, 302
Rán 143, 157, 158, 277
Regin 22, 69, 70, 74, 255
Rind 157, 158
Röskva 218, 238

Sága 156, 157
Satanás 86, 87
Saturno 295
Saxnot 192
Serpiente del Recinto Central (*véase* Iörmungand, Miðgarðsorm) 224, 239, 247, 285, 299
Sif 29, 143, 217, 224, 233, 253, 254, 257, 258, 262, 263, 276
Sigfrido (*véase* Sigurð) 22, 45, 140
Sigurð (*véase* Sigfrido) 22, 140, 290, 315
Sigyn 157, 158, 245, 270, 271
Siöfn 156, 157
Skaði 138, 139, 143, 158, 190, 191, 265, 2(, 268, 270, 318
Skírnir 114, 138, 188
Skrýmir 238, 239
Skuld 152, 153, 155
Sleipnir 83, 233, 234, 268, 269, 270, 280
Slíð 84
Snotra 156, 157
Sucellus 215
Surt 208, 291, 300, 301
Sviatogor 239
Sýr 174, 175
Syn 156, 157
Syrdon 261

Taranis, Tanarus 215, 216